ULRICH WARNKE

FLORIAN WARNKE

Die Urquelle der Glückseligkeit

arkana

ULRICH WARNKE
FLORIAN WARNKE

Die Urquelle der Glückseligkeit

Wie wir durch unser
Bewusstsein Hochgefühle
aktivieren können

arkana

Die hier vorgestellten Informationen und Ratschläge
sind nach bestem Wissen und Gewissen geprüft.
Dennoch übernehmen Autoren und Verlag
keinerlei Haftung für Schäden irgendeiner Art,
die sich direkt oder indirekt aus dem Gebrauch
dieser Informationen, Tipps und Ratschläge ergeben.
Im Zweifelsfall holen Sie bitte ärztlichen Rat ein.

Penguin Random House Verlagsgruppe FSC® N001967

2. Auflage 2025
Originalausgabe
© 2021 Arkana, München
in der Penguin Random House Verlagsgruppe GmbH,
Neumarkter Straße 28, 81673 München
produktsicherheit@penguinrandomhouse.de
(Vorstehende Angaben sind zugleich Pflichtinformationen nach GPSR.)

Lektorat: Ralf Lay
Umschlaggestaltung: ki 36 Editorial Design, München, Sabine Skrobek
Covermotiv: © Lidiia Moor / istockphoto
Satz: Uhl + Massopust, Aalen
Druck und Bindung: GGP Media GmbH, Pößneck
Printed in Germany
ISBN 978-3-442-34280-8

www.arkana-verlag.de

Inhalt

Einleitung: Eine lebensfremde Gesellschaft   9

Teil I
Wir sind geistig-seelische Wesen   17
Glück ist nicht Glückseligkeit   19
Ohne Wissen sind wir Spielball von Interessen   25
Glückseligkeit in den Traditionen   27
   Ein »Baum der Erkenntnis«   31
   Schrödinger und die Brahmanen   35
Unser geistig-seelischer Ausgangszustand   37
   Was passiert im Gehirn?   39
   Bewusstheit als Werkzeug
   zur Erkennung von Information   43
   Wie Geist und Seele formieren   47
   Der Wille der Seele äußert sich als Motivation   48
   Geist und Seele sind energetisch-informativ verbunden . . .   50
Leben durch und mit Gedanken   51
   Gedankenkraft   53
   Entstehen Gedanken im Kopf oder anderswo?   54
Das Ich, das Denken und die Selbstinstanzen   56
   Das Besondere der Meme   62
   Engel, Tulpas und Egregore – Realitätsbildung durch
   Gedanken   67
   Die Trennung in Denker und Gedanken   74
   Die Ich-bin-Realität   78
   Der Verstand ist kein Mittel zur Transformation
   des Ich   82
   Geistiges Außen- und Innensystem   84
Attraktoren der Wirklichkeitsbeeinflussung   87
   Spiritualität   87
   Aufmerksamkeit   88

Intuition 90
Erwartungen und Annahmen 92
Filter und Illusionen 93
Materie und unser Raumzeit-Erleben 96
Veränderung durch Trennung und Kontrasterleben 100
Ordnung durch Raum und Zeit 103
Reisen in der Zeit 105
Bewusstsein und Wahrnehmungserweiterung 109

Teil II
Der Mensch als lebendiges Quantensystem 113
Wir als Schöpfer der Wirklichkeit 115
Unwissenheit über die Begriffe 119
Wir leben mit falschen Vorstellungen 127
Das quantenphysikalische Gehirn 136
Geistige Einflüsse auf Elektronen 138
Das lebendige Vakuum als vereinte Urquelle von allem . . . 148
Die Rolle des Bewusstseins im physikalischen Universum . . 158
Das »Global Consciousness Project« (GCP) 160
Die Seltsamkeiten der Quantenphysik 164
Der Versuchsaufbau dirigiert das Ergebnis 174
Der Übergang von Möglichkeit zu Wirklichkeit 175
Was bedingt den Beobachtereffekt? 179
Der Manifestationsprozess 189
Metaphysik und Erfahrungen aus mystischer Perspektive . . 194
Der formative Geist als Schöpfer der Vielfalt 197
Grundlage des Ich und des Selbst 200
Materie mit geistigem Ursprung 201
Das meiste ist purer Glauben 205

Teil III
Das Erleben von Ganzheit und Einheit 209
Ganzheit führt zur Glückseligkeit 211
Quantenphysik beweist Einheits- und Ganzheitsaspekt . . . 222
Die Matrix 224
Trennung und ihre Aufhebung 226
Die Stilllegung des illusionären Ich 230

Der Einheits-Geist (Gott) lebt durch seine Schöpfungen . . 232
Eine merkwürdige Gesetzmäßigkeit im Universum 236
Tiefes Verständnis führt zur Verschmelzung 238
Tiefspirituelle Erfahrung – Das Entheogen 243
Neue Welten durch Isolation vom Alltag 246
Die Effektivität von Glaube als Gewissheit »zu haben« . . . 251
Die Lösung aller Quantenrätsel:
Das Rückkopplungsprinzip 252
Die Überbrückung der »Lücke« zwischen virtuell
und real 260
Wie wir unsere Ziele augenblicklich erreichen 263
Realitätsschaltung der Transformation 269
Das Geheimnis des »Inneren Feuers« 271
Spirituelle Erfahrungen 280

Teil IV
Die Natur betrügt uns nie 291
Lebenssinn in der Natur finden 293
Natur funktioniert aufgrund von Gesetzmäßigkeiten 295
Was ist Naturverbundenheit? 297
Naturentfremdung statt Naturerfahrung 298
Natur bedingt Gesundheit 301
Die paradoxe Beobachterrolle des Menschen
in der Natur 303
Die Attraktivität der Natur 306
Natur »manipuliert« uns positiv über Informations-
aussendung 307
Das Sein in einer ganzheitlichen Natur 309
»Seelenreise« in die Natur 315

Quintessenz 321

Anhang 323
Literatur 323
Anmerkungen 335
Register 348

Einleitung:
Eine lebensfremde Gesellschaft

Die Suche nach der Urquelle der Glückseligkeit gestaltet sich zur Suche nach uns selbst. Wir sind zwar nicht die erste Generation, die sich auf diese Suche begibt, dies geschieht offensichtlich schon seit Jahrtausenden. Wir Heutigen sind aber privilegiert. Das Besondere unserer Zeit ist nämlich, dass wir traditionelle Schriften, die immer wieder Anleitungen zum Finden der Glückseligkeit gegeben haben, erst jetzt richtig verstehen können. Die Ursache dafür ist die Wissenschaftsrichtung *Quantenphilosophie*, die uns zuvor unerkannte Tore zur Erkenntnis geöffnet hat.

Dieses Buch haben wir verfasst, um zum Denken neuer Inhalte anzuregen und damit – wie alle bisherigen »Warnke-Bücher« zur Quantenphilosophie – als Vorbereitung zum Paradigmenwechsel dienen zu können. Der neue Denkstil ergibt sich daraus, dass eine Veränderung für jeden von uns nicht eher möglich ist, bis wir durch Erkenntnis imstande sind, einen tiefgreifenden Glauben neu zu entwickeln.

Der immer stärker notwendig werdende Paradigmenwechsel ist ein Trend vom sogenannten Reduktionismus zum Holismus. Reduktionismus ist die Methode der Wissenschaft seit etwa 250 Jahren: Die Welt wird in immer kleinere Teile zerlegt. Holismus ist etwas, was es Tausende Jahre vor Christus bereits in den Gedanken der Menschheit gab, was wir uns heute aber in einem gewissen Hypertrophie-Wahn keinesfalls mehr antun wollten. Das ändert sich allerdings seit geraumer Zeit. Wir erkennen, dass unser aller bisheriges Leitprinzip der Gesellschaft versagt: Die konservative Wissenschaft hat nicht genügend Wissen. Alles, was sie entstehen lässt, nämlich Bewusstsein, wird rigoros aus ihr ausgeschlossen.

Wir werden plausible Modelle vorstellen, über die im wahrsten Sinne des Wortes nachgedacht werden kann. Modelle werden üblicherweise in »Es-ist«-Form vorgetragen; so werden auch wir es hier machen. Dennoch sind Modelle nicht bewiesen. Wir sind jedoch in guter Gesellschaft, denn fast alles, was uns die Naturwissenschaft verdeutlicht, sind Modelle.

Was ist Glückseligkeit? Ist es das ultimative Glücksgefühl? Nein – es ist viel mehr. Es ist kein Gefühl, sondern ein Zustand, der sich durch Erkenntnis quasi automatisch einstellt. Es ist die höchste Ausdrucksform der menschlichen Natur. Das wird in diesem Buch beschrieben. Aber wie können wir Glückseligkeit finden? Diese Frage führt uns tatsächlich geradewegs zu dem, was wir unserer eigentlichen Natur nach sind – zu unserem Selbst.

Wir nutzen für die Erkenntnisse drei Säulen: die heutigen Ergebnisse der Wissenschaft im Bereich der Quantenphysik. Und weil die Naturwissenschaft einen riesigen Mangel an geistig-seelischen Themen offenbart, wenden wir uns den am längsten existierenden traditionellen Lehren zu, die ehemals ebenfalls als Wissenschaft bezeichnet wurden: den spirituellen Lehren der Himalajaregion, besonders dem »Heiligen Buch der Veden«, das auch von den Physikern Erwin Schrödinger (1887–1961), Niels Bohr (1885–1962) und Werner Heisenberg (1901–1976) erwähnt wurde. Eng damit verbunden sind die geheimen Inhalte der Alchemie. Beide Lehren, die Vedānta und die Alchemie, sind historisch verwandt; welche Lehre zuerst da war, kann heute nicht mehr festgestellt werden. Die dritte Säule besteht in unseren ureigensten individuellen Erfahrungen, losgelöst von allen Einflüsterungen der Umgebung; sie sind wirklicher und wahrer als alles, was uns als »wahr« erzählt wird. Aber auch die vielfältigen Erfahrungen von Menschen, denen man vertrauen kann, etwa

C. G. Jung (1875–1961) und einer Reihe von bekannten Physikern und Pionieren, die ihre Erlebnisse schildern, beziehen wir mit ein.

Diese drei Säulen zusammengenommen ergeben ein schlüssiges und neues Bild, das wir bisher nirgends so, wie wir es im Folgenden beschreiben werden, gefunden haben. Im Mittelpunkt stehen bestimmte Informationen, die nur durch Bewusstsein als Erkenntnis entstehen, womit wir uns als suchende Menschen identifizieren können. Dieser »Pfad der Erkenntnis«, mündend in eine Realität durch schöpferisches Vermögen, ist ein sehr spannender und für unsere individuelle Entwicklung und für die Entwicklung der Gesellschaft wichtiger Weg, der für jeden von uns begehbar ist.

Warum brauchen wir diese neue Sichtweise in unserer Gesellschaft? Die Gesellschaft hat im Namen von »Fortschritt« einen Weg voller Mängel eingeschlagen, der den einzelnen Mitgliedern vieles vorenthält. Das Leben der meisten Menschen gibt weit mehr her als das, was sie jeden Tag im Trott erledigen müssen. Leben ist mehr als Wirtschaftswachstum um jeden Preis, als Interessendurchsetzung, als Party, Auto, Mode – also mehr als diese vordergründigen Medienthemen, die von allen Seiten auf uns losgelassen werden und hinter denen meistens Interessen bestimmter Gruppen stehen. Sicherlich sollten wir es uns so angenehm wie möglich machen, aber heute sind nicht mehr wir es, die entscheiden, sondern weitgehend wird von anderen über uns bestimmt.

Dabei ist das gesamte System der Natur ganz anders geartet, als wir es uns heute vorstellen. Wir leben unter falschen Prämissen. Die Naturwissenschaft lenkt uns immer nur in eine einzige Richtung: Es ist die der fragmentierten materiellen Welt. Leben ist aber keineswegs rein materiell ausgerichtet. Gerade die Quantenphysik findet seit vielen Jahrzehnten eine alles dominierende geistige Einflusskomponente. Stichwörter dazu sind »Beobachtereffekt« oder »Zenon-Paradox«. Leider ist in der breiten Gesellschaft außer undefinierten Schlagwörtern wie »Quantensprung« oder

»Quantenheilung«, die auch noch falsch verwendet werden (Heilung von Quanten ist Unsinn), kaum etwas darüber bekannt.

Es gibt Hinweise darauf, dass einige Menschen früherer Epochen bis zu Zehntausenden Jahren vor unserer Zeitrechnung besser über die Grundpfeiler des geistig-seelischen Menschenlebens informiert waren als wir. Warum sollten wir diese uralten sorgfältigen und nachvollziehbaren Erkenntnisse nicht auch heute wieder beachten und verwerten?

Fraglos richten wir unser Leben entsprechend den eigenen Gedanken aus. Unsere Gedanken werden in der Mehrzahl von dem getragen, was wir täglich so erleben und erfahren. Was ist, wenn dieses Prinzip uns falsch lenkt, weil unsere Erfahrungen nicht die für unsere Weiterentwicklung *richtigen* Erfahrungen sind?

Die Naturwissenschaft gilt in unserer Gesellschaft als Richtschnur. Besonders die Gebiete, die Menschen ausmachen, also die Physik, die Medizin und immer stärker auch die Psychologie, verlassen sich voll und ganz auf die Aussagen der Naturwissenschaften. Was ist aber, wenn die Naturwissenschaft unvollständig und – was das Leben betrifft – sogar fehlerhaft ist? Tatsächlich ist die Naturwissenschaft, wie sie derzeit rein materiell gelehrt wird, in entscheidenden Bereichen unvollständig und sogar lebensfremd. Das leitet den Menschen in eine falsche und schädliche Lebensrichtung und verwirrt den Weiterdenkenden. Bekanntlich ist zum Beispiel nicht alles, was technisch machbar ist, auch gut für Mensch, Natur und Leben. Warum machen wir es dann? Die Naturwissenschaft ist weitgehend zur Auftragswissenschaft verkommen; sie wird größtenteils aus der industriellen Wirtschaft heraus finanziert. Themen, die Geist und Seele betreffen, werden rigoros ausgeschlossen. Mit ihnen lässt sich zu wenig Geld machen.

Durch die medial gelenkte Zielrichtung unserer Aufmerksamkeit wird uns weisgemacht, die Welt befände sich außerhalb unserer selbst. Die damit zusammenhängenden Sinneseindrücke und die angepassten Empfindungen prägen unseren individuellen Geist und unsere Seelenstruktur. Dadurch ist die Beschäftigung unserer Gedanken und Gefühle mit dem »Außen« zur Gesellschaftsnorm geworden. Unsere Reaktionen sind im festen genormten Rahmen somit fixiert. Intuition und die Seelensprache haben nur noch wenig Platz darin. Und wir sind vollkommen falsch geleitet, wenn wir meinen, das heutige Spezialwissen der Naturwissenschaften, das ausschließlich das »Äußere« anerkennt, sei für uns von größerer Wichtigkeit und Bedeutung als Erfahrungen aus unserem eigenen Innenleben heraus. Alle Erfahrungen, auch die der Naturwissenschaften, sind entgegen den Aussagen der Wissenschaft immer subjektiv, finden allein in uns statt, die äußere Welt liegt in unserer eigenen Geist-Seelen-Struktur.

Wahre Glückseligkeit ist nur erlebbar, wenn wir dorthin zurückkehren können, wo unser Ursprung liegt. Pauschal können wir diesen Ursprung als universelle Einheit ausmachen. Wir leben aber Tag und Nacht nicht in der Einheit, sondern in der Vielfalt. Das liegt daran, dass unser Ich sehr dominant ist. Das Ich arbeitet mit dem Verstand. Der Verstand analysiert, beurteilt und bewertet; das bedeutet Teilung, Trennung, Zersplitterung.

Wir müssen den Weg finden, der uns zurück in die Einheit führt, wann immer wir das wollen und nötig haben. Das ist nicht so einfach, wie uns dies einige vermeintliche Fachleute weismachen wollen. Warum?

Einerseits liegt es daran, dass wir – der Naturwissenschaft und Wirtschaftsinteressen folgend – immer mehr getrennt werden von einer Einheit, die uns hervorgebracht hat. Es kommt durch immer weitere Trennungen zu einer gefährlichen Disharmonie und betrifft schließlich den größten Teil der gesamten Gesellschaft: Vorherrschend sind dann mangelnde Demut, fehlender Respekt, rüpelhafte Selbstgefälligkeit. Andererseits wissen die wenigsten Menschen, was das Wesen des Lebens ist und wie man es optimieren kann.

Aber es gibt ein erstrebenswertes Leben jenseits der Schau: das

Erobern und Besetzen eines Einheitsfeldes, das in allen Traditionen als »Feld der Liebe und Glückseligkeit« bezeichnet wird. Aber die Gewohnheit und Konditionierung in einer massenhaft falsch geprägten Gesellschaft über mehrere Generationen macht das Erkennen dieses Feldes äußerst schwierig. Liebe ist in jeder Konsequenz Vereinigung. Der Begriff »Liebe« wird in der aktuellen Epoche jedoch missbraucht. Er steht heute eher für Leidenschaft, die ein hohes Maß an Selbstsucht impliziert: Das Ego sucht nach schneller oberflächlicher Befriedigung und überdeckt dabei das eigentlich Schöne.

Der bessere Weg für uns Menschen ist das, was wir in diesem Buch ausbreiten werden: Wir sind von der Natur her ausgestattet mit der Möglichkeit zu denken. Gedanken sind die Verarbeitung von Informationen. Um Informationen als solche zu erkennen, haben wir ein Bewusstsein. Immer wieder – ohne jede Ausnahme – ist Bewusstsein für alles verantwortlich, was existiert. Ohne Bewusstsein wüssten wir nichts, alles wäre öde und leer, keine Information würde uns mehr erreichen. Bewusstsein ist aber nicht nur notwendig für die Erkennung von Information, sondern auch für die zielgerichtete Verarbeitung von Information, was als ein geistiger Prozess bezeichnet wird. Bewusstsein hat deshalb immer einen Geist zur Folge.

Ziel ist, unseren einseitig geprägten individuellen Geist zu beherrschen und dadurch den konditionierten Gewohnheits-Charakter unserer Persönlichkeit zu verändern.

Es gibt eine universelle mystische Philosophie, die so natürlich wie das Leben und so alt wie die Menschheit ist. Alle Mystiker berichten glaubhaft von intensiven Erfahrungen einer inneren Welt, die uns weit mehr Wohlempfinden, Freude und »Verzückung« erlaubt, als die vermeintlich äußere Welt es je vermitteln kann.

Wir sagten, dass Traditionen immer wieder von einem Feld der unbedingten Liebe sprechen. Warum sollten wir Traditionen ablehnen? In der traditionellen Alchemie werden die Anweisungen codiert; wir müssen sie decodieren. Dies dient dem Wechsel aus der überall verbreiteten Ignoranz ohne jede intuitive Empfindung zu einer Transzendenz mystischer und wohltuender Realität. Hier frohlockt dann im wahrsten Sinne des Wortes die Seele.

Wir alle sind von Gedankenmustern unserer derzeitigen Ära geformt. Ursache der Muster sind Gesellschaftsnormen, die durchaus falsch sein können: Prägungen in der Kindheit, übergestülpte, also fremdgesteuerte Bedürfnisse, Ablenkungen durch die Notwendigkeit, Geld verdienen zu müssen, und schließlich Gewohnheiten, die oft nichts anderes als Folge von Bequemlichkeiten sind.

Dazu kommt, dass unsere nach außen orientierte Wissenschaft uns niemals die natürliche Wirklichkeit unserer Geist-Seele-Körper-Einheit aufzeigen kann. Sie vermag uns auch kein geistig durchdrungenes mystisches Universum näherzubringen. Im Gegenteil: Wissenschaft ist stolz darauf, alle Geist-Seelen-Momente außen vor zu lassen. Dabei benutzt gerade die Wissenschaft diese Momente; Wissenschaft gäbe es ohne Geist-Seelen-Aktivitäten überhaupt nicht.

Das Unheil durch Selbsttäuschung ist heute weit verbreitet und steigert sich immer mehr. Die Natur bleibt dabei auf der Strecke, was alles noch schlimmer macht. Wir haben nur zwei Möglichkeiten: Entweder wir ändern unsere Vorstellungen und Annahmen, oder wir bleiben fortwährend frustriert, weil die Umgebung sich nicht so verhält, wie es für unser Wohl notwendig wäre; zumal wir genau spüren, dass es mehr geben muss als den Lebenstrott, aber nicht wissen, wo wir suchen sollen.

Wir werden in diesem Buch Stufe für Stufe darlegen, wie die Gesetzmäßigkeiten unseres Lebens sind und was wir mit ihnen anstellen können. Haben wir das Wissen, das wir hier im Buch Stück für Stück entwickeln, prinzipiell erfasst und memoriert, dann springt der Alltagsdenker in einem bestimmten Bewusstseinszustand, den wir noch ausführlich beschreiben werden, zu einem zielgerichteten Denken aus der neuen Perspektive heraus, um die Glückseligkeit zur Wirklichkeit zu bringen. Es geht um ein Feld der Einheit, das in jedem von uns existent ist. Ziel ist, dieses Feld der Einheit bewusst aufzusuchen: Teil I beschreibt die Akteure. Teil II bringt die Mechanismen der Aktivitäten. Teil III zeigt das Ziel, was zu erreichen ist. Teil IV von Florian Warnke macht deutlich, warum eine Naturverbundenheit das Ziel überhaupt erst ermöglicht.

»Jesus sprach: ›Wer sucht, soll nicht aufhören zu suchen, bis er findet. Und wenn er gefunden hat, wird er verwirrt sein, und verwirrt, wird er sich im Staunen verlieren, und er wird herrschen über das All.‹«

THOMAS-EVANGELIUM, LOGION 2[1]

Teil I
Wir sind geistig-seelische Wesen

»Einstmals war der Mensch ein geistiges Wesen.
Er ist hinuntergestiegen nur dadurch, dass er der geistigen
Flügel beraubt worden ist, dass er in den sinnlichen Leib
gehüllt wurde. Er wird sich diesem sinnlichen Leib wieder
entringen, wieder hinaufsteigen in geistig-seelische
Welten.«

PLATON[1]

Glück ist nicht Glückseligkeit

»Glück« und »glücklich sein« sind heute gängige Worte, »Glückseligkeit« gehört nicht dazu, es ist ein eher selten genannter Begriff.

Wir kennen ja aus dem täglichen Leben vielfaches Sinnesvergnügen, das uns durchaus Freude beschert, einige nennen es eben auch »Glück«. Glück suchen wir gemeinhin in der Erfüllung unserer Wünsche, in Erfolg, Geld, Genüssen. Bereits die täglich angebotenen Fernsehfilme suggerieren Glück häufig im Zusammenhang mit materiellem Reichtum, Ansehen und sozialer Macht. Aber alle bisherigen Umfragen zeigen, dass dieser vermeintliche Glückszustand des Egos nur sehr kurz und fragil ist. Deshalb entsteht die Sucht nach immer mehr, was die ganze Gesellschaft mitreißt und mit ihr die Natur langfristig zerstört.

»Glücklich sein« ist weit weniger vermessen. Ein kleiner Moment eines Lächelns, das uns von einer nahestehenden Person zugesandt wird, macht uns schon glücklich. Auch wenn wir durchfroren sind und ein heißes Getränk bekommen, eventuell sogar gemütlich am Kaminfeuer sitzen dürfen, dabei macht sich das wohlige Gefühl von Freude und Zufriedenheit in uns breit und versprüht eine glückliche Grundstimmung. Es gibt so viele Gelegenheiten, wir müssen die glücklichen Momente nur erkennen und zelebrieren.

Was aber ist Glückseligkeit?

Gemeint ist ein besonderer, wohltuender, übersinnlicher Zustand mit enormen Auswirkungen auf unsere Persönlichkeit und unsere Fähigkeiten. Sie ist die höchste Ausdrucksform der menschlichen Natur. Sie ist den allermeisten Menschen nicht bewusst. Dennoch gibt es eine Sehnsucht nach diesem Zustand. Dahinter verbirgt sich die wahre Wirklichkeit, die unterscheidbar ist von der illusorischen Alltagsrealität. Begleitet wird der Zustand schierer Glückseligkeit von Frieden, Stille, Geborgenheit und Harmonie. Wir erhalten intuitiv ein Wissen um die gesamte

Schöpfung um uns herum, von der wir Teil sind. Es geschieht in uns eine unglaubliche Wandlung.

Viele Menschen erinnern sich, dass sie als Kind im Alter von fünf oder sechs Jahren eine Liebe zu allem erlebten, so schön, so glückselig, unbeschreiblich wunderbar, unvergesslich. Ab und zu glimmt dieses Erleben später wieder auf als seltener Funke von Einheit. Naturerlebnisse sind manchmal Auslöser dieses Zustandes mit allumfassender Liebe, wie wir es auch in Teil IV dieses Buches ausführen werden.

Glückseligkeit ist ein Grundzustand, der verschüttet wurde. Wenn wir aber Glückseligkeit für uns wiederentdeckt haben, wird der Zustand uns immer latent begleiten und dann bei Gelegenheiten, wenn wir es wollen und beabsichtigen, seine ganze Herrlichkeit ausbreiten. Wichtig ist das bewusste Wollen, den Zustand zu erleben, was bei den üblichen Gefühlen unmöglich ist. Wenn man sich einfach vornimmt: »Ich will jetzt Freude empfinden«, funktioniert das allerdings nicht. Gefühle sind nicht bewusst steuerbar, sie kommen und gehen nach eigenen Gesetzmäßigkeiten aus unseren wabernden Gedanken heraus oder durch mehr oder weniger zufällige Außeneinflüsse. Die Erkenntnis des *Zustands* der Glückseligkeit dagegen kann jederzeit gewollt sein.

Dieser Erkenntnisweg, den wir »Pfad der Erkenntnis« nennen wollen, verläuft über einen vollkommen anderen Weg als derjenige, der uns allenthalben immer wieder empfohlen wird. Den wahren Weg zu gehen, wie wir ihn hier beschreiben wollen, ist ein individueller, transpersonaler Aspekt der menschlichen Evolution.

Das Gegenteil von Glückseligkeit ist das, was wir »unglückselig« nennen, also ein Verbund aus Enttäuschung, Deprimiertheit, Verlustgefühl, Niedergeschlagenheit – insgesamt ein Zustand negativer Befindlichkeit mit Anklängen innerer Qual.

Genauso wie die Glückseligkeit ist die *Un*glückseligkeit ein Zustand, der bei den Betroffenen die Sicht auf die Welt verschiebt. Und die Unglückseligkeit ist mit Wortbegriffen genauso schwer beschreibbar wie Glückseligkeit – sie passiert uns nur häufiger, und wir können sie häufiger erleben, insbesondere im Zusammenhang mit geliebten Menschen und Momenten. Ein Beispiel kommt mir da in den Sinn: ein sehr geliebtes Haustier, zum Beispiel ein Kater, der in nächster Nähe von uns einfach seit jeher dazugehört. Wenn Empathie heißt, die Gefühle anderer zu spüren, dann ist das auch beim Tier-Mensch-Verhältnis innerhalb einer Lebensgemeinschaft im besonderen Maß der Fall. Der Kater wird krank, nichts hilft mehr, und als der Tod naht, sucht er bis zum letzten Moment die unmittelbare Nähe von uns Menschen. Er will im Sterben nicht allein sein. Die Unglückseligkeit, auch aus der Hilflosigkeit heraus, die Krankheit zu wenden, ist dann unbeschreiblich, und irgendwie ist die gesamte Welt in der Anschauung verändert. Diese neue eigenartige Einstellung bleibt noch lange nach dem Ereignis erhalten, schwächt sich allerdings kontinuierlich ab, sie bleibt dennoch eine unvergessliche Kernerfahrung.

Warum ist die Definition einer Glückseligkeit so schwierig? Gefühle und Stimmungen sind kategorisch doch bestens beschreibbar. Aber Glückseligkeit ist eben kein Gefühl, sondern das, was wir einen Zustand nennen, wie Liebenswürdigkeit, Aufrichtigkeit, Harmonie, Schönheit, Frieden, alles mit befreiender Wirkung auf unsere geistige Beschränkung. Diese Beschränkungen entstehen durch unsere konditionierten, angelernten Bindungen, durch unsere Festlegung auf soziale Rollen, auf herrschende Klischees und auf Ideologien.

Der Fachbereich Psychophysiologie deckte auf, dass aufgrund unserer situativ entstehenden Gefühle hormonähnliche chemische Botenstoffe in unserem Körper gebildet werden – und umgekehrt diese chemischen Botenstoffe auch, wenn sie zugeführt werden, Gefühle auslösen können. Das ist ebenfalls die Basis bei der Verwendung von Drogen. Jedes Gefühl arbeitet in unserem Körper mit einer speziellen Kombination dieser Botenstoffe – interessant dabei ist: Die Botenstoffe können Auslöser der Gefühle, sie können aber auch deren Folgen sein. Eins ergibt jeweils das andere, das ist typisch für psychisch-informative Mechanismen. Folglich versuchte die Menschheit bereits von Beginn an durch die Einnahme von Drogen aus Pflanzen beglückende Zustände zu erleben. In einem Gebet der Rigveda, dem ältesten Teil der indischen Veden, zum Beispiel wird Soma (der Soma-Pilz mit starker psychedelischer Wirkung), der »Enthüller der Seele«, angerufen, um ins unvergängliche Licht, in eine unzerstörbare, unsterbliche Welt zu gelangen, wo unendliche Freude herrscht (RV VIII, 48, 3).

Glückseligkeit zeichnet sich dadurch aus, dass dieser Zustand immer primär ist und sekundär dann Hormone und Transmitter aktiviert, die uns weiterhin beeinflussen.

Die Zusammenhänge von Botenstoffen, Hormonen, Drogen und Gefühlen sind heute recht gut erforscht. Aber die wichtigsten Fragen werden überhaupt nicht gestellt: Wenn es den Zustand der Glückseligkeit im Menschen gibt, woher kommt er primär, wie entsteht er grundsätzlich, was ist der Zustand als ein Sein – ein Glückseligsein? Und wenn Botenstoffe und Drogen eine glücklich machende Stimmung erzeugen, wie ist das überhaupt möglich?

Drogen, Hormone, Botenstoffe sind materielle Substanzen. Warum können materielle Stoffe in uns Seelenaktivitäten auslösen mit Folgen von Empfindungen und Gefühlen?

Es muss einen bisher verborgenen Mechanismus zum Auslösen der Glückseligkeit geben. Dostojewski eröffnet uns dazu einen interessanten Einblick: »… ich empfinde ein Glücksgefühl, das sich unter normalen Umständen nie einstellen würde, das andere nie erfahren. Ich fühle in meinem Inneren und um mich herum perfekte Harmonie, und zwar so stark, dass ich für wenige Momente dieser Glückseligkeit zehn Jahre meines Lebens hergeben würde… vielleicht sogar das ganze Leben.«[2] Er beschreibt hier den Zustand unmittelbar vor einem epileptischen Anfall. So ein Anfall zeichnet sich physiologisch durch eine extreme Kohärenz von Gehirnaktivität aus. Diese Kohärenz kann aber auch ohne drohenden epileptischen Anfall erzeugt werden – wir kommen darauf zurück.

Ein Zustand der Glückseligkeit ist sogar ganz ohne materielle Grundlagen möglich, denn es gibt Berichte, dass auch ohne funktionsfähigen Körper – im Nahtod – überwältigend schöne Zustände auftreten können. Das weist darauf hin, dass die Urquelle der Glückseligkeit nicht in Hormonen oder anderen Stoffen zu suchen ist, auch nicht in speziell getakteten Gehirnbereichen – dies sind nur Hilfsstrukturen –, sondern diese Quelle liegt außerhalb unserer gewohnten Dimensionen der Raumzeit. Wir wollen jedoch nicht »nur« die Urquelle der Glückseligkeit suchen. Wir wollen auch herausfinden, wie wir den Zustand der Glückseligkeit bewusst und willentlich hervorbringen können. Würden wir alle diese Mechanismen der Glückseligkeit in uns entdecken und sie dann willentlich anwenden, wäre die Menschheit eine andere – mit positiven Auswirkungen auf den Planeten Erde und seine gesamte Natur.

Die überwiegende Mehrheit der heute lebenden Menschen hat keine Ahnung davon, was das Wesen des Lebens ist: Ihren Zugriff zur Intelligenz hat die Menschheit in der Zivilisationsgesellschaft bisher hauptsächlich genutzt, um den Planeten zu plündern und die Natur nach und nach zu zerstören. Ursache dafür ist ein selbstsüchtiges Spiel aus Macht und Politik, angetrieben von der unersättlichen Gier der Gewinnmaximierung bestimmter Egos.[3]

Längst haben wir einen Zustand erreicht, in dem das ökologische Gleichgewicht unseres Planeten täglich weiter zerstört wird, in dem große Mengen von Arten immer schneller ausgerottet werden, wobei immer mehr Populisten das Sagen haben, die den desaströsen Niedergang noch beschleunigen. Die Menschheit ist immer mehr zu Marionetten von Konzerninteressen gekommen und zerstört weiterhin die eigene Grundlage. Und sie merkt es nicht einmal, weil es offensichtlich an Wissen mangelt. Die menschliche Dummheit oder Ignoranz bei der Wahl unserer politischen Anführer hat üble Konsequenzen: Sie ergibt allenfalls einen kurzfristigen Gewinn für einige wenige auf Kosten langfristigen Unheils für die meisten von uns. Albert Einstein (1879–1955) sagte noch: »Die Majorität der Dummen ist unüberwindbar und für alle Zeiten gesichert. Der Schrecken ihrer Tyrannei ist indessen gemildert durch Mangel an Konsequenz.«[4] Von Mangel an Konsequenz wie zu seinen Zeiten kann aber keine Rede mehr sein; wir haben ja gesehen und sehen immer noch, welchen Gefahren unsere Demokratien ausgesetzt sind.

Weiterhin lassen wir die Zerstörung ökologischer Nischen zu, ebenso wie die Ausrottung vieler Arten, etwa auch durch das Aussprühen von Pestiziden, die nicht nur nützliche und heilbringende Lebewesen vergiften, sondern auch lebensnotwendige Bakterien und Kleinstorganismen der ehemals gesunden Agrarböden teilweise unwiederbringlich auslöschen. Wir leben mit der Vergiftung unserer Nahrung, unseres Wassers, unserer Luft. Wir zerstören unsere Lebensgrundlage.

Änderung durch »Erwachen« ist eine Notwendigkeit. Es fehlt die spirituelle Dimension des Lebenszentrums, frei von religiösem Dogma und Doktrin. Es fehlt das Verständnis für den Ursprung und den Sinn unseres Seins. Wir stellen innerhalb der Gemeinschaft nicht mehr die richtigen Fragen und geben Antworten mit falschen Vorstellungen vom Leben. Wir haben die Perspektive verloren. Ignoranz, Verwirrung, Illusion, Unverständnis wird für die Menschheit zum Schicksal. Wir müssen unseren fehlgeleiteten Geist zum Schweigen bringen und an seine Stelle neue Erkenntnisse setzen, um die offenbarten Geheimnisse der Natur und des Universums wiederzuerkennen.

Ohne Wissen sind wir Spielball von Interessen

Ohne wahre Glückseligkeit führen wir ein Leben, das uns zu falschen Zielen verleitet: Kommerz, Voreingenommenheit, Gier,
Bigotterie, Eifersucht, Neid – und sicherlich gibt es viele weitere unschöne Facetten der Unzufriedenheit. Um das zu ändern,
brauchen wir zwingend mehr Wissen beziehungsweise müsste das
Wissen in wesentlich mehr Köpfe gelangen. Dies unterteilt sich
in intellektuelles Wissen und positiv nachhaltiges, »körpereige-
nes« Wissen. Letzteres umschreiben wir auch mit »Glauben«. Wer
sich dieses Wissen nicht aneignet, bleibt »dumm«. Dumme Menschen können die Gemeinschaft stark gefährden, dies nicht nur in
demokratisch-politischer, medizinischer und ethischer Hinsicht,
sondern auch in Hinblick auf jede Form des Mitgefühls. Ohne
eigenes umfassendes Wissen über die Mechanismen des Lebens
sind wir Spielball der Interessen anderer, an vorderster Stelle von
Ausbeutungsinteressen.

Als ich noch jünger und offensichtlich recht naiv war, meinte
ich, die Menschen würden im Laufe der Zeit immer klüger und
weiser werden, weil sie immer mehr Wissen anhäufen können.
Heute, mit vielen Erfahrungen aus einer relativ langen Lebenszeit,
muss ich feststellen, dass dies keineswegs stimmt. Im Gegenteil,
wenn man sieht, welche politische Gesinnung manche »Volksver-
treter« haben, die sich eine große Zahl von Wählern in einer de-
mokratischen Gesellschaft als »Anführer« wählt, wenn man sieht,
wie nebensächlich Natureingebundenheit und Bildung in einer
fremdgesteuerten Smartphone-Spiel-Gesellschaft sind, dann
muss eine Weiterentwicklung des individuellen Wissensniveaus
als Selbstläufer auf breiter Front bezweifelt werden. Die Folgen
einer fehlgeleiteten Sozialgemeinschaft sind für den Einzelnen
durchaus klar sichtbar: Zum Beispiel sind in den letzten Jahrzehnten die Fehltage im Arbeitsleben aufgrund psychischer Erkrankung sprunghaft auf viel zu hohe Prozentzahlen angestiegen. Der

Weltgesundheitsorganisation WHO zufolge zählen Depressionen zu den häufigsten Krankheiten. Und Depression ist heute weltweit die Hauptursache für eine massive Lebensbeeinträchtigung.

Wenn wir bereits unser eigenes Leben nicht gut gestalten können, werden wir auch die gesellschaftliche und die Lebensgemeinschaft, die wir »Natur« nennen, nicht bewahren. Ich hatte es bereits angedeutet: Wir haben seit Jahrzehnten das größte Massen- und Artensterben seit dem Verschwinden der Dinosaurier. Die Schätzungen variieren zwischen 2,7 und 270 Arten pro Tag. Der Biologe Edward O. Wilson von der Harvard-Universität prognostiziert, dass spätestens im Jahr 2100 die Hälfte aller Pflanzen- und Tierarten von der Erde verschwunden ist.[5] Die Veränderung der Natur durch technische Errungenschaften wird auch enorme Konsequenzen für uns als Lebewesen haben, Pandemien durch Vireninfektionen sind nur der Anfang des Desasters. Vireninfektionen münden in Entzündungen. Auch sämtliche gängigen Zivilisationskrankheiten wie Herz-Kreislauf-Erkrankungen (Todesursache Nummer eins), aber auch Diabetes sind Entzündungspathologien. Da passt es überhaupt nicht, dass eine große Review-Studie der Universität Bern im Auftrag der Schweizer Regierung zweifelsfrei herausarbeitet, dass Mobil- und Kommunikationsfunk, der weltweit immer dichter verbreitet ist, oxidativen Stress an Organen im Körper erzeugt und Immunschwächen und Entzündungen auslösen kann.[6] Auch die Tatsache, dass seit 1990 rund 178 Millionen Hektar Waldfläche auf dem Erdball verschwunden ist, fast die fünffache Fläche Deutschlands, ist besorgniserregend, weil der dringend von uns benötigte Sauerstoff, der in vielen Städten durch Industrie und Verkehr bereits Mangelerscheinung ist, nun mal hauptsächlich von grünen Pflanzen der Erdoberfläche kommt.[7]

Glückseligkeit zu finden wird bei dieser Entwicklung und unter derartigen Bedingungen immer seltener möglich. Die Folgen solch falscher Lebensweise unserer Zivilisationsgesellschaft haben sich im Negativen, soweit ich es überschaue, laufend mehr zugespitzt. Nun sind wir an einem Punkt angelangt, an dem selbst viele unbedachte Menschen merken, dass es so nicht weitergehen kann. Das Aufwachen vieler Jugendlicher gibt Hoffnung. Zudem lehrt die Virus-Pandemie Covid 19 weltweit, dass sich die Natur nicht einfach den menschlichen Machtstrukturen unterwirft. Demut ist für sehr viele Menschen in kürzester Zeit eine neu erkannte Stimmung geworden. Das lateinische Wort für »Demut« lautet *humilitas*, und dieses Wort ist mit *humus* verwandt, also mit »natürlicher Erde«. Demut kann entsprechend als eine Beachtung der Ursprünglichkeit des Mutterbodens gedeutet werden.

»Liebe Nachwelt! Wenn ihr nicht gerechter, friedlicher und überhaupt vernünftiger sein werdet, als wir sind beziehungsweise gewesen sind, so soll euch der Teufel holen.«

ALBERT EINSTEIN[8]

Glückseligkeit in den Traditionen

In den Recherchen zu den Themen der bisherigen Bücher war es immer lohnenswert, die teilweise altehrwürdigen Überlieferungen der Menschheit in meine Überlegungen mit einzubeziehen. Immer wieder konnte ich feststellen, dass viele Ideen und Erkenntnisse der Altvorderen weiser waren als die von uns Heutigen, wenn es um das Wesen des Lebens geht.

Das, was zu dem ewig aktuellen Thema »Glückseligkeit« in früheren Zeiten bereits bekannt war, macht neugierig. So bekennt sich der Kriya-Yoga ausdrücklich zum »Körper der Glückseligkeit«. Und immer wieder ist die Rede von einem »Goldenen Zeitalter«. Interessanterweise wird dieses als imaginär bezeichnet, als imaginäre Zeit der Glückseligkeit fern der Drangsal des

Alltags. Bei den Kelten war es das Land »Avalon«, beschrieben als »Land der Jugend und Verzückung«. Das indoiranische Urvolk mit ihrem Anführer Zoroaster, der auch als Zarathustra bekannt ist, kannte die besonderen »Seelen der Seligen«. Wollte man als Mensch die Glückseligkeit erleben, musste der Körper transformiert werden, so heißt es. Die hermetisch-alchemistische Tradition, die zum Teil mit den »Smaragdtafeln« überliefert wurde, spricht von einer Verwandlung in einen »goldenen Körper«. Im Corpus Hermeticum ist es zugleich der »unsterbliche Körper«. Im tibetischen Buddhismus gibt es den erstrebenswerten »Licht-« oder »Regenbogenkörper«, im Taoismus den »Diamantkörper«, im Sufismus den »heiligsten Körper«, Tantristen und die yogische Schule sprechen vom »göttlichen Körper«, im Vedānta ist die Rede vom »Körper aus Glückseligkeit«, die mithraische Liturgie weiß von einem »perfektionierten Körper«, im alten Ägypten ist es der »leuchtende Körper« und im Gnostizismus der »strahlende Körper«.[9]

Nun sagen die Namen der besonderen Körper mit all den Attributen noch nichts darüber aus, was den Menschen erwartet, der die Umwandlung (Transformation) erreicht hat. Liest man sich jedoch zusätzlich durch diverse philosophische Traktate, dann erfährt man Erstaunliches: Wenn die Transformation stattgefunden hat, dann eröffnen sich uns alle Wirkungsmittel, die das »göttliche Etwas« anwendet, um das »kosmische Szenario« aufrechtzuerhalten. Der transformierte Mensch – so heißt es – wird selbst zum weit über den Alltag reichenden Schöpfer seiner besonderen Welt. Er kann materialisieren und dematerialisieren, Erscheinungen hervorrufen und wieder aufheben – er ist sozusagen eins mit der »göttlichen Schöpfungskraft«.

Dieser Anspruch ist nicht nur höchst vermessen, sondern hört sich spontan erst einmal als absolut unmöglich an, erinnert sehr an Spuk und Esoterik. Andererseits gibt es die Überlieferung darüber, dass manche Menschen – Jesus ist wohl der berühmteste – einige Materialisierungen und unerklärliche Erscheinungen vollbringen konnten. Das Neue Testament ist voll von Berichten und vagen Anleitungen dafür.

Wir müssen bei all diesen Überlieferungen aber im Hinterkopf behalten, dass traditionelle Lehren voller vorsätzlicher bewusster Verfälschungen und auch voller Irrtümer sind. Diese Überlieferungen sind ja in der Regel keine originalen Erfahrungen, sondern wurden später oft zu Dogmen gezimmert. Zum Beispiel sind die Lehren Jesu Christi erst viele Jahrzehnte nach seinem Tod niedergeschrieben und danach insgesamt entstellt worden durch ungenaue Übersetzungen und missinterpretierte Botschaften, dies auch gezielt, wenn es opportun erschien, Funktionären von Glaubensgemeinschaften Argumente an die Hand zu geben.

Es gibt zu der Verstümmelung authentischer Inhalte zahlreiche Experimente. Bekannt ist beispielsweise das Phänomen der »stillen Post«, der Verfälschung durch mehrfache Weitergabe. Und wenn man Proband*innen zum Beispiel auffordert, den Inhalt eines Vortrags einen Tag später wiederzugeben, kommt in der Regel heraus, dass nur noch ein relativ geringer Prozentsatz der ursprünglichen Informationen erhalten bleibt.

Die alten Lehren wurden auch benutzt, um ethische und soziale Regeln in der Bevölkerung zu implementieren. Das ging am besten mit der Etablierung einer gebieterischen Religion, die weder Jesus noch Buddha oder andere »Heilige« oder Mystiker je gewollt hatten. Durch vorgegebene Rituale, zu denen formalisierte Gebete gehören, geht die eigentliche meditative Methode, die ursprünglich den Erfolg des Mystikers ausmachte, verloren. Die originale Lehre ist häufig so weit verkommen, dass sich im Namen der Religion bis heute Menschen bekriegen.

Dennoch zeichnen sich in allen Überlieferungen im Kern Wahrheiten ab, die man aber erst erkennen kann, wenn die Existenz einer grundsätzlichen Wirklichkeit verstanden wird. Dies legt eine Möglichkeit der sogenannten Transformation nahe. Das wird Thema dieses Buches sein.

Es ist überliefert, dass Eremiten einen Gesteinseindruck von ihrer Hand oder ihrem Fuß als Nachweis ihrer Transformation hervorrufen konnten, nachdem sie das »Erwachen« und die »Erleuchtung« erlangt hatten. Heute sind diverse Beispiele zur angeblichen Auflösung von festen Molekularordnungen in Millionen Jahre alten Steinfelsen als Hand- und Fußeindrücke bekannt, zum Beispiel der Handabdruck von Padmasambhava, Kathmandu-Tal, oder der Handabdruck »des ungläubigen Türken« im Fels des gespaltenen Berges, Montagna Spaccata, Gaeta (Lazio/Italien). Ich habe sie mir in Indien und auf Bali anschauen können. Ein nachträgliches Einmeißeln der Abdrücke von Hand und Fuß in die Felsen als »Fake« ist natürlich nicht auszuschließen, aber nicht erkennbar.

Doch nehmen wir vorab einmal an, diese Abdrücke sind wirkliche Eindrücke, wobei sich im Felsen lokal die Bindungen zwischen Atomen und Molekülen durch geistige Einwirkungen vorübergehend so weit gelockert haben, dass aus dem festen Gestein unter der Hand oder dem Fuß eine flexible Masse wurde.

Wir müssen uns klarmachen, dass die uns so fest erscheinende Materie eigentlich eine Wahrnehmungsillusion ist. Denn Materie hat in ihrer Zusammensetzung im Prinzip nichts Festes, sondern ist pure Energie, die allerdings mithilfe von Informationen Kräfte an Massen bewirkt, wodurch Bindungen zwischen diesen Massen entstehen, die Materie als fest erscheinen lassen.

Wir werden später lesen, dass diese Kräfte geistigen Ursprungs sind und deshalb tatsächlich auch geistig beeinflussbar sein können. Wäre es nicht so, könnten wir weder sprechen noch laufen oder nach etwas greifen; auch alle Organe des unbewussten vegetativen Nervensystems wie Drüsen, die auf Gefühle reagieren, würden nicht mehr funktionieren, wir könnten nicht mal weinen. Bei all diesen Handlungen beeinflussen wir die zusammenhängende Körpermaterie in uns entweder mit unserem geistigen Willen oder über unsere Empfindungen und Gefühle, die ebenfalls allein auf Informationen beruhen.

Wir werden ausführlich zeigen, dass die Welt vom Geist immer wieder erschaffen und von der Seele belebt wird. So sind auch die Automatik-Funktionen in uns, die unseren Körper organisieren, und die wir »unbewusst« nennen, Tätigkeiten der Geist-Seele in uns.

Nehmen wir als These für den Beginn dieses Buches also einmal an, dass wir Menschen tatsächlich die Fähigkeit einer »göttlichen Schöpfungskraft« einnehmen können, dann wäre es überhaupt kein Problem, uns, wann immer wir wollen oder es notwendig ist, auch in den Zustand einer Glückseligkeit zu versetzen. Wenn wir fast »allmächtig« sein können, dann können wir uns und womöglich alle Menschen immer wieder glücklich machen. Wir können für uns ein Universum erfinden, das uns guttut, und ihm Wirklichkeit verleihen. Missbrauch wäre ausgeschlossen, denn wer die göttliche Schöpfungskraft erkannt hat, erkennt auch die Schädigung durch jede Art von Überdosierung.

Ein »Baum der Erkenntnis«

Warum können wir die Glückseligkeit nicht ad hoc in unserem jetzigen Zustand »herbeizaubern«? Uns fehlt der berühmte »Baum der Erkenntnis«, der in vielen Traditionen immer eine zentrale Rolle für die Transformation des Menschen spielte. Wir werden noch darüber reden müssen, was eindeutig falsch läuft, was wir aus dem Weg zu räumen haben und wie wir dann unseren jetzigen Zustand transformieren können, um zeitweise relativ stabil Glückseligkeit erleben zu können. Das ist in heutiger Zeit keineswegs selbstverständlich.

Solange man nicht weiß, wie etwas funktioniert, und wenn man darüber hinaus nicht weiß, was bestimmte Funktionen behindert, kann man keinen Erfolg erwarten. Das sieht man auch bei vielen unkonventionellen Therapieverfahren, deren detaillierte Mechanismen den Anwendern oft unbekannt sind und die sich deshalb mit Versuch und Irrtum behandeln, was sehr unbefriedigend sein kann; denn das Phänomen Heilung ist nach dieser »heuristischen« Methode nicht zuverlässig wiederholbar und verschiebt sich auf statistische Möglichkeiten, also auf Wahrscheinlichkeit und »Zufall«. Wenn allerdings die Funktionsschritte einschließlich eventueller Barrieren im Einzelnen bekannt sind, ist die verlässliche Optimierung möglich, und das positive Ergebnis wird reproduzierbar.

Bei uns Menschen kommt zusätzlich zur puren Technik noch ein weiterer Aspekt hinzu: Unser Geist beeinflusst das Ergebnis. Und weil das, was wir glauben, in jedes Experiment, in jede Handlung, in jedes Geschehen einwirkt, ist das Ergebnis an den Status unseres Geistes gebunden. Glauben ist *körpereigene Gewissheit*. Der Körper reagiert so, als ob das Vorgestellte wahr wäre.

Halten wir schon mal Folgendes fest: Alle unsere Beweggründe werden durch eingebildete Szenarien vermittelt. Wenn ich mir zum Beispiel eine schöne Reise gönnen möchte, dann stelle ich mir das Ziel in Bildern vor. Dafür kann ich meine Vorstellungen in allen Details ausmalen. Je mehr ich über die Destination weiß, mir angelesen oder selbst erfahren habe, desto besser gelingt mir die umfassende Vorstellung meines Reiseziels. Weil jeder meiner Gedanken immer auch mit Gefühlen und Empfindungen verknüpft ist, wird der Glauben als körpereigene Gewissheit wirksam, was bereits einer gewissen Verwirklichung entspricht, indem Glücksgefühle die körpereigene Chemie positiv beeinflussen. Die Vorstellung entspricht dann quasi der erreichbaren Realität.

Wenn also letztlich vieles geistig organisiert ist, dann wäre es für uns alle äußerst wichtig, in den Naturwissenschaften den Geist selbst zu erkunden statt die Materie, die offensichtlich vom Geist abhängig ist.

Wenn die Traditionen von einer übersinnlichen spirituellen Glückseligkeit der Seele sprechen, sind wir heutigen Menschen etwas verwirrt. Denn der Begriff »spirituell« ist abgeleitet vom lateinischen Wort *spiritus*, was unter anderem »Geist« bedeutet. Und Seele ist etwas, was von Geist unterschieden werden kann.

Seele ist der Hort der Gefühle und unserer Erfahrungen, Geist dagegen ist die Quelle des Verstandes, der Vernunft, des Intellekts und der Logik – so meinen wir. Wenn also von spiritueller Glückseligkeit die Rede ist, deutet das bereits auf eine Verbindung von Geist und Seele hin, was identisch mit der Verbindung von Verstand und Gefühl ist.

Eine neue Seinslehre tut sich auf mit den Erkenntnissen einer postmateriellen Wissenschaft. Es geht um eine uns angeborene Möglichkeit, unter anderem um eine Transzendenz in eine »jenseitige Interwelt« voller Energie und Information und damit um eine erweiterte Seinsebene. Wir können dort abgespeichertes Wissen anzapfen. Wir können Gesundheit optimieren.

Jeder Mensch bemerkt, dass sein Körper von Geist, Seele und Bewusstsein gesteuert wird. Aber was ist Geist, was Seele, was Bewusstsein? Und welche Funktion hat mein Ich dabei? Wollen wir die Urquelle der Glückseligkeit finden und den Weg dorthin mit allem »Wenn und Aber« beschreiten, führt er uns zu unserem Selbst.

Alle aus den Himalaja-Regionen stammenden spirituellen Philosophien erzählen seit vielen Tausend Jahren von der Glückseligkeit, im Sanskrit *Ānanda* genannt. Wir stoßen bei der Recherche zu *Ānanda* auf jenen möglicherweise vollkommen unerwarteten Bezug: Die Glückseligkeit befindet sich in jedem von uns, und zwar als sogenanntes Wahres Selbst. Diese Urquelle muss – wie alle wissenschaftlichen Ergebnisse – ent-deckt werden, was bedeutet, dass sie ohne besondere Maßnahmen zugedeckt vor sich hin schlummert. Diese enge Beziehung zwischen dem Zustand der Glückseligkeit und unserem Wahren Selbst wird uns nun nicht mehr loslassen; wir wollen alles darüber in Erfahrung bringen.

Noch wissen wir nicht, was sich hinter dem Terminus »Wahres Selbst« verbirgt. Aber es gibt eine traditionelle spirituelle Bedeutungslehre, die sich ausschließlich um das Wahre Selbst bemüht:

Es ist die Advaita-Vedānta. Der Begriff »Advaita« deutet bereits auf die Inhalte der Vedānta: »Nicht-Zweiheit«. Auch heute noch wird die sogenannte Dualitätstheorie heiß diskutiert. Wir kommen darauf zurück.

Worauf fußt diese ehemals verschlüsselte Lehre? Jahrtausende vor der gedruckten Überlieferung empfing eine Gruppe vedischer Wissender in Indien, »Rishis« genannt, intuitiv Botschaften über Details des Menschenlebens. Insgesamt heißen diese Botschaften, die sich auch aus den Gesprächen zwischen Lehrern und Schülern ergaben, »Upanischaden« oder auch »Veden«. *Veda* bedeutet »Wissen, heilige Lehre«. Die Botschaften wurden dann in 25 000 Versen mit bestimmter Metrik formuliert, womit es für die Nachkommen leichter wurde, die Inhalte als Mantren auswendig zu lernen und mündlich zu überliefern.

Die vedischen Texte sind wohl vor 6000 Jahren begonnen worden; andere Quellen datieren sie viel älter. Durch die aktuellen Nachberechnungen astronomischer Angaben in den Texten wurden die ältesten Überlieferungen auf 23 000 Jahre vor Christi Geburt geschätzt. Erst viel später, aber immerhin noch Jahrtausende vor Christi Geburt, wurden die Texte dann in Sanskrit aufgeschrieben.

Im letzten, im Bezug zum gesamten Werk relativ kleinen Teil geht es ganz konkret um die Selbsterkenntnis, also um die Frage: »Wer oder was bin ich?« Dieser Teilkomplex erhielt den Namen »Vedānta«, und so heißt auch die dafür stehende Philosophie. Die Vedānta-Philosophie ist insofern einmalig, weil es tatsächlich um nichts anderes geht als um eine weitgehend logische Methode zum Erkennen des Wahren Selbst. Der wichtigste Schlüssel in den vedischen Überlieferungen, also innerhalb der Upanischaden und innerhalb der Vedānta, ist die Methodologie des Advaita-Vedānta. Die Logik begünstigt das Erkennen, das als Wissen und nicht als beliebiger Glaube in die Menschen Eingang findet.

Schrödinger und die Brahmanen

Erwin Schrödinger schrieb in seinem Buch *Mein Leben, meine Weltsicht:* »… so unbegreiflich es der gemeinen Vernunft scheint: du – und ebenso jedes andere bewusste Wesen für sich genommen – bist alles in allem. Darum ist dieses dein Leben, das du lebst, auch nicht ein Stück nur des Weltgeschehens, sondern in einem bestimmten Sinn *das Ganze*. Nur ist dieses Ganze nicht so beschaffen, dass es sich mit *einem* Blick überschauen lässt. – Das ist bekanntlich, was die Brahmanen ausdrücken mit der heiligen, mystischen und doch eigentlich so einfachen und klaren Formel: Tat twam asi (das bist du). – Oder auch mit Worten wie: Ich bin im Osten und im Westen, bin unten und bin oben, *ich bin diese ganze Welt*« (Hervorhebung im Original).[10]

Schrödinger war vertraut mit dem Chāndogya-Upanishad. Er wählte bei der Wiedergabe des Weisheitsspruchs die persönliche Form als Ich und Du, die sich über die ganze Welt ausbreiten können. Im Upanishad-Original ist stattdessen »das Unendliche« eingefügt. Es steht hier geschrieben: »Dies Unendliche ist unten und oben, im Westen und Osten, im Süden und Norden. Wahrlich, es ist dieses ganze Universum« (Teil 7, 23–25, 1).

Schrödingers Version ergibt Sinn, denn wir können das Ich und Du tatsächlich mit einer unendlichen Einheit verbinden. Warum sollte das sinnvoll sein? Weil nur in der unendlichen Einheit, also losgelöst von allen Trennungen und Fragmentierungen, die wahre Glückseligkeit ihre Quelle hat.

Aber warum ist das so? Was ist die unendliche Einheit, und wie können wir sie zu Lebzeiten erfahren?

Interessant ist, dass auch andere Traditionen, sowohl im asiatischen Raum als auch im morgenländischen, alles schon wussten, was wir uns heute mühselig erneut beibringen müssen. Das Neue Testament, das den Umkreis der Person Jesus wiedergibt, enthält eine Menge Hinweise zu den vorher schon bekannten Traditionen. Die im Jahr 1947 und danach gefundenen Schriftrollen in Höhlen am Toten Meer, die dort vom Volksstamm der Essener versteckt wurden, beweisen, dass die Lehre des Christentums bereits vor Jesus existierte. Sogar die übermenschlichen Fähigkeiten, mit denen Jesus von den Evangelisten ausgestattet wurde, kann man alle bereits bei den Essenern finden: Heilung durch Handauflegen, Zukunftsvoraussage, Wiederauferstehung. Sie nannten sich bereits »Arme im Geiste«, eine Metapher, die Jesus genauso in seiner Bergpredigt wiedergab (Mt 5, 3). Arme im Geiste sind laut Essener diejenigen, die eine Bereitschaft zur Entsagung von materiellem Reichtum mitbringen. Der Galiläer Yehoshua, lateinisch Jesus, hielt sich an diese Vorgabe.

Wir können aus der im Thomas-Evangelium genannten Verbindung von Jesus mit Indien schließen, dass Jesus offensichtlich nicht nur die Philosophien der Essener, sondern auch die philosophischen Lehren Indiens studiert hat. Einiges in seiner Lehre wiederholt die Aussagen der Vedānta. Und man muss davon ausgehen, dass er auch die damit verbundene Lehre der Alchemie bestens kannte. Jesus wird in Indien als »Verkünder der Wahrheit« mit dem Namen »Yus Asaf von den Stämmen Israels« in alten Schriften gut dokumentiert. Er soll sein Grab in Khanyar haben, einem Stadtteil von Srinagar, Kaschmir.[11] Noch heute gibt es die Thomas-Gemeinde in Indien. Das Thomas-Evangelium berichtet über den Disput zwischen Jesus und Thomas, der auf Anweisung Jesus nach Indien gehen sollte, um diese Gemeinde aufzubauen.

Viele Bereiche dieser Traditionen, einschließlich solcher des Neuen Testaments, werden erst wirklich nachvollziehbar und plausibel, wenn man sich ein breiteres Grundwissen einschließlich der Quantenphilosophie erschlossen hat. Der Vers 483 der Sanskritabhandlung Viveka-Chūdāmani aus dem 8. Jahrhundert beispielsweise sagt alles Wichtige mit zwei Sätzen: »Die Herrlichkeit/die Größe der höchsten Absoluten Wirklichkeit, gleich einem Ozean gesättigt mit der Flut der nektargleichen Wonne des Selbst, kann weder in Worte gefasst noch durch den Geist erfasst werden. Mein Geist, der wie ein Hagelkorn im Ozean verschwunden ist, hat sich in einem winzigen Teil desselben aufgelöst, und ist nun glücklich, einsgeworden mit der Glückseligkeit des Selbst.«[12] Viveka ist die menschliche Fähigkeit, zwischen dem Wirklichen und dem Unechten zu unterscheiden. Chūdāmani ist das Kronjuwel zur Erlangung dieser Fähigkeit. Vertrauen wir darauf, dass wir dieses im weiteren Verlauf der Lektüre noch genauer erkunden.

Wir kannten bisher die physische und die geistige Kraft. Nun wollen wir also eine weitere Kraft erleben, nämlich die aus der Erkenntnis und Weisheit des Selbst – für viele ist das eine vollkommen neue Erfahrung.

Unser geistig-seelischer Ausgangszustand

Machen wir uns also auf den Weg, den Zustand der Glückseligkeit zu erreichen. Es ist ein reiner Erkenntnisweg. Das heißt, wir brauchen Wissen über alle beteiligten Akteure und die physikalischen Grundlagen der Existenz. Alles ist bereits vorhanden und in uns angelegt – wirklich alles. Es geht um unser Ich, um unser Selbst; es geht weiterhin um Bewusstsein und Unterbewusstsein, um Geist und Seele. Was wir ergründen müssen, ist, wie diese Akteure zusammenarbeiten und uns das Leben schenken.

Als weiteren Teil müssen wir die physikalischen Grundlagen des Lebens herausfinden, denn sie bereiten für uns die Informationen und Energien, die Realität und die Virtualität, die Vielfalt und die Einheit vor. Auch hier gibt es ein komplexes Zusammenspiel.

Unsere Aufgabe ist es dann, die Akteure und die physikalischen Grundlagen zu einem Gesamtbild zu vereinigen und mit dieser Erkenntnis die Kontrolle über beide zu übernehmen, um das Ziel zu erreichen.

Was ist unser geistig-seelischer Ausgangszustand? Sehen Sie sich um – was sehen Sie gerade? Vielleicht Menschen, Bäume, den

Himmel? Das sind Namen, Worte, Begriffe, auf die wir uns geeinigt haben, um uns gegenseitig mitzuteilen und Gedanken auszutauschen.

Allgemeiner gesagt, sind Namen, Worte, Begriffe Synonyme für Informationen. Wir alle sind permanent von Informationen umgeben. Nicht nur das Gesehene und Gelesene sind Informationen, sondern auch das, was wir hören, was wir mit der Hautoberfläche fühlen, was wir riechen und schmecken. Für dies alles haben wir Sinne, und mit ihnen erleben wir die informative Sinneswelt.

Nun sind die Namen, die wir den Sinneserlebnissen geben, natürlich nicht die primäre Information. Wenn wir den Baum sehen, dann ist das eine Metapher für ein Informationsmuster, das wir als Bild im Gedächtnis behalten. Aber nirgends in unserem Gehirn befindet sich das Bild eines Baumes. In Wirklichkeit sind fast alle primären Signale, die wir mit den Sinnen aufnehmen, elektromagnetischer Natur. Alles, was wir sehen, riechen, fühlen, schmecken, sind elektromagnetische Energien. Sogar der akustische Schall, fürs Hören verantwortlich, wird als longitudinale Welle durch Verdichtung und Verdünnung von Molekülen, die dabei beschleunigt und wieder abgebremst werden, letztlich zu elektromagnetischen Signalen als transversale Welle. Denn jedes beschleunigte und wieder abgebremste Elektron als Bestandteil von Molekülen sendet Informationen aus. Alle diese elektromagnetischen Signale, die aus unserer Umgebung kommen und innerhalb unserer Körperstrukturen fortgesetzt werden, sind die eigentlichen Informationen, die durch einen unbekannten Mechanismus Bilder im Geist »zaubern«. Auch elektromagnetischer Kommunikationsfunk wie mittels Handy, Fernsehen, Radio, Radar sind Informationen und können zu Störsendern unserer körpereigenen, das heißt natürlichen elektromagnetischen Funktion werden. Genauso zerstören elektrische und magnetische Felder technischen Ursprungs als Falschinformation die Navigation der V-Formationen ziehender Kraniche und Gänse, und auch Bienen finden nicht mehr zu ihrer Beute zurück.[13]

Was passiert im Gehirn?

Das Gehirn ist aus dem Blickwinkel der Anatomie (Aufbau) und Physiologie (Funktion) mit heutigem Wissen schnell beschrieben – eine Anhäufung von Nervenzellgewebe mit reichlicher wässriger Umgebung. Das Nervengewebe erzeugt jede Menge elektrischer Impulse und elektrischer Felder. Die Impulse provozieren an Nervenkontaktstellen Molekülsubstanzen, die wiederum neue elektrische Impulse auf den Weg schicken. Mehr ist im Prinzip nicht vorhanden.

Wie aber kann der Mensch damit blühende Landschaften sehen? Wie gesagt kann man nirgends im Gehirn das Abbild eines Baumes finden. Die Elektrizität im Gehirn entsteht durch den Austausch von mehr und weniger elektronenreichen Elementen, »Ionen« genannt. Aber wie kann der Baum, den ich sehe, den Austausch der Ionen in Gang setzen? Und selbst wenn ich das herausfinde, wie kann die kreuz und quer im Gehirn herumwabernde Elektrizität mir das Bild eines Baumes vermitteln?

Noch »verrückter« ist die Tatsache, dass ich die Augen schließe und mir nun das Bild eines Baumes vorstellen kann, also ohne den Baum mit den Augen zu sehen. Wie kann ein Gehirn ohne jeden Input das Gleiche erschaffen wie mit Input? Auch während der Vorstellung wabern elektrische Felder und chemische Stoffe durchs Gehirn – aber wie entsteht daraus ein geordnetes beschreibbares Objekt? Und es geht noch weiter. Stichwort: »Träumen«. Im Traum habe ich nicht nur die Vorstellung von einzelnen Objekten, sondern es spielen sich subjektive länger dauernde Dramen ab, die ich für vollkommen real ansehe. Wo ist im Gehirn die Bühne dafür? Wie können die Empfindungen meiner Sinnesorgane so exakt imitiert und wiedergegeben werden, dass ich den Unterschied zum Alltäglichen nicht erkennen kann?

Im Alltag wie im Traum funktioniert der Aufmerksamkeitsfokus mit seinem Bewusstseinswerkzeug identisch. Mein ganzes Leben lang bilde ich mit diesen beiden Eigenschaften meine Welt ab. Ist das alles Illusion?

Alltags-Realität und Traum-Realität mit identischem Mechanismus der Realitätsschaltung werden auch noch ergänzt durch die Nahtod-Realität. Aufgrund der zahlreichen belastbaren Ergebnisse aus Untersuchungen nach wissenschaftlichen Kriterien (ein Fall der AWARE-Studie[14] wird als belastbarer Beweis anerkannt) gibt es längst keinen Zweifel mehr: Der Mensch kann seine gewohnte Welt erleben wie im Alltag, obwohl sein Gehirn keine elektrische Aktivität mehr zeigt, das Gehirn tot ist.[15]

Gerade haben wir noch behauptet, dass jedes »Ding«, das ich denke, mit der elektrischen Aktivität des Gehirns verbunden ist, wo dann irgendwie eine Decodierung der Informationspakete stattfindet. Nun aber wird uns auch diese Illusion genommen. Der erste Wissenschaftler unserer Zeit, der sich darüber äußerte, dass das Bewusstsein außerhalb des Gehirns existiert, war der australische Nobelpreisträger (1963) John C. Eccles (1903–1997), auf den wir noch zu sprechen kommen. Später dann waren es mehrere Quantenphysiker, die sich das Modell »Bewusstsein wird nicht durchs Gehirn erzeugt, sondern existiert universal« zu eigen machten, wie zum Beispiel der Nobelpreisträger (1963) Eugene Wigner (1902–1995).

Die jetzige weitestgehend konsensfähige These lautet: Informationen über unseren Körper und andere Körper werden zusammen mit der Information über die Umwelt als Bewusstsein aufgegriffen, in das universelle Informationsfeld integriert und dem Gehirn zur Filterung zugestrahlt. Das impliziert auch: Gibt es kein Gehirn, so gibt es weiterhin das Informationsfeld und Bewusstsein.

Alle Signale, die im Mittelpunkt unseres körperlichen Lebens stehen – Licht, Farben und wohlige Wärme, aber auch Düfte, Geschmacksmodalitäten und Tasteindrücke –, beruhen primär auf elektromagnetischen Wellen. Spezielle Frequenzmuster dieser Wellen zaubern unsere verschiedenen Eindrücke. Frequenzen elektromagnetischer Wellen werden durch unser bewusstes Aufnehmen zu Photonenteilchen mit je nach Frequenz unterschiedlichen Quantenenergien. Diese Energien werden mustercodiert und ergeben dann die verschiedenen Eindrücke. Um uns herum gibt es nichts anderes als Energie- und Informationswellen in Form von Elektromagnetismus und Gravitation.

In uns wirken darüber hinaus die »starke Kraft« und die »schwache Kraft« – und was an Kräften noch dazukommt, wird durch Bewusstsein und die Aufmerksamkeit des Willens erzeugt. Sie zusammen konstruieren unsere Welt. In unserem geistigen Konstrukt wird dadurch der Himmel blau, das Gras grün, die Rose rot. Wir hören Klänge und Geräusche in der Nähe und aus der Ferne, wir sehen Objekte, die nah und fern von uns sind. Wir ertasten die unterschiedliche Festigkeit der Gegenstände um uns herum. Das alles kann man verstehen, denn wir glauben felsenfest, dass alles in unserem Umfeld wirklich existiert, wie wir es wahrnehmen. Wir können das aber in Wahrheit nur glauben, nicht beweisen, weil immer unser Bewusstsein der Urheber aller Dinge ist. Ohne unser Bewusstsein wäre nichts da, es gäbe auch keine Beweise.

Was aber vollkommen rätselhaft bleibt, ist die Tatsache, dass dies alles auch im Traum geschieht, und noch rätselhafter, dass im Tod ohne jede Körperaktivität die geistigen Konstrukte des Alltagslebens weiter erscheinen. Wir bleiben im geistigen Konsens von Aufmerksamkeit und Bewusstsein. Wir sehen Farben und Licht, wir hören herrliche Musik, wir sehen unsere Angehörigen und erleben die Gefühle. Nur Materie ertasten, das können wir nicht mehr. Materie ist ab sofort kein Widerstand mehr für Berührungen, kein Hindernis mehr für unsere Bewegung, wir gehen durch jede Mauer, durch jede Barriere hindurch, wie es die Elektronen zu tun pflegen.

Wenn so etwas mit uns geschieht, dann muss es dafür auch eine Erklärung geben. Vor allem kann dieses Phänomen nicht auf den Nahtod beschränkt sein, denn alle Realitätserzeuger sind offensichtlich im Nahtod identisch mit denen der Alltagswelt – Aufmerksamkeit mit Bewusstsein und Wille.

Das wichtigste Zeugnis des Phänomens der bildhaften bunten Welt im Geist ist die sogenannte »außerkörperliche Erfahrung«, kurz AKE. Dies ist ein Zustand, der uns verdeutlicht, dass wir, das heißt der eigene Geist, uns außerhalb des eigenen physischen Körpers befinden, und dann aus dieser neuen Perspektive unsere Alltagswelt betrachten. Diese Erfahrung impliziert alle Prinzipien des Nahtodes. Wir haben dabei volles Bewusstsein, nehmen wahr und handeln wie gewohnt. Wir können Entscheidungen treffen, uns zu einem beliebigen Ziel hindenken. Große Entfernungen, aber auch Wände und andere materiellen Barrieren sind kein Hindernis. Wir können das Universum erkunden oder das Zimmer danebem. Der Amerikaner R. A. Monroe, der 25 Jahre Erfahrung mit diesem Phänomen der AKE hat, erzählt sogar von Welten mit Lebewesen, von denen wir bisher nichts wussten.[16]

Alles Fantasie? Nicht unbedingt, denn diese Zustände erleben viele Menschen, angeblich 25 Prozent der Bevölkerung. Was auffällt, ist, dass die übliche Alltagswelt, anders als im Traum, nicht nur unverzerrt empfangen wird, sondern dass auch jede Erinnerung an die Erlebnisse erhalten bleibt. Eigentlich ist das identisch mit dem luziden Traum im Virtuellen (lat. *lucidus* [hell]); allerdings gibt es einen gewichtigen Unterschied. Während wir im luziden Traum die geträumten Geschehnisse mit unseren Gedanken steuern können, können wir im Zustand der AKE die Geschehnisse nur betrachten, aber nicht verändern. Allein das eigene Ich oder Selbst ist dirigierbar.

In den Siebzigerjahren waren Forscher bemüht, AKEs belastbar zu beweisen. Das Ablesen von Zahlen während des AKE-Zustandes in einer normalerweise uneinsehbaren Lokalität im Zimmer war ein probates Mittel. Glaubt man den Berichten aus damaliger Zeit, die zum Beispiel von den amerikanischen Psychologen Joseph Gaither Pratt (1910–1979) und R. Targ in einigen Reviews zusammengefasst wurden, so ist dies bei einigen Probanden gelungen.[17] Halluzinogene und Narkosemittel rufen ebenfalls AKE hervor, aber Alkohol hemmt das Phänomen.

Kommt es während der AKE dazu, das Einssein mit allem zu spüren, wird – laut Überlieferung – eine unbeschreibliche Freude und Glück ausgelöst. Es ist das eindringlichste und deutlichste Erlebnis als totaler Friede, totale Ruhe, totales Vertrauen, totale Freiheit, totales Wissen und Erkenntnis. Körper und Seele erhalten eine ungeheure Energiewelle, die man nicht beschreiben kann – absolute Liebe. Monroe schreibt: »Ich erlebe Seligkeit, weil das emotionale Empfinden das einzige Wahrnehmungswerkzeug ist, das ich gebrauchen kann, um etwas jenseits der Illusion zu spüren.« Illusion ist für ihn, so wie in vielen Traditionen, die Aufnahme von Signalen mit Sinnesorganen.[18]

Bewusstheit als Werkzeug zur Erkennung von Information

Tatsächlich fällt es uns nicht allzu schwer, das Bewusstsein als universal verbreitet anzunehmen, wenn wir es derart definieren, wie wir es gebrauchen – nämlich als Werkzeug, Information als solche zu erkennen und zu verarbeiten. So definiert, gibt es Bewusstsein nicht nur bei Menschen, sondern überall in der Natur. Und sogar bis hinunter zu den kleinsten Einheiten. Alles kommuniziert mit Information, was nicht möglich wäre, wenn Information *nicht* als solche erkannt würde – ein pures geistiges Prinzip.

Wir müssen uns fragen, was Information im eigentlichen Sinn ist. Unsere Antwort: Information ist ein bestimmter codierter Energiezustand – codiert bedeutet hier »in Form gebracht« –, der sich aus dem überall vorhandenen Rauschen herausfiltern lässt. Das ist aber noch nicht alles; etwas sehr Wichtiges fehlt noch: Wer oder was filtert den codierten Energiebereich heraus? Und wie wirkt sich das Herausgefilterte aus? Für wen oder was ist diese codierte Energie nützlich?

Um die Antworten zu finden, müssen wir uns Folgendes deutlich machen: Um Information nutzbar zu gestalten, braucht man erst einmal unbedingt ein Werkzeug, um Information als solche zu erkennen. Würden wir Information als solche nicht erkennen, wäre es keine Information für uns. Nach dem Erkennen müssen wir Information auch noch einordnen und verarbeiten können.

Im Begriff »Information« (in Form gebracht) steckt bereits ein wichtiger Hinweis. Aber auch hier steht wieder die Frage im Raum: Wer bringt »in Form«? Wer erkennt das »in Form Gebrachte«?

Die Antworten auf diese Fragen sind deshalb so außerordentlich wichtig, weil sie uns zu dem Zentrum des Lebens, ja sogar zum Entscheidenden der Schöpfung führen. Um Information als solche zu erkennen, benötigt es zwingend das Werkzeug Bewusstheit. Information wird nur durch Bewusstheit zu Information. Gibt es keine Bewusstheit, dann gibt es keine Information.

Wenn wir also fragen: »Was kann Bewusstsein?«, dann ist die Antwort: »Allgemein gesagt, ist Bewusstsein der Modus, der die Eigenschaften von Dingen und Vorgängen über erkannte Information gezielt zur Wahrnehmung bringt und ordnet, und zwar nach dem Prinzip ›Gleiches erkennt Gleiches‹, also aufgrund einer energetisch-informativen Resonanz.« Denn es wäre sinnlos, von Information zu sprechen, ohne dass diese von einem Bewusstsein erkannt würde und ohne dass sich diese auf etwas bezöge, was ebenfalls nur ein Bewusstsein erkennen kann.

Unsere Definition lautet schließlich: »Information ist die Festlegung eines energetisch wirkenden Musters aus dem Rauschen heraus durch Bewusstsein/Unterbewusstsein mit dem Geben von Sinn und Bedeutung; das entspricht einem zielgerichteten Verstehen der Information.«

Keiner darf jetzt den Fehler machen zu sagen: Mein Computer kann auch Information erkennen und verarbeiten, also hat mein Computer Bewusstheit. Wer so argumentiert, übersieht, dass alle Computer vom menschlichen Bewusstsein programmiert sind und so gezielt Information vom Geist des Menschen hergestellt wird, die von uns dann wieder genutzt wird.

Da Information unser Sein bestimmt, können wir alle nur dann bewusst sein, wenn wir das Werkzeug Bewusstheit verwenden. Und tatsächlich gibt es nichts, wirklich überhaupt nichts für uns im Kosmos und auf dieser Erde, wenn wir nicht bewusst sein können, also wenn wir kein Bewusstsein haben.

Information, die durch Bewusstheit als solche erkannt und verarbeitet wird, beruht auf einem geistigen Prinzip. Das geistige Prinzip wird ausgeführt von dem, was wir allgemein »Geist« nennen. Geist zeigt sich im Denken, in den Gedanken und im Gedächtnis sowie in der Erinnerung. Dies ergibt einerseits den Verstand, und die Willenskraft vervollkommnet diesen zum Intellekt.

Das Bewusstsein als Repräsentant von Informationen lässt auch Hirnprozesse einem ganzheitlichen Prozess folgen, wie ein Programm im Computer elektrische Impulse führt. Der gewaltige Unterschied ist jedoch, dass unser Geist ein Bewusstsein anwendet, das selbst verstehen kann, und deshalb seine Programme umzuschreiben vermag. Und das Bewusstsein steuert eben nicht nur Information des Verstandes, sondern auch Information des Gefühls.

Weil jeder Gedanke mit »angeborenen« Gefühlen eingefärbt ist, spielt immer auch unsere Seele in die Geisttätigkeiten mit hinein, und zwar bei jedem unterschiedlich – mal mehr, mal weniger, je nach individueller Erfahrungsspeicherung. Und diese von der Seele ausgelösten Informationen können ebenso wie der geistige Wille, aber eher automatisch, an der Materie Kräfte auslösen. Wie gesagt würden wir ansonsten bei Traurigkeit und seelischem Schmerz nicht weinen. Und dieser Geist ist nicht nur auf die Direktinformation der Sinnesorgane angewiesen, er kann auch »außersinnlich« Informationen erhalten, was bei Gedanken, Erinnerungen, Vorstellungen und insbesondere bei den Intuitionsphänomenen deutlich wird.

Die Verarbeitung von Information ergibt dann Sinn, wenn sie in einen Rahmen passt und in einen Kontext einfließt. Das wiederum setzt voraus, dass Information bewertet wird. Wir deuten

Information, nennen es »Bedeutung« und erschaffen damit Sinn. Das Geben von Sinn und Bedeutung zeichnet die Information und ihre Verarbeitung im Kontext aus. Damit das gelingt, sollte sinnvollerweise ein Ziel feststehen. Der Kontext zeigt dann im optimalen Fall einen erstrebenswerten Weg zum Ziel.

Also verwenden wir folgende Abläufe: Zuerst erkennen wir irgendein Signal, ein »Zeichen«, das interpretiert wird, indem wir ihm Sinn und Bedeutung beimessen. Dann vergleichen wir das »Zeichen« mit bereits abgespeicherten »Zeichen« in einer Art Reflexion und ordnen es ein. Das Ganze ergibt dann ein erkennbares Ordnungsschema. Dieses Schema nennen wir »Erkenntnis«.

Die Interpretation der Zeichen, also das Geben von Sinn und Bedeutung, wird von vielen Gegebenheiten beeinflusst: Erziehung, Kultur, Modeerscheinungen, Zeitgeist. Der Geist einer Gesellschaft ähnelt sehr dem Geist ihrer einzelnen Mitglieder und kann sich als Charakter im Kollektiv ändern. Die Menschen konstruieren sich damit eine Vorstellung von dem, »was ist«. Eine Vorstellung entspricht aber nicht der grundsätzlichen Wahrheit, *die ist*. Vorstellung und grundsätzliche Wahrheit werden permanent verwechselt, dies auch in der Wissenschaft.

Fassen wir diesen ersten Schritt des Lebens zusammen: Aus der Unordnung, dem Chaos – einem Rauschen –, wird Ordnung durch erkannte Information, die durch Bewusstheit entsteht und der durch Kontextbewusstsein Sinn und Bedeutung gegeben wird. Diese gesamte Aktivität nennen wir »Geist«, der sich sowohl in einer Massengesellschaft ausbreitet als auch im Individuum.

Die Wirklichkeit konstruieren wir erst danach, abgeleitet von diesen so erhaltenen Informationen. Unsere Welt einschließlich der Natur entsteht letztlich durch unser geistiges Konstrukt aufgrund unserer Eindrücke durch zufließende Information. Auf diese Weise sind wir keinesfalls separiert von der Natur und von einem Forschungsobjekt, sondern wir erschaffen die Natur – auch unser Leben – durch unsere geistige Aktivität des Bewusstseins und Unterbewusstseins.

Erwin Schrödinger sagte es ganz deutlich: »… die Welt da draußen ist Schein, alles spielt sich nur im Bewusstsein ab… es ist
deshalb falsch zu behaupten, die Welt spiegle sich im Bewusstsein
wider: Nichts spiegelt sich! Die Welt ist nur einmal gegeben. Ur-
bild und Spiegelbild sind eins. Die in Raum und Zeit ausgedehnte
Welt existiert nur in unserer Vorstellung.«[19]

Wie Geist und Seele formieren

Sinn und Bedeutung zu geben setzt Denken voraus, denn der
Geist muss interpretieren und Vergleiche mit anderen erkannten
Informationen anstellen. Denken ist eine Hauptaktivität des Geistes. Sie mündet nicht nur in trennender Analyse, sondern auch
in der Schöpfung von Neuem. Schon daran sieht man, dass Geist
nicht gleich Geist ist. Er kann sich sehr unterschiedlich auswirken als analytischer Geist und als Schöpfungsgeist, als formativer
Geist.

Trennen durch Analyse und Schöpfung von Neuem sind sehr
gegensätzliche Erscheinungen. Trennen führt zum Zerteilen des
Ganzen, während Schöpfung zur Zusammensetzung von Teilen
führt. Trennen und Analysieren ist notwendig, um Einzelteile
kennenzulernen, die neu zusammengesetzt werden können. Aber
das Ganze ganz zu lassen ist genauso wichtig. Das Ganze ist oft
grundsätzlicher als die Analyse seiner Teile.

Wenn also die anfangs erwähnten Namen, Worte, Begriffe eine
so wichtige Rolle in unserem Leben spielen, haben wir das der
Schöpfung des Geistes zu verdanken. Die Schöpfung durch unseren Geist und durch den Geist aller Menschen beschränkt sich
nicht nur auf Begriffe, sondern auf alle Bilder, auf alle Erlebnisse,
auf alle Erkenntnisse, auf alles, was uns begegnet. Alles wird vom
Geist gebildet, weil Geist die Bewusstheit verwendet und das Bewusstsein enthält – und weil ohne diese nichts existiert.

Tatsächlich ist die Welt immer genau das, was wir von ihr denken. Denken findet in uns statt, deshalb ist wie gesagt auch das,

was wir als Außenwelt in unserem Umfeld bezeichnen, in Wirklichkeit allein in uns. Uns ist klar, dass unsere Gedanken und Vorstellungen zur geistigen Sphäre gehören. Nun aber zu schließen, dass unsere physische Umwelt auch eine Vorstellung in unserem Geist ist, fällt uns allen schwer. Dennoch ist unsere physische Umgebungsrealität immer eine Projektion unseres individuellen Geistes nach außen. Jede dieser Projektionen ist mit Gefühlen und Empfindungen gekoppelt, sodass immer die Seele als Hort der Gefühle mitschwingt.

Gedächtnis, Intellekt, Wille, Empfindung und Gefühle sind zweifellos geistig-seelische Aktivitäten und steuern enorme Kräfte. Kräfte entstehen durch informative Energien, die nach innen und nach außen projizieren, reflektieren und manifestieren. Derartige Mechanismen erinnern an eine Fata Morgana, die letztlich auch durch bestimmte Kräfte der Projektion, Reflexion und Manifestation entstanden ist.

Der individuelle Geist hat es in heutiger Zeit geschafft, die Seele von der Urquelle zu trennen. Der von uns genutzte Geist ist von den Sinnen vereinnahmt, und seine Aufmerksamkeit ist vom Außen gefesselt. Er spielt ein Spiel als Außenszenario, ohne zu begreifen, dass er selbst die Szenen projiziert.

»Das Wissen blendet uns, weil es uns das Gefühl gibt,
dass wir eine Menge wüssten, während wir in Wirklichkeit
eigentlich ganz verloren und unwissend sind.«
RUMI[20]

Der Wille der Seele äußert sich als Motivation

Gehen Sie nur mal in eine x-beliebige belebte Fußgängerzone. Alle Menschen, die Sie dort herumlaufen sehen, bewegen sich nur deshalb, weil ihre Gedanken und Gefühle sie antreiben; sie sind motiviert. Ohne Motivation passiert nichts im Leben; kein Mensch würde morgens aus dem Bett steigen, wenn die Motivation nicht wäre. Motivation selbst ist unserem geistigen Ich nicht direkt bewusst, und dennoch gehört sie zur Rubrik Bewusstsein. Denn auch Motivation erkennt Information und verarbeitet diese. Diese Information wird aber nicht in Bildern vermittelt, sondern in Gefühlen und Empfindungen – es ist die Seele und nicht der Geist, der hier als übergeordnete Instanz firmiert.

Die aus der Motivation entstehenden Folge-Gefühle aus dem Pool der Seelen-Sammlung sind dem Ich ebenfalls nicht bewusst, aber dennoch zu jeder Zeit wirksam. Sie stammen aus einem universellen Speicher, färben alle Geschehnisse und werden als Erfahrungen in unserer Seele angesammelt und abgerufen. Lebenskraft ist immer mit der Empfindung »Motivation« eng verbunden. Ohne Motivation ist unser Leben leblos. Depressiven mangelt es an Motivation.

So wie Wille die Macht des bewussten Geistes ist, ist die Motivation die Macht der unbewussten Seele. Beides ergibt die aus dem Inneren kommende Lebenskraft. Weil wir Motivation und alle anderen Empfindungen und Gefühle nicht willentlich steuern können und weil wir von den Tätigkeiten unserer Lebenskraft kaum etwas bewusst mitbekommen, wird immer wieder der Ausdruck »unbewusst« verwendet. Dennoch arbeitet auch die Seele mit dem Werkzeug »Bewusstheit«, schon deshalb, weil sie mit dem Geist engstens verbunden ist. Denn die Geist-Seele-Gemeinschaft ist verantwortlich für die Organisation des Lebendigen, also für die Auswirkung der Inhalte unseres Geistes und unserer Seele.

Geist und Seele sind energetisch-informativ verbunden

Also: Die von uns formulierte Definition von Bewusstheit, nämlich das Erkennen von Information, betrifft auch die Seele. Geist und Seele sind energetisch-informativ miteinander engstens verbunden. Über die Seele findet mithilfe der »angeborenen« Gefühle und Empfindungen die Einordnung unserer Gedanken und unserer Bildervorstellungen in »Gut« und »Schlecht«, »Schön« und »Hässlich« statt. Es gibt viele weitere Einordnungen, die in den Namen der Gefühle ihren Ausdruck finden: Freude und Trauer, Wut und Stolz, Liebe und Trennung, Wohlempfinden und Angst und so weiter.

Wichtig sind hier die Gegensatzpaare; ohne diese Gegensätze könnten wir nicht das uns gewohnte Leben führen. Tatsächlich kann der Mensch nur dann wohlige Wärme empfinden, wenn er bereits bittere Kälte kennengelernt und dies unbewusst abgespeichert hat. Er kann sich nur dann im Licht erfreuen, wenn er von dem Erleben einsam machender Dunkelheit weiß. Auf dieses Kontrasterleben werden wir noch einmal zu sprechen kommen.

Die Einschätzung eines Geschehens durch die Gefühle hängt von unseren Erfahrungen ab, geprägt von den Ereignissen des gegenwärtigen Lebens und aller Wahrscheinlichkeit nach auch durch die Ereignisse von früheren Leben. Denn wir müssen uns fragen: Wo kommen die »angeborenen Gefühle« her, die für uns alle gleich sind? Es ist durchaus glaubhaft, wenn vermutet wird, dass Gefühle die Erfahrungen unserer Vorfahren und ebenfalls von unseren eigenen vielmals vergangenen Leben sind. Alle Erfahrungen, die der Vorfahren und die von uns selbst, sind zentral abgespeichert, wie bei dem Flugschreiber in der Blackbox eines Flugzeugs.

Nach dem Tod wird die Materie des Körpers zurückgelassen, aber niemals die Blackbox mit den Aufzeichnungen des individuellen Lebens und den Bewertungen der Ereignisse. Anders als beim Flugschreiber stehen die Aufzeichnungen der Bewertungen als universelle Gefühle für jeden Menschen und für viele Tiere als ein Informationsfeld zum Abruf bereit.

Das aber bedeutet, Gefühle sind nicht in unseren Genen codiert, man hat sie dort auch nie gefunden, sondern sie kommen über ein Informationsfeld zu den Menschen und anderen Lebewesen.

Je nach Einordnung eines Geschehens in »Gut« oder »Schlecht« werden die Kräfte in unserem Körper (besonders in unserem autonomen oder vegetativen System) und in unserer Seele angreifen: aufbauend oder niederreißend. Die Seele speichert die Färbungen von Sinn und Bedeutung der im Geist bewussten Erlebnisse ab, wodurch die Erlebnisse »unterbewusst« werden. Sie müssen »unterbewusst« werden, damit die aktuellen Geistgeschehnisse des Alltags nicht durch zu viel bewusste, entscheidungspflichtige Information blockiert werden. Dennoch sind alle Seelenabspeicherungen immerwährend als Kräfte im Leben tätig, eben automatisch ohne Willenskontrolle.

Leben durch und mit Gedanken

Gedanken sind wir gewohnt. Kaum einer wird stutzen, wenn jemand sagt: »Wir haben Gedanken.« Wir sagen das nur, weil wir es so wahrnehmen. Dabei haben wir nicht nur Gedanken, sondern im Prinzip *sind wir* in bestimmten Teilbereichen *unsere Gedanken*. Wenn wir nicht Gedanken wären, gäbe es das »Wir« gar nicht. Jeder von uns lebt durch seine ureigensten Gedanken. Jeder Gedanke ist ein Ausdruck des Ich. Und umgekehrt ist unser Ego eine Ansammlung aus Gedanken über uns selbst. Gedanken machen unsere Welt aus.

Obwohl sich alles um Gedanken dreht, fragt kaum jemand: Warum haben wir Gedanken? Woher kommen Gedanken? Wie beeinflussen uns Gedanken? Wie sind Gedanken steuerbar?

Das sind im Rahmen der Steuerung unserer Realität ganz entscheidend wichtige Fragen. Denn wie gesagt Gedanken kreieren sowohl unser Ich als auch die Welt um uns herum. Alles Denken muss von etwas gemacht sein, was aber selbst durch Denken nicht hervorgebracht werden kann. Der Auslöser des Denkens ist die Annahme der Erkenntnis von Wirklichkeit durch unser Selbst. Die physikalische Wissenschaft meint dagegen, alles ginge von physikalischen Prozessen aus. Wir werden zeigen, dass diese Sichtweise kein Widerpart zu unserer intuitiven Auffassung ist, sobald wir die Unabhängigkeit von Raum und Zeit, also von der Materie, auch in der Physik zulassen. Wir zeigen dies in Teil II dieses Buches.

Obwohl wir meinen, dass wir unsere Gedanken beherrschen, ist es genau umgekehrt, Gedanken beherrschen uns. Wenn wir uns bewusst machen können, wer der Urheber unserer Gedanken ist, dann bekommen wir die Chance, fließende Gedanken willentlich zu lenken. Zumindest treffen wir dann die Entscheidung, sie entweder aufzunehmen und weiterzudenken oder sie unbeachtet vorbeiziehen zu lassen.

Was also sind Gedanken? Wir nehmen mithilfe der Aufmerksamkeit wahr, was in uns und um uns passiert; es sind die bereits definierten Informationen. Diese Wahrnehmungen werden von uns im Denken verarbeitet. Eine Themeneinheit, die wir zusammenhängend denken, nennen wir »den Gedanken«, und viele Themeneinheiten sind dann »die Gedanken«. Gedanken sind inhaltlich so unterschiedlich und zahlreich wie die Themeneinheiten. Jede Verarbeitung einer wahrgenommenen Themeneinheit ergibt neue Gedanken, die wiederum weitere Gedanken produzieren – eine endlose Folge.

Gedanken beruhen auf Begriffen und Worten. Wir denken in unserer Muttersprache. Sind wir im Ausland und beherrschen die jeweilige Landessprache, können wir auch in der Fremdsprache denken. Begriffe und Worte sind Träger von sowohl geistigen wie auch emotionalen Inhalten. Deshalb sind Gedanken immer beides: intellektuell geistig und gefühlsbetont mit der Folge von

Emotionen. Neben einer verbalen gibt es auch die nonverbale Kommunikation, beide beruhen auf Gedanken.

In Gedanken können wir die größte Freiheit und Individualität erleben, die überhaupt möglich ist. Gedanken können heilend sein, sie können aber auch den Körper schwer schädigen. Gedanken können durcheinandergehen oder geordnet und zielbestimmt sein. Sie können pure Logik sein, sich an der vermeintlichen materiellen Realität orientieren oder visionär, voller Einbildungen oder als Hirngespinste auftreten. Aber – und das wird noch eine Rolle spielen – sie können jede Menge Emotionen auslösen und mitführen. Emotionen sind die Folgen von Gefühlen und Empfindungen und zeigen wie gesagt Effekte an der Materie unseres Körpers, wenn wir etwa lachen oder weinen.

Gedanken steuern unser Leben. Unsere Gedanken bestimmen, wie wir leben, was wir tun oder nicht tun. Gedanken bestimmen auch, was wir aussprechen. Alle Sätze sind in Gedanken vorformuliert. Bereits dieses Sprechen als exakt gesteuerte Nerven- und Muskelaktion, um eingeatmete und ausgeatmete Luftmoleküle in resonante Atemströme zu formen, die dann Vokale und Konsonanten ergeben, ist ein Beweis dafür, dass Gedanken die Materie unseres Körpers steuern. Sie können das direkt über den Willen und die Motivation, sie können das indirekt über sich einmischende Gefühle und Empfindungen.

Gedankenkraft

Gedanken bestimmen auch unsere Ausstrahlung. Ausstrahlung ist in einer Gemeinschaft wichtig. Was wir ausstrahlen, wird uns durch Rückkopplung (Feedback) zurückgestrahlt. Lächeln Sie einem Menschen zu, und Sie ernten ebenfalls ein oft völlig unbewusstes Lächeln. So entsteht Sympathie. Sympathien und andere Emotionen werden durch unsere gedankliche Einstellung maßgebend gesteuert. Dieses Rückkopplungsprinzip reicht bis in die grundlegende Quantenwelt.

Nehmen wir einen Gedanken auf, indem er uns bewusst wird, dann erlauben wir energetischen Mustern aus Empfindungen, Werten und Wissen, bestimmte Resonanzen einzugehen, was einer Wirkung gleichkommt. Die jeweilige Gefühlsstimmung, die momentane Empfindung, die Neugier, das gerade aktuelle Wissen – alle haben großen Einfluss auf die Resonanzauswahl.

Ein Gedanke ist ja bereits ein Ergebnis, das durch Denken nicht nur hervorgebracht, sondern auch erfasst wird. Wieder sind Resonanzen das Bestimmende. Verändern wir Gedanken, dann verändern sich auch unsere Gefühle und umgekehrt, verändern sich die Gefühle, bilden wir unmittelbar andere Gedanken.

Entstehen Gedanken im Kopf oder anderswo?

Wie wir schon angedeutet haben, können Gedanken klar und deutlich auch bei einem hohen Verlust von Gehirnmasse entstehen. Unter der provokatorischen Frage »Ist Ihr Gehirn wirklich notwendig?« veröffentlichte Roger Lewin bereits im Jahr 1980 einen Artikel über die Ergebnisse der Untersuchungen des Neurologen John Lober, Universität von Sheffield, London im angesehenen Publikationsorgan *Science*:[21] Obwohl nur noch fünf Prozent Gehirnmasse bei Hydrozephalus-Erkrankten vorhanden war, lag bei der Hälfte der Untersuchten der IQ-Wert bei mehr als 100 und bei zwei Menschen bei mehr als 126. Der Anatomieprofessor Patrick David Wall vom University College, London pflichtete dem bei: »Die medizinische Literatur ist voll von ähnlichen Berichten, und diese reichen weit in die Vergangenheit zurück… Wie nun erklären wir diese?«[22]

Und außerdem gilt inzwischen das Phänomen der »terminalen Geistesklarheit« als wirklich vorhanden. Es geht darum, dass Alzheimer-Patienten im Endstadium, also mit fast vollkommen zerstörtem Neuronengewebe, kurz vor ihrem Tod klar formulierte Erinnerungen und Aussagen machen können.

Eccles hatte bereits 1975 darauf hingewiesen, dass ein Bewusst-

sein selbst dann weiterhin existiert, wenn große Teile der Großhirnrinde entfernt wurden. Er folgerte daraus, dass das Bewusstsein außerhalb des Gehirns existiert und unabhängig von Raum
und Zeit ist.[23] Zusammen mit seinem ebenso berühmten Kollegen Karl Popper (1902–1994) veröffentlichte Eccles 1982 schließlich die Aussage: »Der sich seiner selbst bewusste Geist muss als
etwas vom Gehirn Getrenntes aufgefasst werden.«[24]

Unter Berücksichtigung der oben beschriebenen Phänomene
von Gedanken »ohne Gehirnfunktion« gehen einige Wissenschaftler davon aus, dass ein Gehirn eigentlich nur dazu da ist,
Information in die Körpermaterie hineinzuschleusen, wobei die
Materie des Gehirns als Filter für Informationen wirkt. Das Gehirn benötigt dafür wesentliche Mengen an Energie: Es macht
zwar nur zwei Prozent der Körpermasse aus, schlägt aber mit
20 Prozent des Energiegrundumsatzes bei Erwachsenen zu Buche
und sogar mit 50 Prozent bei Neugeborenen.

Gedanken dienen auch der Erinnerung, also einem Gedächtnis. Aber weder die Entstehung noch die genaue Funktion ist
heute bekannt. Alle bisherigen Theorien und Hypothesen, die
sich allein auf die Gehirnmaterie fokussierten, erwiesen sich als
Fehlschlag. Man weiß durchaus, dass beim Denken stärkere Ver-
knüpfungen und sogar neue Nervenzellen entstehen können, dass
Neuronennetze also verstärkt werden, aber damit ist weder das
grundsätzliche Problem der Informationserkennung und -verar-
beitung erledigt noch die Frage geklärt, wie etwas Nichtmaterielles – Gedanken gehören ja schließlich der geistigen Sphäre an –
Materie beeinflussen oder neu erschaffen kann.

Das Ich, das Denken und die Selbstinstanzen

Mit der Redewendung »Ich mache mir Gedanken« gehen wir davon aus, dass unser Ich die Quelle der Gedanken ist. Andererseits können wir postulieren, dass der überwiegende Teil unseres Ichs selbst die Gedanken *sind*. Welche Indizien können wir für dieses Postulat anführen?

Eigenartig ist, dass Gedanken von einer weiteren Instanz neben dem Ich offensichtlich beobachtet werden können. Wie sonst kann ich meine eigenen Gedanken als gut oder schlecht beurteilen, ihnen Sinn und Bedeutung beimessen? Und wenn die Gedankenquelle mein Ich ist, wer spielt dann mit meinen Gedanken? Wer speichert Gedanken ab, und wo befindet sich der Gedankenspeicher? Wer hat Zugriff darauf?

Alle diese Fragen sind sinnvoll. Die Beziehung »Ich denke, also bin ich« von René Descartes (1596–1650), dem französischen Philosophen, weist darauf hin: Unser Dasein ist Denken. Aber die typische Huhn-oder-Ei-Frage nach dem, was zuerst da war, kann damit nicht beantwortet werden: Haben Gedanken das Ich erschaffen, oder hat das Ich die Gedanken hervorgebracht? Zusammen mit der Existenz von Memen, um die es weiter unten geht, und mit dem in Teil III Gesagten ist diese Frage sehr wichtig.

Fakt ist: Erst dadurch, dass wir wahrnehmen und denken, wissen wir von uns selbst und erkennen uns selbst. Aber obwohl Wahrnehmen und Denken angeboren sind, entsteht das Ich erstmalig um das dritte Lebensalter herum. Dennoch waren wir schon vor unserem dritten Lebensjahr da. Wir können daraus schließen, dass das Ich prinzipiell nicht für die Erschaffung von Gedanken verantwortlich ist. Vielmehr können wir davon ausgehen, dass vor unserem Ich eine andere Intelligenz bereits tätig ist, die das Prinzip des Denkers und der Gedanken unterhält. Das Ich übernimmt dann dieses Prinzip sozusagen in Lizenz und gestaltet damit seine Existenz.

Ein anderes Problem: Wenn wir schlafen, wird die Aktivität unseres Frontalhirns weitgehend stillgelegt. Das Frontalhirn gilt als Sitz unseres Ichs. Das heißt: Wenn ich schlafe, ist mein Ich stillgelegt. Wir hatten aber das kartesianische Axiom »Ich denke, also bin ich« angeführt. Wir könnten deshalb davon ausgehen, dass mein Ich die Gedanken sind. Wenn also mein Ich schläft, dann dürfte es keine Gedanken mehr geben. Das aber kann nicht wahr sein; denn wenn ich schlafe und träume, überfluten mich jede Menge Gedanken. Auch aus diesem Fakt müssen wir also schließen, dass eine weitere Instanz für uns Gedanken erzeugt und sie zu Gebilden zusammensetzt, was als Traum zu ganz real empfundenen Geschehnissen führt.

Dennoch: Egal, ob ich wach bin oder ob ich träume, mein Ich bleibt mein Ich. Dies sogar so exakt, dass ich im Traum normalerweise nicht einmal merken kann, dass mein Ich gerade Träume erlebt. Interessant dabei ist nur, dass ich im Traum oft mich selbst als Akteur betrachten kann, was im Alltag höchst selten vorkommt.

Träume vereinnahmen unser Ich so vollkommen, dass wir nicht mehr unterscheiden können, ob wir träumen oder ob wir den normalen Alltag erleben. Aufwachen ist, als ob ein Schalter umgelegt wird. Wir switchen von einer Welt in eine andere. Erst nach dem Aufwachen bemerken wir den Illusionscharakter der Traumwelt. Wir können uns im Alltag über Traumwelten unterhalten, als ob wir einen Film angesehen hätten. Aber wer oder was hat mein Ich in den Traum versetzt? Selbst ein Gehirn, das großen Anteil an der Traumschaltung hat, muss entsprechend programmiert werden, bevor die Schaltung klappt. Wie kann das alles so geschehen?

Kann es sein, dass wir, wie berichtet wird, beim Übergang von unserem Leben zum Tod nochmals wie aus einem Traum aufwachen und feststellen, dass unser ganzes Leben ebenfalls eine Illusion war? Ist das Gefühl der Illusion davon abhängig, in welcher Hierarchiestufe wir uns gerade befinden? Erreichen wir nach dem Tod eine höhere Realität? Gibt es noch weitere höhere Realitä-

ten, und erleben wir nach der Erfahrung dieser höheren Realitäts-
stufe dann nicht nur unser Leben, sondern auch das Universum
als Illusion?

Das ist laut unserem Modell, worin Selbstinstanzen eine wichtige Rolle spielen, durchaus möglich. Dieses Modell sagt: Handelnde für und in uns sind drei Selbstinstanzen, die sich hierarchisch anordnen. Diese Selbstinstanzen sind die Ursache von uns
als Ich:

1. Unser Ich hat sein identisches Spiegelbild, das wir das *Einfache
   Selbst* nennen. Alles, was das Ich erfährt, erfährt auch das Einfache Selbst. Dieses dient als Speicher sämtlicher Ich-Ereignisse
   dieses aktuellen Lebens. Wenn wir aus Erinnerungen und Erfahrungen leben, dann aktivieren wir den Speicher des Einfachen Selbst, ähnlich wie wir heute von der »Cloud« im Com-
   puterbereich sprechen.
2. Zusätzlich gibt es das *Höhere Selbst* als Speicher aller Informationen aus allen bisherigen inkarnierten Lebenserfahrungen
   des Individuums. Höher heißt dabei, es steht hierarchisch über
   dem Einfachen Selbst.
3. Und schließlich steht über allem das *Wahre Selbst*. Es ist Informationsspeicher für die gesamte Evolution, für alles intelligente
   Lebendige der Natur und des Universums.

Alle drei Stufen sind also hierarchisch angeordnet. Die jeweils höhere Stufe wird von den jeweils niedrigeren Stufen über Ereignisse
und Geschehnisse informiert. Das funktioniert einwandfrei, weil
die Speicherkapazität pro Aufwärtsstufe immer mehr zunimmt.
Umgekehrt kann der bewusste Abruf von Informationen aus der
höheren Stufe deshalb nur limitiert bis zu einer bestimmten Informationsmenge erfolgen. Das Erdenleben darf nicht von zu viel
Information aus früheren Leben blockiert werden, damit Platz für
neue Erfahrungen bleibt. Als wirksame Barriere dafür dient das
Gehirn eines Organismus; es ist ein Filter für die Informationsflut.

Dennoch sind die Selbstinstanzen immer präsent. Es ist ja bekannt, dass unser Ich nur zu fünf Prozent bewusste Informationen verarbeitet, aber 95 Prozent unbewusste Information unentwegt tätig sind, die den übergeordneten Selbstinstanzen zuzuordnen sind. Nach Beendigung des Erdenlebens, was einem Abschalten des Gehirns als Barriere gleichkommt, können wir individuelle Menschenwesen alle übergeordneten Stufen der Hierarchie durchlaufen und zugehörige Informationen abrufen. Auf derjenigen Stufe, auf der sich das individuelle Wesen jeweils befindet, kann es die immer vorhandene Macht- und Schöpfungsstruktur, die wir im Teil II des Buches weiter ausführen, verwenden.

Schon Schrödinger wusste: »Ich – Ich im weitesten Sinne des Wortes, d. h. jedes bewusst denkende geistige Wesen, das sich als ›Ich‹ bezeichnet oder empfunden hat – ist die Person, sofern es überhaupt eine gibt, welche die ›Bewegung der Atome‹ in Übereinstimmung mit den Naturgesetzen leitet.« Er bezog sich dann wie gesagt auf die mehr als 2600 Jahre alte Lehre der Upanischaden: »Das Persönliche Selbst ist dem allgegenwärtigen, alles umfassenden Ewigen Selbst gleich.«[25]

Da die Selbstinstanzen eng mit dem verbunden sind, was wir »Seele« nennen, ist das Ich zum Teil eine Abbildung der Seele durch Gedanken dieser Selbstinstanzen. Warum machen sie das? Sie projizieren das Ich aus sich heraus, um in der vierdimensionalen Materiewelt Erfahrungen zu sammeln, die sie selbst aus ihrem raumzeitlosen Ursprung heraus niemals machen können. Dieses Gedankenhierarchiemodell umfasst alles dieser Welt.

Alle Handelnden, also das Ich und die Selbstinstanzen, verwenden den Modus Bewusstheit als Werkzeug zum Schalten von Information. Dadurch entstehen alle Gedanken. Diese werden zu Ideen. Der Wille mit dem Fokus der Aufmerksamkeit steuert Gedanken. Die Gedanken konstruieren den Plan. Der Plan führt die Ideen zum Ziel einer Schöpfung. Die Erfüllung des Plans ergibt die Zweckmäßigkeit. Diese Logik gilt vom Kleinsten bis zum Größten.

Die Ich-Welt wird gelebt – wie wir alle erfahren – ohne jedes bewusste Wissen darüber, wo unsere Menschenwesenheit ursprünglich herkommt. Das macht uns frei, neue Erfahrungen ohne belastende Vorbedingungen zu sammeln. Inzwischen ist wie gesagt unzweifelhaft erwiesen, dass Menschen, deren Gehirnaktivität messbar erloschen ist, die dementsprechend auch kein Ich mehr aufweisen, nach unserer derzeitigen Definition also tot sind, dennoch logische und gefühlvolle Gedanken haben können.[26] Sie sind dann, vom Ich befreit, zum Einfachen Selbst übergegangen. Wie weit und wann dann noch die anderen Stufen besucht werden können, kann durch Nahtodberichte nicht geschildert werden.

Aus diesem Modell kann folgender Schluss gefasst werden: In unseren täglichen Erlebensfällen müssen wir mit mindestens einer weiteren wichtigen Entscheidungsinstanz neben unserem Ich rechnen, die durchaus die Fähigkeit mitbringt, Gedanken entstehen zu lassen. Wenn wir die vielen oben gestellten Fragen einigermaßen zufriedenstellend beantworten wollen, brauchen wir ein weiteres und neues Modell zur Gedankenbildung und zur Gedankenauslesung, das über das heute gültige Modell »Gedanken entstehen in unserem Kopf« hinausgeht.

Was meinen wir damit? Allgemein kann man sagen, dass die Bedeutung der Informationswolke eines Gedankens aus der aktiven Interaktion von Ich, Gehirn, Körper, Umwelt einerseits und – das ist neu – andererseits von einer Art »Cloud«, also dem beschriebenen Speichermedium Einfaches Selbst, unter Beteiligung der weiteren Selbstinstanzen gebildet wird. Dieses Speichermedium ist dann laut Modell eng verbunden mit dem, was allgemein als Seele beschrieben wird.

Fassen wir zwecks Einordnung zusammen: Im Vordergrund stehen die beschriebenen Selbstinstanzen, die unabhängig von Körpermaterie, also auch unabhängig von Raum und Zeit, überall und ewig existieren. Das Ich dagegen ist eine erlernte Instanz im aktuellen Leben. Es bezieht sich auf die materielle Welt mit ihren

Dimensionen Raum und Zeit. Das Ich als Gedanke ist insofern eins zu eins repräsentiert, weil es dem Einfachen Selbst unentwegt alle Informationen zuspiegelt. Selbstinstanzen zeichnen die Informationen aus unserem täglichen Leben, also aus Raum und Zeit, auf, ohne in dieser Raumzeit zu existieren. Das Denken des Ich ist aber an die Programmierungen der Vergangenheit (Erfahrungen, Konditionierungen) gebunden.

Das Besondere der Selbstinstanzen liegt also darin, dass sie zwar alle Informationen aus Raum und Zeit erhalten, selbst aber außerhalb von Raum und Zeit agieren. Das bedeutet, dass diese Informationen an jedem beliebigen Platz und zu jeder beliebigen Zeit abgerufen werden können. Deshalb kann sich der Denker beliebig in die Kindheit zurückversetzen. Es ist wie bei einem Computer mit World-Wide-Web-Anbindung: Hier am Ort und jetzt in der Zeit gebe ich Informationen ein und kann diese zu beliebiger Zeit an einem weitgehend beliebigen Ort wieder auslesen.

Noch ein Aspekt dazu: Wahrnehmung und Denken sind angeboren. Wahrnehmungen sind auch Gefühle. Alles, was angeboren ist, existiert bereits, bevor es von einem neugeborenen menschlichen Wesen »verwendet« wird. Angeborenes – wie Gefühle (Empfindungen), Erinnerungen, Vorstellungen, Intuition, Imagination, Inspiration und die Fähigkeit zu geistigen Aktivitäten – ist abgespeichert in der »Welt der Selbstinstanzen«, zu der auch die Seele gehört. Die Inhalte dieser »Interwelt« können vom Wesen abgerufen und angewendet werden. Die Reihenfolge der Aktivitäten ist:

1. Verwendung von Bewusstsein/Unterbewusstsein,
2. Informationswahrnehmung (ein erkanntes Signal),
3. Geben von Sinn und Bedeutung,
4. Motivation (unbewusst) und Wille (bewusst),
5. Manifestation, Schöpfung,
6. Bewertung und Vergleich,
7. Erleben und Erfahrung,
8. Wissen und Erkenntnis.

In dem Moment, in dem wir etwas als wahr annehmen, erfahren wir es als Realität. Es kommt nicht auf das Geschehen selbst an, das gerade passiert, sondern auf die Gedanken, die mit dem Geben von Sinn und Bedeutung das Geschehen bewerten. Was wir als wahr empfinden, glauben wir. Was wir glauben, wird zur Realität. Dabei spielt es keine Rolle, ob die Information oder das Geschehen tatsächlich einer absoluten Wahrheit oder einer wahren Wirklichkeit unterliegt. Selbst pure Fantasie kann als wahr empfunden und deshalb realisiert werden und hat dann als Erfahrung Bestand.

Das Bewerten hört nicht beim »Wahrsein« auf; damit ist nur die Information als solche festgelegt. Aber eine wahre Information lohnt, zur Erfahrung weiterverarbeitet zu werden, auf die beliebig zurückgegriffen werden kann. Eine Information kennt per se keine Eigenschaften, auch nicht Gut und Böse. Das sind Attribute, die Menschen geben, um zu ordnen. Es findet also eine entsprechende weitere Beurteilung in Gedanken statt, die sich an unseren Werten orientiert. Werte hängen von vielen Erfahrungen und früheren Lernfaktoren ab: Eltern, Lehrer, Verwandte und Freunde, Gesellschaft und Kultur, erlebte Kränkungen, Ehrungen, Suggestionen, Prägungen und so vieles mehr. Werte ändern sich in verschiedenen Zeitepochen.

Das Besondere der Meme

Schwarmverhalten ist in der Natur weit verbreitet. Wir kennen Fischschwärme, Vogelschwärme, Bienenschwärme, Schmetterlingsschwärme. Ein riesiger Fischschwarm ändert seine Ausrichtung komplett kohärent; alle Fischkörper nehmen innerhalb eines sehr kurzen Augenblicks die gleiche Richtung im Raum ein. Ähnliches beobachten wir im Starenschwarm. Die Frage ist: Welche Information liegt dem zugrunde? Es gibt keinen Anführer. Die Übertragung eines Signals von einem Individuum zum Nachbarn kostet viel zu viel Nervenweiterleitungszeit für Perzeption,

Überleitung, Reaktion. Sollten hormonartige Duftstoffe eine Rolle spielen, dauert die Übertragung infolge Diffusion noch länger. Sowohl Nervenreizung als auch Stoffeübertragung gibt es natürlich, aber diese Vorgänge haben nichts mit der unglaublich präzisen Kohärenz der Einzelwesen zu tun. Tatsächlich kann die Wissenschaft dieses Verhalten bisher nicht erklären. Deshalb greifen unorthodoxe Erklärungsmodelle: Schwarmverhalten beruht auf der Entwicklung einer energetisch-informativen Struktur.

Ja – und auch Menschen leben mit Schwarmverhalten. In ihrer Gruppenzugehörigkeit bilden sie derartige energetisch-informative Strukturen. Eine besondere Idee liegt nun darin, dass diese Strukturen vergleichbar einem Wesen sind, das sich verselbstständigt und dann die Synchronisierung der Gruppe übernimmt. Dieses Wesen existiert auf Kosten der informativen Energie seiner Mitglieder und Anhänger und erzwingt damit Steuerung und Stabilisierung. Wir sprechen dann von der organisierten Gesellschaft.

Für Elektronen veröffentlichte diese Idee bereits vor Jahrzehnten der in London gestorbene US-amerikanische Quantenphysiker und Philosoph David Bohm (1917–1992), zeitweise Mitarbeiter von Albert Einstein an der Princeton University in New Jersey. Er schlug vor, dass Quanten einer Führungs- oder Leitwelle (*pilot wave*) gehorchen. Durch die Leitwelle ist alles mit allem verbunden, und die Leitwelle registriert augenblicklich, wenn irgendwo irgendetwas geschieht. Sie kennt laut Bohm alle Bedingungen des Universums und lenkt entsprechend sämtliche Teilchen. Leitwellen organisieren die »Unterganzheiten«, eine Quelle informierender und schöpferischer Aktivität. Intentionen sind Auswirkungen der Leitwellenaktivität, die das Potenzial, also die Möglichkeit, an die Realität, an unsere Wirklichkeit heranführen. Er sprach in diesem Zusammenhang bereits von einem universell vorhandenen aktiven Quanten-Informationsfeld, das letztlich durch »Notwendigkeit« geschaltet wird.[27] Bohm war auch überzeugt davon, dass die Ganzheitlichkeit und Nichtteilbarkeit alles kontrolliert. Er nannte dies ein »Holo-Movement« und verglich diese »implizite Ordnung« mit einem Hologramm, in dem alle Einzelteile zugleich als Gesamtstruktur »eingefaltet« sind.[28]

Bohm verwendet zum besseren Verständnis das Bild von Wirbeln in einem Fluss. Diese Wirbel erscheinen uns als eigene Einheiten, die man sehen, lokalisieren und vermessen kann. Aber sie bestehen aus demselben Stoff, der durch sie hindurchfließt. Ständig neue Wassermassen bilden eine Form, ein Muster aus Überlagerungen und Interferenzen, an immer gleicher Stelle und strömen dann weiter. Der Fluss ist die Ganzheitsbewegung (Holo-Movement), die alles durchströmt, aber auch alle Formen bestimmt. Formen, die wir in unserer Welt sehen, sind Verwirklichungen aus der implizierten Ordnung heraus. Der Fluss ist gleichsam das Bewusstsein.

Das ist eine hochinteressante Idee. Das Universum als geistig-informativ arbeitendes Hologramm klingt bereits in uralten Traditionen an. Man merkt in diesen Ausführungen, dass Bohm ein großer Bewunderer des indischen Philosophen und Theosophen Jiddu Krishnamurti (1895–1986) war und deshalb auch Mitbegründer der Krishnamurti-Schule in Brockwood Park, England, wurde.

Zurück zum Schwarmverhalten. Die Gründe dafür, warum sich Lebewesen einem Gruppenzwang unterordnen, liegen klar auf der Hand: Gemeinsame Ansichten, gemeinsame Ziele, gemeinsame Sprache, dies alles und noch mehr erleichtern den sozialen Umgang.

Was die heutige Menschengesellschaft betrifft, sind dabei vielfach pure Interessengruppen am Werk. Wirtschaft, Politik, Medien wie Fernsehen und Internet ergeben ein gewaltiges Netz von gezielter Information und weltweiter Telekommunikation, die auch als Manipulatoren wirken. In unseren Gedanken bauen wir, auch durch Einwirkungen der Manipulatoren, aus »geistigem Stoff« Gebilde auf. Unter »geistigem Stoff« verstehen wir Informationskomplexe. Je nachdem, was wir wissen, was wir glauben, was wir uns einbilden, kombinieren wir die Informationskomplexe zu Vorstellungen. Diese gedanklichen Vorstellungen können sehr reale Formen annehmen und werden durch häufige Verwendung geradezu aufgefüttert, bis sie sich in den Vordergrund spielen. Jeder von uns kennt dies zur Genüge. So entstehen Ideen, Ideologien, Moden, Trends, Tags, Stile, Religionen, Weltanschauungen, Kulte und vieles mehr.

Der britische Evolutionsbiologe Richard Dawkins nannte bereits im Jahr 1976 derartig von Menschen erschaffene Informationsgebilde »Meme«. Das Wort ist ein Kunstwort. Es ist etymologisch dem englischen Wort *gene* (Gen) nachempfunden und hat mehrere weitere Bezüge, wie zum griechischen *mimeîsthai* (nachahmen), zum französischen *même* (gleich) oder zum lateinischen *memor* (sich erinnernd, eingedenk). Die Mem-Entstehung wird als wissenschaftliche Disziplin inzwischen anerkannt und an Universitäten gelehrt.[29]

Ein Merkmal der Meme ist, dass sie von Mensch zu Mensch übertragen werden wie ein Virus. Im Gegensatz zur Genetik spielt sich Memetik (ein Kofferwort, gebildet aus »Memory« und »Genetik«) lebensbeeinflussend in der Kopfwelt ab. Das Wichtigste an Memen ist, dass sie ein Eigenleben als spezifisch energetisch-informative Struktur führen können und Strategien entwickeln, die die »Wirte« veranlassen, das Mem weiterzuverbreiten. Jeder Mensch und jede Gesellschaft besitzt jeweils einen eigenen Mem-Pool.

Meme beeinflussen das Verhalten des »infizierten« Wirtes und können dann übergeordnet maßgeblich unsere Gesundheit, unser Verhalten und unser kulturelles Zusammenleben formen und regeln. Meme haben immer schon unseren Geist und unsere Kultur geformt, so wie die natürliche gezielte Selektion unsere Körper mitmodelliert hat. Diese Beeinflussung ist in der Gegenwart wegen weltweiter Medien tiefgreifender als zu allen bisherigen Zeiten.

Wir haben soeben ausgeführt, dass Gedanken selbstständige energetisch-informative Strukturen erzeugen. Vorher hatten wir bereits erwähnt, dass Gedanken Kraftwirkungen generieren. Kräfte sind auf zugrunde liegende Energien angewiesen. Neu ist nun bei der Idee von Memen, dass wir alles – jedes Ding und auch jede von uns vorgestellte Wesenheit – entsprechend energetisch aufladen können, sogar unsere eigene Seele. Es ist folglich nachvollziehbar, wenn der israelisch-amerikanische Biomedizin-Wissenschaftler Itzhak Bentov proklamierte, dass auch unser Ich mit seiner Psyche eine gedankliche Vorstellung – also ein Mem – des Höheren Selbst darstellt.[30] Warum ist das gar nicht so unwahrscheinlich?

Gehen wir davon aus, was Stand unseres vermeintlichen Wissens ist. Wir bestehen aus Materie. Wir verwenden ein Ich mit Verstand und eine Seele mit Gefühlen. Übergeordnet ist ein Bewusstsein und Unterbewusstsein. Diese Begriffe beschreiben Merkmale, können uns aber erst weiterhelfen, wenn wir sie definieren. Definitionen sind notwendig, damit wir alle das Gleiche unter einem Begriff verstehen.

Unser Ich ist strikt an unsere Körpermaterie gebunden. Gäbe es nicht die Körpermaterie, dann existierte auch kein Ich. Was wir mithilfe der Neurowissenschaften beschreiben, ist real gesehen die Materialisierung des Ich. Weil wir es mit Materie beim Ich zu tun haben, gilt der Verstand als Ich-zugehörig. Denn alles Materielle folgt einer Logik, und diese wird vom Verstand analysiert.

Ich mit Verstand – schon haben wir eine Erklärungskomplikation. Denn unser Ich taucht wie bereits gesagt erst mit einem Lebensalter von etwa drei Jahren auf, aber unser Verstand ist angeboren. Wir können davon ausgehen, dass ein Verstand das Ich bildet. Aber woher sollte die nach festen Regeln ausgeführte Manifestation des Ich kommen, wenn nicht durch eine Idee einer Intelligenz?

Nun gibt es mehrere hierarchisch angeordnete Intelligenzen. Wir hatten oben die Stufen der Selbstinstanzen bereits erklärt.

Aber woher kommen die Selbstinstanzen? Es muss über ihnen noch etwas Intelligentes geben, was diese erzeugt. Wir postulieren also, dass alle hierarchisch angeordneten Stufen vom Höchsten bis zum Niedrigsten jeweils Meme der nächsthöheren Stufen sind. Angefangen hat diese Schöpfung aufgrund von Gedanken natürlich bei der höchsten Stufe. (Wir werden diese Verknüpfung in Teil III nochmals deutlich machen.)

Schaut man die aus dem 1. und 2. Jahrhundert stammenden Inhalte der Nag-Hammadi-Schriften an, die erst im Jahr 1945 als Papyrusrollen gefunden wurden, so meint man, die Definition von Memen, ausgehend von der höchsten Stufe, vor sich zu haben. Im Apokryphon des Johannes, einem alten Schöpfungsbericht, der zu den Nag-Hammadi-Schriften gehört, steht: »Und sein Gedanke Ennoia [der erste Gedanke Gottes] vollbrachte eine Tat und trat in Erscheinung vor ihm … Das ist die erste Kraft, welche vor dem All war und welche in Erscheinung trat aus seinem Denken.« Und weiter im dreiteiligen Traktat: »Der Vater, der sie [die Äonen] zuerst dachte, hat ein Denken gesät wie einen Samen, sodass sie nun existieren mögen in seinem Denken als gedankliche Wesen und dass sie jedoch auch für sich selbst existieren.«[31]

Dieses grundlegende Prinzip wird uns noch eingehend beschäftigen; es ist das Schloss für den gesuchten Schlüssel, um das Tor zum Ziel zu öffnen.

Engel, Tulpas und Egregore – Realitätsbildung durch Gedanken

Auch Engel entstehen als Meme sowohl des Ich als auch der Selbstinstanzen. Je öfter wir liebevoll an derart von uns vorgestellte Wesen aus der Tradition denken und je dankbarer wir ihnen gegenüber sind, desto präsenter werden sie für uns. Wichtig ist, diese von uns erschaffenen Wesen niemals mit Vorwürfen zu überhäufen, sie nicht zu beschimpfen, sondern sie in unseren Gedanken sozusagen sauber zu lassen. Wenn dies viele Menschen gleichzeitig tun, entsteht eine wichtige energetisch-informative Macht mit geistig-seelischer Herkunft, die Gutes so wirkt, wie wir es uns vorstellen. So entstanden auch die Erzengel als Meme bestimmter menschlicher Gruppierungen. Vorstellungen und Ideen vieler in die gleiche Richtung geleiteter Menschen wurden immer schon zu energetisch-informativen Strukturen und werden bis heute als Prinzip ins System integriert, weil sie gedanklich »ernährt« werden. Die Namen der Erzengel weisen darauf hin: Michael bedeutet so viel wie »Wer ist wie Gott?« (Mikha'el), Gabriel »Macht Gottes« (Gavri'el) und Raphael »Gott heilt« (Rafa'el).

Im Neuen Testament werden die Engel bereits als dienstbare Geister mit eigenem Willen beschrieben (Hebr 1, 14). Wenn wir Engel für uns auf diese Weise arbeiten lassen, ergibt sich der Vorteil, dass wir einer übertriebenen Hybris des Egos entgegenwirken: Hochmut ist ein Faktor, der den Wirkungsmechanismus der Realitätsbildung untergräbt.

Voltaire (1694–1778) schrieb im *Philosophischen Taschenwörterbuch*: »Man weiß nicht genau, wo die Engel sich aufhalten, ob in der Luft, im Leeren oder auf den Sternen«,[32] wobei er mit dem Hinweis auf den leeren Raum unserer heutigen Erklärung schon sehr nahe kommt. Es gibt die Engelslehre des moslemischen Philosophen, Theologen und Dichters Avicenna (980–1037), geboren in Usbekistan. Er entwarf folgende doppelte Kosmologie: »1. der sichtbare Himmel der Astronomie und Meteorologie und 2. die unsichtbare Himmelssphäre – den engelischen Intelligenzen, die alle wahrnehmbaren Phänomene des Universums ins Dasein treten lassen.« William Blake (1757–1827) wusste: »Durch an Engel denken ruft man ihn herbei.« Das Wichtigste ist Intuition und Vorstellungskraft. Und Papst Johannes XXIII. bestätigte dies: »Man muss an den Engel denken, ihm Auftrag erteilen, ihn beschäftigt halten, denn er offenbart sich vor allem demjenigen, der ihn anruft.«[33]

Das alles kann man so verstehen: Denken und Gedanken sind Kräfte, die erschaffen und schöpfen können. Dabei entstehen sowohl Dinge als auch geistige Wesenheiten. Wir können annehmen, dass die vielen traditionellen Götter, die wir heute noch aus Sagen und Kulten kennen, ebensolche Meme waren. Es gibt zum Beispiel in Tibet das Tschöd-Ritual, das im 18. Jahrhundert vom Lama Padma Rigdzin in der Dzogchen-Sekte der »großen Vollendung« eingeführt wurde. Im Tschöd-Ritual sollen die Schüler Dämonen als Geschöpfe ihrer eigenen Einbildungskraft erkennen.[34] Im Buddhismus gibt es die spirituelle Lehre zu den gedanklich erzeugten Wesen, die »Tulpas« oder »Tulpae« heißen. Der belgisch-französischen Tibet-Forscherin Alexandra David-Néel soll es um 1920 herum gelungen sein, ein derartiges Wesen zu materialisieren, was gleichfalls andere Menschen bestätigten. Laut David-Néel ist diese Möglichkeit bei jedem Menschen vorhanden.[35]

Der westliche Ausdruck für durch menschliche Gedanken beziehungsweise Willenskraft geschaffene metaphysische Wesenheiten war im 19. Jahrhundert »Egregor« (lat. *egregius* [ausgezeichnet, ehrenvoll]). In der Vorstellung magisch arbeitender Logen erzeugt jede Gruppe von Menschen, die ihre Gedanken auf ein gemeinsames Ziel hinlenken, ein die Gruppenmitglieder überspannendes seelisch-emotionales Gedankenkraftfeld, das zum Wesen materialisieren kann. Die Templer erschufen so ihren Baphomet, dem sie den Sinn einer Weltseele zusprachen (die Herkunft des Namens ist unbekannt). Als Symbol dafür hatte der Baphomet oftmals in der Darstellung Flügel und ein »Geheimes Feuer« auf der Kopfoberseite. Dies ganz identisch mit der Flamme auf dem Kopf von Buddha-Figuren.

Aber wir müssen nicht in die alten Zeiten der Templer gehen. Der Schweizer Psychiater C. G. Jung schildert in seinem autobiografischen Werk *Erinnerungen, Träume, Gedanken* im Kapitel »Die Auseinandersetzung mit dem Unbewußten« das Auftauchen einer Fantasiegestalt aus seinem Unbewussten, die er »Philemon« nannte: »Psychologisch stellte Philemon eine überlegene Einsicht dar. Er war für mich eine geheimnisvolle Figur. Zu Zeiten kam er mir fast wie physisch real vor. Ich ging mit ihm im Garten auf und ab, und er war mir das, was die Inder als Guru bezeichnen.«[36]

Wäre es nicht der verdiente Wissenschaftler C. G. Jung, der diesen Bericht abgibt, würden wir wohl mehr oder weniger automatisch die negative Esoterik-Karte ziehen. Aber nun ist es für unser Thema »Meme« hier hochinteressant, wie er seine eigene Schöpfung eines Wesens einstufte: »Philemon und andere Phantasiegestalten brachten mir die entscheidende Erkenntnis, daß es Dinge in der Seele gibt, die nicht ich mache, sondern die sich selber machen und ihr eigenes Leben haben. Philemon stellte eine Kraft dar, die ich nicht war ... er sprach Dinge aus, die ich nicht bewußt gedacht hatte. Ich nahm genau wahr, daß er es war, der redete, und nicht ich. Er erklärte mir, daß ich mit den Gedanken so umginge, als hätte ich sie selbst erzeugt, während sie nach seiner Ansicht eigenes Leben besäßen wie Tiere im Walde ... So brachte er mir allmählich die psychische Objektivität, die ›Wirklichkeit der Seele‹ bei.«[37]

C. G. Jung verlieh den Memen damit ein schönes Dokument. Er hatte bereits 1916 ein derartiges Erlebnis. Er trat mit einem Wesen in Verbindung, das sich »Basilides« nannte. Der Name »Basilides« findet sich in der Geschichte als einem Gnostiker zugehörig (gest. 138 n. Chr.), der eine häretische Sekte anführte und 24 Bücher schrieb. Basilides eröffnet Jung ein transpersonales System namens »Pleroma«, das so wichtig war, dass er es in sein Konzept des »kollektiven Unbewussten« integrierte.

Bis weit in die erste Hälfte des 20. Jahrhunderts waren Séancen sehr beliebt und durchaus en vogue auch für Wissenschaftler. Die Séancen des Psychotherapeuten Oskar R. Schlag (1907–1990) in Zürich wurden ebenfalls von damals berühmten Wissenschaftlern wie dem erwähnten Psychiater C. G. Jung, dem Philosophen Rudolf Bernoulli (1880–1948) und dem Psychiater Eugen Bleuler (1857–1939) besucht. Sie erlebten ein Wesen, das sich selbst als eine »psychoenergetische Kraft« bezeichnete und sich »Atma« nannte. Erklärt wurde das Wesen als eine Schöpfung durch das kollektive Unbewusste der Sitzungsteilnehmer.[38] Besonders Kinder scheinen eine angeborene Begabung für die Erzeugung von Wesen zu haben, die sie nicht nur als »schrecklich-schöne« Geister und Schutzengel erschaffen, sondern gern auch zu ihren »Compagnons« ausbilden.[39]

Wir sollten uns als Ergebnis des Gesagten folgerichtig merken: Gedanken können so verinnerlicht werden, dass Gruppen die Fähigkeit erhalten, nicht nur Dinge zu denken, sondern sogar Geschöpfe als Geistwesen jeder Art zu erdenken. Innere Bilder haben ein Eigenleben und können ebenso real werden wie Lebewesen. Richard Wagner (1813–1883) konnte die Stimmen seiner Hauptdarsteller hören. Die Figuren, die der Dichter Friedrich Schiller (1759–1805) schuf, waren für ihn »lebendige Gestalten«, die ihre Freuden und Nöte mitteilten.

Das »Erdenken« ist ein Prinzip des Universums. So heißt es in allen Religionen, dass sich Gott – oder wie immer der Name für die höchste Intelligenz ist – die Natur und alles andere erdacht hat. Dieses Prinzip wird weitergereicht: Ein Selbst erdenkt sich ein Ich. Ein Ich erdenkt sich seine Welt. Eine Welt-Intelligenz, wer oder was auch immer, erdenkt sich ihre Bauteile und Facetten. Und weil das auch vice versa so abläuft, stabilisieren rückwirkend die Bauteile die Welt, die Welt ihre Ichs, das Ich unser Selbst, und alle unsere Selbstinstanzen stabilisieren die höchste Intelligenz. Dieses Erdenken der höchsten Intelligenz zu erklären ist die eigentliche Aufgabe der Theologie. Sie ist nicht die Lehre über einen Gott, sondern eine Lehre über den menschlichen Glauben an einen Gott, der durch Denken und Erkenntnis zustande kommt.

Die Frage, die sich ergibt, ist nicht: Können sich Gedanken verwirklichen? Sondern: Unter welchen Umständen können wir uns etwas erdenken? Wenn wir Gedanken haben, können wir folgenden Ablauf unterscheiden:

1. das Fassen des Gedankens, was dem Denken entspricht,
2. die inhaltliche Analyse und Anerkennung (wahr oder falsch,

vorteilhaft, bösartig) des Gedankens, was der Urteilung und Wertung entspricht,

3. die Aussage und die Kundgebung des Gedankens, was einer Behauptung entspricht,

4. der feste Glauben an die Vorteilhaftigkeit der Gedanken, dies auch dann, wenn sie inhaltlich falsch sind, und der daraus resultierenden Manifestation als sich fortpflanzende Entität also als das, was »ein Sein hat«.

Grundlegend für alle Stufen ist die Informationserkennung, also die Wahrnehmung; und deshalb ist letztlich wieder das Bewusstsein verantwortlich. Die Frage ist aber, welcher dieser drei Stufen am meisten unsere Wirklichkeitsbildung beeinflusst.

Es ist eindeutig die zweite Stufe. Diese Stufe hat außer Bewusstsein noch etwas Besonderes: Der Fachausdruck ist »Intentionalität«, was man als »Bedeutungshaftigkeit« beschreiben kann – das Geben von Sinn und Bedeutung.

Wir können bei dem Erdenken-Realitäts-Mechanismus niemals sicher sein, dass unsere Erfahrungswelt nicht auf reiner Illusion gründet. Auch unsere Träume sind durch Bewusstsein und Gedanken eine absolute Realitätserfahrung, und dennoch erfahren wir beim Aufwachen immer wieder den Illusionscharakter. Aber auch das spielt bei der Realitätsbildung aus dem Blickwinkel unseres Selbst keine Rolle. Allein der tiefe Glauben, die Gewissheit, aus Gedanken zusammengeballt, bewirkt Kreativität als Schöpfung unserer Welt.

Es läuft eine nicht in allen Teilen bewusste Eskalationsspirale ab: Wir erkennen eine Situation, ein Ding oder einen Menschen. Ob wir dieses Erkennen nur denken, es uns vorstellen oder ob es durch Sinnesorgane wahrgenommen wird, spielt für den weiteren Verlauf keine Rolle: Wir beobachten, bewerten und interpretieren unter Einsatz unserer unbewussten Gefühle: angenehm oder unangenehm. Die Situation wird dadurch als Ereignis selbstverstärkend.

Wichtig erscheint, dass Gedankeninhalte infolge ihrer Modulation durch die Selbstinstanzen im Prinzip zeitlos und nicht an einen bestimmten Ort gebunden sind – ich kann mir alles Mögliche in jeder beliebigen Zeit an jedem beliebigen Ort (aus)denken – aber die direkte Inhaltserfassung durch Resonanz geschieht jeweils jetzt und hier. Erst dadurch wird unser Glaubenssystem aktiviert. Erst dadurch entsteht die Realität.

Niemand kann glücklich sein, wenn er keine Gedanken der Zufriedenheit und des Glücks pflegt. Allemal wird ein Bereich derjenigen Lebensenergie, die in unserer Persönlichkeit gerade vorherrscht, die Informationswolke des Gedankens zusammensetzen. Tatsächlich wird dabei codierte Energie wechselseitig übertragen. Die codierte Energie als Information gebiert den Gedanken, die gedankliche Reaktion gebiert neue Information, was den Gedanken zum Gedankenmuster erweitert. Deshalb bleiben Gedankenmuster so lange lebendig, wie wir sie denken. Das, was wir lernen nennen, ist eng mit diesem Mechanismus verbunden. Längst ist bewiesen: Glaubenskraft und Willenskraft beeinflussen auch ganz entscheidend unsere Regeneration und Heilung.

Damit ist das Geschehen aber nicht beendet. Es kommt immer wieder vor, dass sich wieder und wieder Gedanken aufdrängen. Ein ununterbrochenes Grübeln, das sich immer um die gleiche Sache dreht, gehört ebenfalls in diese Rubrik.

Wodurch wird ein aufdringlicher Gedanke zum Zwangsgedanken?

Durch die Beschäftigung mit ihm. Je mehr man den unangenehmen Gedanken nachsinnt, desto mehr füttert man sie an, desto permanenter überfallen und überwinden sie uns. Als Beispiel einer derartigen Verstärkungsspirale gilt die Angst vor der Angst. Auch Angst ist nichts anderes als ein gefühlsbetonter Gedanke, der zum Mem für uns werden kann. Er kann immer aufdringlicher dadurch werden, weil man ihn denkt. Dadurch erhält der Gedanke immer wieder Energie, bis er bei den Menschen zur

Auslösung einer Panik führt. Gestoppt werden kann die sich an-
bahnende Spirale durch augenblickliche Konzentration auf einen
der eigenen Sinne, zum Beispiel auf das Fühlen eines Gegenstan-
des, den man in der Hand hält.[40]

»Achte auf deine Gedanken, denn sie werden deine Worte.
Achte auf deine Worte,
denn sie werden deine Handlungen.
Achte auf deine Handlungen,
denn sie werden deine Gewohnheiten.
Achte auf deine Gewohnheiten,
denn sie werden dein Charakter.
Achte auf deinen Charakter, denn er wird dein Schicksal.«

DIVERSEN QUELLEN ZUGESCHRIEBEN

Die Trennung in Denker und Gedanken

Wahrnehmungen und Denken sind unmöglich ohne den Wahrnehmenden und den Denker. Beide werden aber immer aus dem
Wahrnehmungsereignis und aus jedem Gedanken ausgeschlossen. Ein Geschehen – so meinen wir – passiert, und wir machen
uns nicht klar, dass eine Instanz in uns dieses Geschehen erst
durch Wahrnehmung und durch das Geben von Sinn und Bedeutung ermöglicht.

Gedanken werden ja formuliert, also in Form gebracht. Mit
dieser Formung werden Gedanken zu einem Objekt. Nun können
wir unterscheiden: Auf der einen Seite steht der Denker als Subjekt, und separiert davon auf der anderen Seite ist der Gedanke als
Objekt. Dadurch wird der Gedanke zu einem Ding. Weil das so
ist, kann das Ich sprechen. Sprache ist Gedanke.

Jetzt kommt es entscheidend auf die Perspektive an: Wo stehen wir? Nehmen wir den Fall, der Gedanke sei unser Ich, der

Denker vielfach unsere Selbstinstanzen, wobei das Ich durch seine Fähigkeit, analytisch intellektuell herüberzukommen, der Ordnung dient. Wir wollen das im weiteren Verlauf als »Verstand« bezeichnen. Dass die Selbstinstanzen wiederum als Denker aus dem Speicher heraus fungieren, wird deutlich beim Einfallen der Gedanken als Intuition. Der Speicher ist Hort aller Erfahrungen und verbunden mit Gefühlen zwecks Bewertung eines Geschehens. Im weiteren Verlauf wollen wir das als »Geist-Seele« bezeichnen.

Weder das Ich noch das Selbst kann von der Wissenschaft jemals gefunden werden, da nichts an diesen Entitäten direkt messbar ist. Und doch sind sie beide der Ursprung alles Erlebbaren: Ich gehe, ich spreche, ich denke; ich habe dafür Willen und Motivation. Nur unsere ureigenste Erfahrung macht deutlich, dass alle erschaffenen Dinge von Instanzen wie dem Ich und dem Selbst hervorgebracht werden.

Einer meiner verehrten Lehrer, der amerikanische Physiker John Archibald Wheeler (1911–2008), hat diesen Zusammenhang aus Sicht der Quantenphysik mit dem Buchstaben U skizziert. Ein U hat nach oben zwei Ausläufer. Setzen Sie auf den ersten Ausläufer den Denker, der sich auf den zweiten Ausläufer, den Gedanken, fixiert, dann haben Sie unsere Situation.

Ich erkläre es gern mit einer Stimmgabel; auch sie bildet ein U mit einem Griff. Schlagen Sie nun eine Seite der Stimmgabel an, schwingt die andere in Resonanz mit: zwei Tonquellen, aber eine Ursache. Wichtig dabei ist, dass durch den U-Bogen an der Basis beide Ausläufer verbunden sind. Je nach Perspektive haben wir eine Einheit, Advaita (»Nicht-Zweiheit«), oder wir haben eine Separierung: Beide Perspektiven brauchen wir. Schauen wir zuerst letztere, also die Trennung an.

Derartige Trennung und Aufspaltung, Fragmentierung, ist das Ergebnis jeden Denkens. Und es ist dringend erforderlich.

Welchen Vorteil ziehen wir aus der Trennung von Denker und Gedanke? Die Abspaltung des formulierten Gedankens von seiner Quelle, dem Denker, macht den Gedanken ja zu einem Objekt, einem Ding. Objekte und Dinge sind behandelbar. Das Gedankenobjekt kann aber nicht von seiner eigenen Quelle – dem Ich – behandelt werden, denn Quelle und Gedanke sind identisch. Stattdessen werden unsere regulierenden Selbstinstanzen tätig. Der Gedanke kann jetzt nicht nur mit dem intellektuellen Geist, dem Verstand, aus einer gewissen Distanz heraus analysiert werden, er kann zusätzlich auch von den Gefühlsqualitäten durchtränkt werden, und – ganz wichtig – er kann abgespeichert und ausgelesen werden: alles Aktivitäten der Selbstinstanzen.

Warum kann der vom Denker separierte Gedanke abgespeichert und ausgelesen werden? Weil durch diese Distanzierung von Denker und Gedanke innerhalb unseres psychologischen Konsenses Raum und Zeit erschaffen werden. Der Denker erschafft getrennte Gedanken und legt damit den Raumbegriff fest, und der Denker erschafft Gedanken in einer Folge, einen nach dem anderen, und legt damit den Zeitbegriff und die Kausalität fest.

Und was soll daran so wichtig sein? Weil der Gedanke vom Bewusstsein getragen wird, aber das Bewusstsein immer ein raum- und zeitloser Zustand ist, ist reines Bewusstsein unendlich und ewig. Zwar kann durch willentlich konzentrierte Aufmerksamkeit ohne Gedankenbildung das Bewusstsein an die Information des »Jetzt-Hier« als einzig wahrer Gegenwartspunkt verankert werden, aber das Vorher als Vergangenheit und das Nachher als Zukunft werden erst durch unser Denken innerhalb unserer abgespeicherten und wieder ausgelesenen Gedanken ermöglicht. Vergangenheit ist die gedankliche Erinnerung, und Zukunft ist die gedankliche Vorstellung und Erwartung. Beides ist dazu da, Erinnerung und Vorstellung als reales Jetzt zu imitieren, ohne wirklich zu sein – eine Erfindung des Geistes. Tatsächlich kreisen unsere Gedanken mehrheitlich in diesen beiden unwirklichen Sphären, also in der Vergangenheit und in der Zukunft. Wir tun so, als ob gerade diese beiden nicht realen Inhalte das Jetzt repräsentierten – ein großer Irrtum, denn es sind nur Projektionen, um genau jetzt gedacht werden zu können.

So entsteht durch das Denken von Gedanken eine höchst eigene und selbst geschaffene Zeit-und-Raum-Achse. Dies ist notwendig, um Dinge einzuordnen, um Entfernungen, Bewegungen, Geschwindigkeiten denken zu können. Ein Bewusstsein allein, also das reine Bewusstsein mit seiner überall und ewigen Präsenz, könnte dies niemals leisten. Wir haben folglich drei Wahlmöglichkeiten:

1. Wir entscheiden, uns direkt mit dem Bewusstsein zu identifizieren, dem reinen Bewusstsein. Dann befinden wir uns in einer ereignislosen, universellen Einheit (Ganzheit) mit absoluter Ruhe und vollkommenem Frieden. Dabei entsteht eine Erkenntnis ungehemmter Glückseligkeit. Dies für einige Momente zu erlangen ist unser Hauptziel, dessen Zubringer in Teil III eingehend beschrieben wird.

2. Wir lenken das Bewusstsein durch konzentrierte Aufmerksamkeit auf eine Information des »Jetzt-Hier«. Sind wir am »Jetzt-Hier« ernsthaft interessiert, weil es eine Menge Vorteile verspricht, werden wir es trotz aller Mühe mithilfe von Gedanken nicht erreichen können. Der Grund liegt darin, dass sich unsere Gedanken meistens mit Erfahrungen koppeln. Und Erfahrungen verwenden Erinnerungen, was abgespeichertem Wissen entspricht. Nun ist es aber so, dass derartige bereits existierende Erfahrungen und das dazugehörige abgespeicherte Wissen auf unserer Zeitachse bereits der Vergangenheit angehören. Entsprechend werden derartige Gedanken ebenfalls mit der Vergangenheit kontaminiert und können deshalb das gegenwärtige Jetzt niemals abdecken. Das »Jetzt-Hier« zeichnet sich durch eigene Gedankenstille aus. Gängige traditionelle Methoden sind Mandala, Mantra, Meditation, Yoga. Es wird dabei so lange nichts Ablenkendes geschehen, wie wir dem Bewusstsein nicht mit unserem Willen den Auftrag geben, Informationen als Gedankengebilde zu formen. Aber – und das ist nun der Vorteil dieser Wahl – eigene

Gedankenstille forciert »Einfälle«. Derartige Einfälle kommen nicht vom Ich, sondern von Intelligenzen außerhalb des Ich. Es sind die sehr begehrten und willkommenen Intuitionen. Im Gegensatz zu Gedanken verpflichten sich Intuitionen meistens der Wahrheit.

3. Wenn wir uns weder mit dem reinen Bewusstsein noch mit dem »Jetzt-Hier« identifizieren, dann bilden wir unsere eigenen Gedanken. Wir springen beliebig von der Vergangenheit in die Zukunft und sind voll von aufregenden Erlebnissen und Ideen, eben so, wie wir es vom Alltag und vom Traum her kennen. Die Gefahr besteht, dass wir ein mächtiges Gedankengebäude aus falschen Annahmen aufbauen, Gedanke auf Gedanke, ohne Korrektiv, was uns schließlich in die Enge treibt.

Da bei allen Menschen der gleiche Mechanismus abläuft, entsteht mit den geschilderten Verhältnissen von Denkern und Gedanken nicht nur die individuelle, sondern auch die kollektive Erfahrungswelt – sogar über den Tod hinaus. Auffällig ist bei Reanimierten die Erinnerung daran, dass sie während ihrer Todesphase allein mit ihren Gedanken und ihrem Willen beliebige anvisierte Ziele erreichen konnten. Sie erdenken sich die daraufhin tatsächlich eintretenden Ereignisse. Ganz ähnlich funktioniert das bereits erwähnte luzide Träumen.

Die Ich-bin-Realität

Das Ich ist ein Mem des Höheren Selbst und somit auch ein Produkt der Geist-Seele; denn Höheres Selbst und Seele als Speicher von bewerteten Informationen sind eng miteinander verbunden. Aber vordergründig heißt es: Das Ich wird erlernt. Ein Ich bemächtigt sich unseres Körpers. Ich und Körper gehören fortan zusammen.

Der Beginn des Ich passiert in dem Moment, wo das Kleinstkind merkt, dass es erstens einen eigenen Körper hat, der dirigiert werden kann, und dass zweitens um diesen eigenen Körper herum etwas geschieht, wobei der eigene Körper immer in der Mitte des Geschehens ist. Das Geschehen ist »da draußen«.

Das Lernen besteht darin, dass der Körper mit den Gedanken des Körperbesitzes des Ich vereint wird. Wenn man auf das drei- oder vierjährige Kind zeigte und fragte: »Wem gehört dieser Körper?«, dann würde das Kind entweder seinen Namen nennen oder ebenfalls auf sich zeigen. Das Eigentum »Körper« wird dann zum Ich. Wenn das Kleinkind seine Augen mit der Hand zuhält, ist es als Ich – so meint das Kind – unsichtbar. Die Wahrnehmung macht das Ich aus. Sehe ich nichts mehr, ist das Ich auch im Dunkeln. Handlungen und Bedürfnisse gehen vom Ich aus. Das Ich wird grundlegender Referenzpunkt des Lebens.

Wir sollten wie gesagt aber nicht übersehen, dass es, bevor das Ich die Hauptrolle im Leben übernimmt, bereits Bedürfnisse und Handlungen gibt. Auch sind alle Gefühle und Empfindungen längst vorhanden und abrufbar. Es muss jedoch gelernt werden, welches Gefühl auf welches Geschehen angewendet werden soll. Insbesondere bemerkt bereits das Kleinstkind, dass der Körper einem wirksamen kommunikativen Ausdruck dient. Als überzeugende Maßnahme erweist sich bald das Schreien. Aber genauso ist das Lächeln sehr früh entwickelt.

So wie bereits beim kleinsten menschlichen Lebewesen der kommunikative Ausdruck genutzt wird, hat die Natur dafür gesorgt, dass alle Lebewesen wie Pflanzen und Tiere mit ihren spezifischen Körperformen ebenfalls kommunikativ tätig sind.

Beachten wir auch: Das menschliche Wesen wird geboren. Es kann aber nur geboren werden, wenn es vorher bereits als Wesen bis ins Detail vorgezeichnet und durchkonstruiert ist. Genauso wie eine Pflanze nur dann aus einem Samen herauswachsen kann, wenn sie zuvor schon als diese Pflanze angelegt ist.

Und wie ist die Ich-Entwicklung im Erwachsenenleben? Das persönliche Ich ist bezogen auf all das andere um uns herum, was »Nicht-Ich« ist; das heißt, die Ich-Idee ist geprägt von Wahrnehmung, und Wahrnehmung funktioniert am besten durch Gegensätze: Ich–Nicht-Ich, dunkel–hell, warm–kalt, alt–jung. Gegensätze erzeugen immer sogenannte Dualität. Ich heißt Dualität. Dualität ist aber auch die Quelle aller Probleme. Also: Was sind wir mit unseren individuellen Ichs?

Wir können unseren Personalausweis vorlegen. Da steht alles drin: Name, Nationalität, Geburtstag und Alter, Wohnort. Reicht das? Oder müssen wir unsere Vorlieben veröffentlichen? Wie meine Wohnung von mir eingerichtet wurde? Wie ich meinen Garten oder Balkon gestaltet habe? Welches Auto ich fahre, welcher Religion, welchem Verein, welcher politischen Richtung ich angehöre, wo und was ich einkaufe, wie arm oder reich ich bin – ja, das alles und noch viel mehr wollen gewisse Internet-Betreiber und Manipulatoren über mich herausbekommen, um mein Ich für Ihre kommerziellen Interessen einspannen zu können. Und es klappt bestens, mein Ich wird immer öffentlicher und deshalb immer mehr der Manipulation preisgegeben.

Manipulation? Ja – wir geben unser Ich aus der Selbstbestimmung. Denn eigentlich besteht unser Ich aus Identifikationen. Die allerdings können sehr variabel sein und werden leicht von unserer Umgebung, von unseren Mitmenschen, geprägt und zuweilen auch missbraucht. So identifiziere ich mich schließlich mit einer schicken Person, die darauf stolz ist, dass sie Jeans trägt, die überall großflächig ausgefranste Löcher haben, also etwas, was in früheren Zeiten zum Wegwerflumpen erklärt worden war. Derartige Identifikationen mit fremden Persönlichkeiten, die Mode en vogue machen, sind höchst ansteckend. Das zu den »Memen« Gesagte gibt Erklärungen dazu.

Wir fühlen uns nicht selbst, haben die Beziehung zum Selbst verloren, obwohl das Selbst mit seinem Werkzeug »Unterbewusstsein« das Ich dauernd anfunkt. Wir übergehen das eigentlich Wichtige, nämlich die bewusste Erforschung unseres Unterbewusstseins, weil die Außeneinflüsse so raffiniert sind, dass wir immer wieder abgelenkt werden. Unser Selbstbild geht dadurch verloren; wir sind in unserer Perspektive ver-rückt. Die Folge ist bei vielen Menschen eine über längere Zeiträume permanente Kränkung, Verletzung, Beleidigung des Ich, die Frust und Aggression als Gegenwehr einsetzen. Die Folgen des falschen Selbstbildes sind gravierend.

Zum Schutz der eigenen Persönlichkeit werden viele von uns nun mehr und mehr zu eingemauerten Narzissten. Der Verlust des harmonischen Selbstbildes kommt einer Benommenheit, einer Gefühllosigkeit, quasi einer Betäubung gleich. Der Fachausdruck für Betäubung ist »Narkose«. Aber der Stamm dieses Begriffes erscheint auch in »Narzisst«, was von »Nárkissos« (dem Namen eines schönen Jünglings der griechischen Sage, der in sein eigenes Spiegelbild verliebt war) und vom griechischen Wort *nárkē* (Krampf, Lähmung, Erstarrung) abgeleitet ist. Diese Beziehung findet sich wieder in der wunderschönen Blume »Narzisse«, die ja einen betörenden Duft abgibt.

Narzissten verschließen sich einer Veränderung, deren eventuelle Notwendigkeit sie durch ihre ichverliebte Abschottung überhaupt nicht mehr erkennen können, so ergibt sich der Teufelskreis eines dramatischen Niedergangs; wir als Gesellschaft sind weltweit mittendrin.

Die Ichs setzen unsere Gesellschaft zusammen. Entsprechend wird die Gesellschaft zunehmend verhaltensauffällig. Viele wählen populistische Führer, deren Unfähigkeit mit unseren manipulierten Ichs in Resonanz stehen. Transformieren wir unser Ich, verändern wir die Gesellschaft. Die Ichs prägen unser Weltbild. Entsprechend verändert sich das Weltbild zum Unnatürlichen und Disharmonischen, was zu einer für uns immer mehr belastenden Umwelt führt. Transformieren wir das Ich, verändern wir das Weltbild. Die Transformation müsste so aussehen, dass das Ich, so, wie es aktuell reagiert, zurückgesetzt wird, um dann eine neue Perspektive zu erhalten unter bewusster Einbeziehung der Selbstinstanzen.

Der Verstand ist kein Mittel zur Transformation des Ich

Wenn wir von einer Transformation des Ich sprechen, ergibt sich sofort die Frage: »Wie denn?« Wir hatten bereits festgestellt, dass der Verstand eng mit dem Ich verbunden ist, weil er Ordnung im Materiellen aufdecken kann. Aber kann der Verstand das Ich programmatisch zurücksetzen? Die Natur arbeitet ja mit Gesetzmäßigkeiten, die sich in Fachgebiete wie Biologie, Physik und Chemie aufsplitten; allerdings ist Chemie eigentlich Physik, pure Quantenphysik. Diese Gesetzmäßigkeiten der Natur zu erkennen, dafür sind Verstand und Verstehen notwendig. Und weil Bewusstsein als Werkzeug für die Informationserkennung und Informationsverarbeitung dient, ist der Verstand das Produkt des Bewusstseins. Verstand führt uns zu logischem Wissen. Logik vermittelt einen Eindruck von Ordnung. Und Ordnung ist notwendig, damit wir Kontrolle ausüben, planen und verwalten können.

Eine der wichtigsten Ordnungen, die wir kennen, sind die drei Raumdimensionen Höhe, Breite, Tiefe und die Dimension Zeit. Als Koordinaten gewährleisten sie Orientierung und werden deshalb von unseren Sinnen wahrgenommen.

Von der Zeit ist bekannt, dass sie bei der Wahrnehmung von Geschehnissen nie als absolute Größe erscheint, sondern relativ ist. Je nach der gedanklichen Verarbeitung eines Geschehens können sich Zeitspannen ändern. Aber die Frage ist, ob auch die dreidimensionale Raumausbreitung von unseren Gedanken abhängt. Denn nur die Gedanken, die rund ums Ich existieren, zeigen diesen Raum auf. Das liegt daran, dass Ich-Gedanken durch die materielle Umgebung geprägt sind. Materie braucht Raum und Zeit, um zu existieren.

Wichtig ist, sich klarzumachen, dass wir mit dem Verstand niemals das Ich nivellieren können, um das Selbst und das Ganze zu erfassen. Denn der Verstand gehört engstens zum Ich, er wird geradezu zum Merkmal des Ich und festigt es. Wenn wir das Ich transformieren wollen, müssen wir alle Gewohnheitsgedanken der Raumzeit ausschließen, ansonsten wären wir nicht in der Lage, die raumzeitlosen Gefilde der Selbstinstanzen zu erreichen.

Und tatsächlich: Gedanken, die sich nicht um unser Ich, sondern um unser Selbst ranken, verwenden keine dieser Dimensionen als Bedingung. Sie bewegen sich im Unendlichen und Ewigen, obwohl die Inhalte als Erinnerungen durchaus die Dimensionalität der Ich-Erlebnisse widerspiegeln. Es ist wie beim digitalen Speichermedium Internet. Wir geben chronologische Ereignisse ein und können sie in zeitlich separierten Einheiten jederzeit und an verschiedenen Orten wieder abrufen.

Selbstinstanzen sind Speicher für Erfahrungen. Erfahrungen sind aber mehr als logisches Wissen, weil Erfahrung nicht nur den Verstand einschließt, sondern auch die investierten Gefühlsmomente eines Geschehens. Davon wollen klassische Wissenschaftler nichts hören, aber die Ignoranz nutzt nichts; es bleibt Fakt, dass jede Erfahrung, also auch Wissenschaft, ein Mix aus Verstand und Gefühl ist, und sei es nur durch Motivation und Vernunft.

Vernunft und Verstand sind nicht identisch. Verstand haftet an Überzeugungen, die er als unumstößlich wahr ansieht. Der Verstand erzeugt Dogmen und Paradigmen. Wissenschaftler sind Prototypen von Verstandesmenschen. Vernunftmenschen dagegen sehen ein, dass Überzeugungen durchaus »Eintagsfliegen« sein können und aufgegeben werden müssen, um Neuem Platz zu machen.

Auch die Erschaffung der Realität, also das Gebiet, das der Quantenphysik angehört und das wir »Quantenphilosophie« nennen, ist nicht allein mit dem Verstand hinzubekommen. Der logische Verstand erkennt die Gesetzmäßigkeiten der Quantenphilosophie und kann als erweitertes Werkzeug benutzt werden, ist aber niemals schöpferisch oder kreativ tätig, was Quantenphilosophie aber kann.

Geistiges Außen- und Innensystem

Durch unsere Prägung und durch angelernte Gewohnheiten aus dem Alltag heraus ist die physische Welt für unseren individuellen Geist »da draußen«. Davon überzeugen uns alle fünf Sinnesempfänger. Wir erkennen in drei räumlichen Dimensionen, dass »da draußen« unentwegt Änderungen stattfinden. Aber wir fragen uns nicht, wer diese Veränderungen wahrnimmt – Sinne sind ja nur Vermittler von Reizen – und wo das Erkennen der Veränderungen stattfindet. Alles Geschehen vollzieht sich ausschließlich in unserem individuellen Geist. Was meinen wir mit individuellem Geist?

Die zielgerichtete Verarbeitung von Information haben wir als Intelligenz definiert. Wenn nun Information durch das Werkzeug Bewusstheit erkannt und verarbeitet wurde, dann geschah das durch eine geistige Tätigkeit. Da die ganze Welt, das ganze Universum derartige Informationen verarbeitet, können wir von einem geistigen Feld oder kurz einem universellen Geist reden. Um uns von dem universellen Geist zu unterscheiden, sprechen wir vom individuellen Geist.

Wie setzt sich unser individueller Geist zusammen? Es war bereits von Gedanken die Rede, die unser Ich repräsentieren. Es ist nun sehr nützlich, die Rolle der Selbstinstanzen mit einzubeziehen. Ich und Selbst sind unterschiedliche geistige Eigenschaften. Denn das Ich bildet sich ja wie gesagt erst im Alter von etwa drei Jahren durch unsere Außenerlebnisse und Erfahrungen. Aber das Kleinstkind hat bereits von Beginn an eine regulierende geistige Führung, wodurch das Ich schließlich etabliert wird. Diese jedem innewohnende nie sterbende geistige Führung wurde mit Selbst (Selbstinstanzen) bezeichnet. Das Selbst ist die eigentliche geistige Größe, die das Ich braucht, um selbst erleben zu können.

Ich hatte bereits ausgeführt, dass mehrere Selbstinstanzen die Erlebnisse des Ich abspeichern und als Informationsanhäufung quasi unzerstörbar und unsterblich sind. Und nun sollten wir zwei Abläufe beachten: Es gibt ein »Außen-Ich« und ein »Innen-

Ich«, gleichzusetzen mit der Aktivität des Verstandes einerseits und der Seele andererseits.

Die meisten Körpersinne sind nach außen gerichtet. Die Außenwelt ist die Materiewelt. Dort ist Analyse und Logik gefragt, deshalb arbeitet das Außen-Ich mit dem Verstand. Aber das Innen-Ich, die Seele, ist mehr oder weniger immer dabei. Gefühle, der Seele zugehörig, wie Freude, Zufriedenheit, Glück. Aber verbreitet sind ja auch Angst, Hass, Neid, Gier. Die aber sind sehr eng mit der materiellen Körperlichkeit verbunden. Entfällt die Körperlichkeit in unseren Gedanken, sind die Probleme, die mit der Körperlichkeit zusammenhängen, ebenfalls obsolet. Kein Hormon, kein Enzym gaukelt uns nun noch etwas vor und zwingt uns, etwas zu tun, was wir nicht tun möchten. Wann fällt die Körperlichkeit in unseren Gedanken weg? Ganz einfach, indem wir unser Außen-Ich auflösen (siehe Teil III des Buches).

Unser individueller Geist, ohne den es keine Wahrnehmungen geben kann, ist in uns »hier drinnen«. Nicht nur aktuelle Reize, sondern auch alle unsere Erfahrungen sind in uns, wirklich alle. Auch sämtliche Analysen der Wissenschaft sind im Geist des Menschen, also »innen«, entstanden und werden gespeichert. Wenn wir eine Orange sehen, ist sie bereits als Erfahrung in uns und nicht erst dann, wenn wir sie »innerlich« schmecken.

Obwohl die Signale von außen kommen, wird die Information der Signale immer in uns decodiert, individuell, subjektiv. Die Informationsaufnahme und -verarbeitung des individuellen Geistes ist verglichen mit den kosmischen Geistaktivitäten im Alltag des Menschen zwar relativ gering, beherrscht aber seine Gedanken. Was wir nicht als Gedanke formulieren, existiert nicht für unseren individuellen Geist. Diese Gedanken sind je nach Geisteshaltung und Denkvermögen sehr unterschiedlich. Vom speziellen Charakter unseres Geistes ist unser Erleben abhängig und die Art und Weise, wie wir auf Eindrücke reagieren.

Der Charakter des menschlichen Geist hat also – wie beim Ich – immer zwei Komponenten. Erstens ein rationales »Außensystem«:

Dies bedeutet Herstellung von Ordnung durch Erkennen von Ursache und Wirkung. Es findet meistens im Willen seinen Ausdruck. Wenn dann aber eine empfindungsmäßige, die Emotionen (lat. *emovere* [herausbewegen, emporwühlen, erschüttern]) steuernde Gefühlskraft sich mit dem Geist verbindet, entsteht nicht nur das Urteilende und Bewertende, sondern als wichtige zweite Komponente das Intuitive (mlat. *intuitio* [unmittelbare Anschauung]), eine »unbewusste« Geist-Seelen-Einheit. Mit dem Einsetzen von Gefühlen schalten wir ins »Innere«. Fühlen kann man nicht von »außen« her, Gefühle und Empfindungen sind *in* uns. Deshalb bedeuten Intuition und Empfindung, von innen her angeleitet zu sein.

Den Teil des individuellen Geistes von uns Menschen, der im Hauptfokus die materielle Außenwelt rational abtastet, wollen wir im Folgenden kurz »das geistige Außensystem« nennen. Dagegen wollen wir denjenigen Teil des individuellen Geistes, der sich intuitiv auf den kosmischen Geist und das schöpferische Quantenvakuum einlässt, »das geistige Innensystem« bezeichnen. Beide geistigen Systeme, das rationale und das intuitive, sind gleichermaßen wichtig, sollten aber eine Balance zueinander haben.

Jeder von uns kann nun selbst abschätzen, wie viele unserer Gedanken mit dem rationalen geistigen Außensystem zu tun haben und wie viel gedankliche Aufmerksamkeit das intuitive Innensystem erhält. Da kaum jemand weiß, wie wichtig das intuitive geistige Innensystem für unser Leben und Erleben ist, wird bei den meisten Menschen das rationale geistige Außensystem im Dauermodus aktiviert sein. Die Aufmerksamkeit und entsprechend die Gedanken kreisen im Alltag fast ausschließlich um Außenfaktoren, um vermeintliche Werte, die aber alle materieller Natur sind. Schließlich geht es um die ökonomische Behauptung in einer Gesellschaft konkurrierender Egos. Das geistige Außensystem bekommt dadurch ein enormes Übergewicht und wird damit zum größten Störenfried des geistigen Innensystems. Eine immer weiter ansteigende Macht des Egos blockiert immer endgültiger den spirituellen Fortschritt.

Wir müssen unter allen Umständen lernen, die störenden, teilweise auch verwirrenden Gedanken, die das geistige Außensystem repräsentieren und uns zu falschen Entscheidungen verleiten, zeitweise stummzuschalten, und sie langfristig ändern.

Attraktoren der Wirklichkeitsbeeinflussung

Das Ich-System zu transformieren bedeutet, die von uns erschaffene Realität zu verändern. Um die Realität überhaupt beeinflussen zu können, brauchen wir Spiritualität, Aufmerksamkeit, Intuition, Erwartungen und Annahmen. Und wir müssen die Filter sowie die Illusionen kennen.

Spiritualität

Das Reich des Spirituellen, also des Geistigen, ist die Grundlage allen Seins. Die Aktion von Bewusstsein, ohne die es nichts auf der Welt und im Universum für uns geben könnte, mündet unausweichlich in eine Welt des Geistes, also in Spiritualität. Information wird erkannt und zielgerichtet verarbeitet, was wir als Intelligenz definieren – eine rein geistige Tätigkeit. Schon der Zusammenbau von Atomen zu Molekülen ist auf Information angewiesen. Nur so können Erscheinungsformen entstehen. Jede materielle Existenz ist daran gebunden. Wenn dann auch noch exakt nach Bauplan konstruierte Proteine und Nukleinsäuren lebendige Materie vermitteln, findet man in der zielgerechten Informationsnutzung hochangelegte Intelligenz so, wie wir es definiert haben.

Im Prinzip gibt es wohl kaum etwas, was nicht spirituell ist. Nicht spirituell scheint das reine Chaos ohne jede erkennbare Ordnung zu sein; und dennoch, auch im Chaos ist die Möglichkeit für Bewusstsein vorhanden. Denn das Chaos impliziert alle Möglichkeiten. Ein Sammelsurium sämtlicher Optionen wiederum ist Voraussetzung für die konkrete Auswahl bestimmter Möglichkeiten.

In uns allen »steckt« ohne jede Ausnahme Spiritualität. Insofern ist jeder Mensch, auch der eingefleischteste Skeptiker, spirituell, aber unwissend. Die Erkenntnis, dass nur mithilfe des Bewusstseins Erscheinungen von Formen und ganzen Welten möglich werden, ist intelligente Spiritualität – intelligenter Geist. Ein oft zitierter Spruch, der unterschiedlichen Urhebern zugesprochen wird, trifft es recht genau: »Wir sind keine menschlichen Wesen, die spirituelle Erfahrungen machen. Wir sind spirituelle Wesen, die eine menschliche Erfahrung machen.«

Wir wollen den Begriff »Spiritualität« jedoch einengen als »geistige Hinwendung zum Ganzen«. Damit eröffnen wir ein ungewohntes Welt- und Selbstbild mit großer Erhabenheit.

Aufmerksamkeit

Auffällig beim Menschen ist die Steuerung der Informationsaufnahme durch Aufmerksamkeit. Mit diesem Begriff konnotieren wir das Verb »aufmerken«: Wir merken etwas, wir erfassen etwas. Aufmerksamkeit stellt eine Beziehung zwischen dem Ich und etwas anderem her. Im Alltag wechselt der Fokus der Aufmerksamkeit sehr schnell in immer neue Bezugsverhältnisse. Es ist wie bei einem Radarstrahl, der die Umgebung kontinuierlich abtastet und dabei jede Menge an Information erkennen kann.

Die Information kann beim Lebendigen immer nur über ein Bewusstsein als solche erkannt werden. Es gibt die bewusste Aufmerksamkeit, und es gibt die unbewusste. Im Fall des Unbewussten oder auch Unterbewussten läuft dieses Erkennen sozusagen automatisch ab. Bei Tieren sprechen wir vom Instinkt.

Ohne Bewusstsein/Unterbewusstsein gibt es keine Aufmerksamkeit. Aber Bewusstsein/Unterbewusstsein kann sich erst dann zeigen, wenn die Aufmerksamkeit einen Fokus gesetzt hat, was wiederum Bewusstsein/Unterbewusstsein voraussetzt. Hier bedingt, wie oft im Organismus, eins das andere.

Ohne Aufmerksamkeit können wir nichts festlegen – alle

Dinge, alle Geschehnisse entstehen durch Aufmerksamkeit. Sie ist bereits vorhanden, bevor etwas entsteht. Aufmerksam zu sein ist eine der notwendigen Eigenschaften im menschlichen Leben. Aufmerksamkeit dient der Orientierung, der Navigation, dem Nahrungserwerb, dem sozialen Kontakt. Sie legt neue Dinge für jedwede Kommunikation fest und schafft neue Ideen.

Aber auch die Aufmerksamkeit braucht eine Steuerung. Im Fall der bewussten Aufmerksamkeit ist es der Wille, während es im Fall der unbewussten Aufmerksamkeit die Motivation ist. Wille und Motivation setzen den entscheidenden Fokus bei der Auswahl bestimmter Information.

Die Auswahl von Informationen durch die Lenkung der Aufmerksamkeit wird verglichen und gewertet anhand der bereits abgespeicherten Informationen. Wir geben entsprechend Sinn und Bedeutung. Dafür benutzen wir eine Werteskala, die wiederum mit Empfindungsdifferenzen arbeitet: richtig und falsch, gut und böse, schön und hässlich. Aus diesen Einordnungen resultieren dann Ideen. Die Ideen basieren auf Vorstellungen. Und Vorstellungen sind immer subjektiv und von einem Individuum zum anderen je nach abgespeicherten Erfahrungen unterschieden. Kurz gefasst heißt also die ablaufende Kette:

Wille und Motivation → Aufmerksamkeit → Wahrnehmung → Bewertung/Beurteilung → Absicht/Prognose → Vorstellung → Entscheidung → Erwartung → Aktion → Überprüfung

Diese Kette ist Inhalt jeder Beobachtung. Jede Beobachtung dient einer Kommunikation. Dabei spielt es keine Rolle, ob etwas gesehen, gehört, gefühlt, empfunden wird.

In dieser Kette der Beobachtung werden Beziehungen hergestellt und so Dinge und Objekte erschaffen und damit auch Raum und Zeit. Zeit wird zu einem Instrument, um die Veränderung von Dingen und Objekten, auch ihre Bewegung, vergleichend beschreiben zu können. Dinge und Objekte bekommen durch diese vergleichende Beschreibung der Veränderung ihre Eigenständigkeit.

Das heißt, jeder Beobachtungsvorgang erschafft über das Denken Dinge in Zeit und Raum, wobei der Raum schon dadurch entsteht, weil das Beobachtete in einer gewissen Distanz vom individuellen Ich-Zentrum wahrgenommen wird: »Ich sehe oder höre etwas da draußen.« – »Ich fühle etwas in mir.« Daraus entstehen subjektiv unterschiedlich empfundene Erfahrungen.

Wenn die Glieder der Beobachtungskette (also Wille, Motivation, Aufmerksamkeit, Bewertung, Vorstellung) in vereinter Aktivität die Welt in Raum und Zeit erst erschaffen, dann ist dies nur möglich, weil sie – zur Rubrik »Gefühle« zugehörig – selbst zeitlos und raumlos, also überall und ewig sind. Der Aufmerksamkeitsmodus kann beliebig weit und zu jedem Zeitpunkt gesetzt werden. Jedes Mal ergeben sich damit neue Informationen mit neuen Bewertungen und Vorstellungen, die gedacht werden.

Immer wenn gedacht wird, geschieht dies auch über unterschiedliche Empfindungen. Unterschiede führen zu Trennungen von Objekten und Ereignissen. Diese Fragmentierungen in Raum und Zeit werden in die Raumzeit-Achsen eingeordnet als Erfahrungen. Oft sind damit diverse Probleme verbunden.

Intuition

Intuition ist ein durchaus besonderer Zustand. Es sind Gedanken, die wir uns zwar selbst zuschreiben, denn wir denken sie ja. Intuitionen sind aber keine üblichen Gedanken, sondern sie sind Einfälle ohne Sinnesaktivitäten sowie ohne Erinnerungskomponenten, die Wissen erzeugen können. Wer ist der Absender? Infrage kommt unser Unterbewusstsein, also unser Selbst, oder eine intelligente Entität, die mit unserem Leben vertraut ist.

Für intuitives Wissen gibt es prominente Beispiele. Einstein stellte – wie auch andere – fest, dass sein Wissen mehrheitlich durch Intuition zustande kam: »Höchste Aufgabe des Physikers ist also das Aufsuchen jener allgemeinsten elementaren Gesetze, aus denen durch reine Deduktion das Weltbild zu gewinnen ist. Zu diesen elementaren Gesetzen führt kein logischer Weg, sondern nur die auf Einfühlung in die Erfahrung sich stützende Intuition.«[41] Auch Erfindungen kamen oft durch »Einfälle« zustande.

Als Synonyme für die Intuition werden vulgo Begriffe wie »Instinkt«, »Bauchgefühl«, »Ahnung«, »Eingebung«, »Riecher« oder »Geistesblitz« genannt. Kurz gesagt bedeutet Intuition, etwas ohne jede gedankliche Analyse durch das Gehirn einfach zu wissen.

C. G. Jung zufolge ist die Intuition eine grundlegende menschliche Funktion, die das Unbekannte erforscht und Möglichkeiten ahnt, die noch nicht sichtbar sind. Genialität setzt auf diese einfallenden Gedanken, weil die Gedanken des Verstandes unkreativ sind.

Was steht hinter der Intuition? Bisher gibt es als Antwort nur Modelle; die aber sind so spannend, dass es sich lohnt, sie zu überprüfen. Diejenigen, die das bereits getan haben, beschreiben ein Feld in uns und außerhalb von uns bis in die Tiefen des Universums, das sich als ein Hologramm manifestiert. Aus der Hologramm-Technik ist bekannt, dass in jedem noch so winzigen Ausschnitt die gesamte Information des ganzen Hologramm-Musters enthalten ist. Der britische Physiker Paul Davies sagt: »Das Ganze unterstützt die Teile, die selbst das Ganze ergeben. Wir brauchen das Universum, bevor wir den Atomen eine Realität zuordnen können, aus dem das Universum besteht.«[42]

Die Idee eines universellen Hologramms ist äußerst faszinierend und schon deshalb nicht abzulehnen, weil sich in jedem menschlichen Denken ein mathematisch-logisches Vermögen widerspiegelt, das Grundlage der Ordnung des Universums ist. Man sieht das auch an den musikalischen Harmonien, die nur vorhanden sind, weil wir sie empfinden. Zusammen gespielte Tonschwingungen ergeben dann einen harmonischen Klangakkord, wenn Sequenzen als mathematische rationale Zahlenverhältnisse gespielt werden, wie 2/3 oder 3/4. »Wunderkinder« wie der fünfjährige Wolfgang Amadeus Mozart (1756–1791) nahmen diese mathematischen Harmoniegesetze unbewusst wahr. Die Archetypen der Harmonie sind uns allen angeboren. Es kann uns nur etwas genuin sein, was bereits im Universum vorhanden ist.

In einer genialen Intuition erkannte bereits der Astronom und Mathematiker Johannes Kepler (1571–1630) den holografischen Bezug: »Dess Menschen natürliche Seel ist nit größer denn ein einziger Punct / und in diesen Puncten wird die Gestalt und Charakter des ganzen Himmels, wann er auch noch hundertmal so groß wäre / potentialiter eyngedruckt.«[43]

Jedes Bit hat in Wahrheit einen kollektiven, holistischen oder ganzheitlichen Bezug. Unser Selbst fungiert als »Arbeitsstrahl« wie ein Laser in der Technik, um relevante Informationen auszulesen, was uns dann als Intuition zur Verfügung steht.

Eine Schwierigkeit besteht darin, die »intuitive Stimme« von anderen »Stimmen« zu unterscheiden und von Wünschen, Voreingenommenheit, Fantasien zu trennen. Dazu braucht es Übung. Die bestehenden Anleitungen dazu kann jeder am Erfolg selbst überprüfen.

Erwartungen und Annahmen

Wie wir etwas wahrnehmen, wird durch unsere Erwartung bestimmt, und bei Bestätigung der Erwartung verfestigen wir die Wahrnehmung durch unsere Annahme. Wir können nur etwas erwarten, was wir vorher bereits kennengelernt haben und was dann durch Abspeicherung in unseren Erinnerungen erneut erfahren werden kann. Erfahrungen sind die Bedingungen für Erwartungen.

Die Erfüllung oder die Enttäuschung der Erwartungen ergibt eine weitere Erfahrung. So verwenden wir immer wieder Vergangenes und projizieren es in die Zukunft. Durch unsere Erwartungen können wir nie ein Ding so sehen, wie es wirklich ist, sondern immer eine von uns umgeformte Projektion davon, die eher etwas darüber aussagt, wie *wir* sind.

C. G. Jung gehörte zu denen, die dieses Spiel durchschauten: Das menschliche Bewusstsein sei Maya, ein Schleier, der durch die Projektion aus früheren Erfahrungen entstehe.[44]

Letztlich münden alle Anwendungen von Spiritualität, Aufmerksamkeit, Intuition, Erwartungen und Annahmen in Erkenntnissen. Die Erkenntnisse sind die eigentlichen Transformer; sie bilden in unserem Modell des universellen Hologramms den Arbeitsstrahl. Aus der wahren Erkenntnis wird wahres Wissen, und die sich einstellende Gewissheit ist der mächtigste Realitätsschalter. Für den »Pfad der Erkenntnis« brauchen wir die Vernunft, um mit kritisch-analytischem Vermögen den Glauben als körpereigene Gewissheit überwachen zu können. Aber das rationale Wissen kann niemals den Glauben erklären.

Filter und Illusionen

Abermillionen Wellen – sowohl »Möglichkeits-« (Schrödinger nannte sie »Psi-Wellen«) als auch elektromagnetische Energiewellen – schießen mit Lichtgeschwindigkeit durch den Raum, regen beliebige Elektronen zur Aussendung neuer Möglichkeitswellen und elektromagnetischer Wellen an und verschwinden wieder. Kein Objekt, das Elektronen besitzt, ist von diesem ungeheuren Netzwerk ausgeschlossen.

Einen Teil davon nehmen wir wahr durch Beobachtung. Der Vorgang der Beobachtung ist in der Quantenmechanik nicht mehr nur eine Methode, um Informationen darüber zu erhalten, wie die Welt tickt, sondern der Beobachter wird zu einem Faktor, der die Quantenwirklichkeit fundamental mitgestaltet. Jede Beobachtung ist an der Transformation einer physikalischen Situation beteiligt. Energie- und Informationsaustausch ist der Mechanismus unserer Wahrnehmungen. Für alle Kleinstteile, aus denen Materie besteht, gilt identisch: Erst mit einem Energie- und Informationsaustausch verwirklicht sich eine von vielen Möglichkeiten.

Wir müssen uns klarmachen, dass es in der Umsetzung unserer Wahrnehmungen mehrere Filter gibt, wodurch der Aufmerksamkeitsfokus eingeschränkt wird.

Erstens gibt es einen biologischen Wahrnehmungsfilter, der unsere Sinnesinformationen streng selektiert. Andere Lebewesen nehmen andere Energien wahr als wir. Und zweitens gibt es einen psychologischen Wahrnehmungsfilter – das kulturelle, ethische und subjektiv aufgestellte Wertesystem mit ganz exakten Vorstellungen: Alles, was momentan nicht den Vorstellungen entspricht, wird ausgeblendet.

Außerdem sind unsere Fähigkeiten zur geistigen Verarbeitung der Informationssignale gefiltert und gelenkt. Denn was wir sehen, hören, fühlen, ist niemals das, was wir als Dinge mit Namen benennen. Wir sagen zwar alle, dass die konkrete Umgebung »da draußen« existiert, aber wir übersehen, dass diese Umgebung erst in uns entsteht. Wir machen uns das gewöhnlich nicht klar.

Machen wir uns noch einmal bewusst: Es gibt in dieser Welt immer und ausschließlich nur Massen in verschiedener Kombination von Atomen. Was wir als »Umgebung« bezeichnen – die gesamte Natur mit Blumen, Bäumen und Tieren, alle zivilisatorischen Aufbauten wie Häuser, Straßen, Autos, alle Mitmenschen – ist niemals so vorhanden, wie wir sie in ihrer Massenhaftigkeit als Dinge interpretieren. Wenn wir einen Gegenstand oder ein Objekt – etwa ein Lebewesen der Natur wie den Baum – wahrnehmen, dann haben Elektronen ihre Photonen als Nachrichtenübermittler aktiviert, um Informationen zu schalten. Diese von Elektronen abgesendete Information bestimmt die Wechselwirkung der Energie mit unserem Sinnesapparat. Und aufgrund der Information und Energiewechselwirkung sehen wir das Objekt unverschwommen mit scharfen Grenzen. Position und Impuls sind nun in der Raumzeit festgelegt, was vorher nicht der Fall war.

Aber nun passiert etwas Wunderbares. Wir sehen nicht die physikalische Wirklichkeit, sondern erschaffen ein geistiges Konstrukt. Es besteht also ein rätselhafter Wechsel zwischen einer unbestimmten Quantenrealität und unserer scharf umgrenzten vertrauten Wirklichkeit, die wir stets im Alltag erleben können. Photoneninformation wird in unser bewusstes Gewahrsein gebracht, und wir erzeugen schöpferisch Form, Struktur, Gestalt mit »Sinn und Bedeutung« als getrennte Einheiten und erschaffen damit Bild, Raum und Zeit.

Alle von uns gesehenen Bilder hängen von der Aktivität der Elektronen ab, die sich in jedem Massekörper befinden. Indem sie von einem Energieniveau zum anderen springen, beschleunigt und wieder abgebremst werden, absorbieren und senden (reflektieren) Elektronen ihre Botenstoffe – die Photonen – als pure Informationsträger, die dann das Bild jedes Körpers übermitteln.

Das Bild entsteht in uns durch Decodierung der Frequenzmuster. Diese Frequenzmuster werden verwertet als Quantenenergie der Photonen, was sich für uns als verschiedene Farbe und Struktur im Raum offenbart.

Das Sehen beruht auf der lichtenergetischen Anregung der Materie, zum Beispiel unserer Kleidung und unserer Körperoberfläche. Elektronen springen dabei auf ein höheres Energieniveau, fallen danach sofort wieder auf ein Basisniveau und senden währenddessen das Licht der Anregung wieder ab. Diese Lichtphotonen treffen auf unseren Augenhintergrund, auf Rezeptoren der Retina, und lösen ein Gewitter elektrischer Membranaktivitäten aus – wir sehen.

Aber – dass wir sehen und unterscheiden, was wir sehen, beruht allein darauf, dass wir alle ein Bewusstsein verwenden.

Wir lernen daraus, dass nicht der Energieaustausch als wichtigstes Moment an vorderster Front steht, sondern die Chance für uns, die Information, die dafür sorgt, dass Energie gezielt und sinnvoll ausgetauscht werden kann, zu verwerten.

Der Baum sendet nicht nur uns Information, sondern auch anderen Menschen, anderen Bäumen und Tieren, Wasserläufen, Felsen – eigentlich allen Materiestrukturen, die Elektronen aufweisen, bis in das tiefste Universum hinein.

Was wir »Erlebnisse« nennen, sind Reaktionen, die auftreten, wenn Energien aufeinandertreffen. Entweder begegnet und berührt konkrete Materieenergie geistige Energie wie Achtsamkeit für eine Informationsauswahl. Nehmen wir das Beispiel »Wahrnehmung«: Der Wille zur Fokussierung eines Sinnesorgans begegnet elektromagnetischen Schwingungsmustern eines Senders, woraus Erkennen resultiert. Oder »Rauschenergie« aus dem »Meer aller Möglichkeiten« berührt geistige Energie und filtert damit Energien aus dem Rauschen heraus.

Dieses gemeinhin als »Wirklichkeit« bezeichnete Erleben spiegelt aber nicht die äußere Realität wider, sondern ist wie gesagt eine geistige Interpretation der vom Gehirn gefilterten Signale. So konstruiert jeder Mensch seine eigene Wirklichkeit.

Das Ich und ebenso das Selbst nimmt die Energie der äußeren Welt in seine geistige Innenwelt auf, verwandelt die Energie dann in innere Bilder und sendet diese Vorstellungen effektiv als Schöpfung und Manifestation in die äußere Welt zurück.

> »Wenn wir glauben, wir erlebten eine Welt außerhalb von uns, erleben wir in Wirklichkeit das Selbst innerhalb von uns.«
>
> PAUL BRUNTON[45]

Materie und unser Raumzeit-Erleben

Die Raumzeit ist für uns so selbstverständlich, dass wir im Alltag keinen Gedanken daran verschwenden, ob es noch etwas anderes ohne Raumzeit geben könnte. Die Welt besteht aufgrund unserer täglichen Erfahrung aus Raum, Zeit und Ursachen.

Wenn uns im Alltag Raum und Zeit so geläufig sind, dann liegt das daran, dass auch in den Gesetzen der Physik mit ihren erklärenden mathematischen Gleichungen die räumliche und zeitliche Gegebenheit immer impliziert ist, so auch in den Fundamentalkonstanten der Natur. Raum und Zeit und die materiellen Produkte, die sich in diesen Dimensionen tummeln, sind das Brot der Naturwissenschaft.

Aber Raum, ebenso wie Zeit, ist relativ und veränderlich. Würden wir aus dem Blickwinkel des Universums den Raum betrachten, hätten wir täglich ein starkes Erlebnis. Denn die inzwischen allgemein bekannte Tatsache der Expansion des sichtbaren Universums bedeutet derzeit eine tägliche Ausdehnungsrate von rund 23 Kilometern pro Sekunde pro Million Lichtjahre Entfernung – dies ist bereits eine unvorstellbare Monumentalgröße. Und Galaxien in etwa zwei Millionen Lichtjahren Entfernung bewegen sich entsprechend bereits mit 46 Kilometern pro Sekunde weg von uns und so weiter. Doch wir merken nichts davon.

Weil dies alles so selbstverständlich ist, fragen wir uns nicht, woher Raum und Zeit eigentlich kommen. Unser Ziel im Zusammenhang mit diesem Buch ist jedoch herauszufinden, wie wir uns außerhalb von Raum und Zeit begeben können, um aus dieser Perspektive ganz andere wunderbare Erlebnisse zu finden, die unser Raumzeit-Alltag gewöhnlich niemals bereithält.

Wenn wir die Dimensionen Raum und Zeit verwenden, ist Materie immer dabei. Nein, diese Feststellung ist nicht ganz richtig. Wir müssen hier exakterweise statt von Materie von *Massen* reden. Materie ist in ihren Eigenschaften etwas anderes als Massen. Massen bauen zwar Materie mit auf, aber Massen nehmen nur verschwindend geringe Raumvolumenprozente in der Materie ein – es sind lediglich 0,000000001 Prozent. Der riesige »Rest« von mehr als 99,999999999 Prozent ist masseleerer »Raum« innerhalb der Materie und zwischen Materieaggregaten. Und das betrifft jede Materie, ob auf unserem Planeten oder im fernen Universum.

Ist es vermessen, immer wieder das Universum einzubeziehen? Wir hier auf der Erde sind aus kosmischer Perspektive überhaupt nichts Besonderes: ein Planet in der Nähe eines Sterns. Der Stern, »Sonne« genannt, gehört zur Milchstraße. Diese Galaxie hat einen Durchmesser von 100 000 Lichtjahren. Sie enthält geschätzt 100 bis 400 Milliarden weitere Sterne. Unsere Sonne ist vom nächsten Stern (Proxima Centauri) mehr als vier Lichtjahre entfernt, das sind etwa 39 Billionen Kilometer. Viele der Sonnensterne haben ebenfalls Planeten. Hunderte Millionen dieser Planeten könnten eine ähnliche Entwicklung genommen haben wie die Erde. Und es gibt Millionen weiterer bekannter Galaxien, ganz zu schweigen von den unbekannten in der extremen Tiefe des unendlichen Universums. Sollen wir uns in diesem unübersehbaren Riesensystem von der Erde aus wirklich Gedanken über uns selbst machen? Je mehr Menschen diese Erde hervorbringt, desto kaputter wird zwar der Planet. Aber spielt das aus Sicht des Universums wirklich eine Rolle? Ja, was ist, wenn im Universum allgemeingültige Gesetzmäßigkeiten ablaufen, also im Prinzip überall energetisch-informative Geiststrukturen mithilfe von Bewusstsein genauso funktionieren wie hier geschildert. Wir machen inzwischen vehement auf uns aufmerksam und werden bald nicht mehr übersehen werden. Die Milchstraße ist circa vierzehn Milliarden Jahre alt, der Planet Erde erst etwa viereinhalb Milliarden Jahre. Lebewesen sind seit etwa vier Milliarden Jahren da. Sie haben sich immer komplexer bis zum Menschen entwickelt. Und in den letzten etwa hundert Jahren werden technische Funkwellen von diesen Menschen erzeugt, die niemals aufhören werden zu existieren. Elektromagnetische Schwingungen sind extrem weit reichend, wenn es sein muss, bis zur Unendlichkeit. Die jedes Jahr stärker expandierende elektromagnetische Hülle um die Erde herum, von Menschen freigesetzt, erreicht inzwischen einen Radius von mehr als fünfzig Lichtjahren. Diese mit Lichtgeschwindigkeit sich ausbreitenden Felder kontaminieren die natürlichen Wellen des Kosmos. Da auch alle Lebewesen einschließlich Menschen durch elektromagnetische Schwingungen aufgebaut sind und da sie auch mithilfe eingeprägter elektromagnetischer Schwingungen organisch funktionieren, stört der technisch erzeugte Kommunikationsfunk auch massiv die Natur der Erde und irgendwann auch Teile des Universums.[46] Wir plündern zusätzlich die Umwelt, zerstören die Ressourcen, verschmutzen die Luft zum Atmen und das Wasser zum Trinken, kurz: Wir laufen – wie beispielsweise die britischen Physiker Paul Davies und John Gribbin bereits vor drei Jahrzehnten schrieben – Amok und zerstören unsere einzigartige Lebensgrundlage.[47]

Wenn es »Gaia« als Organismus gibt – im Anfangskapitel von Teil III erklären wir die Herkunft dieses Begriffs –, mit welcher Methode könnte er den »zerstörenden Intelligenzen« Einhalt bieten und sie zur Demut zwingen?

Zurück zum Raum zwischen den Massen. Alle masselosen Phasen der Materie und zwischen den materiellen Dingen sind vereint und bilden quasi ein universelles Meer. Im Prinzip ist es richtiger zu sagen: In einem universell ausgedehnten Meer, bestehend aus einer masselosen Phase, schwimmen ganz vereinzelt Masseklumpen herum. Die masselose Phase erfüllt aber ganz andere Gesetzmäßigkeiten als die gut erforschten Massen. Welche?

Unsere menschlichen Körper sind Teil dieses Szenarios. Denn jeder Mensch und alle anderen Wesen der Natur bestehen ebenso wie unbelebte Materie fast vollständig aus masseloser Phase, wie soeben in Prozentzahlen dargestellt.

Warum ist Masse so eng mit Raum verbunden? Massen können sich durch Kräfte verbinden. Kräfte ihrerseits entstehen immer erst an Massen. Und weil Kräfte Vektoren haben, also bestimmte Raumrichtungen, existiert mit den Massen auch immer Raum. Haben wir keinen Raum, dann können auch keine Massen existieren und keine Kräfte. Wenn wir also im täglichen Leben den Raum nutzen, treffen wir immer auf Massen und auf Kräfte. Diese Kräfte greifen ausschließlich an den Massen der Materie an, und diese Kräfte gehen von ihnen aus – unser Körper gehört dazu. Wo Kräfte sind, lässt sich trefflich messen, und wo es etwas Messbares gibt, ist die Wissenschaft zur Stelle. Deshalb ist die klassische Physik auf die äußerst gering ausgedehnte Massenwelt beschränkt, die aber keineswegs das Lebendige vollständig beschreiben kann.

Und wer kümmert sich um den Teil der Welt, der keine Massen besitzt, also die mehr als 99,9 Prozent auch unseres Körpers? Wenn Massen so verschwindend gering im riesigen Meer des Masselosen herumschwimmen, warum haben sie dann so große Bedeutung in unserem materiellen Leben? Warum ist die konservative Wissenschaft der Medizin und Gesundheit auf 0,000000001 Prozent des Raumvolumens beschränkt?

Teilweise bemüht sich die Quantenphysik, hier Licht ins Dunkel zu bringen. Wir werden im Laufe des Buches darüber berichten. Bereits hier sei verraten, dieser masselose Teil der Welt kennt keinen Raum und keine Zeit; er ist somit universal und ewig und ist unser eigentliches Ziel, das wir erreichen wollen.

Veränderung durch Trennung und Kontrasterleben

Es ist selbstverständlich, dass es auf der einen Seite die Gesamtheit, Ganzheit, Einheit gibt und auf der anderen Seite die vielen einzelnen Dinge, die Fragmentierungen, die Differenzen. Beide Seiten spielen für unser aller Leben bedeutende Rollen. Die Einheit muss getrennt und unterteilt werden, ansonsten wäre nichts für uns erkennbar. Kein körperliches Sinnesorgan kann die Ganzheit spüren, kein Gedanke kann die Gesamtheit denken.

Die Zeit und mit ihr die ganze Welt entstehen durch Veränderungen. Veränderungen kann es aber nur geben, wenn es Trennungen, Unterschiede, Gegensätze, Kontraste und ihre Abfolgen gibt. Unterschiede, also Kontraste, ergeben sich auch durch Erfahrungen. Wir hatten es bereits angesprochen: Habe ich das Licht erfahren, kann ich die Dunkelheit bewerten; kenne ich Wärme, dann kann ich Kälte beurteilen; habe ich die Liebe erfahren, kann ich den Hass als hässlich einstufen. Alle unsere Gefühle vermitteln so Kontrasterleben.

Gibt es umgekehrt keine Unterschiede, keine Kontraste mehr, dann kann es keine Abfolge mehr geben, also gibt es auch keine Zeit mehr. Ohne Zeit steht die wahrnehmbare Welt deshalb still, weil sich ohne Unterschiede kein Vorher-Nachher mehr ergibt; die Zeit ist nivelliert. Es kann dann auch kein Erleben mehr geben. Ohne das Kontrasterleben wären wir und die Natur erlebensunfähig.

Im Zustand des thermodynamischen Gleichgewichts existiert tatsächlich keine wahrnehmbare Zeit mehr, da es keine Unterschiede mehr gibt, also auch keine Ereignisse. Der Zeitfluss hört auf. Ein Erleben in der absoluten Einheit, wie es das sogenannte Tiefenvakuum aufweist, ist also vollkommen unmöglich.

Wir können den Himmel sehen, weil wir auf der Erde leben. Wir wissen um die Dunkelheit, weil wir das Licht kennen. Wir unterscheiden den Abend vom Morgen. Alles Erleben stammt aus Trennungen. Wir haben bereits das Ich von den Selbstinstanzen unterschieden. Und auch einen Gott können wir erst benennen, wenn wir ihn vom Übrigen als getrennt ansehen. Die Trennungen der Nationalitäten führten zu Kriegen. Die Trennungen in der Gesellschaft ergaben Reich und Arm. Und die Wissenschaft gäbe es ohne Unterteilungen überhaupt nicht; sie verschreibt sich einer immer stärkeren Zersplitterung in immer kleinere Teile und erklärt damit die Natur, die Medizin, die Welt und das Universum. Die immer weitergehende Zerteilung ist die Nahrung der Wissenschaft.

Wir wissen von unzähligen voneinander unterschiedenen Meinungen und Eigenschaften, Interessen und Kulturen, Glaubensrichtungen und Werten. Das alles macht das Denken und die Gedanken aus. Ohne Trennungen keine Gedanken. Das Ich lebt mit Gedanken, also von Trennungen.

Aber, und dieses Aber wiegt schwer und ist sehr bedeutend: Gedanken, die ausschließlich auf Trennungen basieren, mögen zwar unser Erleben und unser Ich füttern, sie sind aber niemals absolut wahr und objektiv.

Das müssen wir genauer erklären. Jede Trennung, die vorgenommen wird, beruht darauf, dass es etwas gibt, was diese Trennungen ermöglicht. Zugrunde liegt dabei immer codierte Energie, und die hatten wir mit Information bezeichnet. Die vielen Dinge, die durch Trennungen entstehen, sind letztlich energetisch tätige Informationseinheiten. Damit Information als solche erkannt wird, ist wiederum essenziell das Bewusstsein notwendig. Und wer erschafft Informationseinheiten mithilfe von Bewusstsein? Es sind Intelligenzen und Wesenheiten laut unserer obigen Definition. Davon gibt es wohl sehr viele, wir können sie nicht alle festlegen. Dazu gehören zweifellos auch das Ich und die Selbstinstanzen jedes Menschen. Das Ich ist aber aus unserer Perspektive heraus immer subjektiv tätig. Damit sind die Trennungen, von denen Gedanken des Ich leben, nie objektiv, also immer nur relativ wahr. Wir sehnen uns aber nach unverfälschter Wahrheit, so wie sie die Natur darstellt.

Weil wir mit unserem Ich die absolute Wahrheit als Erfüllung niemals finden können, fühlen wir uns unvollkommen und sind entsprechend oft voller Sehnsucht, voller Unzufriedenheit, voller Zerrissenheit. Je mehr wir die Harmonie vermissen, desto egoistischer und aggressiver werden wir. Erfüllung und damit die Glückseligkeit ist mit unserem alltäglichen Ich trotz größter Mühe nicht erreichbar. Das ist der Preis, den wir durch die Trennungen bezahlen müssen. Da aber auch die Einheit, wie ausgeführt wurde, mangels Unterschieden kein Erleben möglich macht, lautet die Frage, was übrig bleibt, um unser Ziel zu erreichen.

So viel sei hier bereits verraten: Wir können einen Weg gehen, der uralt und trotzdem den meisten Menschen unbekannt ist. Er ist außerordentlich wirksam, wurde aber bisher völlig außer Acht gelassen. Mir ist in der ganzen New-Age-Epoche kein Hinweis auf diesen Weg in Erinnerung.

Es ist der »Pfad der Erkenntnis« mit Unterstützung der Quantenphilosophie. Wenn wir erkennen, dass der Apfel rot und schmackhaft aussieht, dann wird unser Unterbewusstsein dieser Erkenntnis genau folgen und handeln. Unter Umständen läuft uns jetzt das Wasser im Mund zusammen. Deshalb fahren wir fort mit der Erkenntnis.

Ordnung durch Raum und Zeit

Das Lebendige ist dadurch ausgezeichnet, dass es Ordnung erschafft. Alle Zellen, alle Organe, alle Organismenformen sind Ausdruck einer wunderbaren Ordnung, die notwendig wird, damit ein Zweck erfüllt wird. Eine zufällige Anordnung von Atomen kann niemals ein Auge, ein Ohr, ein Gehirn, ein Herz und so weiter aufbauen. Ohne geschaffene Ordnung innerhalb unseres Körpers, womit Ziel und Zweck erreicht werden, könnten wir nicht leben.

Ordnung ist räumlich und zeitlich möglich. Räumlich bedeutet Ordnung wie beim Kristallgitter ersichtlich eine Verstärkung von Informationen und Energieaufnahme oder -abgabe. Denken wir an die Kohärenzverstärkung von Photonen im Laser. So etwas passiert an allen Membranen in unserem Körper durch angelagerte und ausgerichtete Wassermoleküle, das sogenannte Clathratwasser. Und zeitliche Ordnung macht sich als Frequenz zum Beispiel bei Wiederholungen bemerkbar – ebenfalls Information für diverse Resonanzkörper-Geschehen und auch für Tag-Nacht-Rhythmen. Derartige periodische Bewegungen sind das Herz aller Quantenimpulse.

Das Konzept der Zeit ist noch leichter als der Raum zu verstehen. Alles altert im Laufe der Zeit und bestätigt damit den Zweiten Hauptsatz der Thermodynamik, der besagt, dass alles der verstärkten Unordnung (Entropie) zustrebt. Natürlich auch wir. Und Zeit hängt in unserem Erleben eng mit Verursachung zusammen. Ursache und Wirkung benötigt eine Zeitkette als ein Vorher und Nachher, wie es unserem Gehirn als Geschehen zugespielt wird.

Wenn wir Veränderungen als Vorher-nachher-Vergleich bewusst wahrnehmen, wird Energie übertragen. Wirkung und entsprechend Wirklichkeit ist Energie × Zeit; dagegen ergibt Energie pro Zeitsegment (Energie : Zeit) das, was wir Leistung nennen. Damit wird Zeit zu etwas, was man denkt, zumal es als Wirkung messbar wird. Wir nennen diesen Prozess »Beobachtung« und im Experiment »Messung«. Denken ist oft ein analytisches Durchgehen von Geschehnissen, Ideen, Möglichkeiten in einer Reihenfolge. Und Reihenfolgen laufen in der Zeit ab. So entsteht die Einrahmung der Gegenwart durch Vergangenheit und Zukunft.

Der Zeitfluss ist die Messzahl der Bewegung beziehungsweise Veränderung von »davor« und »danach«. Beobachtung, Messung, Resonanz, alle diese Prozesse benötigten Zeitsegmente. So entsteht die Einrahmung der Gegenwart durch Vergangenheit und Zukunft.

Der Zeitbegriff ist also eine Art Ordnungsmittel für geschehene und geschehende Abläufe. Zeitfluss als Messzahl von Vorher-Jetzt-Nachher müssen von einer Bewusstheit erkannt und bewertet werden, ansonsten wäre es keine Messzahl. Die Zeit entsteht somit, weil unser Bewusstsein Ereignisse als Veränderung wahrnimmt. Dies ist gleichbedeutend mit der Erfahrung *neuer* Eigenschaften von etwas.

Viele Gedanken haben mit Vergleichen und Beurteilungen zu tun. Zeit ist in diesen Fällen die Grundlage für Veränderungen. Und nun kommt wieder der Raum dazu, denn die Veränderung des Ortes oder ein Abstand wird sinnvoll als Bewegung im Raum und in der Zeit angegeben.

Nehmen wir das Beispiel des Sonnenaufgangs, der Sonnenwanderung über den Himmel und schließlich den Sonnenuntergang. Genau die damit verbundene Änderung des Lichts wurde für uns die Uhrzeit und triggert unzählbar viele Folgeereignisse in der Natur, die von der Chronobiologie beschrieben werden wie Wachheit, Müdigkeit, Schlaf, aber auch Stoffwechsel, Sexualität und Vermehrung und vieles mehr.

Im Universum läuft die Zeit messbar schneller als auf der Erde. Physikalisch gesehen, ist Zeit ausschließlich relativ und kann durch Gravitation gedehnt werden. Streckung der Zeit bedeutet Schrumpfen der Entfernung. Bei den Photonen mit Lichtgeschwindigkeit eskaliert dieses Verhältnis derart, dass Photonen in ihrer eigenen Sicht immer überall sind.

Dass etwas ohne Anfang und Ende ist, ist in unserer Alltagserfahrung undenkbar. Dennoch haben wir dafür den Ausdruck »Ewigkeit«. Gemeint ist aber nicht »unendlich viel Zeit«, sondern eine »Nicht-Zeit«. Ohne Zeit gibt es nur das ewige Jetzt. Wenn wir dieses ewige Jetzt in unser Denken aufnehmen, passiert etwas sehr Ungewohntes: Wir spüren keine Trennung mehr; getrennte Dinge fließen zusammen. Damit verschwinden Unterschiede und Gegensätze – dem Leben wird jede Reizkonstellation genommen. Wir gelangen an den Ursprung. Der Ursprung ist die pure Nicht-Zeit-Dimension, und wo es keine Zeit gibt, verschwindet auch der Raum zur Unendlichkeit. Nun sind wir in der Unendlichkeit und Ewigkeit. Aber was heißt das für uns? Das wollen wir im Teil III besprechen, wenn wir unser Ziel, die Ganzheit und die Einheit aufzusuchen, weiterverfolgen.

Reisen in der Zeit

Unsere Ich mit Bewusstsein beeinflussen die Zeit, so wie wir auch geistig Kräfte in Verbindung mit Massen beeinflussen. Wir können aber nur etwas beeinflussen, wenn die Möglichkeiten dazu vorher bereits vorgegeben sind. Also realisieren wir mit dem, was wir »Zeit« nennen, eine weitere virtuelle Größe. Die dafür verantwortlichen Botenteilchen werden »Time-like-Photonen« genannt. Wie die aus der Quantenmechanik bekannten Botenteilchen übertragen Time-like-Photonen keine Kräfte zu den Massen, sondern sie kontaminieren die Massen mit der Information »Zeit«. Das weitere Schicksal der betroffenen Masse wird nun – schauen wir von außen auf diesen Prozess – sowohl entweder rückwärts in die Vergangenheit als auch vorwärts in die Zukunft entwickelt.

Es ist zweifelsfrei anerkannt, dass die sogenannte Zeitinvarianz bei den atomaren Wechselwirkungen funktioniert. Das bedeutet, dass alle in der Natur vorkommenden Reaktionen zwischen Elementarteilchen auch zeitlich umgekehrt möglich sind: »Vorher« wird zu »nachher« und umgekehrt. In Experimenten, die kaum einer breiteren Bevölkerung bekannt wurden, hat das die kuriosesten Effekte hervorgebracht. Es handelt sich nicht um spekulative Wirkungen, sondern um solche, die nach wissenschaftlich anerkannten Parametern erzielt wurden. So glaubt man zum Beispiel, hochsignifikant im Doppelblindversuch die Heilung von Kranken durch Gebete nachweisen zu können, wobei die Gebete aber erst mehrere Jahre nach dem Krankenhausaufenthalt der Patienten, also aus Sicht der Patienten in der Zukunft, erfolgt sind. Das würde bedeuten, die Gebete hätten eine Heilung in die Vergangenheit hinein bewirkt.[48] Ebenso könne man heutige Lebewesen wie Fische und Arten von Farnen, Rosen oder Fruchtständen zu längst ausgestorbenen archaischen Merkmalen dieser Lebewesen zurückführen, dies allein durch einen elektrostatischen Feldeinfluss.[49] Man hoffte, dass die Regenerationen von Zellen, auch Nervenzellen, durch aktive Rückführung der differenzierten, also entwickelten Zelle zurück zur omnipotenten Stammzelle als eine Art Reset-Modus funktioniert.

Letzteres wäre ähnlich wie bei einem Computer: Wenn Ihr Betriebssystem Fehler oder fehlerhafte Updates aufweist, können Sie es auf den Stand eines bestimmten Zeitpunkts zurückversetzen, also einen Wiederherstellungspunkt in der Vergangenheit auswählen und den Fehler somit »reparieren«.

Stellen Sie sich vor, das wäre auf ganzer Linie auch mit unseren Körperzellen und Körperfunktionen möglich. Undenkbar scheint dies aufgrund der bisherigen Experimente nicht mehr. Schon Einstein sagte, das Vergehen der Zeit sei reine Illusion. »Jeder Beobachter entdeckt in dem Maße, wie seine Eigenzeit abläuft, gleichsam neue Ausschnitte der Raum-Zeit, die ihm als die sukzessiven Aspekte der materiellen Welt erscheinen, obwohl in Wirklichkeit die Gesamtheit der Vorgänge, die die Raum-Zeit konstituieren, dieser Erkenntnis vorangeht.«[50]

In der Tat hat jedes System seine eigene Zeit und damit seine eigene Existenz. Und es kommt dabei wieder sehr genau darauf an, ob das Geschehen im geistigen Außensystem oder im geistigen Innensystem aktiv ist. Ein Photon 1 beispielsweise, das sich ja mit Lichtgeschwindigkeit ausbreitet, kennt »aus seiner eigenen Sicht heraus« keine Raum-Zeit-Differenzierung; es »fühlt« sich überall gleichzeitig und gewährleistet damit, im Jetzt eine »Überall-Möglichkeit« zu sein. Aber ein Photon 2, das Photon 1 von außen betrachtet, »sieht« dies durchaus mit Lichtgeschwindigkeit herumfliegen, das heißt konkret in Raum und Zeit eingebunden.

Und schon haben wir wieder ein eindrucksvolles Beispiel des Problems der Perspektive, also der räumlich-zeitlichen Verschiedenheit von Beobachter und dem, was beobachtet wird. Beide sind zwar im »Akt« kausal, also unmittelbar miteinander verbunden, aber beide haben ihre eigenen Zeit-Raum-Eigenschaften. Deshalb müssen wir bei allen Zeit-Modulationen und allen Möglichkeits-Realitäts-Prozessen immer den Standpunkt angeben: Sind wir oder etwas anderes der *beobachtete* Teil (wahrgenommen, ausgefiltert, Informationsträger), oder sind wir der *beobachtende* Teil (Wahrnehmer, Bewusstseinsmodus)?

Dementsprechend müssen wir auch beim Menschen dringlich unterscheiden:

- *Fall A:* Es wird ein außerhalb von meinem Ich liegendes Ereignis beobachtet, das dann dem Zeitablauf im Raum unterliegt (»geistiges Außensystem«). Dieses Ereignis kann durch »Außen«-Energie und -Information ausgelöst werden, zum Beispiel durch einen Sinnesreiz, und läuft über das Bewusstwerden mit einer Kaskadenzeit des Erkennens ab (Zeit der Neuronenaktivität). Fall A könnte auch von programmierten Robotern durchgeführt werden.
- *Fall B:* Wird Fall A mit Gefühlen und Empfindungen verbun-

den, wird die Brücke vom reinen »geistigen Außensystem« zum Innensystem gebaut. Durch Gefühle wird Information bewertet. Das geistige Innensystem arbeitet bekanntlich zeitlos. Wir können in diesem Fall B von einem Mix aus individuellem Geist und Seele sprechen. Auch die Seele mit Gefühlen, Empfindungen braucht die geistige Komponente zum Ordnen. So werden Erinnerungen gebildet.

- *Fall C:* Dieser Fall ist etwas Besonderes. Wir, dies ist nun die Verbindung von Ich und Selbstinstanzen, beobachten unsere Gedanken, speziell unsere Vorstellungen. Hier wird die raumzeitlose virtuelle Energie und Information des Quantenvakuums in die Realität gelenkt. Dies ist der Bereich, den wir als »geistiges Innensystem« identifiziert haben. Das Beobachten unseres geistigen Selbst wird auf das Ich-System projiziert. Das Ich wird aktiv mit dem Modus »Wille« oder Motivation, und dabei wird es zeitlos. Weil es immer mit dem zeitinvarianten Quantenvakuum verbunden ist, wird es automatisch schöpferisch tätig als willentliches Reagieren beziehungsweise Ereignissetzen in die Raumzeit hinein. Durch das Erkennen des angestrebten Ziels wird eine Art Resonanz erzeugt, ein Feedback, das Realität schaltet.

In allen drei Fällen A, B, C ist das Ich zwar beteiligt, aber aus unterschiedlicher Warte. Einmal ist es das Subjekt, ein andermal das Objekt, das sich wie ein Subjekt verhält. Genau dieses Prinzip müssen wir im Auge behalten – es ist ein Schlüsselprinzip, auf das wir in Teil III zurückkommen.

Aber obwohl das Ich immer dabei ist und obwohl es Ursache alles Bestehenden im Alltag ist, kann es in keinem Fall wissenschaftlich bewiesen werden. Auch sein inhaltliches Denken ist nicht messbar, nur das, was durch Denken hervorgebracht wird, wodurch wir wissen, dass es Denken gibt. Kommt also das Denken vom Sein oder das Sein vom Denken? Antwort: Beides passiert. Denken ist immer mit Motivation und bewertenden Gefühlen verbunden. Dies führt prinzipiell wieder zur analogen Frage: Kommen unsere Gefühle durch chemische Moleküle wie Drogen, Hormone oder Neurotransmitter zustande oder erzeugen unsere Gefühle diese chemischen Stoffe als schöpferischen Akt? Wie wir wissen, ist beides möglich, beides kann parallel ablaufen.

Als Fazit können wir festhalten: Die »objektive Welt« ist immer und ausschließlich die resultierende Gedankenkonstruktion des Ich aufgrund der Schöpfungsfähigkeit der Selbstinstanzen aus dem Quantenvakuum heraus in die Raumzeit hinein. Die dabei entstehende Raumzeit ist untrennbar mit dem Bewusstsein verbunden.

Bewusstsein und Wahrnehmungserweiterung

Bewusstsein ist eine Eigenschaft von Informationen, so wie Gravitation eine Eigenschaft von Massen ist. Und so, wie Gravitation Kraftwirkungen vermittelt, kann ebenso Bewusstsein Kraft vermitteln.

Für die Gravitation gilt: Kleinere Massenballungen haben weniger Gravitation, größere Massenansammlungen haben höhere Gravitationswirkungen. Die Gravitationswirkungen werden einem Gravitationsfeld zugeordnet.

Wir können derartige Beziehungen auch bei dem elektrischen Feld finden. Elektrische und elektromagnetische Felder sind Eigenschaften der Elektronen: Wenig Elektronen haben ein schwaches elektrisches und elektromagnetisches Feld, viele dicht gepackte Elektronen haben stärkere Felder.

Analog gilt der Zusammenhang für Bewusstseinsfelder in Abhängigkeit von Informationsdichten: Geringe Zahlen von Informationseinheiten ergeben ein niedriges Bewusstseinsfeld. Dagegen ermöglichen Informationscluster, zum Beispiel als Informationsnetz mit vielen Informationseinheiten, den Einsatz von stärkeren Bewusstseinsfeldern.

Information ist für uns auf Wahrnehmung angewiesen. Wahrnehmung ist nur durch Bewusstsein möglich. Deshalb gilt entsprechend: Wenig Wahrnehmung bedeutet wenig Bewusstseinskapazität – und umgekehrt.

Erweitern sich Wahrnehmungen, dann ist ein vermehrter Einsatz von Bewusstseinsentitäten notwendig, aber die grundlegende Währung des Bewusstseins bleibt immer gleich. Es ist vergleichbar mit der Währung des Zahlungsmittels, dem Geld: Teure Waren werden mit vielen Centstücken bezahlt, billige mit wenigen.

Bewusstseinsentitäten haben noch keine definierte Bezeichnung. Deshalb gibt es eine Reihe von Fantasienamen wie »Phorone«, »Corticone«, »Egone«. Eccles nannte sie »Psychons«. So wollen wir sie hier auch bezeichnen. Wenn wir in Entitäten denken, können wir uns am Beispiel von Photonen die Verhältnisse leicht verständlich machen. Denn es gilt ja: Bei vielen Photonen wird Licht heller und strahlender. Diesen Effekt auf Psychons übertragen bedeutet analog: Mit vielen Psychons wird die Wahrnehmung brillanter, klarer, eindrucksvoller, erweiterter.

Der prinzipielle Ursprung von an Information gekoppelten Bewusstseins-Psychons ist genauso ein Rätsel wie der Ursprung von allen Quantenteilchen. Aber während Quantenteilchen inzwischen formal beschreibbar sind, kann die Wissenschaft Bewusstsein nicht mit Gesetzmäßigkeiten und Formeln beschreiben. Der Grund dafür ist ja, dass Bewusstsein auch der Ursprung von Wissenschaft ist. Kein wissenschaftliches Ergebnis ohne Bewusstsein. Wie aber soll man die kleinsten Einheiten von dem beschreiben, was Information als solche erkennbar macht, wenn man selbst diese Einheiten ist? Oder anders gesagt: Bewusstsein ist eine Bedingung für das Ausüben von Wissenschaft, genauso, wie Bewusstsein eine Bedingung für Leben ist. Das ist auch der Grund dafür, dass Wissenschaft alles immer nur entdecken kann, also die Decke von bereits Existierendem wegziehen kann. Alle Naturgesetze wurden nicht von der Wissenschaft gemacht, sondern jedes Mal nur gefunden.

Diese Naturgesetze sind Voraussetzung dafür, dass es Menschen überhaupt gibt. Auf der anderen Seite sind Lebewesen einschließlich Menschen dafür verantwortlich, dass es Naturgesetze gibt. Denn ohne Wesen gäbe es keinen Ausdruck von Bewusstsein, und Naturgesetze wären dann sinn- und bedeutungslos. Wir Menschen entdecken in der Natur eine Ordnung, damit sie für uns einen Sinn ergibt.

Da Information in allem steckt, ist auch Bewusstsein in allem. Bewusstsein gehört deshalb dem ewigen Ganzen an. Es organisiert die Informationskomplexe zu funktionierenden Formen, auch von uns Menschen. Bewusstsein wird nach Schrödinger nie in der Mehrzahl, stets nur in der Einzahl erlebt.[51] Daraus erschließt sich, dass das gesamte Universum ein gedankliches Konstrukt ist. Alle Lebewesen, alle Quantenentitäten haben teil daran. Seit Einstein ist sich die Wissenschaft einig, dass Materie »geronnene« Energie ist. Aber da Bewusstsein in allem steckt und da Bewusstsein über einige Zwischenstationen Kräfte vermittelt, Kräfte aber immer nur an Massen entstehen, Massen die Bausteine von Materie sind, deshalb ist Materie nicht nur geronnene Energie, sondern ebenso geronnenes Bewusstsein. Eine Vorstellungshilfe mögen Eisstückchen als »Materie« sein, die vorher Wasser und davor Wasserdampf waren. Sowohl unser materieller Körper als auch die uns umgebende Natur und ebenso alle Dinge um uns herum sind verdichtete Bewusstseinsenergie. Wir sind ein Eisstückchen, ein gefrorener Tropfen im Meer der Information, organisiert durch Bewusstsein.

Fast alle Autoren, die sich mit dem Thema »Bewusstsein« beschäftigen, sprechen von der Notwendigkeit einer »Erweiterung« desselben, um das Ganze zu erkennen, etwa durch Drogen oder Meditation. Der Begriff »Bewusstseinserweiterung« ist deshalb weit verbreitet. Und dennoch ist er fehlerhaft, denn das Bewusstsein ist als Sein überall und überall identisch, sogar innerhalb des gesamten Universums – es kann nirgends erweitert werden. Was erweitert wird, sind die Informationen, die mithilfe des immer gleichen Werkzeugs »Bewusstheit« zu Wahrnehmungen oder Perspektiven werden. Wenn also von »Bewusstseinserweiterung« oder auch von einem »Höheren Bewusstsein« die Rede ist, meint man eigentlich eine Wahrnehmungserweiterung oder eine perspektivische Änderung der geistigen Sichtweise. Man kann auch sagen, nicht das Bewusstsein werde erweitert, sondern der Geist erweitere seine Perspektive.

Wir müssen zuerst die Frage stellen: Wie gelangen wir überhaupt in die Existenz? Und wie können wir mit unseren Gedanken die Realität beeinflussen? Die wahre Antwort darauf weiß bisher niemand so genau, aber die Quantenphysik hält Phänomene parat, die uns weiterhelfen.

Teil II
Der Mensch als lebendiges Quantensystem

»Wisse, was den Körper vollständig durchdringt, das kann nicht vernichtet werden. Nichts kann die unvergängliche Seele zerstören.«

BHAGAVADGITA 2, 17

Wir als Schöpfer der Wirklichkeit

Die experimentellen Ergebnisse der Quantentheorie beweisen, dass der Beobachter in den Prozess der Wirklichkeitsbildung, also der Manifestierung eingebunden ist. Er formt, erschafft oder schöpft den grundlegenden Realitätszustand. »Ein Elementarteilchen ist, was auch immer sein Name suggerieren mag, kein gegebenes Objekt; wir müssen es zuallererst konstruieren«,[1] sagte beispielsweise der russisch-belgische Physikochemiker Ilya Prigogine (1917–2003), der im Jahr 1977 den Nobelpreis für Chemie erhielt. Alle subatomaren Teilchen – Protonen, Neutronen, Quarks – sind hypothetische Entitäten, die wir durch unsere entstandenen Modelle auf die Wirklichkeit übertragen, sagt der bereits erwähnte Physiker John Gribbin.[2] Das liegt daran, dass wir selbst Energie als Denker der Ereignisse repräsentieren, die mit einheitlichen Urenergien wechselwirkt. Die Wechselwirkung ändert sich je nachdem, was wir gerade denken; die Energie-Wechselwirkung wird durch den Denkprozess moduliert, und damit verändert sich das resultierende Ereignis.

Wenn der Manifestationstanz beginnt, kann er deshalb in sehr verschiedene Richtungen verlaufen. Erschaffen wir beispielsweise aus der psychischen Depression heraus Realitäten, sind auf der Quantenebene vollkommen andere Ergebnisse zu erwarten, als wenn wir den Manifestationsprozess aus einer freudigen Erregung heraus vornehmen. Dieser Mechanismus der »Schöpfung« ist sogar in den physikalischen Grundlagenexperimenten zu erkennen: Sogenannte subatomare Energien haben, solange sie isoliert und unbeobachtet sind, keine Merkmale wie Spin oder Impuls, sie haben auch keine Position (engl. *spin* [Drehung, Drall]). Erst wenn wir dann eine Apparatur aufbauen, um das konkret zu messen, was wir uns unter Spin oder Geschwindigkeit *vorstellen*, also *Annahmen* beweisen wollen, bekommt Energie die *erwarteten* Eigenschaften. Vorstellen, Annehmen, Erwarten sind die wichtigsten Eigenschaften eines menschlichen Individuums.

Schauen wir uns das relativ bekannte Experiment, wonach die Gedanken des Experimentators den Spin von Elektronen verändern können, im Ergebnis noch einmal genauer an. Der Spin ist eine Eigenschaft von allen subatomaren Teilchen. Im Atom als Baustein jeder Materie finden wir viele Spins: Spins der Elektronen, Spins der Atomkerne mit Proton und Neutron und schließlich die Spins der Quarks. Die einfachste Vorstellung eines Spins, die allerdings nicht vollständig den physikalischen Realitäten entspricht, ist ein winziges ballartiges Ding, das sich dreht, so wie im Großen sich die Erde dreht. Was der Spin wirklich ist und woher diese Eigenschaft kommt, weiß bis heute kein Mensch. Aber die Spins der Elektronen sind maßgeblich an den Bindungen beteiligt, die Atome zu Molekülen aufbauen und einer Materie Struktur und Form verleihen.

Es gibt einen Zusammenhang zwischen den Spins der Elektronen und dem Bewusstsein. Paul Davies spricht dabei von sicherem Wissen der Physik und meint damit den Effekt, dass Spins die Absicht derjenigen Menschen ablesen können, die gerade ein Experiment durchführen. Denn der Spin eines Teilchens richtet seine Achse immer so aus wie die gedankliche Vorstellung des Experimentators, die sich in der Messstrategie widerspiegelt: »Die Physiker haben seit langem akzeptiert, daß der Spin eines Teilchens immer in die Richtung zeigt, die ein Experimentator zufällig als seine Referenzrichtung ausgewählt hat … Die unheimliche Sklaverei, die alle mit Spin ausgestatteten Teilchen dazu zwingt, den vom Experimentator festgelegten Winkel einzunehmen, erweckt den Eindruck, als ob der Geist die Materie beherrsche.«[3]

Wir haben – selbst dann wenn wir im Doppelblindversuch arbeiten (Experimentator, Probanden und Auswerter wissen nicht, welche der Versuchsgruppen die beeinflusste »Verumgruppe« und welche die unbeeinflusste Kontrollgruppe ist) – allein durch die Versuchsanordnung den Energiesystemen unsere Vorstellung aufgedrängt und sie zu dem gemacht, von dem wir meinen, sie müssten so sein. Bevor sie so werden, sind die entscheidenden Parameter Schwaden von Wahrscheinlichkeiten, von denen man sich vorstellt, dass sie in der alles dominierenden Vakuumphase herumwirbeln und sich irgendwie zu neuen Systemen verdrillen lassen.

So passiert genau das, was die Physik bestens kennt: Erwarten wir mit einer speziellen Experiment-Apparatur ein Teilchen, finden wir Teilchen. Suchen wir mit einer anderen speziell errichteten Apparatur Wellen, finden wir Wellen. Suchen wir in einer speziellen Anordnung etwas anderes, was unsere Theorie vorhersagt, finden wir auch das.

Eine wissenschaftliche Theorie lebt oder stirbt mit ihrer Verwendbarkeit. Wird im Experiment die Verwendbarkeit bestätigt und widerspricht sie nicht den bisherigen Erkenntnissen, dann wird Vertrauen in die Theorie gesetzt.

Was aber ist, wenn gerade dadurch, dass wir unsere Vorstellung und Ideen in die Formulierung einer Theorie stecken, dieses Gebilde aus der Wahrscheinlichkeit heraus erweckt wird? Dass dann alle Experimente im Sinne der Theorie positive Ergebnisse liefern, wäre erwartbar. Ist dies exakt der Werdegang von allen uns bekannten Dingen?

Es sind die experimentellen Vorgaben, die eingestellten Parameter, die aus der Energie-Potenzialität genau das herausfiltern, was die Wissenschaftler sich *geistig vorstellen*. Deshalb entspricht auch die Ausrichtung des Spins von Elektronen im Experiment immer den Erwartungen des Physikers. Immer sind menschliche »Vorstellung«, »Annahme«, »Erwartung«, »Überzeugung«, Gewissheit« die entscheidenden Weichensteller in der Wirklichkeitsbildung. Sind mehrere Forscher am Experiment beteiligt, ist nicht zu erwarten, dass alle Erwartungen der Beteiligten identisch sind. Bisher wurde nicht experimentell geprüft, wie das Ergebnis dadurch variiert ist. Wir wissen aber aus den Ergebnissen des »Global Consciousness Project«, von dem noch die Rede sein wird, dass nur dann Elektronen im Kollektiv eine messbare geistig-seelische Einflussnahme zeigen, wenn viele Menschen das Gleiche denken. Das wird als »Kohärenz« bezeichnet.

Das grundsätzliche Wesen eines Elektrons und eines Photons oder einer beliebigen anderen Energieeinheit ist niemandem bekannt. Nur das, was wir von diesen Einheiten halten, also was wir uns plausibel vorstellen, ist unser Wissen. Das entspricht aber nicht dem, was die Natur als wahre Wirklichkeit vorgibt. Viele Wissenschaftler verwechseln ihre Annahmen immer wieder mit der wahren Wirklichkeit. Wir können somit erkennen, dass der von Menschen verwendete Geist massive Beschränkungen, massive Filterung zur Konkretisierung setzt; genau diese Weichenstellung des Geistes ist dennoch in jedem Fall der entscheidende Realitätsschalter für unsere Wirklichkeit. Doch nirgends taucht dieser Fakt in unseren Überlegungen auf, nirgends wird er bewusst einbezogen. Wir müssen uns diese entscheidende Aussage für spätere, weitere Gedanken merken.

Die Welt und die Natur wird von den Physikern gern mit Gleichungen, Theorien und Modellen erklärt. Das ist völlig in Ordnung, denn sie bringen uns Plausibilitäten für unsere Vorstellungen. Und genau diese »Überzeugungen« sind essenziell für die Manifestierung, also für die Wirklichkeitsbildung. Nur sollten diese Vorstellungen eben niemals mit der grundsätzlichen Wirklichkeit gleichgesetzt werden, wie es vielfach geschieht.

Die Evolutionstheorie beispielsweise wird heute behandelt, als ob sie Wirklichkeit wäre. Sie mag in kleinen Bereichen stimmen, aber die Hauptsache der Evolution, die geistige Komponente, ist nicht in dieser Theorie zu finden. Oder: Die Theorie der Nervenerregung wird in der Wissenschaftsgemeinde als ziemlich unumstößliche Wirklichkeit angesehen. Aber nach meiner Kenntnis ist der Vorgang des sogenannten Aktionspotenzials und Ruhepotenzials an der Nervenmembran, der von der Theorie als zentral beschrieben wird, nur ein winziger Ausschnitt, verglichen mit dem, was grundsätzlich wirklich abläuft: Nervenzellen (Neurone) arbeiten quantenphysikalisch mit der Vakuumphase (masselose Phase) zusammen.

Im überall vorhandenen Vakuum muss aufgrund kohärenter

Welleneinflüsse mit der Wechselwirkung eines universell ausgebildeten Hologramms gerechnet werden. Die Informationen dieser Hologramm-Inhalte sind mithilfe neuronaler Impulse und geistig abrufbar. Das bringt völlig neue Aspekte für den Sitz und die Herkunft unseres Gedächtnisses. Von diesen neuen Aspekten aus können neue Schöpfungen vollzogen werden, die uns nützlich sind, was wir im Folgenden ausführen werden.

Unwissenheit über die Begriffe

Natürlich bestehen wir – wie alle Materiestrukturen – aus den Massen Atomkerne und den Massen Elektronen. Massen sind Massen, weil sie ein Gewicht haben, also vermeintlich auf die Schwerkraft reagieren. Atomkerne und Elektronen schließen sich zusammen zu Atomen. Der Atomkern besteht aus Quarks – wieder Massen, die wir aus Experimenten mit Teilchenbeschleunigern postulieren. Dennoch hat niemand jemals ein Quark in isolierter Form gesehen. Wir wissen weiterhin, dass diese massenbehafteten Bausteine mit informierenden Botenteilchen – Photonen, Gluonen, Bosonen und anderen – Kräfte vermitteln. Atome haben mithilfe ihrer Elektronen die Tendenz, sich in Konglomeraten zusammenzufinden. Derartige Konglomerate nennen wir »Moleküle«. Und Moleküle finden sich zu allen möglichen Konstruktionen mit zielbestimmten Formen zusammen, in uns zu Membranen, Zellen, Organen, um uns herum zu Organismen, Sonnen, Planeten, Galaxien.

Die Materie ist fest, daraus schließen wir, dass auch die Bauteile der Materie fest sein müssen, und wir bezeichnen sie als Teilchen. Konstrukte wie Körper mit Herz und Gehirn sind in dieser Sichtweise also Teilchen-Zusammensetzungen. Diese Teilchen können wechselwirken und vitale Funktionen des Lebens ermöglichen. Die Wechselwirkung funktioniert dank überall im Universum geltender unumstößlicher physikalischer Gesetzmäßigkeiten. Diese

Gesetzmäßigkeiten wurden in gut durchdachten Experimenten bewiesen. Bewiesen deshalb, weil die messbaren Wirkungen der Teilchenaktivität unter gleichen Bedingungen mehrheitlich reproduzierbar waren. Auf diesem robusten Wissen baut sich unser Weltbild auf.

Hört sich gut an, ist es aber nicht. Wir übersehen stets aufs Neue ein Hauptproblem der Physik: Ja, wir messen immer wieder Wirkungen, haben aber keine Ahnung, was dahintersteckt. Kein Mensch weiß, was ein Teilchen in Wirklichkeit *ist*, nicht einmal ein Elektron ist dem wirklichen Wesen nach bekannt. Und Begriffe wie »Masse«, »elektrische Ladung« und »Spin« sind wiederum in ihrer Eigenwirklichkeit ebenfalls vollkommen unbekannt. Wichtig ist festzuhalten, dass sich die Eigenschaften dieser Teilchen für die Wissenschaftler immer und ausschließlich aus ihren Wirkungen ergeben. Was *wirkt*, ist *Wirk*lichkeit – so sagt es ja bereits die Begriffsbildung. Aber je nach Versuchsaufbau können sich Eigenschaften ändern. Auch was wir als Kräfte bezeichnen, ist immer nur über die Wirkung bekannt, aber niemand weiß, was Kräfte wirklich *sind*.

Damit wir das richtig verstehen: Natürlich bestehen alle unsere bekannten Elemente aus Kombinationen von Elektronen, Protonen, Neutronen, und ihre Eigenschaften bestehen aus Funktionen der subatomaren Teilchen und ihrer zeitlichen Stabilität. Dabei ist aber völlig unbekannt, was alle diese Teilchen eigentlich grundsätzlich *sind* und wie ihre Eigenschaften zustande kommen. Alles beruht laut Aussage auf Masse, Raum, Zeit, Feld, Kraft, Ladung und vielem mehr. Aber nichts davon ist – absolut gesehen – eindeutig definiert. Es gibt kein umfassend bewiesenes Modell, das uns erklärt, wie das Atom zusammengehalten wird. Auch wissen wir nicht verlässlich, was ein Elektron ist. Was sind Quarks? Was ist Gewicht von Massen? Was ist elektrische Ladung? Was ist der Spin der »Teilchen«?

Es gibt physikalische Antworten auf diese Fragen, aber jeder der Begriffe wird meistens durch die jeweils anderen definiert, die alle immer und ausschließlich Wirkungen beschreiben, und damit werden Zirkelschlüsse zu Gesetzmäßigkeiten. Beispielsweise kennt jeder die Lichtgeschwindigkeit. Mit unserer Erfahrung von Geschwindigkeiten nehmen wir an, dass diese sich überlagern. Fahren wir mit dem Auto ein Tempo von 100 Kilometern pro Stunde (km/h) und kommt uns ein anderes mit ebenfalls 100 km/h entgegen, dann nähern sich die Fahrzeuge mit 200 km/h. Wenn also eine elektromagnetische Welle, zum Beispiel das Licht einer Taschenlampe, mit rund 300 000 Kilometern pro Sekunde (km/s) auf uns zukommt und wir diesem Licht mit 140 000 km/s entgegenschießen, sollten wir und das Licht uns mit insgesamt 440 000 km/s einander näher kommen. Nein – es bleiben 300 000 km/s, also genauso viel, als wenn wir uns nicht bewegten. Und umgekehrt, wenn wir uns mit 140 000 km/s entfernen, dann müsste sich nach unserer Erfahrung die Lichtgeschwindigkeit minus unserer Geschwindigkeit, also 160 000 km/s ergeben. Wieder nein, die Lichtgeschwindigkeit bleibt konstant ohne Rücksicht auf die Bewegung des Beobachters – merkwürdig.

Bei der Lichtgeschwindigkeit gibt es keine Zeit mehr, auch keinen Raum. Das ist richtig, aber warum wird dann die Einheit mit km/s, also Raumdistanz pro Zeiteinheit, angegeben? Das wäre nur statthaft, wenn gleichzeitig die Perspektive des Betrachters angegeben wird – wird sie aber nicht ...

Wir müssen zur Kenntnis nehmen, dass unsere Weltbeschreibung lediglich auf Vorstellungen und Modellen beruht, die sich zwar bewährt haben, aber als Modelle keine absolute Wahrheit darstellen. Der deutschamerikanische Mathematiker und Physiker Bruno Wilhelm Augenstein (1923–2005) von der kalifornischen Denkfabrik RAND ging besonders provokant vor, indem er sagte: »Realitätsbeschreibungen der Physiker sind wie Märchen. Modelle lassen sich nahezu beliebig aus irgendwelchen greifbaren Ingredienzien konstruieren.«[4] Wir können *nicht* davon ausgehen, dass unsere gedanklichen Vorstellungen von einem Etwas identisch sind mit der Natur des Etwas. Das ist nur deshalb bemerkenswert, weil die derzeitige Vorstellung der Dinge in der Welt uns wie eine Sperre daran hindert, eine weitergehende Erfahrung über die wahre Dinghaftigkeit zu machen. Es ist vielmehr so: Unsere naiven Gedanken ergeben eine Natur, und diese wird unseren immer weiterführenden Gedanken entsprechend angepasst.

Ein Beispiel: Die Physik geht davon aus, dass die atomaren und subatomaren Teilchen als Spin permanent rotieren und – wie das Elektron – auf Umlaufbahnen kreisen. Der Spin wird so genannt, weil er Wirkungen einer rotierenden Ladung aufweist, ein Magnetfeld nämlich, aber niemand weiß, was der Spin grundsätzlich ist. Er erinnert lediglich an Kreisel, ist aber kein Kreisel. Beim Elektron ist bekannt, dass es sich als Spin nicht wie ein Kreisel um 360 Grad, sondern zweimal um sich selbst drehen muss, also 720 Grad, um wieder an den Ausgangspunkt zu gelangen. Das gibt es nirgends bei einem Kreisel.

Wichtig dabei ist auch, dass ein Spin unentwegt, also ohne jeden Stopp, immer dieselbe Bewegung zeigt. Für eine derartige scheinperpetuelle Bewegung muss immerwährend Energie fließen. Genauso muss für die Einheitsladung des Elektrons immer wieder eine Aufladung existieren. Denn die Einheitsladung eines Elektrons wird im Molekülaufbau ja immer für Bindungen energetisch belastet. Aber niemand weiß, woher diese Energien für die Dauerrotation und für die Daueraufladung kommen.

Noch verwirrender wird die Angelegenheit dadurch, dass ein Elektron und der Spin erst entstehen, wenn gemessen, also beobachtet wird. Und dann ist ein Spin sogar mit den gedanklichen Vorstellungen des Experimentators in seiner Achsenrichtung veränderbar. Auch der Charakter einer Energie, ob Welle oder Teilchen, wird bereits durch die gedankliche Vorstellung entscheidbar. Was passiert dabei?

Wir wollen diese wichtigen Fragen nochmals wiederholen: Werden Vorstellungen der Modelle zur Funktion? Sind unsere Interpretationen jeweils das, was unseren Bedürfnissen am meisten entgegenkommt? Modelle und Analogien der Physik werden dadurch widerspruchsfrei, dass sie sich in entsprechend ausgedachten Experimenten bestätigen lassen. Was ist aber, wenn es gar nicht anders geht, wenn also das Modell und die Analogie dadurch im Experiment wirken, weil wir sie eben genau so erdacht haben?

Nochmals: Immer steht bei den Begriffen die Wirkung, die wir beobachten, im Fokus, nie aber, was die Begriffe jeweils tatsächlich *sind*. Kaum ein Wissenschaftler hat eine Ahnung von den wahren Fundamenten, auf die sich seine Arbeitsergebnisse gründen. Und dennoch lehnt er alles ab, was er nicht verstehen kann. Wenn es dann schließlich angenommen wird, sagt er abwertend: »Das ist nichts Neues.« Ablehnung erfolgt insbesondere dann, wenn sich der Skeptiker nicht in die soliden geistigen Grundlagen eingearbeitet hat. Hatte Max Planck recht, wenn er meinte, Wissenschaft schreite nur durch beständige Begräbnisse voran?

Dadurch, dass immer nur die Wirkungen im Vordergrund stehen, werden alle Begriffe durch Vorstellungen und Annahmen erklärt, nicht aber durch das Wahre und Grundsätzliche. Wenn wir aber das Wahre und Grundsätzliche nicht wissen, erkennen wir auch nicht die Möglichkeiten, die unser menschlicher Geist zur Einwirkung auf diese Phänomene oder sogar als Schöpfungsinstanz haben könnte. Fast alle Wirkvorstellungen der Physik haben Materie als Forschungsgegenstand im Fokus, beachten aber nie den dahinterstehenden, für jede Vorstellung verantwortlichen Geist.

Ein weiterer Aspekt: Dem Reduktionismus der Wissenschaft liegt die Annahme zugrunde, nur durch die Analyse seiner Teile könnte man das »Ganze« verstehen. Wenn aber das »Ganze« geistig entsteht, also aus einer Schöpfung heraus existiert, was laut Quantenphysik naheliegt, dann zerlegt wissenschaftliche Aktivität die gesamte Schöpfung in Fragmente. Damit fällt das »Ganze« auseinander; die geistige Herkunft aus einem Überbau ist danach kaum mehr zu erkennen und fällt weg.

Wenn wir aber den Mechanismus des geistigen Einflusses auf

das grundsätzlich Wahre wirklich erkannten und wüssten, könnte es durchaus sein, dass wir irgendwann prinzipiell alles vermögen, was unsere Vorstellung hergibt und was eine Notwendigkeit fordert.

Wichtig ist auch, immer einzubeziehen, dass nicht der Mensch einzig und allein eine geistige Macht ins Spiel bringt, alle Lebewesen können dies. Wir müssen sogar davon ausgehen, dass alle informativ-energetischen Wechselwirkungen dies können.

An Beispielen aus dem Verhalten der Tiere wird die Tragweite deutlich. Wir sprechen vom Instinkt der Tiere. »Instinkt« als Begriff wurde von den Wirkungen abgeleitet, die wir im Tierreich beobachten. Instinkte haben ein enormes Potenzial. Wenn zum Beispiel eine Säugetiermutter zum ersten Mal Kinder gebiert, weiß sie in der Regel augenblicklich, was zu tun ist, um das Kleine zu umsorgen und aufzuziehen: säubern, vorsichtig die Haut des Tierbabys packen und zu den Zitzen setzen, später miteinander spielen, erziehen, Tricks beibringen, Feinde einprägen. Aber woher weiß die soeben neu gewordene Mutter das alles? Tiere, die ohne eigene Mutter im Labor aufwachsen, haben, obwohl häufig verhaltensgestört, prinzipiell immer noch die gleichen Mutterinstinkte. Lernen oder Abschauen als Erklärung von Instinkten greift hier also nicht.

Oder nehmen wir das Beispiel des Nestbaus vieler Vögel, teilweise regelrechte Kunstwerke, architektonisch perfekt, stabil, gut verankert und widerstandsfähig gegen Wettereinwirkungen. Schon die Auswahl der Nistplätze zeigt große Überschau und Vorsorge. Woher können Vögel das?

Die Kunst der sinnvollen Architektonik findet sich sogar bei Einzellern. Schauen wir uns das Überlebensprogramm der Acresin-Amöben (Dictyostelium discoideum) an. Wenn sich dieser Einzeller durch Teilung übermäßig vermehrt, kann es zu Nahrungsmangel kommen. In diesem Fall spult ein sehr erstaunliches, aber höchst durchdachtes Programm ab. Die Vermehrung wird gestoppt, die Einzeltiere bewegen sich zu Tausenden aufeinander zu und bilden dann einen gemeinsamen Körper. Aus diesem Körper wächst ein Stängel, der zum Sporenträger umgewandelt wird. Die Sporen reifen heran und verteilen sich durch die Luft zu weit entfernten Gebieten, wo sich die Nachkommen mit größerem Nahrungsangebot erneut verbreiten können. Es ist unbekannt, wie sich jeder der Schritte durch ordnende »Zauberhand« ergeben kann.

Schauen Sie sich die besondere Art einer Gottesanbeterin an, die »Walking Stick« genannt wird, weil sie perfekt einen kleinen trockenen Zweig imitiert – eine perfekte Tarnung, die aber erst dann Überlebensvorteile bietet, wenn die koordinierte Entwicklung von Form, Farbe und Oberflächenstruktur abgeschlossen ist.

Oder die Bienenorchidee, eine fleischfressende Pflanze, die eine Blüte wie ein Insekt ausbildet, das andere Insekten seiner Art zwecks Paarung anlockt; sogar die Lockstoffe werden imitiert. Die Blüte erscheint immer dann, wenn die Brutzeit der Insekten ansteht.

Oder die Orientierung und Navigation von jungen Vögeln oder von Insekten, auch Schmetterlingen, bei Fernwanderungen ohne Geleit durch die Eltern. Wer hat sie die perfekte Navigation gelehrt, die sie Ziele mit höchster Genauigkeit aus mitunter mehreren Tausend Kilometern anpeilen lässt? Wir benutzen heutzutage dafür technisch sehr aufwendige Leitsysteme mithilfe von Orbit-Satelliten.

Oder wie erklärt man das »Hometrailing«, womit die Heimkehr von versetzten Haustieren über Hunderte von Kilometern bezeichnet wird, ohne dass das Tier die durchwanderte Gegend je erlebt und kennengelernt hat.

Wir nennen das Wissen in der Natur, das offensichtlich da ist, »Instinkt«, weil wir die Wirkung sehen. Das, was wir als unsere Intuition erleben, ist ein paralleles Phänomen wie der Instinkt. Intuition ist das Erkennen einer Art »innerer Stimme«, die das Gefühl unbedingter Wahrheit vermittelt. Eines der wichtigsten

»Geheimnisse« ist die Erkenntnis, dass, um Intuition zu erhalten, der individuelle Geist nicht aktiviert, sondern zum Schweigen gebracht werden muss. Erst dann fließen die Intuitionen, also die Einfälle und Eingebungen des übergeordneten Eins-sein-Geistes.

Instinkt und Intuition vermitteln perfekt nutzbare Information für das Individuum. Wir wissen nicht im Geringsten, was die Quelle von Instinkt ist und was Intuition grundsätzlich ist. Die wichtigste Frage ist demnach immer wieder: Was liegt der wahren Wirklichkeit der Natur und des Universums zugrunde?

Diese Frage ist deshalb wichtig, weil für jeden von uns ersichtlich der Geist und die Seele in diese grundsätzlichen Energie- und Teilchenbeziehungen, die alles bewirken, einwirken kann, und dann ist alles möglich. Wie gesagt: Wir würden ansonsten nicht unseren Körper mit dem Willen steuern können, nicht laufen, nicht greifen, nicht sprechen, nicht lernen. Es gäbe keine Psychosomatik, keinen Willensakt, keinen Placebo- oder Noceboeffekt und keine Tränenbildung.

Noch mal: Wenn wir detailliert erkennten, was die grundlegenden »Teilchen«, aus denen wir bestehen, *sind*, woher sie kommen und warum sie funktionieren, dann wären wir in der Lage, uns und die Welt zu optimieren. Denn zweifellos gibt es eine enge Verbindung von geistiger Energie zur Biochemie und Physiologie, die immer auf den grundlegenden Quanten aufbauen, also allgemein auf Atomen und Elektronen.

»Man muss an den Anfang aller Dinge zurückgehen, um sie klar zu sehen.«

ARISTOTELES ZUGESCHRIEBEN

Wir leben mit falschen Vorstellungen

Die meisten Menschen haben falsche Vorstellungen über den Sinn, Bedeutung und Zweck unseres Daseins. Mit falschen Vorstellungen sind wir nicht nur gefangen, sondern regelrecht eingekerkert in einem Gefängnis aus materialistisch geprägten und konditionierten Lebensweisen. Schuld daran sind nicht nur wir selbst, weil wir kein ausreichendes grundlegendes Wissen besitzen, sondern auch die Leitlinien unserer Zivilgesellschaft, die im Großen und Ganzen der Politik und der Wissenschaft folgen.

Die Wissenschaft ist ohne Wenn und Aber die maßgebliche Richtlinie unserer Gesellschaft. Was nicht wissenschaftlich abgesegnet ist, darf als unwirklich belächelt und zurückgewiesen werden. Wissenschaft ist in unserer heutigen Gesellschaft eine Art Ersatzreligion geworden, aber voller Dogmen und ganz offiziell ohne jede Geist-Seelen-Beziehung.

Doch auch die Wissenschaft irrt des Öfteren, und sie irrt gewaltig, wie es Hans-Peter Dürr (1929–2014), ehemals Direktor des Max-Planck-Instituts, einmal sagte. Beispiele für Irrtümer: Lord Ernest Rutherford (1871–1937), nach dem das »Rutherford'sche Atommodell« benannt wurde, sagte noch im Jahr 1933, als die Quantenphysik bereits bekannt war: »Die Energie, die durch die Spaltung des Atoms erzeugt wird, ist eine armselige Angelegenheit. Jeder, der von der Umwandlung dieser Atome eine Energiequelle erwartet, redet Unsinn.«[5] Auch lag der ebenso renommierte amerikanische Physiker Robert A. Millikan (1868–1953) daneben, als er noch 1928 sagte: »Es ist unwahrscheinlich, dass die Menschheit die Energie des Atoms jemals anzapfen kann. Die leichtfertige Annahme, wir könnten Atomkraft nutzen, wenn Kohle und Öl versiegen, ist ein völlig unwissenschaftlicher, utopischer Traum.«[6] Neuere Irrtümer sind mit den Stichwörtern »Mörderchromosomen«, »Gedächtnismoleküle«, »Polywasser« umschrieben. Als Student wurde mir beigebracht, dass Nervensystem und Immunsystem nichts miteinander zu tun haben. Als die ersten psychoneurologischen Forschungsergebnisse bekannt wurden, also die Konditionierbarkeit des Immunsystems, wurde dies damals als Humbug bezeichnet.[7]

Insbesondere muss die allgemein verbreitete wissenschaftliche Vorgehensweise infrage gestellt werden. Sie führte bisher nicht zum Ziel einer friedvollen, glücklichen und vereinten Gesellschaft. Was also läuft falsch? Was muss kritisiert werden?

Wiederholt haben wir bereits darauf hingewiesen, dass Naturwissenschaft in ihrer Struktur reduktionistisch ist, was bedeutet, dass sie das große Ganze in immer kleinere Einheiten aufgliedert, um so die Welt zu verstehen. Dabei bezieht sich die Naturwissenschaft ausschließlich auf Materie und übersieht, woraus sie selbst besteht, sie verliert immer mehr den Bezug zum Geistigen, das in der Natur alles verbindet, nicht teilt, sondern das Ganze ausmacht.

Die Wissenschaft bewegt sich im eingeschränkten Kreis: Können wir etwas nicht sehen, hören, berühren oder schmecken und gelingt das auch nicht durch die derzeitigen Technologieverstärker, dann ist es offiziell nicht real.

Geistwirkung wird komplett ignoriert. Das ist durchaus verständlich, denn Naturwissenschaft will konkret messen; Geist selbst, der durch Bewusstheit ein Sein hat, ist nicht messbar. Warum nicht? Messgeräte sind immer so konstruiert, dass sie aufgrund von Kräfteübertragungen funktionieren. Kräfte entstehen aber wie gesagt immer erst an Massen, denn Kraft in der physikalischen Definition ist gleichbedeutend mit der Masse eines Körpers mal Beschleunigung ($F = m \times a$). Kraft wird also ebenso wie Masse über die Wirkung definiert. Und Massen (Atome, Elektronen) bauen Materie auf. Also ist Materie das einzig Messbare in der Naturwissenschaft.

Geräte, die Kräfte des Geistes und der Seele messen können, müssten primär auf spezifische Informationen ansprechen. Wie etwa soll die Gesamtaussage eines Fernsehbilds »Hungersnot in

Sahelzone«, das sich aus Einzelpixeln zusammensetzt, geistig inhaltlich adäquat gemessen werden? So etwas kann nur die Geist-Seele. Die Mainstream-Wissenschaft sagt deshalb auch eher verwirrend: Geist entsteht, wenn Materie hinreichend komplex verschachtelt ist. Und weiter: Alles, was wir Leben nennen, ist eine Art Superroboter. Seine Anfänge beruhen auf Zufall.

Bei diesem Gedankenspiel des Mainstreams werden zwei Faktoren übersehen: Erstens braucht jeder Roboter einen Entwickler und Programmierer. Wer also ist der Entwickler und Programmierer des Superroboters »Leben«? Zweitens hat die Materie keine eigene Existenz außerhalb der Idee, die der Geist sich von ihr macht. Materie ist und bleibt ein Kind des Geistes, und die Welt ist in jedem Moment immer nur das, was der Geist aus ihr macht. Auch die Wissenschaft kann immer nur diejenigen Beziehungen untersuchen, die von dem, was »ist«, geistig erkannt werden. Ein Roboter hätte nie Zugriff auf das riesige Repertoire von Gefühlen und Gedanken rund um Sorge, Liebe, Freude aus einer »Cloud« heraus, wie sie den Menschen zur Verfügung stehen. Und wird es jemals möglich sein, dass Roboter durch ihr eigenes Bewusstsein das Programm ihres Lebens ändern können? Genau das macht ein Menschenleben aus.

Auch der Begriff »Zufall« wird nicht richtig eingeordnet. Nehmen wir das Beispiel von kleinen Stahlkugeln, die wir aus einem umschriebenen höheren Ort auf den Boden fallen lassen. Sie werden sich selbstverständlich nach dem Gesetz der Wahrscheinlichkeit verteilen. Voraussetzung dafür ist aber ein Fakt, der fast immer übersehen und einfach ignoriert wird: Die Kugeln sind vor der Verteilung am Boden durch einen symmetrischen Raum gefallen. Um mathematische Gesetzmäßigkeiten zu erhalten, braucht man den determinierten Hintergrund. Wenn es dann aber Gesetzmäßigkeiten gibt, kann man nicht mehr von Zufall sprechen.

Wenn wir würfeln, reden wir von Zufall, aber die determinierte Struktur im Hintergrund sind die sechs Seiten des Würfels. So sind auch alle Geschehnisse, die uns Menschen zufallen, nur möglich, weil es eine determinierte Hintergrundstruktur gibt. Können wir diese beeinflussen, dann beeinflussen wir auch, was uns zufällt, also den Zufall zu uns.

Masse wird auch oft mit ihrem Gewicht definiert, also mit der gravitatorischen Anziehung. Dann allerdings muss man sich fragen, warum Astronauten im Orbit ohne Gravitation ihre Massen innerhalb der Körpermaterie behalten, aber nichts mehr wiegen. Masse in Abwesenheit von Gravitation ist dasselbe wie Trägheit, also die Weigerung, seinen Bewegungszustand ohne zusätzlichen Impuls zu verändern. Das ist der Grund, warum sich Astronauten abstoßen müssen, um in Bewegung zu kommen.

Über beide Eigenschaften von Massen, also Gewicht und Trägheit, wissen wir wieder nur über die Wirkung. Und weil wir Wirkungen beobachten können, bilden wir bestimmte Vorstellungen von Massen.

Weil immer wieder der Geist als Ursache jeder Annahme und Vorstellung unbeachtet bleibt, laufen die Ideen, die wir uns von uns und der Welt machen, zum Teil in die völlig falsche Richtung. Theorien sind geistige Vorstellungen, nicht aber bewiesene Realitäten. Ich habe als wissenschaftlich tätiger Biologe mit rund vierzig Jahren Universitätslehraufträgen nicht nur in der Biologie, sondern auch in der Psychologie, in der Biophysik, in Bionik, in der Biomedizin viele Facetten des Lebendigen im Detail kennenlernen dürfen. Dies vom vielfältigen sehr speziellen Verhalten der Spezies bis zu zielgerichteten Konstruktionen mithilfe von Molekularmechanismen bei Bakterien, Pflanzen, Tieren und schließlich auch beim Menschen. Ich habe gelernt, dass diese Konstruktionen durch Ziele und Pläne vorgegeben sein müssen, ansonsten wären sie in ihren ursächlichen Details unerklärlich.

Zum Beispiel liegt der Natur sehr viel an Nachkommenschaft. Wenn man sich die Vermehrungs- und auch Sexualmechanismen in der Natur anschaut, staunt man über die Zweckmäßigkeit der äußerst »durchdachten« Apparate und »angeborenen« Bedingungen sowie die zielbestimmten Verhaltensmodi dafür. Auch die menschliche Sexualsphäre, die sinnvoll erst mit der Pubertät einsetzbar ist, ist sehr komplex und dennoch optimal entwickelt worden. Sie besteht aus funktionalen Organen und psychischen Verhaltensritualen, die engstens zusammenarbeiten müssen. Auch echte Tricks werden verwendet; zum Beispiel werden Copuline in der Vaginalsubstanz als Attraktionselement eingesetzt, die übrigens durch die »Antibabypille« verschwinden. Oder es werden begrenzte Haarflächen angeordnet, die an ausgesuchten Stellen der Verbreitung attraktiver Pheromone dienen. Durch Abrasieren verschwinden auch diese Attraktoren. Oder es werden beim Menschen wie bei Tieren diverse Rituale wie Tänze oder Schmuck, zum Beispiel Federschmuck, eingesetzt, um die beabsichtigten Erfolge zu gewährleisten, was beim Menschen dann im Besonderen die Bekleidungsmode und das Schminken übernimmt.

Wenn man alle diese höchst intelligenten Formen, Strukturen und angeborenen Verhaltensweisen auch außerhalb der Sexualsphäre kennt, weiß man, dass sie niemals durch Zufall (mit der heute üblichen Bedeutung) entstehen konnten. »Der Zufall trifft nur einen vorbereiteten Geist«, sagte Louis Pasteur. Und allgemein bekannt ist wohl auch der Spruch »Zufall ist Gottes Art, anonym zu bleiben«.

So, wie es der Darwinismus erklärt – aus primitiven Entwicklungen entstehen kontinuierlich immer komplexere Strukturen durch zufällige Mutationen, die sich bewähren müssen –, würden viele vorhandene Naturkonstruktionen niemals funktionieren. Bei ihnen ist eine fertige Gesamtkonstruktion Voraussetzung für den Erfolg ihrer Arbeit, zum Beispiel der rotierende Flagellumapparat mit einem richtigen Rotor bei Spermatozoen und Bakterien.

Wir haben wegen der vielen intelligenten Erfindungen der Natur die Bionik (Kurzbezeichnung aus *Bio*logie und Tech*nik*) in Deutschland in unserer Universität etabliert. Inzwischen lehren auch andere Universitäten wie in Bremen dieses Fach. Weil diese

teilweise bereits seit vielen Millionen Jahren existierenden Naturkonstruktionen und -mechanismen so zielgerecht funktionieren
und sich bewährt haben, können sie von unserer heutigen Zivi-
lisationstechnik prinzipiell übernommen werden. Beispiele dafür
sind die den Strömungswiderstand verringernden Schuppen der
Haifischhaut, wie wir sie heute auf Flugzeugoberflächen finden.
Oder die mikroskopisch kleine Noppenschicht der Lotusblätter,
die dadurch automatisch im Regen gesäubert werden, und die
heute als Beschichtung zur Reinhaltung von Fassaden verwendet
wird. Und es gibt sehr viele weitere Beispiele, die in zahlreichen
Büchern über Bionik dargestellt sind.[8]

Kein Mensch käme heute auf die Idee zu sagen, die Technik der
Zivilisation wäre durch Zufall entstanden. Genau das aber wird
von der Technik der Natur behauptet. Jedem ist klar, dass die Ge-
brauchsgegenstände des täglichen Lebens von Menschen konstruiert und erschaffen wurden. Aber die »Gegenstände« des täglichen
Lebens der Natur, wie sie ein Baum zeigt, oder ein Schmetterling,
ein Maikäfer, ein Igel, eine Meise, ein Fuchs sollen weder konstruiert noch erschaffen, sondern einfach so entstanden sein.

Es gibt Kalkulationen, wonach ein Zufall des Lebens bei $1 : 10^{65}$
liegt. Selbst dann, wenn ein kleinerer Exponent als 65 richtiger
wäre, könnte der heutige Mensch in der ihm zugestandenen Ent-
wicklungszeit durch Zufall nicht entstanden sein. Die Zeit für
Zufallsentwicklungen des Lebens, insbesondere des Menschen,
wäre viel zu kurz. Man bedenke, die Erde existiert erst seit etwa
$1,433 \times 10^{17}$ Sekunden.

Kalkulieren wir: Mutationen treten immer mal wieder pro
10^4 Reproduktionsschritten auf; jede hundertste Mutation bringt
eventuell einen Erfolg. Deshalb erfordert es ungefähr eine Million (10^6) Mutationen für eine Strukturverbesserung bei einem
betrachteten Merkmal. Bei zwei Merkmalen sind das dann schon
eine Billion ($10^6 \times 10^6 = 10^{12}$ Mutationen). Soll beispielsweise durch
Mutationen ein Wirbeltierauge mit fünf Merkmalen (Horn-
haut, Linse, Iris, Glaskörper, Netzhaut) und seinen Fähigkeiten

zur Akkomodation beziehungsweise Adaption als Korrektur der chromatischen und sphärischen Eigenschaften entstehen, dann wären mindestens 10^{30} Versuche erforderlich. Das heißt: Seit Beginn der Erde müssten jede Sekunde weit mehr als zehn Billionen (10^{13}) Mutationen allein für das Hominidenauge stattgefunden haben. Ganz abgesehen von allen anderen Merkmalen, die den Menschen ausmachen.

Sir Fred Hoyle (1915–2001), britischer Astronom und Mathematiker, hatte eine weitere überzeugende Kalkulation parat. Er verwies auf die andauernd stattfindenden chemischen Reaktionen des Lebens, die auf der Aktivität von etwa 10 000 unterschiedlichen Enzymen beruhen. Jedes Enzym ist aus Ketten von vielen verschiedenen Aminosäuren in bestimmter Reihenfolge aufgebaut. Die Enzyme sind aufeinander angewiesen. Nun kann man sich vorstellen, dass einige Enzyme zufällig entstanden sind. Aber die Wahrscheinlichkeit, dass Tausende von genau umschriebenen Ketten von Aminosäuren zufällig zusammengetroffen sind, beträgt ein absolut unmögliches Verhältnis. Es ist laut Hoyle so groß wie 1 zu einer so großen Zahl, dass ihre Nullen ungefähr vierzig Buchseiten füllen würden. Wohl auch Hoyle zuzuschreiben ist der vage Hinweis, dass die Entstehung des Lebens in gleicher Wahrscheinlichkeit stehe wie ein Wirbelwind, der aus den Molekülen einer Staubwolke eine flugfähige Boing 737 zusammensetzt. Hoyle sagt deshalb: Die Behauptung vom zufälligen Entstehen von Leben widerspricht jeder Vernunft. Er verwendete auch das Beispiel von Affen, die wild auf den Tasten einer Schreibmaschine herumhämmern und nach einiger Zeit ein fertiges Schauspiel von Shakespeare hervorgebracht haben ...[9]

Statt die Welt aufgrund von analytischen Annahmen nur immer stärker zu spalten, wäre es sinnvoller, diesen allem zugrunde liegenden Geist zu vervollkommnen, um damit die Materie als das zu erkennen, was sie wirklich ist – ein informationsdurchtränktes Energiegeflecht mit geistigem Ursprung und deshalb der Möglichkeit geistig-seelischer Einflussnahme.

Des Weiteren behaupten zahlreiche Naturwissenschaftler, die Welt habe ein objektives Dasein, unabhängig davon, ob ein Lebewesen sie wahrnehme oder nicht. Ja – natürlich würden wir dem zustimmen: Die Welt war schon da, als es uns Lebewesen noch nicht gab, und sie wird auch da sein, wenn wir Lebewesen ausgelöscht worden sind.

Merken Sie, wie von uns Aussagen so selbstverständlich und leichtfertig gemacht werden? Denn diese Aussage zur unabhängigen Existenz der Welt ist – streng genommen – keineswegs wissenschaftlich solide.

Warum?

Die »objektive« Welt ist eine, die uns nur dadurch bekannt ist, weil wir sie mit unserem bewussten Geist denken können, und das jeden Tag erneut. Die gesamte »objektive« Welt besteht natürlich aus Beziehungen. Damit Menschen eine Aussage über Beziehungen machen können, müssen diese Beziehungen aber vorab erst einmal bewusst wahrgenommen, also erkannt werden. Und Wahrnehmen und Erkennen geht nicht ohne Bewusstsein. Ohne unser Bewusstsein gibt es deshalb keine Welt. Und wenn wir die obige Aussage »zum objektiven Dasein der Welt auch ohne Lebewesen« beweisen sollen, ist für den Beweis wieder ein Bewusstsein notwendig. Bewusste Aussagen sind aber an den Menschen gebunden. Also kann die Aussage »Die Welt existiert auch ohne Lebewesen« so nicht gemacht werden. Wir können nur sagen, dass wir wegen der offenkundigen Plausibilität annehmen und uns vorstellen, dass die Welt auch vor den Lebewesen existierte.

Und dann ist da immer wieder das Adjektiv »objektiv«, dass sich die Wissenschaft auf die Fahne geschrieben hat. »Objektiv« ist die Welt allerdings niemals, da sie immer nur durch bewusste Erfahrungen erklärt werden kann. Und Erfahrungen der einzelnen Menschen, auch wenn sich andere ihrer Artgenossen darauf beziehen, sind immer subjektiv.

Obwohl also Naturwissenschaft immer und ausschließlich auf einem bewussten Denken beruht, wird das Bewusstsein komplett aus diesem Gedankengebäude ausgeschlossen und damit »objektiv«. Die Paradoxie ist also: Weil Wissenschaftler den Geist aus allen Ergebnissen ausschließen, wird die Naturwissenschaft als exakt bezeichnet.

Hier liegt also bereits ein Kardinalfehler vor. Das einzige Werkzeug der Erkenntnis, das uns zur Verfügung steht, nämlich unser Geist, wird ignoriert.

Warum ist das ein Fehler? Weil jedes Experiment und jede Erkenntnis immer eine informativ-energetische Wechselwirkung zwischen dem Geist des Menschen und den beobachteten Dingen ist: genutzte Information, die codiert ist und steuert, genutzte Energie, die aus Speichern freigesetzt und gewonnen wird. Immer treibt eine biologische Software eine biologische Hardware an und wechselwirkt dann mit entsprechend aufgebauten Außeneinflüssen.

Die Dinge, mit denen wir zu tun haben, enthalten nicht Energie – sie *sind* vielfältige Energie. Jedwede materielle Substanz (Masse m) ist immer Energie ($m = E/c^2$). Die klassische wissenschaftliche Definition von Energie: »Energie ist das Vermögen, Arbeit zu verrichten«, und gemeint ist natürlich die Materie, an der Arbeit verrichtet wird. Arbeit wiederum wird mithilfe der Kraft erklärt: Arbeit ist Kraft mal zurückgelegte Entfernung.

Alle diese Definitionen um Materie, Arbeit und Kraft sind *Wirkungen*. Aber was ist die Ursache dieser Wirkungen? Wie unterscheiden sich geistig-seelische Energien von Energien materieller Massen?

Allgemein beschrieben sind Energien inhärente Bewegungen, Schwingungen, die etwas verändern können. Wenn wir mit unserem Willen eine Wandlung in der Körpermaterie vollziehen, dann haben wir dies mit der Konzentration des Willens auf diese inhärente Bewegung und Schwingung vollbracht. Die Wandlung wird durch Veränderung der Formationsmuster verursacht. Diese geistige Energie von Gedanken, Vorstellungen, Erwartungen, Wille kann gut geordnet und codiert vorliegen. Codierte Energie stellt dann Information dar – eben in Form gebracht; zumal, wenn sie geistig ausgelesen wird. Insofern ist Information in den meisten Fällen mit Energie gekoppelt.

Auf intuitivem Weg erkennt man Geist als eine Energie, die durch die Seele und die Bewusstheit belebt ist. Der Wille spiritueller Wesen als Administratoren unserer physischen Welt steht immer unter Kontrolle des Bewusstseins, welches durch Nutzung der Gefühle zu individuellen Seelen gebündelt wird.

Wie alle Menschen haben auch Wissenschaftler Gefühlsmomente, die zu emotionalen Eigenschaften führen. Deshalb stammen ihre Forschungsergebnisse nie aus rein rationalem Denken; sie sind vielmehr gefärbt von Gefühlsmomenten und sogar Dogmen. Immer wieder erfährt man von der Ablehnung neuer Ideen. Begründungen dafür sind oft nicht rational erklärbar, sondern geschehen aufgrund von Gewohnheiten, aber auch Eifersüchteleien, persönlichen Fantasien hinsichtlich Ruhm und Reichtum, Karriereaussichten, Ausgrenzung – alles sich aus Gefühlen entwickelnde Reaktionen.

Das quantenphysikalische Gehirn

Wenn Gedanken eine energetisch-informative Energie sind und wenn es um uns herum nur mehr oder weniger konzentrierte Energiewellennetze gibt, warum sehen wir dann Bilder? Warum sehen wir weiterhin diese Bilder, wenn wir schlafen? Warum verlieren wir das Alltagsbewusstsein, wenn unser Gehirn minderdurchblutet ist? Warum ist das Verlieren des Bewusstseins mit der Schwerkraft verbunden, die unseren Körper bei Bewusstlosigkeit regelmäßig aus der Aufrechthaltung auf den Boden zieht? Keine dieser Fragen ist heute beantwortet, man kann nur spekulieren.

Die letzte Frage zur Bewusstlosigkeit und dem Zu-Boden-Fallen wird erst dann erhellend, wenn man sich klarmacht, dass Schwerkraft kein Feld innerhalb der Raumzeit darstellt, sondern dass Schwerkraft Raumzeit *ist*. Weiter muss man wissen: Raumzeit selbst erzeugt Massen der Materie. Ziehen wir Bewusstsein aus unserem Körper, dann bleibt die Raumzeit und damit die Schwerkraft der Materie allein bestimmend zurück, was an unserem fallenden Körper sichtbar wird. Die bewussten Reflexe, die unseren Körper gegen die Schwerkraft aufrechterhalten, sind nur zwischengeschaltete ergänzende Mechanismen in diesem Prinzip.

Letztlich unterliegt Schwerkraft und somit auch Raumzeit wie alles andere in der Natur dem Quantenfaktor. Die obige Spekulation ist deshalb nur plausibel, wenn wir den Quantenmechanismus der Gehirnaktivität verstehen. In diesem Punkt gibt es wenig konkrete Untersuchungen, dafür aber plausible Hypothesen. Den Zusammenhang haben wir ausführlicher in unserem Buch *Bionisches Wasser* beschrieben. Hier noch mal ein Auszug daraus:

»Eine neuere Zusammenfassung dazu gibt Peter Jedlicka vom Institut der klinischen Neuroanatomie am Neuroscience Center der Goethe-Universität in Frankfurt.[10] Demnach spielen Quanteneffekte eine wichtige Rolle im Gehirn, nachgewiesen beim Geruchssinn. Hier tunneln Elektronen von Geruchsstoffen in die Geruchsrezeptoren. Das Tunneln von Elektronen wurde auch bei Enzymaktivitäten[11] und den sogenannten Motorproteinen[12] erkannt.

Man wusste schon aus früheren Versuchen, dass eine Erinnerung durch eine Geruchsempfindung immer dann zustande kommt, wenn im Gehirn die betroffenen Neuronen in einen Kohärenzmodus geschaltet werden. Auch das seltsame Gehirngeschehen, das in Trance entsteht und als ›Default Mode Network‹[13] bezeichnet wird, ist ein Kohärenzschalten bestimmter Gehirnzentren. Jede Kohärenz steht im Verdacht, Quanteneffekte und Kommunikation mit dem Quantenvakuum auszulösen. Laut V[latko] Vedral unterliegt sogar jede Zelle, also nicht nur die Nervenzellen, den Funktionen der Quantenphysik.[14] …

Der geistige Ansatz kann nur im submolekularen Geschehen

liegen. Am wichtigsten wäre der Nachweis, dass Aktionspotenziale an den Zellmembranen durch Quanteneffekte ausgelöst werden und Quanteneffekte rückwirkend die elektrische Aktivität der Membranen beeinflussen, weil damit die Aktivität von Nerven direkt mit dem Quantenvakuum verbunden werden kann. Dafür gibt es plausible Hinweise. In den für die Aktionspotenziale zuständigen Ionenkanälen innerhalb der Membranen gibt es eine Quantenkohärenz mit Resonanzeigenschaften[15] …

Schon immer bestand die Frage, wie weit die Aktionen der Neuronzellen (Aktions- und Ruhepotenzial) nicht auch Kommunikationssignale mit dem Quantenvakuum sind. Nun sind wir der Antwort näher, denn auch kleine Moleküle wie Calcium, Natrium und Kalium können mit ihren Wellenfunktionen quantenphysikalisch bis ins Quantenvakuum hinein aktiv sein. Inzwischen kann das Aktionspotenzial der Neuronen quantenphysikalisch beschrieben werden.[16]«[17]

Wenn das Gehirn also über quantenphysikalische Mechanismen einen Kontakt mit dem Quantenvakuum einerseits und mit unseren Gedanken andererseits eingehen kann, dann können wir uns vorstellen, dass das Gehirn den Zugang zur Einheitsphase des Universums zu kontrollieren vermag. Unser Denken verwendet die Interaktion durch Neurone, um Filter, Barrieren und Verstärkungen zu ermöglichen. Universelles Bewusstsein verwendet ganz analog die Interaktion durch Lebewesen, um Filter, Barrieren und Verstärkungen zu gestatten.

Geistige Einflüsse auf Elektronen

Das häufigste Masseteilchen ist das Elektron, obwohl niemand weiß, was es dem Wesen nach ist. Wir können durchaus die mutige Frage stellen, ob ein Elektron überhaupt als Entität existiert. Die Alternative wäre, dass das, was als Elektron bezeichnet wird, nur ein Begriff für energetisch-informative Wechselwirkung ist. Das ist gar nicht so weit hergeholt. Denn das konservative Bild vom Elektron wird immer wieder revidiert. Schauen wir uns das genauer an im Kontext unseres Themas.

Der US-Physiker und Nobelpreisträger (1965) Richard P. Feynman (1918–1988) schrieb seinerzeit einen Bestseller mit dem Titel *QED. Die seltsame Theorie des Lichts und der Materie.* »QED« ist die Abkürzung des Begriffs »Quantenelektrodynamik«, worin bereits die Bedeutung der Elektronen anklingt. Ihm war klar, dass die Wechselwirkung der Elektronen untereinander mithilfe elektromagnetischer Strahlung letztlich alle Ereignisse sowohl in uns und der uns umgebenden Welt bestimmen. Das ist leicht nachvollziehbar, denn alle Atome, sowie alle Moleküle und damit alle aufgebauten Strukturen, sind das Resultat der Wechselwirkung von Elektronenwolken. Feynman schrieb: »[Wir müssen uns] vor Augen führen, dass die Effekte, die wir im Großen sehen, und die sonderbaren Phänomene, die wir im Kleinen beobachten, gleichermaßen auf die Wechselwirkung zwischen Elektronen und Photonen zurückgehen und letztlich alle von der Theorie der Quantenelektrodynamik beschrieben werden können.«[18]

Wenn wir von Elektronen reden, müssen wir eigentlich immer auch die Positronen mit einer positiv geladenen Energie, zur Antimaterie gehörig, mit erwähnen. Der englische Physiker und Nobelpreisträger (1933) Paul Dirac (1902–1984) meinte, Elektronen und Positronen hätten Strukturen. Und zwar wären Elektronen ein volles Loch im Universum, das nicht entstehen kann, ohne ein leeres Loch als Positron gleichzeitig zu hinterlassen.[19] Um nicht zu verwirren, beschränken wir uns im Folgenden nur auf herkömmliche Arten von Elektronen.

Was wissen wir über Elektronen? Sie sind untereinander alle identisch, also eigentlich ununterscheidbar. Womit zeichnet sich ein Elektron aus? Es hat unter anderem Masse, Ladung, Spin.

Wir stellen uns als Elektron einen strukturlosen Punkt mit Elementarladung vor. Und schon haben wir ein Problem, was darauf hindeutet, dass wir falschliegen. Denn wenn wir uns von außen dieser Punktladung nähern, dann steigt die Feldstärke zur Quelle hin ohne Ende, womit die gesamte Energie unendlich groß wird. Das ist deshalb absurd, weil ein Elektron mit unendlicher Energie auch unendlich schwer wird. Dieser Fakt wird einfach ignoriert und mit einem mathematischen Taschenspielertrick ausgeglichen, was in der Physik dann als »Renormalisierung« bezeichnet wird.

Und wir haben gleich ein weiteres Problem: Elektronen sind überall und können sich dementsprechend in alle Richtungen bewegen. Elektronen sind aber nur dann überall, wenn man nach ihnen schaut. Weil man nicht überall hinschauen kann, wird extrapoliert, dass jeder Kubikzentimeter der Atmosphäre rund um die Erde Milliarden von Elektronen und ihr Gegenstück Positronen als Antielektronen enthält. Unter kosmischer Strahlung versteht man Elektronen oder Protonen mit hohen Geschwindigkeiten, das heißt mit hoher Energie. Treffen diese auf Luftmoleküle, werden sie abgebremst und strahlen dann Photonen ab. Aus diesen Photonen können wieder Paare von Elektronen und Positronen werden.

Dabei können einige Elektronen uralt sein wie aus dem Beginn unseres Universums vor knapp vierzehn Milliarden Jahren. Oder sie wurden soeben erst geboren. Ihre Geburt ist vielfältig; sie stammen zum Beispiel von radioaktiven Atomkernen wie Tritium ab, indem diese Kerne unter anderem Neutronen abgeben, die sich nach etwa acht Minuten in Protonen plus jeweils ein Paar Elektron/Positron umwandeln (Betastrahlung).

Eigentlich sind Elektronen unsterblich; relativ selten vereinigen sich Elektron und Positron zu Licht. Aber freie Elektronen werden gern von Materie eingefangen, also angesiedelt.

Wahrscheinlich hat Bohr recht mit seiner Bemerkung, dass ein Elektron als separiertes Teilchen eine Täuschung ist, hervorgerufen von der Wechselwirkung von diversen Quantenaktivitäten. Wenn wir uns also das biologische Leben mit seiner Genetik, seinen Proteinen und seinem Stoffwechsel ansehen, dann sind damit immer die Wechselwirkungen bestimmter Quanteneigenschaften verbunden, was wir dann zwecks Ordnung eine »Wirkung der Elektronen« nennen.

Trotz der Widersprüchlichkeit des Modells der Elektronen wollen wir hier weiterhin von Elektronen-Entitäten reden, um nicht zu viel Verwirrung aufkommen zu lassen. Man kann die Wechselwirkungen durchaus auch so interpretieren, als ob das Elektron von elektrostatischen, elektromagnetischen, magnetischen Feldern dirigiert wird.

Elektronen sind die Motoren der Evolution. In allen Lebewesen – Bakterien, Pflanzen, Tieren, Menschen – spielen Elektronen die Hauptrolle. Sie bauen Atome auf und verbinden Atome zu Molekülen und Moleküle zu Zellen, Organen und Körpern. Und sie geben jeder Konstruktion eine ganz bestimmte Form, Struktur, Gestalt, womit diese spezifische Funktionen erfüllen.

Egal, was wir uns ansehen, Elektronen haben in jedem Geschehen innerhalb der Materie eine Aufgabe. Ohne Elektronen gäbe es nichts. Ganz besonders interessieren uns die Wechselwirkungen hinsichtlich geistiger Funktionen. Auch diese Wechselwirkungen bezeichnen wir weiterhin als »Fähigkeiten der Elektronen«.

Der Bezug kommt von dem französischen Physiker Jean Émile Charon (1920–1998), der eine wenig bekannte, aber nicht widerlegte Theorie (»Theorie de la Relativité Complexe«) aufgestellt hat und deshalb innerhalb der Physikergemeinde durchaus ernst genommen wird. Er sagt: Elektronen haben neben den bekannten physikalischen Gesetzmäßigkeiten spirituelle Eigenschaften.[20] Kann das möglich sein?

Charon interpretiert das so: Der Sinn der Evolution liegt in der Abspeicherung von laufend fortschreitender Information mithilfe der Elektronen als spirituelle Teilnehmer. Dies führt zu immer mehr Erfahrungen, wobei Qualität und Quantität der Information immer größere Ausmaße bekommen. Leben geschieht durch Elektronen-Äonen, deren Wurzeln bis zu Milliarden Jahre alt sind. So sind auch alle Geschehnisse, bei denen bisher Menschen beteiligt waren, durch Elektronen gemacht. Und laut Charon speichern sie jede derartige Information. Alle informationstragenden

Elektronen sind über ein Feld untereinander verbunden. Damit postuliert Charon das identische Informationsfeld wie der Physiker Bohm.

Interessant ist auch, dass die Elektronen in unserem Körper laufend ein Kommen und Gehen haben. Inzwischen weiß man ja, dass alle Elemente unseres Körpers, einschließlich ihrer Elektronen, innerhalb von etwa sieben Jahren komplett ausgetauscht sind. Aber es gibt Ausnahmen: Die Elektronen in unserer Genstruktur als DNA werden nicht ausgetauscht, ebenso die Elektronen vieler Gehirnnerven. Vielleicht ist der Grund dafür, dass die DNA-Elektronen ja zwei Arten von Informationen speichern: erstens die Information über Proteine und damit über Aufbau und Funktionen der Organe, zweitens die Informationen über Erlebnisse. Tatsächlich können unsere Erlebnisse, wie inzwischen gut dokumentiert ist, die Funktion der Gene entscheidend beeinflussen. Dieser Fakt, als Epigenetik bekannt, wurde jahrzehntelang von konservativen Mainstream-Wissenschaftlern als Unsinn bekämpft.

Außerdem müssen wir eine Erklärung für folgende Tatsache finden. Alle Zellen in uns werden vom gleichen genetischen Code gesteuert, können aber je nach Verwendung vollkommen unterschiedliche Funktionen erfüllen. Sogar Zellen, die bereits ihre Funktion zugewiesen bekommen haben, sind fähig, sich bei Beschädigung eines Organteils umzuwandeln in das, was dem Ganzen gerade dienlich ist. Es sieht also so aus, als ob auch die genetische Struktur einem ordnenden Ganzheitsprinzip untergeordnet ist.

Die menschliche DNA hat ungefähr drei Milliarden Buchstaben und kommt pro Zelle auf eine Länge von zwei Metern. Wir haben mehrere Dutzend Billionen Zellen. Insgesamt ist in unserem Körper ein DNA-Strang so lang, dass wir damit mehrfach den Erdball umwickeln können. Daneben gibt es eine weitere Software: die RNA, sie ist zugleich Hardware, denn sie transportiert herausgegebene Code-Abschnitte der DNA zu den Eiweißfabriken, den Ribosomen.

Natürlich unterliegt alles den Gesetzen der Natur, aber wer hat den Unterschied von Stein und Zelle bewirkt? Wer hat das Informationsarchiv des Lebens erschaffen, das Fortpflanzung, Wachstum und Reparatur gewährleistet?

Energie für die Aktivierung liefern Elektronen, die auf Sauerstoff landen, und auch das machen sie gezielt. Sie »hüpfen« durch diverse ausgewählte elektrochemische Reaktionen, ausgehend von Wasser und Nahrung der Lebewesen, bis Sauerstoff sie packen kann. Das funktioniert im Prinzip seit vier Milliarden Jahren mit der ersten prokaryontischen Zelle bis heute: Leben als geistig koordinierte Physik. Der ungarisch-amerikanische Nobelpreisträger (1937) und Biochemiker Albert Szent-Györgyi (1893–1986) sagte so treffend: »Leben ist nur ein Elektron auf der Suche nach einem Ruheplatz.«[21]

Wenn Elektronen wirklich geistige Weichen stellen können, hätte das enorme Konsequenzen. Wir stehen bewundernd vor den natürlichen organischen Konstruktionen wie Enzymen. Enzyme können Reaktionen beschleunigen oder verlangsamen, ohne die Reaktion selbst zu verändern. Sie regulieren, steuern, transportieren, geben Form und Bewegung. Spezielle Enzyme sind oft in Zell-Containern untergebracht; Lysosome sind so ein Beispiel. Sie produzieren Lysozyme, die auf Anforderung alle nicht mehr funktionierenden Stoffe einer Zelle abbauen und wiederverwerten. Das bedeutet ein technisches Räderwerk in kleinsten Dimensionen, das insgesamt geistig anspruchsvoller und technisch aufwendiger ist als ein Atomkraftwerk. Molekülketten brechen an genau vorbestimmten Stellen auf, um sich umgehend ganz gezielt nach einem vorliegenden Plan mit ausgesuchten Bruchstücken erneut zu verbinden. Das mehrfach, bis zu über tausendmal pro Sekunde.

Zufall? Unmöglich! Wer so etwas sagt, macht sich unglaubwürdig. Es gibt zwar nur zwanzig Aminosäuren, die Proteine aufbauen. Aber in einer Kette von fünfzehn Aminosäuren, also einem kleinen Protein, gibt es 10^{195} mögliche Anordnungen. Damit man eine Vorstellung von dieser Zahl bekommt: Das ist mehr als alle beobachtbaren Teilchen im Universum.

Dazu kommen die vielen nichtenzymatischen Zellfunktionen, wobei jede Zelle von den Aktivitäten der anderen Zellen weiß und sich innerhalb des Organismus abstimmt. Und wir fragen uns, wer diese Funktionsmechanismen erdacht hat, die mehr Rechenleistung erfordern, als unsere gebräuchlichen Home-Computer jemals schaffen. Und allein das, was auf der Zellebene passiert, erfordert mehr Geist, als der Mensch bewusst formulieren kann, sagt Charon und nennt es »äonische Biologie«. Und es denkt ja nicht nur im Menschen, es denkt in der Rose, es denkt in der Maus, es denkt überall, sagt er. Man kann nur staunen, wenn man sieht, wie in der Amaryllis-Zwiebel eine Initiative gestartet wird, die schließlich mehrere weiße oder rote schön geformte Blüten hervorzaubert – in der Entstehung kaum im Detail beschreibbar, schon gar nicht erklärbar.

Also schauen wir mal etwas genauer hin. Wir können uns auf keine Theorie »zur Entstehung von geformten Lebendigen aus lebloser Materie« stützen; es muss aber etwas Besonderes dahinterstecken, ansonsten könnte es so etwas nicht geben. Sind Elektronen verantwortlich?

Elektronen haben tatsächlich mystische Eigenschaften. Das mystische Moment ist bei Elektronen bereits dadurch gegeben, dass sie zwar eine Masse haben, aber diese immer nur vorhanden ist, wenn irgendwie die Raumzeit, also das von uns sogenannte Außen-System, hervorgerufen und genutzt wird. Ansonsten sind Elektronen nicht vorhanden. Aber selbst wenn man ihre Wirkungen in der Raumzeit beobachtet und man von ihrer Anwesenheit ausgehen muss, sind sie bei noch so starker Vergrößerung eines Atoms unsichtbar.

Ein weitere mystische Eigenart: Die Forscher haben inzwischen akzeptiert, dass Elektronen Barrieren wie dünne Membranen trotz ihrer Masse überwinden, indem sie scheinbar hindurchtunneln – sehr eigenartig. Dazu passt, dass Elektronen mit anderen

Elektronen in einer Art und Weise kommunizieren, als handle es sich um Teilchen ohne jedes Volumen. Das aber kann nicht sein, denn ein Elektron hat ja eine Masse und damit eine räumliche Ausdehnung.

Charon sagt deshalb, dass sich die Ausdehnung von Elektronen nicht in dem uns bekannten Raum befindet, sondern in einem besonderen anderen Raum. Die Raumkrümmung, die ja laut Einstein der Masse entspricht, ist bei Elektronen die eines hypothetischen »Micro Black Hole«, eines Schwarzen Loches im Mikrokosmos. Dieses elektroneneigene Schwarze Loch besitzt eine sehr dichte und heiße Füllung von tausend Milliarden Grad Temperatur. Der Radius des Loches kontrahiert sich offenbar und dehnt sich wieder aus mit einer Pulsfrequenz von 5×10^{22} Hertz. Aus solchen Micro Black Holes kann Information niemals entweichen, aber sie kann zur Steuerung von Botenteilchen verwendet werden.

Wir müssen uns einmal mehr daran erinnern, dass Elektronen an allen Funktionen in unserem Körper beteiligt sind, ja, sie sogar erst initiieren. Das betrifft jeden Sinneseindruck, jede Informationsweiterleitung über Neurone und Synapsen, also auch jede Gehirnaktivität. Nehmen wir einmal das Beispiel »Rot«. Wenn wir einen roten Wollpullover oder eine rote Blume sehen, dann wird diese Farbe als eine elektromagnetische Wellenfrequenz in unser Auge eingestrahlt. Diese elektromagnetische Welle stammt von den Elektronen des Pullovers oder der Pflanze. Sie wurde dadurch erzeugt, dass die Elektronen von vielen Frequenzen zum Beispiel des »weißen« Lichts der Sonne angeregt wurden. Einige Frequenzen des weißen Lichtes wurden in den Wollfäden absorbiert, aber die Frequenz von Rot wurde von den angeregten Elektronen, nachdem sie sich nach der Anregung wieder beruhigt haben, abgegeben. Allgemein gesagt, haben die Elektronen eine Auswahl getroffen, sie haben die einfallende Strahlung interpretiert und damit die Bedeutung von »Rot« als Signal erzeugt, als Information.

Wir hatten bereits mehrfach darauf hingewiesen, dass Information nur durch Bewusstsein zu Information werden kann. Charon sagt: Die Elektronen denken auf diese Weise. Je nachdem, wie die Elektronenaktivitäten beobachtet werden, können die Elektronen, wie im Beispiel »Rot«, elektromagnetische Schwingungen oder Photonen abgeben. Die von Elektronen ausgestrahlten Photonen tauschen Impulse mit Photonen ihrer Außenwelt aus, was sich als Austausch der Spin-Zustände entpuppt. Denn der Spin des vom Impuls getroffenen Außenphotons kann verlangsamt oder beschleunigt werden, während der Spin des Impulsgebers jeweils das Gegenteil erfährt. Eine weitere Möglichkeit der Impulsreaktion ist die Veränderung der Spin-Richtung. Alle Änderungen äußern sich über Felder, die als »schwache« oder »elektromagnetische Wechselwirkungen« in Erscheinung treten.

Erinnern wir uns an dieser Stelle, dass die gedankliche Vorstellung eines Experimentators den Spin der Elektronen »schalten« kann. Wenn wir Charons Micro Black Hole der Elektronen mit einbeziehen, dann enthält dies offenbar ein Photonengas, das laut Charon unter anderem als Informationsspeicher dient und ein Gedächtnis aufweist, codiert in Spin-Zuständen. Während wir vom Computer her kennen, dass neue Informationen die alten Informationen überschreiben, können Elektronen alte und neue Informationen parallel abspeichern. Charon erklärt nun, dass der Impulsaustausch von denjenigen Informationen abhängt, die als Konfiguration des Photonengases im Elektron enthalten sind. Das macht den Geist des Elektrons aus.

Schon der mit Preisen ausgezeichnete Physiker Paul Davies schrieb: »Elektronen scheinen ihre Umgebung registrieren zu können und sie können Entscheidungen treffen.«[22] Ist das der Grund, warum der Geist des Menschen, speziell seine Erwartungen und Vorstellungen, tatsächlich die Ausrichtung der Spins von Elektronen verändern kann? Irgendeine Erklärung muss es ja für dieses längst bekannte Phänomen in der Physik geben. Versuche haben gezeigt, dass der Forscher durch seine Erwartung die Ausrichtung der Spin-Achse von Elektronen vorgibt. Akzeptiert man diesen Fakt, dann wäre sofort klar, warum Lebewesen, die einen Willen zur Steuerung der eigenen Körpermaterie haben, beliebig ihre Muskel-Materie verändern können. Denn genau dafür müssen die Bindungselektronen, die den Aufbau und die Funktionen der Materie über ihre Spins bewerkstelligen, willentlich über die schwache Wechselwirkung und über die elektromagnetische Wechselwirkung beeinflussbar sein.

Neben dem elektrischen Strom sind Elektronen aber auch für elektrische Spannungen verantwortlich, die dem genialen Physiker Nikola Tesla (1856–1943) zufolge mehr vollbringen, als es der elektrische Strom je vollbringen kann. Denn elektrische Potenziale sind das geeignete Mittel, um mit dem Quantenvakuum zu kommunizieren. Lebende Organismen verwenden diese Methode mithilfe der Wasserphase. An der Grenze von Wasser zu anderer Materie ordnen sich die Wassermoleküle in besonders gleichmäßiger Formation und setzen dann massenhaft Elektronen frei.[23]

Unglaublich, aber wahr: 99 Prozent aller Moleküle im Menschen sind Wassermoleküle, und mehr als 99 Prozent sind wie gesagt leerer Raum. Eigentlich müssten wir uns auf diese beiden Fraktionen konzentrieren, wenn es um Gesundheit geht, um die universale Energie und Information anzuzapfen.

Vermittler dafür sind also laut Charon die Elektronen; sie werden im »Innensystem« durch die virtuelle Energie und die potenzielle Information des Vakuums gespeist. Auch in der herkömmlichen Physik stellt man sich das Elektron vor als eine wirbelnde Masse mit ständigem Fluss virtueller Teilchen in die Masse hinein und aus ihr heraus. Dennoch existieren virtuelle Teilchen nur als theoretische Vorstellungen und sind noch nie experimentell beobachtet worden. Die Quantentheorie erlaubt virtuelle Teilchen, die aus dem »Nichts« in die Existenz treten und in Bruchteilen von Sekunden wieder verschwinden. Sie müssen als konzeptionelle Kunstgriffe angesehen werden. Allerdings gibt es vage Hinweise dafür, dass diese Teilchen wirklich sind (»Lamb-Abweichung«, »Delbrück-Streuung«).

Das lebendige Vakuum als vereinte Urquelle von allem

Das Vakuum ist die alles dominierende Phase im Universum, also auch in der gesamten Natur einschließlich im Menschen. Eigentlich wird das ideale Vakuum als leer angesehen, leer von Massen. Wie gesagt ist diese Phase bereits im Atom dominant. Der uns fast vollständig ausfüllende masseleere Raum unseres Körpers geht fließend über in den identischen Raum der umgebenden Luft, weiter in die Atmosphäre der Erde und schließlich in den Kosmos bis in die Unendlichkeit des Universums – ein Hintergrundfeld. Jeder Mensch ist über die Vakuumphase also mit dem gesamten Universum verbunden. Auch wir Menschen stehen alle durch die Vakuumphase in Wechselwirkung zueinander, weil die extrem wenigen Masseteilchen unseres Körpers zusammen mit denjenigen der anderen Körper in einem gemeinsamen Vakuummeer schwimmen.

Wir hatten bereits festgestellt, dass Kräfte nur an Massen entstehen können. Wo keine Massen sind, wie in unserem Vakuum, gibt es auch keine Kräfte. Weiter hatten wir gesehen, dass Kräfte eng mit Raum und Zeit verbunden sind. Da Kräfte Vektorrichtungen aufweisen, brauchen sie Raum, und da Kräfte Wirkungen haben, also Vorher-nachher-Zustände bewirken, brauchen sie Zeit. Im Vakuum gibt es aufgrund der Masselosigkeit weder Raum noch Zeit. Das macht das Vakuum zu einer ganz besonderen Phase.

Es ist gut bekannt, dass das überall vorhandene Vakuum randvoll mit Energie und potenzieller Information gefüllt ist. Weiterhin ist bekannt, dass das Gesetz von der Erhaltung der Energie durch Quanteneffekte für kurze Momente – hier spielt also plötzlich die Zeit wieder eine Rolle – ungültig sein kann, nämlich dann, wenn Energie vom Vakuum ausgeliehen wird. Und das wird reichlich genutzt. Es ist der Moment, wo Energiequanten sich kurzfristig der Realität als Teilchen anbieten. In der Physik nennt man diesen Vorgang gerne als Jargon »Heisenberg-Kredit«.

Er bezieht sich auf die sogenannte Heisenberg'sche Unschärferelation – die besagt, dass zwei komplementäre Eigenschaften eines Teilchens nicht gleichzeitig beliebig genau zu bestimmen sind –, insbesondere auf die Energie-Zeit-Unschärfe. Aus dem Vakuum kann jede Art von Teilchen und Antiteilchen sprudeln. Werden diese Teilchen nicht irgendwie festgehalten, fallen sie innerhalb eines Sekundenbruchteils – wieder ist Zeit involviert – als Energie zurück in die Vakuumphase.

Man spricht bei diesen sich anbietenden Teilchen von »virtuellen Teilchen«. Die Bezeichnung »virtuell« beschreibt eine Art Geisterteilchen; dazu gehören auch unzählige informationsvermittelnde Botenteilchen. Wenn sich Elektronen mit ihren Scharen eigener Botenteilchen durch den Raum bewegen, dann treffen die Elektronen-Botenteilchen permanent auf derartige virtuelle Geisterteilchen aus dem Vakuum und werden von ihnen »freundlich« attackiert.

Was wir »virtuelle Geisterteilchen« nennen, sind – besser beschrieben – Störungseffekte im Vakuummeer aufgrund einwirkender Felder. Das Vakuum kann durch diese Felder durchaus angeregt werden und verschiedene Energiemomente annehmen. Es ist also verständlich, wenn die in unserer Vorstellung angenommenen virtuellen Teilchen als Indikator dieser Störungen noch immer sehr eng mit dem Vakuum verbunden sind. Deshalb beeinflussen kohärent arbeitende Elektronen-Botenteilchen durch ihre Kontakte auch direkt die Aktivität des Vakuums. Diese Veränderung registriert das Vakuum und sendet die Information der veränderten Aktivität zurück an die Elektronen. Es ergeben sich damit unendlich viele Möglichkeiten der Wechselwirkung, wobei eine Auswahl von Geisterteilchen auch endgültig in die Realität aufgenommen werden kann.

Das ist dann der Fall, wenn kurzfristig viel Energie in dieses Wechselwirkungssystem gepumpt wird. Dann wird der sogenannte Heisenberg-Kredit, der die aus dem Vakuum schießenden virtuellen Teilchen vorübergehend finanziert hatte, sozusagen zurückgezahlt, was den herausgeschossenen Teilchen endgültig die Freiheit gibt, eine unabhängige Existenz zu führen.

Konkret heißt das: Jedes Geschehen, jedes Gedankenbild, das wir erleben oder uns vorstellen, hat sein eigenes Energiemuster. Das wird bereits dadurch deutlich, dass jedes Gedankenbild entsprechend seinem speziellen Inhalt diverse Reaktionen im Körper auslöst – Stresssymptome sind jedem bekannt. Dabei werden jede Menge Resonanzkaskaden zum Vakuum aller Möglichkeiten ausgelöst.

Es ist wie mit dem Rauschen. Rauschen ist die Summe aller möglichen Frequenzen. Singen wir eine Melodie in einem Raum mit hohem Grundrauschen, dann setzen wir die einzelnen Klangfrequenzen auf die Rauschfrequenzen. Der Effekt besteht darin, dass vor allem im Resonanzfall Verstärkungshall auftritt.

Das Besondere ist nun, dass leere Gedanken nicht etwa nichts sind, sondern sie sind lediglich informationslos. Dieses Informationslose ist aber immer noch Energie, die wiederum in Resonanz mit zwar informationsleeren, aber energetischen Vakuumstrukturen stehen kann. Das wiederum heißt, dass das Feld aller Möglichkeiten in uns immer voll präsent ist.

Wenn wir alles zusammen betrachten, dann wird deutlich, dass das Vakuum eine wunderbare Quelle von neuen Teilchen und entsprechenden Energien ist. Eine gewisse Anzahl der Teilchen verabredet sich zum Aufbau von Materie.

Insgesamt schätzt man die Energie im Universum auf etwa 10^{68} Joule. Wir sind nicht nur Teil dieser Energie, sondern wir können offensichtlich mehr oder weniger dieser Energie in uns auch steuern. Deshalb besteht die äußerst wichtige Frage: Wer oder was trifft die Auswahl für die Realisierung der Geisterteilchen?

Wenn wir es sind, die eine Auswahl treffen, dann liegt die Wahlmöglichkeit, die wir haben, an der Fähigkeit, die avisierten Möglichkeiten auszunutzen. Wie das? Wir hatten bereits ausgeführt, dass die Natur das offenbart, wonach wir fragen. Das heißt bezüglich der Auswahl: Jetzt haben wir die Fähigkeit zu antworten, *the ability to response*, also *responsibility*. Das heißt, bei uns liegt die Verantwortungsfähigkeit.

Wir wollen den universell ausgebreiteten Vakuumzustand mit einem tiefen riesigen Ozean vergleichen. So ein Ozean zeigt an der Oberfläche ein anderes Verhalten als in der Tiefe. In der Tiefe finden wir eine weitgehend einheitliche Phase, während es an der Oberfläche durch direkte Kräfteeinwirkungen der Außenwelt brodeln kann: Es können je nach Einwirkung auf diese Ozeanoberfläche zum Beispiel durch Wind, also durch Luftbewegung, Wellen unterschiedlichster Größe und Frequenz entstehen, außerdem Strudel, Fontänen, jede Menge Spritzer, eventuell wasserfallgleiche Flussbewegungen. Das wirbelnde Fließen an der Oberfläche kann bei starker Einwirkung bis in die Einheit der Tiefe gelangen. Aus der Einheit der Wasserphase entsteht dann Vielfalt als unterschiedlichste Formen der Wasserstruktur.

Genauso muss man sich den Vakuumzustand vorstellen: Er enthält ebenfalls Phasen vollkommener Einheit ohne jede Differenzierung. Diese Einheit durchzieht nicht nur das ganze Universum, sondern sie taucht auch – entsprechend der Vakuumverbreitung – in jeder Materie hier auf der Erde auf. Also auch in uns. Das heißt, alles, was das Vakuum des Universums betrifft, sowohl die Einheit als auch die Oberflächenphänomene, betrifft auch uns.

Die Einheitsphase des Vakuums kennt keine Massen, keinen Raum und keine Zeit; eine Einheit ist in sich als unverändert definiert. Wenn es aber keine Zeit gibt, dann können wir auch nicht von Vergangenem und Zukünftigem reden, vielmehr ist alles gleichzeitig im einheitlichen Jetzt. Wenn es im Vakuum keine zeitliche Veränderung gibt, weil keine Kräfte angreifen, die einen Raumvektor kennzeichnen, dann gibt es auch keinen örtlichen Raum. Alles ist überall; das Jetzt ist ubiquitär.

Das ändert sich, wenn die Einheit zur Vielfalt wird. Die werdende Vielfalt ist der Beginn unserer Welten. Alle Welten haben ihren Ursprung aus dem einheitlichen Vakuum heraus. Jedes physikalische Ding, das die Vielfalt als Materie formt, aber auch jede Erinnerung, jede seelische Regung, einfach alles kommt aus dem masseleeren Vakuum.

Alte indische Überlieferungen sprechen physikalisch korrekt von der Potenzialität der »Großen Leere«, die fähig ist, Myriaden von Dingen verschiedenster Form und Gestalt hervorzubringen.

Der tibetisch buddhistischen Lehre zufolge ist die »Große Leere« das Allumfassende, das nicht mit den Sinnen Erfassbare, das wie der unendliche Mutterschoß des Weltraums alle Formen gebiert, nährt und in sich beschließt, in dem das Licht ewig strömt, ohne je verloren zu gehen. Leere wird definiert als die Abwesenheit aller Bestimmungen, die der Buddha als »das Unentstandene, das Ungeborene, Ungeformte«, die Śūnyatā oder tibetisch *stong pa nyid* bezeichnet.

Und nach der neuen Physik heißt es: Aus dem Vakuum (der »Leere«) entfaltet sich die Welt. Alle Dinge treten aus dem Zustand der »Leere« in eine wirkliche Erscheinung. »Wirklichkeit« ist abgeleitet von »wirken«. Es entsteht wirkende Materie und damit objektive Realität. Etwas existiert nur so lange, wie es wirkt.

Wenn aber aus der Einheit des Vakuums die Welten mit aller Vielfalt entstehen, dann heißt das, der »Stoff« des Vakuums hat eine ungeheure Potenzialität, unermessliche Möglichkeiten. Da es aber in der Einheitsphase keine Dinge und keine Zeit als Vergangenheit oder Zukunft gibt, denn eine konkrete Differenzierung in die Vielfalt ist in der Einheit ausgeschlossen, ist das Potenzial. Das Mögliche, immer genau im Jetzt vorhanden.

Wir schwimmen ununterbrochen ohne Zeit- und Raumlimit in einem »Meer aller Möglichkeiten«, wie ich es in meinen Büchern immer wieder nenne. Das Mögliche entsteht durch eine »eingewickelte« Einheitsenergie, die sich zu allem Denkbaren auswickeln kann.

Und was ist Einheitsenergie grundsätzlich? Die klassische Definition der Energie, nämlich die Möglichkeit, Arbeit an Massen zu leisten, läuft beim Vakuum buchstäblich ins Leere. Denn es gibt keine Massen und deshalb auch keine Möglichkeit zur Arbeitsleistung.

Wir definieren deshalb die Einheitsenergie als die Möglichkeit, Bewegung auszuführen. Es ist keine konkrete Bewegung in Raum und Zeit, sondern eben eine mögliche Bewegung, die zu möglichen Änderungen und Differenzierungen führt. Es ist wie bei einem Fels, der an der Abrisskante eines hohen Berges ruht, bis er durch bestimmte Wetterumstände losgelöst in die Tiefe stürzt und dabei seine schlummernde Energie entfaltet.

Die potenzielle Bewegung der Vakuum-Einheitsphase kann geradlinig, als Rotation kreisförmig oder als Vibration zitterförmig sein, wenn sie sich entfaltet. Die Physik nennt diese Energie des Vakuums »Nullpunktenergie«. Sie ist definiert als die Differenz zwischen der Energie, die ein quantenmechanisches System als Grundzustand ausweist, und der Energie, die ein klassisches System als Energieminimum hätte. Früher meinte man, die Bewegungen seien identisch mit Wärme. Aber selbst bei Temperaturen um den absoluten Nullpunkt, wenn alle thermische Energie aufgelöst ist, findet sich immer noch Restenergie im Vakuum, falls gemessen wird.

Der bereits erwähnte Physiker John Archibald Wheeler, damals an der Princeton University, berechnete die Energiedichte des Vakuums mit ungeheuerlichen 10^{94} Gramm. Damit könnten leicht alle Meere der Erde zum Sieden gebracht werden. Paul Dirac zeigte dann theoretisch, wie aus dieser Energie zum Beispiel Elektron-Positron-Paare als Materie-Antimaterie entstehen können.

Also – die ganzheitliche Vakuumphase ist »randgefüllt« mit unermesslich viel Einheitsenergie, die darauf wartet, aktiviert beziehungsweise ausgewickelt zu werden. Und aktiviert beziehungsweise ausgewickelt zu werden heißt, in unsere Raumzeit-Welt der Massen, der Materie überzugehen. Ist die Energie in unserer Raumzeit aufgetaucht, dann ist aus unserer Sicht aus der Potenzialität die Realität geworden. Genau dieser Vorgang findet ununterbrochen an der Vakuum-Oberfläche statt, also dort, wo es wie beim Ozean brodelt und Wellen wirft.

Was aber heißt Oberfläche bezogen auf die unendlich ausgedehnte Vakuumphase? Und wo gibt es bei einem universell ausgebreiteten Vakuum Oberflächen?

Mit Oberflächen sind die Grenzflächen zu anderen Phasen gemeint. Die Oberfläche des Ozeans grenzt zum Beispiel an die den Ozean umgebende Luftphase. Mit Oberflächen des Vakuums sind die bereits in der Raumzeit befindlichen Körper gemeint, die im Vakuummeer herumschwimmen. Wir haben bereits erwähnt, dass die wenigen Massen von 0,000000001 Prozent des Raumvolumens eines Körpers, die in einem riesigen Meer von Vakuumenergie schwimmen, das ausmachen, was wir als Materie wahrnehmen. Genau diese Grenzflächen zwischen Massen als Nichtvakuum und dem alles ausfüllenden Vakuum sind die oben genannten brodelnden Oberflächen. In der Physik werden diese besonderen Bereiche auch »Quantenvakuum« genannt.

Wenn Vakuumenergiefontänen in erreichbarer Nähe von Massen »hochschießen«, können die Energiefelder der Fontäne von der Massenenergie, aber offensichtlich auch von der Gedankenenergie in Form einer Art von Resonanz längere Zeit festgehalten werden.

Als Folgen dieser Fixierung der Quantenvakuum-Energiefontäne können wir nicht mehr von Wahrscheinlichkeitswellen sprechen, sondern wir haben es mit realen Entitäten zu tun. Schrödinger nannte das Feld der Wahrscheinlichkeit »Psi-Feld«. Psi (Ψ) ist im Griechischen beispielsweise der Anfangsbuchstabe des Begriffs *psyché* (Psyche, Seele[nleben], Gemüt). Der Erste, der »Psi« als Synonym für diverse hypothetische psychische Fähigkeiten wie Telepathie und Präkognition verwendete, war in den Vierzigerjahren der Biologe, Physiologe und Sexualforscher Berthold P. Wiesner (1901–1972), ein Österreicher wie Schrödinger.

Je nach der Aufgabenstellung des Physikers ergeben sich im

Experiment bestimmte physikalische Wellen oder das, was wir »Quantenteilchen« nennen, wie etwa Elektronen, Protonen, Photonen. Natürlich sind es keine Teilchen, wir stellen uns das nur so vor; es sind Energiewirbel, die sich je nach den einwirkenden »Resonanzbindungen« in ihren Größen und Eigenschaften unterscheiden.

Wenn nun die Physiker mit ihren »Teilchen«beschleunigern derartige Energiewirbel aufeinanderschießen, sie also kollidieren lassen, entstehen immer neue Energiewirbel, das heißt immer neue Teilchen, die allerdings oft wenig stabil sind. Je mehr Energie dabei im Spiel ist, desto reichhaltiger ist die Ausbeute.

Entspricht das, was wir in der Vakuumphase suchen, dem Äther? Was in der Physik als »Äther« bezeichnet wird, ist eine reale formative Energie.

Der Äther war lange Zeit in den Köpfen der Physiker ein wichtiges Postulat, um zu erklären, warum sich elektromagnetische Schwingungen als Welle fortpflanzen können. Wellen wie auch die Schallwelle brauchen ja schließlich ein Medium, um sich fortzubewegen, so die Vorstellung. Um die Wende vom 19. zum 20. Jahrhundert wurde die Idee vorübergehend fallengelassen. Die berühmten Michelson-Morly-Experimente im Jahr 1887 fanden nichts Auffälliges, was als Träger der elektromagnetischen Wellen dienen könnte; sie gaben der Äther-Theorie damals den offiziellen Todesstoß. Viele Physiker hielten dennoch an der Theorie fest. Auch Einstein hat den Äthergedanken trotz der allgemeinen Zweifel nie verworfen.

Die Michelson-Experimente wurden unter der Schirmherrschaft der U. S. Air Force 1986 mit besserer Messtechnik erneut durchgeführt. Diesmal konnte tatsächlich ein Äther nachgewiesen werden, und dieser wird bis heute immer wieder in Erwägung gezogen.[24]

Die Äthertheorie wurde von dem englischen Physiker und Elektroingenieur Harold Aspden (1927–2011), ehemals Southampton-Universität, in vielen Veröffentlichungen vorgestellt.[25] Demnach wirbeln subatomare Teilchen wie Protonen und Elektronen in enger Formation außerhalb des Vakuums, um in kürzester Zeit wieder im Äther des Vakuums absorbiert zu werden, wo die Wirbelbewegung in den Tiefen des Äthers weitergeführt wird. An der Stelle der Absorption taucht aber unmittelbar eine neue Formation subatomarer Teilchenspins auf, die ebenfalls wieder verschwindet.

Im Prinzip begegnet uns hier das Geschehen, das wir dem Quantenvakuum bereits zugeschrieben hatten. Der Äthergedanke lässt nur zu, dass auch im Vakuum ein Träger von beschreibbarer Energie existiert und nicht nur Möglichkeiten. Die Frequenz der Absorption und Wiedermanifestation von Teilchen liegt bei Millionen Malen pro Sekunde. Es ergibt sich damit ein Gleichgewicht von Vakuumenergie und subatomaren Teilchen. Aspden hatte sich die Aufgabe gestellt, die Wirbelbewegung des Äthers im Vakuum abzugreifen, bevor subatomare Teilchen als Protonen oder Elektronen entstehen, und gewann damit die kinetische Energie der Ätherspins.

Eine Gewinnung der Vakuumenergie wäre ein Riesenfortschritt in der Energieforschung. Tatsächlich scheint nicht nur Aspden Erfolg in entsprechenden Experimenten gehabt zu haben, sondern es gibt viele Forscher, die das gleiche Ziel verfolgten und Patente einreichten, zum Beispiel bereits Anfang der Neunzigerjahre der kalifornische Experimentalphysiker Kenneth R. Shoulders (1927–2013).[26] Das hieße, Energie aus dem »Nichts« in unbegrenzter Menge zu bekommen, und das ohne Bezahlung. Denn das Vakuum gehört jedem. Das darf offensichtlich nicht sein, sodass diesen Methoden immer wieder ein Riegel vorgeschoben wurde.

Aber auch ohne direkte Energieausbeutung bleibt das Vakuum geheimnisvoll und entzieht sich der Eindeutigkeit. Denn alles, was die Physiker anstellen, um das Geheimnis des Vakuums zu lösen, bedeutet einen massiven Eingriff in ein unbekanntes »Nichts«

und bringt auf diese Weise so viel Veränderung in das Geschehen, dass der Ursprung überdeckt wird.

Allerdings sind sich viele Forscher einig. Was wir Felder magnetischer Polarität nennen, sowie elektrische Ladung und Teilchenspin, außerdem Masse und Gravitation, beruhen sämtlich auf primären und verborgenen Beziehungen zur Vakuumaktivität.

Dies erklärt laut dem US-amerikanischen Physiker Harald E. Puthoff vom Stanford Research Institute und Institute for Advanced Studies in Austin, Texas, auch, warum Elektronen mit ihrer elektrischen Einheitsladung überhaupt existieren: Sie nehmen die Vakuumenergie in Anspruch.[27]

Hier ist festzuhalten, dass subatomare Teilchen, die die materielle Welt bilden, tatsächlich nicht ohne eine Energiequelle unter anderem für ihre Dauer-Spins existieren können. Die Nutzbarmachung dieser Spin-Energie wäre eine unbegrenzte Quelle universeller Energie.

Aber es gibt einen weiteren äußerst wichtigen Punkt: Wenn wir diese Spins unter unsere Bewusstseinskontrolle bringen könnten, wäre zum Beispiel Heilung zweifellos jederzeit möglich. Denn Krankheit ist letztlich immer eine Zerstörung der von der Natur vorgesehenen adäquaten Form, Struktur, Gestalt bestimmter Molekülkomplexe, beispielsweise von Enzymen, die durch ganz exakte Verbindungen von Aminosäuren konstruiert werden. Die Winkel, die diese Verbindungen durch die Angliederung der Atome und Moleküle einnehmen, sind entscheidend für die sogenannte Tertiärstruktur – eine Helixform. Stimmen diese Verbindungen nicht ganz exakt, gibt es keine Helixform, und dann kann das Enzym nicht mehr funktionieren und wird zu »Proteinmatsch«. Ähnliches finden wir bei pathogenen Prionen (ein Kofferwort aus »Protein« und »Infektion«). Jede Verbindung ist immer von Spins der Elektronen abhängig.

Heilung ist also die Wiederherstellung von gestörter Form, Struktur, Gestalt. Diese ist notwendig, damit Molekülstrukturen so, wie es die Natur vorgesehen hat, ihre Aufgaben erfüllen können. Das gelingt dadurch, dass die unversehrte Struktur eine ganz spezifische elektromagnetische Schwingung abstrahlt, die sich in ein vorgezeichnetes elektromagnetisches Gesamtfeld eingliedert. Es ist wie bei einer Musikkomposition, die viele Musikinstrumente vorsieht. Spielt eins der Instrumente permanent falsch, ist das gesamte Werk dahin.

Wiederholt weise ich in meinen Büchern und auch hier immer wieder darauf hin, dass es seit 1989 Stand des Wissens in der Physik ist, dass der Geist des Physikers bei Experimenten den Spin von Elektronen beeinflussen kann. Spin, Energie und Schöpfung hängen eng miteinander zusammen.

Die Rolle des Bewusstseins im physikalischen Universum

In den Sechzigerjahren entwickelte der deutsch-amerikanische Physiker und Parapsychologe Helmut Schmidt (1928–2011) einen Zufallsgenerator, die sogenannte Schmidt-Maschine, die den zufälligen Zerfall des radioaktiven Elements Strontium durch Klicks registrierte, in Aufzeichnungen und in Lauten. Schmidt war damals als Entwickler für Flugzeugelemente im Auftrag von Boeing tätig.

Mit dieser von ihm entwickelten »Maschine« konnte er durch zigtausend Versuche als Erster beweisen, dass die Kraft der Gedanken des Menschen die Zerfallsrate zu beeinflussen vermag. Sogar dann, wenn ein Tonband ohne Anwesenheit von Menschen die zufällige Klickrate registriert, dann Kopien angefertigt werden und eine dieser Kopien Jahre später Probanden zur Beeinflussung gegeben wird, erfolgt rückwirkend eine Veränderung der Originalaufzeichnung. Seine Ergebnisse sind, was die wissenschaftliche Solidität betrifft, anerkannt.

Erklärung: Die Probanden hatten nicht die Kassetten verändert, nachdem sie erstellt waren, sondern ihre Einflussnahme war

»zeitlich rückwärts« erfolgt (von außen betrachtet), der Klick-Ausstoß des Gerätes hat sich durch die spätere Intention in dem Moment geändert, als das Band erstmalig aufgenommen wurde. Die Probanden haben nicht eine bestehende Vergangenheit geändert, sondern beeinflussten sie so, dass diese sich zur Gegenwart entwickelte. Man spricht in diesem Fall auch von »Retropsychokinese«.

Diese Ergebnisse sind insgesamt so unfassbar, dass es lohnt, sich die Person Schmidt genauer anzusehen. Er studierte in Göttingen Mathematik und in Köln Physik (Promotion 1958). Danach lehrte er an Universitäten in Deutschland, Kanada und in den USA. Außerdem bestätigten über 800 Forschungsberichte aus 68 Laboratorien seine Ergebnisse. Er ist damit wohl weit erhaben über den Verdacht der Scharlatanerie.

Gedanken können also rückwirkend frühere Reaktionszeiten beeinflussen. In über 5000 Versuchen wurde deutlich: Die Zeit, die Probanden für die Erledigung einer späteren zweiten Aufgabe brauchten, beeinflusste die Zeit zur Erledigung der ersten Aufgabe.[28]

Derartige Experimente gibt es mehrere, auch aus neuerer Zeit,[29] sie haben keine Lobby und werden deshalb kaum finanziert. Dennoch waren sich einige Wissenschaftler einig, dass die Ergebnisse weiter erforscht werden müssen, denn sie sind im wahrsten Sinne weltbewegend. Das dachten sich auch die Erstgründer einer Gruppe an der berühmten Princeton University, die ja bereits Einstein, Bohm, Wheeler und viele weitere bekannte Physiker beherbergte. Unter der Führung des Dekans der School of Engineering, Robert G. Jahn (1930–2017), gründete sich die Gruppe Princeton Engineering Anomalies Research (PEAR). Es lohnt, die vielen Ergebnisse dieser Gruppe im Buch *An den Rändern des Realen* nachzulesen.[30] Immer wieder konnte die PEAR-Gruppe nachweisen, dass Gedanken elektronische Geräte in ihrer Funktion beeinflussen können. Insgesamt wurden mehr als 2,5 Millionen Versuche allein mit dem Zufallsgenerator unternommen. Die für uns relevanten belegten Fakten, kurz zusammengefasst:

- Menschen sind alle miteinander verbunden, egal, welchen Abstand sie voneinander haben.
- Menschen können durch die Kraft ihrer Gedanken Materie auch außerhalb ihres Körpers beeinflussen.
- Bewusstsein ist nicht an das Gehirn gebunden.
- Bewusstsein – auch nicht bewusste oder unterbewusste Information – wirkt über jede beliebige Distanz.

Das »Global Consciousness Project« (GCP)

Nach der Emeritierung Jahns etablierte sich eine Nachfolgegruppe unter der Leitung von Roger D. Nelson. Er war Dozent für Psychologie am Johnson-State-College in Vermont (heute lautet der Name Northern Vermont University). Das Team um Nelson fand heraus, dass das Elektronentunneln in Halbleitern, was ebenfalls einem Zufallsgenerator gleicht, ein hochsensibles Instrument für den Einfluss menschlicher Gedanken sein kann. Halbleiter sind Dioden, deren weißes Rauschen vermessen werden kann, was dann zu einem Random Event Generator (REG) führt. Nelson wandelte das REG sehr bald in ein EGG um, ein Electro Gaia Gram, weil die Dioden auch auf Signale des Globus antworteten. Mit den heutigen Begriffen entspricht die Funktion einem Host. Was steckt dahinter?

Die Rauschimpulse wurden elektronisch in gleich große Rechtecksignale umgeformt, wobei die statistische Verteilung zwischen nach oben (plus) und nach unten ragenden (minus) Impulsen wechselte. Gemessen wurden die kumulativen Abweichungen durch Gedanken bei diesen binären statistischen Systemen: a) Kontrolle, b) gedankliche Konzentrierung.

Als nächster Schritt wurden mehrere EGGs über die verschiedenen Länder verteilt und mit dem Großrechner der Universität Princeton verbunden. Auch wir hier besitzen so ein Modul in der Größe einer Butterdose. Alle Signale der einzelnen EGGs können im Rechner aufaddiert werden und die sich ergebende Kurve sofort einer Signifikanz gegenüber einer Zufälligkeit unterzogen werden. Kritik wird geübt an einer fehlenden genau definierten Kontrolle bei dieser globalen EGG-Verteilung.

Dennoch: Die Nelson-Gruppe konnte auch unter Berücksichtigung der Ergebnisse von PEAR überzeugend nachweisen, dass bei allen Geschehnissen, die viele Menschen gleichzeitig gedanklich-emotional erregen, die EGGs aus einem elektrischen Rauschenmodus, der als Aufzeichnung um eine Basislinie herumzappelt, in eine Signalpolarität, also Richtung Pluspol oder Richtung Minuspol, transformiert werden. Bei den unterschiedlichsten Geschehnissen, die von Menschen wahrgenommen werden, passiert dies. Die stabilste Signifikanz entstand bei Katastrophen wie Tsunamis, Erdbeben, beim 09/11-Attentat in New York, aber auch bei religiösen Ritualen, Gruppenmeditationen, bei Besuchen hoher Würdenträger und sogar bei Fußball-Weltmeisterschaftsspielen sowie bei traurigen Ereignissen, zum Beispiel beim Tod Dianas. Der Tod von Mutter Teresa löste allerdings nichts Messbares aus. Die Abweichung hielt dann im Bereich von 30 Minuten bis 24 Stunden an, also unterschiedlich lange.[31]

Man wusste bereits aus exakten Laborversuchen, dass 15 bis 20 Prozent der Probanden ein gewisses Talent haben, durch Entspannung, aber auch durch ihre Einstellung auf außergewöhnliche Dinge tatsächlich den Zufallsgenerator durch Wille und Intention dirigieren zu können. Derartige psychische Einstellungen werden verstärkt etwa durch Spaziergänge in der Natur, was Florian Warnke in Teil IV dieses Buches darlegen wird.

Zwei wichtige Besonderheiten zeigen sich bei den unentwegt laufenden EGGs. Erstens entsteht die statistisch signifikante Abweichung von der Norm in exakter Abhängigkeit vom Zeitpunkt der Auslösung des Ereignisses. Das ist wichtig, weil der gesunde Menschenverstand eigentlich annehmen müsste, dass erst die Bekanntgabe rund um den Globus die Emotionen sozusagen als Welle schürt. Doch selbst dann, wenn die Medien noch nichts berichtet haben, ist der Effekt bereits ausgelöst in allen EGGs, die ja weltweit verteilt sind. Und mehr noch: Immer wieder kommt es vor, dass bereits Stunden vor dem Ereignis die Geräte aus dem Rauschen signifikant heraussteuern. Zum Beispiel der Einschlag des Flugzeugs in den nördlichen Turm des World Trade Center: Die EGG-Indikatorgeräte zeigten um 4.30 Uhr Ortszeit bereits eine signifikante Abweichung von der Norm; das waren etwas mehr als vier Stunden vor der Auslösung der Katastrophe um 8.45 Uhr Ortszeit. Die sich immer mehr steigende Abweichung vom Zufallsrauschen nahm erst mittags wieder ab.

Auch die EGGs von Menschen, die noch nichts vom Unglück erfahren hatten, schlugen bereits aus. Wir haben offensichtlich eine unbewusste Vorahnung, was bereits viele ganz andere Experimente bewiesen hatten, bekannt unter der Bezeichnung »Antizipation«. Aber die globale Antizipation war neu. Auch der verheerende Tsunami vom Dezember 2004 im Indischen Ozean hatte erste Ausschläge 24 Stunden vor dem Erdbeben, und die Ausschläge dauerten noch zwei Tage an. Andere Erbeben kündigten sich über viele Stunden, meistens um acht Stunden herum, vor dem katastrophalen Geschehen an. Immer wieder war auffällig, dass auch frei laufende Tiere nicht zu Schaden kamen, sie hatten sich rechtzeitig in Sicherheit gebracht.

Zum Zweiten wiesen die Ergebnisse der Versuche von PEAR darauf hin, dass die Emotionen der Menschen wie Freude, aber auch Angst, Wut, Trauer, Religiosität maßgeblich die polarisierten REG- und EGG-Signale auslösen. Dies liegt nahe, da ja auch in unseren Körpern diese Gefühle unsere Materie steuern. Aber offensichtlich ist das nicht die ganze Wahrheit.

Ein besonderes Ereignis erbrachte neue Aspekte. Vielleicht erinnern Sie sich noch: Am 13. Januar 2018 gab es einen fatalen Fehlalarm in Hawaii. In einer SMS, die an alle Handys der Bewohner verschickt wurde, hieß es, eine Rakete flöge auf die Inseln zu. Millionen betroffener Menschen waren 38 Minuten lang in größter Angst und Panik. Bis sich herausstellte, dass durch ein Versehen ein Fehlalarm ausgelöst worden war. Das EGG-System hatte während der ganzen Alarmdauer tatsächlich keinen einzigen Ausschlag gezeigt. Daraus lässt sich folgern: Nur ein Ereignis, das wirklich existent ist, also auch stattfindet, ist geeignet, die Elektronen der Halbleiterdioden zu beeinflussen.

Jetzt aber zu schließen, nicht Emotionen wären verantwortlich für die Elektronenreaktionen, wäre voreilig. Denn ein universell vorhandenes Bewusstsein mit dem dazugehörigen universell vorhandenen Informationsfeld ist letztlich der strukturierende Faktor, der alles übergeordnet verbindet: Elektronen, Gefühle und die Materie des gesamten Planeten. Wenn also ein Ereignis stattfindet, wird das Informationsfeld aktiviert, was zur Folge hat, dass Informationen mithilfe der ausgelösten gedanklich-emotionalen Einfälle in uns Effekte auslösen. (Die Ergebnisse des »Global Consciousness Project« können auch online eingesehen werden. Bis einschließlich 2015 liegen die Originalauswertungen als Graphen vor [https://noosphere.princeton.edu/results.html], ab da Anregungen der EGGs als Dokumentierungen: https://global-mind.org/. Live dabei sind Sie mit https://removetrail.herokuapp.com/. Klicken Sie auf der Webseite »Audio« an …)

Wenn wir uns die Reaktionen der Elektronen im EGG bei Erdbeben und Tsunamis ansehen, dann ist es, als ob das gesamte Erdsystem eine Vorahnung solcher Ereignisse registriert. Gibt es doch den »Organismus Gaia« (siehe auch das Anfangskapitel von Teil III)? Haben hier Tiere einen Sinn dafür?[32] Schon im Jahr 1978 hat der deutsche Forscher Helmut Tributsch die vorliegenden Beobachtungen über Tiervorzeichen bei nahenden Erdbeben in einem Buch zusammengefasst.[33] Das Forschungsgebiet dazu heißt inzwischen »Precognitive Remote Perception« (etwa »vorausgehende Fernwahrnehmung«).

Die Seltsamkeiten der Quantenphysik

Kommen wir wieder zurück zur Quantenphysik, die ein neues Kapitel in unserer Weltsicht aufgeschlagen hat. Neu daran war, dass, obwohl viele Ergebnisse aus Versuchen zwar die vorher aufgestellten Theorien einzigartig perfekt wiedergaben, sie aber oftmals nicht mit unseren Erfahrungen aus der Alltagswelt übereinstimmten. Das ließ darauf schließen, dass noch etwas anderes außerhalb unseres Ichs des Alltags eine wichtige Rolle spielt. Befremdlich ist vieles in der Quantenphysik. Auch wir funktionieren durch Quantenphysik – materielle Strukturen bestehen nun mal aus Teilchen, und Teilchen haben Quantencharakter, auch unser Gehirn. Und dennoch fragen immer noch nur ganz wenige, was die Seltsamkeiten des Quantenverhaltens für uns bedeuten.

Schauen wir uns das Verhalten der Quantenentitäten an. Quantentheorie ist im Kern deshalb ein Rätsel, weil Wahrscheinlichkeiten darüber bestimmen, ob ein Teilchen überhaupt existiert. Das ist nicht identisch mit den Wahrscheinlichkeiten, die wir vom Werfen einer Münze her kennen. Hier beträgt die Wahrscheinlichkeit, Kopf oder Zahl zu sehen, jeweils 50 Prozent. Analog könnte man sagen: Die Wahrscheinlichkeit, ein Elektron hier oder da zu finden, liegt bei 50 Prozent. Aber bevor wir den Aufenthaltsort nicht überprüfen, befindet sich das Elektron weder hier noch da, sondern irgendwo in einem unbestimmten, unbekannten seltsamen Zwischenzustand oder auch nirgends. Doch in dem Augenblick, in dem eine Messung stattfindet, wandelt sich das Elektron aus einem für uns unsichtbaren, undefinierbaren Zustand vieler Möglichkeiten in ein einziges Ergebnis mit zumindest einer der Messmethode entsprechenden definierten Eigenschaft, die für uns klar ablesbar ist.

Dieses Prinzip gilt nicht nur für Elektronen, sondern für alle Quantenteilchen. Messung schließt Beobachtung ein. Wir können wie gesagt folgern, dass erst der Vorgang der Beobachtung

Teilchen innerhalb unserer gewohnten Raumzeit entstehen lässt. Aber das gilt auch für die Teilchen, aus denen wir selbst bestehen, und deshalb auch für die Teilchen, die unser Gehirn aufbauen. Wer beobachtet uns und erschafft somit das Gehirn? (Wir werden später noch diskutieren, dass es genau genommen nicht die Beobachtung ist, die ein Teilchen real werden lässt, sondern das In-Erscheinung-Treten von Information. Aber genau das braucht zwingend Bewusstheit. Wie sollte ansonsten Information erkennbar und damit nutzbar sein?)

Was verwundert, ist, dass die Interpretationen von Beobachtungen beziehungsweise Messungen durch unser Gehirn vollzogen werden. Unser Gehirn entsteht also durch Messung/Beobachtung von irgendwas, und dieses so entstandene Gehirn kann nun seinerseits wieder etwas zustande bringen, was einer Messung/Beobachtung entspricht; es lässt dabei offensichtlich keinen Mischzustand von Möglichkeiten bei Quantenteilchen und insbesondere bei Elektronen zu. So besteht ein rätselhafter Wechsel zwischen einer unbestimmten Quantenrealität und unserer scharf umgrenzten vertrauten Realität, die wir immerzu im Alltag erleben können.

Der in Physikerkreisen allgemein bekannte Fakt, dass Quantenteilchen vor der Messung überhaupt keine Position und keinen Impuls nach unseren Vorstellungen aufweisen, wird das »Messproblem der Quantenmechanik« genannt. Weil Quantenteilchen vor der Messung keine Existenz haben, gibt es auch keine lokale Ursache. Wir interpretieren das dann so, als ob es für Quanten statistische Wahrscheinlichkeiten gibt, an einem bestimmten Ort und zu einer bestimmten Zeit als Teilchen aufgefangen werden zu können, was wir dann als »wirklich« bezeichnen. Ein Elektron bekommt aber immer erst dann eine feste Existenz, eine Bahn oder eine Platzierung, wenn es sich durch energetisch-informativen Austausch mit irgendwas verwirklichen konnte.

Für alle Kleinstteile, aus denen Materie besteht, gilt identisch: Erst mit einem Energieaustausch verwirklicht sich eine von vielen

Möglichkeiten. Allgemeiner gesagt: Es besteht nur etwas, was sich vorher mit der passenden Energie eines anderen Teilchens getroffen hat. Mit dem Treffen entstehen dann sofort neue unbestimmte Energiewellen, die sich wiederum treffen können und dadurch als Teilchen verwirklichen. So geht es immer weiter. Aber wie finden sich die Energie austauschenden Partner? Und warum müssen sie beim Treffen unbedingt Energie austauschen?

Nun kommt wieder der sehr wichtige Begriff »Information« ins Spiel. Treffen und Energieaustausch ist auch der Mechanismus unserer Wahrnehmungen. Wenn wir einen Gegenstand beziehungsweise ein Objekt – oder ein Lebewesen der Natur wie den Baum – wahrnehmen, dann haben Elektronen ihre Photonen als Nachrichtenübermittler aktiviert, um Informationen zu schalten. Diese von Elektronen abgesendete Information bestimmt die Wechselwirkung der Energie mit unserem Sinnesapparat. Und aufgrund der Information und Energiewechselwirkung sehen wir das Objekt unverschwommen mit scharfen Grenzen. Position und Impuls sind nun in der Raumzeit festgelegt.

Wir lernen daraus, dass nicht der Energieaustausch als wichtigstes Moment an vorderster Front steht, sondern die Information, die dafür sorgt, dass Energie gezielt und sinnvoll ausgetauscht werden kann. Und vergessen wir nicht: Die Elektronen des Baumes, von dem die Photonen Botschaften übermittelten, unterliegen selbst unzähligen Wechseln zwischen Möglichkeiten und Realzuständen. Wir sehen den Baum nur deshalb als beständige Materiekonstruktion, weil unbestimmte Wellenmöglichkeiten zu konkreten Energieaustauschen werden, wenn sie unser Auge oder andere Energieaufnehmer treffen. Diese Teile unseres Auges dienen als Gelegenheit, eine Welle mit unzähligen Möglichkeiten zu einem scharf begrenzten und messbaren Austauschpunkt umzuwandeln. Damit sind die »vielen Möglichkeiten« erledigt; die Physik spricht hier vom Kollabieren der Möglichkeitswelle (Wahrscheinlichkeitswelle).

Aber – und das dürfen wir nie außer Acht lassen – wir sind

nicht die einzigen Agenzien, die Realität schalten können, dies können alle resonanten Strukturen im Universum. Der Baum sendet nicht nur uns Information, sondern auch anderen Bäumen, anderen Menschen, Tieren, Wasserläufen, Felsen – eigentlich allen Materiestrukturen, die Elektronen aufweisen, bis ins tiefste Universum hinein. Abermillionen Wellen sowohl aus Möglichkeiten als auch aus elektromagnetischer Energie wandern mit Lichtgeschwindigkeit durch den Raum, regen beliebige Elektronen zur Aussendung neuer Möglichkeitswellen und elektromagnetischen Wellen an und verschwinden wieder. Nichts ist von diesem ungeheuren Netzwerk ausgeschlossen.

Halten wir also einmal mehr fest: Was wir »Messung« oder »Beobachtung« nennen, ist nichts anderes, als einer unbestimmten Möglichkeitswelle einen Energie- und Informationsaustausch anzubieten, der das Kollabieren der Möglichkeiten herbeiführt: So entsteht statt Möglichkeit unsere Wirklichkeit. Jede Beobachtung greift in dieses Wellennetzwerk ein und beeinflusst es. Wir müssen uns davon verabschieden, dass Beobachtungen neutrale Feststellungen sind; Beobachtungen greifen vielmehr aktiv in die Strukturierung der geordneten Wirklichkeit ein.

Heisenberg war einer der Begründer der Quantenphysik. Er fand heraus, dass der Vorgang des »Hinsehens« bei Quantenexperimenten die Quanteneigenschaften jeweils ändert. Messen bedeutet Hinsehen. Es ist niemals möglich, alle Eigenschaften mit einer Messung erfassen zu können. Die einem Elektron zugeordnete Welle verschlüsselt den Impuls. Sehen wir die Bewegung eines Elektrons, so ist die Position verschmiert. Weder wir noch das Elektron kann erfahren, wo es sich befindet. Und messen wir die Position, dann haben weder wir noch das Elektron Kenntnis darüber, wie die Bewegung, also die Geschwindigkeit und der Impuls, aussehen. Eine zu einem Punkt kollabierte Welle ergibt keinen Impuls. Beides zusammen, also Impuls und Position gleichzeitig, kann es nicht geben. Und zwar überraschenderweise nicht, weil die Messtechnik dies nicht hergibt, sondern weil dies der Natur eingeprägt, also inhärent ist. Das jeweils eine ist zum Vorteil des anderen in der Natur der Dinge bedeutungslos. Heisenberg bezeichnete diese Tatsache als »Unbestimmtheitsrelation der Aktivität von Teilchen«.

Wenn Elektronen aber nicht zugleich Ort und Geschwindigkeit haben können, dann kann man ihnen auch keine Bahn im Raum zuschreiben. Elektronen und andere Quantenteilchen kommen und gehen auf unbekannten Wegen. Aber sie sind immer da, wenn man mit bestimmter Messtechnik hinsieht. Dieses Hinsehen und Messen wird in der Quantenphysik ja mit dem Begriff »Beobachtung« gleichgesetzt. Der Messvorgang veranlasst die Unschärfe zu verschwinden, die Welle kollabiert, und so wird einem klaren, eindeutigen Ergebnis der Vorzug gegeben.

Die Frage ist natürlich: Wer führt den Kollaps der Wellennatur aus? Kann das auch ein Computer oder die Ameise? Man weiß heute, dass jede Quantenwelle durch ein anderes resonantes System zum Kollaps gebracht werden, also determiniert werden kann. Nun passiert aber etwas Wichtiges: Wenn ein eindeutiger Zustand erreicht ist, geht das die Kollabierung bewirkte resonante System in einen unbestimmten Zustand über. Jetzt kann dieses unbestimmte System wiederum durch ein weiteres Außensystem in die Wirklichkeit geschaltet werden, worauf das Außensystem unbestimmt wird. Und das geht immer so weiter, bis ein Verstand unter Verwendung von Bewusstsein dieser Kette endgültig ein Ende bereitet. Unsere Welt ist somit einem höchst subjektiven Moment ausgesetzt. Wir erschaffen unsere Welt durch denkende verstandesbegabte Lebewesen, dies auch durch die »objektive« wissenschaftliche Erforschung.

Ohne dieses Prinzip gäbe es keine Erkenntnis. Wir sind mit diesem Buch auf dem »Pfad der Erkenntnis«, um die Einheit und Ganzheit zu erkennen. Ohne das obige Prinzip würden wir die Einheit und Ganzheit niemals finden – ein Plädoyer für den Verstand. Er ist unentbehrlich.

Dieses Prinzip, zwischen Welle und Teilchen zu transformieren, ist keinesfalls auf atomare und subatomare Größen beschränkt. Auch alle makroskopischen Objekte, egal, wie groß, also auch Planeten und natürlich auch wir Menschen, haben individuelle Quantenwellen. Dies konnte vom französischen Studenten Louis de Broglie (1892–1987) bereits im Jahr 1924 überzeugend mit der heute sogenannten Broglie-Wellengleichung festgelegt werden. Obwohl uns das betrifft, merken wir nichts davon, denn je größer die Masse eines Objekts, desto größer ist sein Impuls, und desto kürzer sind die Wellenlängen. So hat ein Fußball bereits eine Wellenlänge von äußerst geringen 10^{-32} Zentimetern. Wir Menschen haben noch viel winzigere Wellenlängen. Die Möglichkeit für die unbeobachtete Welle, durch Barrieren zu tunneln, funktioniert nur dann, wenn die Dicke der Barriere der Wellenlänge entspricht. Deshalb haben wir mit vollem Körpereinsatz und unserer winzigen Wellenlänge keine Chance, dies bei normalen Wänden hinzubekommen. Anders sind die Verhältnisse für unsere freien Elektronen, die unsere Funktion maßgeblich beeinflussen. Sie tunneln häufig.

Jede Beobachtung ist an der Transformation einer physikalischen Situation beteiligt. Der Vorgang der Beobachtung ist in der Quantenmechanik nicht mehr nur eine Methode, um Informationen darüber zu erhalten, wie die Welt tickt, sondern der Beobachter wird zu einem Faktor, der die Quantenwirklichkeit fundamental mitgestaltet. Sogar die Gleichungen der Quantenmechanik berücksichtigen den Vorgang der Beobachtung, bauen also den Beobachter regelrecht mit ein. Paul Davies stellte fest: »Wenn jemand ein Atom anschaut, dann springt das Atom auf eine charakteristische Weise, die keine gewöhnliche physikalische Wechselwirkung nachmachen kann. Der Mensch nimmt einen Platz im großen Zusammenhang aller Dinge ein.«[34]

Einstein glaubte beharrlich an eine »objektive Natur« und den gesunden Menschenverstand ohne subjektive Einmischung. Aber Niels Bohr hielt dagegen. Er war wohl der Erste, der fest davon überzeugt war, dass Teilchen keine definierten Eigenschaften ohne Beobachtung aufweisen. Die beiden lieferten sich regelrechte Duelle mit immer neuen tiefgründigen Argumenten. Nachdem bis heute viele Experimente durchgeführt wurden und übereinstimmende Ergebnisse vorliegen, wird deutlich, dass Einstein falschlag. Es gibt keine »objektive« Realität. Denn alle Erkenntnisse laufen immer und ausschließlich über ein Bewusstsein, und dieses ist deshalb immer Teil des Experiments und Teil des Ergebnisses. Heute bezeichnen viele Physiker die objektive Realität als naive Realität.

Den ersten experimentellen Beweis lieferte die Forschergruppe um den französischen Physiker Alain Aspect in seinen Versuchen von 1981 bis Sommer 1982. Er bestätigte, dass sogenannte Zwillingsteilchen mittels einer Form der Telepathie kooperieren und unabhängig von ihrem Abstand eine Ganzheit bilden, solange keine Beobachtung (Messung) an den Teilchen stattfindet.[35]

Quantenphysik zeigt, dass individuelle Teilchen unserer Materie nicht wirklich sind. Sie stellen keine primären Einheiten dar, sondern müssen auf Anforderung mithilfe eines Beobachters, der selbst aus Teilchen besteht, erschaffen werden. Teilchen in einer Kollektion sind immer so stabilisiert, dass sie als Ganzes auftreten können. Wenn diese Kollektion nun beobachtet wird, werden die Teilchen des Beobachters Mitglied der Kollektion. Wir werden durch die Quantenphysik gezwungen, Teilchenansammlungen nur in ihrer Verbindung zu allen beteiligten Teilchen, gewissermaßen also zum Ganzen, zu sehen.

Bohr und Heisenberg erklärten immer wieder, dass man nicht den Fehler begehen sollte, sich Atombestandteile und vor allem Elektronen als kleine Dinge vorzustellen, die selbstständig existieren. Sie sind in Wirklichkeit nichts anderes als eine informelle Möglichkeit, über einen bestimmten mathematischen Algorithmus zu sprechen. Ein Atom ist nur ein Code für ein mathematisches Modell. Bohr sagte: »In der Physik geht es nicht darum, wie die Welt ist, sondern darum, was wir über die Welt sagen können.« Und Heisenberg: »Atome oder Elementarteilchen sind nicht so real; sie bilden eine Welt von Möglichkeiten, weniger von Dingen oder Tatsachen.«[36]

Welche Folgen hat das? Wenn wir den Aufbau von Materie betrachten, fallen wir immer wieder in die Denkweise, wie wir ein Haus bauen. Da gibt es Bausteine, die so lange zusammengesetzt werden, bis das Haus fertig ist. Wenn wir das auf unseren Körper übertrügen, sähen wir fundamentale Teilchen, die sich als Atome und Moleküle so lange zusammenbauen, bis sie uns Menschen errichtet hätten. Richtig wäre jedoch, alles unter dem Aspekt des Ganzen zu sehen, ein riesiges Netzwerk von Reaktionen und Wechselwirkungen. Der Körper ist direkt verbunden mit dem Ganzen und niemals isoliert, wobei unser Bewusstsein und unsere Gedanken in diesem Netzwerk »eingeloggt« sind, also eine Zugehörigkeit bekommen können. *Damit* wird Realität gelenkt.

Schauen wir uns dazu das Beispiel der Felder an. In der Physik ist die Idee von Feldern weit verbreitet. Das Feldkonzept des englischen Naturforschers Michael Faraday (1791–1867) und des schottischen Physikers James Clerk Maxwell (1831–1879) wurde ursprünglich zur besseren Vorstellung einer Wechselwirkung eingeführt. Der Begriff »Feld« ist heute allgemein akzeptiert. Dennoch wäre er nicht notwendig. Denn die elektrischen Felder sind nichts anderes als eine Anordnung von Wechselwirkungen von elektrischen Ladungen.

Auch wenn wir Felder, beispielsweise das elektromagnetische Feld, nicht sehen und fühlen können, sind alle Menschen heute derartigen Feldern und Wechselwirkungen immerwährend ausgesetzt. Die von der Natur vorgesehenen Felder werden überdeckt von Smartphone-, Fernseher-, Radio-, Funk-, Radarfeldern und vielen mehr. Wir alle sind von den Wechselwirkungen mit unserem Körper betroffen.

Wozu müssen neue Begriffe wie »Feld« her, wenn man die Wechselwirkungen bereits bestens messen kann?

Die Feldtheorie wurde geboren, weil sie die Mathematik einbinden konnte, und die erzeugt Formeln, die suggestiv wirken. Suggestiv wirken sie, weil Gleichungen eleganter, glatter, harmonischer und ökonomischer für unser Bewusstsein sind. Das erinnert an die bereits dargestellte Mem-Theorie: In dem Augenblick, da unser Bewusstsein auf Suggestives trifft, stabilisiert sich die damit verbundene Quantenrealität; geistig eingebildete Vorstellungen, die schließlich durch Verselbstständigung Macht über uns erhalten. Feldtheorie und Quantenentitäten werden zur Einheit durch Bewusstsein. Das tägliche Leben ist voll von diesen Konstellationen. Wir erschaffen uns in jedem Augenblick eine eigene Wirklichkeit, die umso realer wird, je mehr Individuen daran teilnehmen. Der Placebo- und der Noceboeffekt beruhen auf dieser Art von Suggestion.

Was wir für Felder dargestellt haben, gilt genauso für das Energiekonzept. Auch dieses Konzept drang irgendwann in die Öffentlichkeit und wurde dort suggestiv gehandhabt. Paul Davies beschreibt, wie die Vorstellungskraft von Gewohnheiten derart durchsetzt wird, dass die Produkte der Vorstellung schließlich real werden, und genau dies ist im Fall der Energie eingetroffen.[37] Das Konzept der Energie entstand ursprünglich als abstrakte Idee, um sich etwas Unbekanntes besser vorstellen zu können. Inzwischen hat dieses Konzept eine eigene Existenz bekommen. Die Nützlichkeit des Begriffs ist Steigbügelhalter für seine allgemeine Anerkennung.

Wenn nun aber gefragt wird: »Was ist Energie?«, dann kommen Erklärungen, die wiederum Begriffe bemühen, die dem Wesen nach nicht definiert sind. Es sind immer nur die offensichtlichen Wirkungen, die wir erfahren können. So wird dann eine Wirkung mit einer anderen Wirkung erklärt. Energien und Kräfte geben sich gegenseitig das Alibi. Beide sind nur über ihre Wirkungen bekannt. Wir hinterfragen aber nicht das Wesen dieser

Wirkungen und tun so, als ob die Wirkungen und das Wesen dasselbe wären.

Kurz zusammengefasst: Wir machen uns Vorstellungen von bestimmten Wirkungen, setzen diese Wirkungserfahrungen um in Theorien mit mathematische Formeln und sind nun felsenfest davon überzeugt, dass diese Wirkungen eine von uns unabhängige Existenz haben. Diese Überzeugung gelangt als Glaube in die Allgemeinheit. Die Folge davon: eine immense Verstärkung der Realitätsschaltung von im Gesamten neu geformten Quanten. Damit wird diese Neuschöpfung zur Selbstverständlichkeit. Und wir übersehen, dass nichts davon vorhanden wäre, gäbe es kein Bewusstsein, das alles hervorgebracht hat.

Überzeugend werden diese Konzepte immer dann, wenn sie sich mathematisch umsetzen lassen. Mathematik ist die Sprache der Natur. Woher es kommt, dass Mathematik die Gesetzmäßigkeiten der Natur auf den Punkt bringen kann, weiß kein Mensch. Sicher ist aber, dass Menschen die Mathematik nicht selbst neu konstruiert haben, sondern sie ist bereits vorhanden – wie das Bewusstsein vorhanden ist –, und beide werden dann geistig verwendet. Realität wird von Quantengesetzen beherrscht, und die gesamte Quantenmechanik wie auch die Relativitätstheorie basieren auf Mathematik – Algebra, Differential- und Infinitesimalrechnung. Erst die Lenkungswirkung der Mathematik erschafft ein Gesamtwerk.

Theorien sind vergleichbar mit Musikkompositionen, die von einzelnen Menschen mit mathematisch-intuitiver Veranlagung komponiert werden und dann allgemeine Anerkennung bekommen. Auch Musik kann nicht durch die einzeln aufgezeichneten Töne überzeugen, sondern nur als Gesamtwerk. Und das auch nur, weil sie unsere Empfindung (das Unterbewusstsein) beschäftigt. Wir loggen uns ein und werden Teil des Verbundes.

Der Versuchsaufbau dirigiert das Ergebnis

Normalerweise entscheidet der Versuchsaufbau darüber, was als Ergebnis gemessen wird. Berühmt geworden ist die von Bohr so genannte Komplementärthese, wonach Quantenentitäten entweder als Teilchen auftreten oder als Welle. Allgemein wird ausgeschlossen, dass in einem Experiment beide Aspekte gleichzeitig auftreten. Das aber ist nicht richtig. Es kommt auch hier auf die Versuchsanordnung an. Drei indische Forscher unter Leitung von Dipankar Home, Bose-Institut in Kalkutta, tüftelten eine derartige Versuchsanordnung aus, führten aber selbst den Versuch nicht durch. Der konkrete Aufbau wurde dann von japanischen Wissenschaftlern (Yutaka Mizobuchi und Yoshiyuki Ohtake, Hamamatsu Photonics in Hamakita) übernommen, und ihnen gelang bereits 1992 der Nachweis, dass einzelne Photonen aus einer Quelle sich sowohl wellenartig als auch teilchenartig verhielten.[38] Die Quantenentitäten richteten sich wieder daran aus, was der menschliche Geist ihnen vorgab.

Einsteins Bemerkung vom Jahr 1951 gilt wohl noch heute: »Fünfzig Jahre angestrengten Nachdenkens haben mich der Antwort auf die Frage ›Was sind Lichtquanten?‹ nicht näher gebracht. Heute bilden sich Hinz und Kunz ein, es zu wissen. Aber da täuschen sie sich.«[39]

Ein klassisches Quantenexperiment ist die Messung des Durchgangs von Lichtquanten beziehungsweise ihrer elektromagnetischen Wellen durch einen Doppelspalt. Bekannt ist schon sehr lange, dass Licht, welches durch zwei Spalten fällt, auf einem Auffangschirm ein Überlagerungsbild seiner Strahlung zeigt, also ein Interferenzmuster, woraus geschlossen werden kann, dass dieses Licht sich als elektromagnetische Wellen fortpflanzte. Stellt man aber statt des Schirms Messteleskope auf, die Photonen beobachten können, verschwindet die Interferenz. Wheeler konstruierte nun eine Versuchsanordnung, bei der der Lichtaufnahmeschirm versenkbar war und stattdessen die hinter dem Schirm angebrachten Teleskope zur Wirkung kommen konnten. Das Besondere war, dass der Schirm versenkt werden konnte, *nachdem* das Licht bereits von der Lichtquelle abgesendet worden war und sich bereits auf dem Weg durch die Spalten befand. Das bereits ausstrahlende Licht »entschied« sich für die Eigenschaft Welle oder Photon in dem Moment, wo es den Ziel Schirm oder das Teleskop jeweils ausgemacht hatte.[40]

Das ist außerordentlich seltsam. Es ist so, als ob die Photonen das aktuelle Geschehen genau beachten würden. Seither heißen derartige Versuche »Verzögertes Wahl-Experiment« oder »Experiment der verzögerten Entscheidung«.

Der Übergang von Möglichkeit zu Wirklichkeit

Die Kernfrage bei dem bisher dargestellten Prinzip der geistigen Dominanz sollten wir im Gedächtnis behalten: Wer oder was schafft es, den Brückenübergang zwischen unbestimmten Möglichkeiten und der bestimmten Realität zu bauen? Wir können die Frage auch formulieren: Wann wird aus einer unbestimmten Eigenschaft eine bestimmte? Oder noch anders gefragt: Wer dirigiert den Informations- und Energieaustausch aus einem »Nichts-Erkennbaren« hin zu geordneten beständigen Strukturen?

Diese Frage wird normalerweise nicht gestellt, und deshalb wird auch die Antwort unterschlagen. Sie ist aber sehr wichtig für uns.

Ein Energieaustausch im Zusammenhang mit Ordnung – Lebendigkeit heißt Ordnung – setzt Information voraus. Information dient der Ordnung. Wir hatten schon mehrmals deutlich gemacht: Information muss als solche erkannt werden, ansonsten wäre es keine Information. Und wenn sie als Information erkannt ist, muss sie sinnvoll verarbeitet werden, ansonsten gäbe es keine Ordnung, sondern unsinniges Rauschen.

Die Frage »Wer oder was kann Information erkennen und weiterverarbeiten?« wurde bereits von uns beantwortet: Es ist ein intelligentes System, hier ein Geist mit Bewusstsein. Ein technischer

Computer kann dies auch, aber er könnte dies selbstverständlich nicht ohne vorherige Programmierung durch einen intelligenten menschlichen Geist. Und wenn heute Computer andere Computer programmieren, sind die Algorithmen dafür ebenfalls vom menschlichen Geist erfunden worden. Immer wieder – ohne jede Ausnahme ist Bewusstsein mit der Folge eines Geistes für alles verantwortlich, was existiert. Vom Allerkleinsten bis zum Allergrößten – das Prinzip ist dasselbe. Ohne Bewusstsein wüssten wir nichts, alles wäre öde und leer, keine Information würde uns jemals erreichen können.

Bewusstsein – so sagt der Begriff – hat ein Sein. Was ein Sein hat, ist existent, ist eine Entität. Wenn wir »bewusst sein« deuten, wird »sein« zum Verb: ich bin, du bist, er, sie, es ist, wir sind, ihr seid bewusst. »Bewusst« impliziert »wissen« als Vergangenheit »wir wussten«. Wenn wir diese Bedeutungen alle zusammenfassen, dann ergibt sich, dass etwas da ist, uns zur Verfügung steht, was als Wissen dient. Setzen wir Wissen mit Informationsaufnahme gleich, dann kommen wir wieder zu unserer Definition, dass Bewusstsein der Informationserkennung dient.

Dieses Prinzip von Informations- und Energieübertragen, das durch unser Bewusstsein aufgedeckt werden kann, finden wir bereits in den Quantenentitäten. Wir wissen, wenn Atome sich verbinden, bauen sie Moleküle. Verantwortlich für die Verbindung von Atomen sind die Elektronen der Atome. Nun kennen wir viele verschiedene Moleküle, was heißt, dass sich Atome in sehr verschiedener Weise verbinden können; doch auch dafür stehen die Elektronen. Aber wie machen Elektronen das?

»Feste« Verbindung heißt Krafteinsatz, beruhend auf vorhandener Energie. Es ist ganz und gar falsch, nun zu sagen: »Elektronen übertragen Kräfte.« Das machen sie nicht. Sondern Elektronen senden mithilfe ausgesandter Boten ganz gezielte Informationen zu anderen Massenteilchen, damit diese dann aufgrund der Information die vorhandene Energie zu Kräften entwickeln; im Fall der Elektronen elektromagnetische oder auch Coulomb'sche Kräfte.

Die Information wird also auch bei Elektronen und vielen anderen Quanten zwischengeschaltet. Und nach unserer Definition können nur dank einer Bewusstheit Informationen als solche aufgedeckt werden. Das heißt, auch die Botenstoffe von Elektronen und anderen Quanten verwenden bereits das Prinzip Bewusstheit.

Alle Masseteilchen haben eigene Boten für Informationen; im Fall der Atomkerne heißen sie Gluone. Wie die Information aus Energie dann Kräfte über den Resonanzmechanismus hinaus machen kann, bleibt verborgen.

Wir bemerken an diesem Detail, dass wir nicht wissen, was das Wesen von Kräften ist. Woran liegt es, dass aus Energien Kräfte werden? Wir wissen das ausschließlich über Wirkungen, aber nicht durch zugrunde liegende Wesenserkennung von Energien und Kräften als Wirkungsmechanismen.

Massen als Eigenschaften unserer Bauteile und aller Materie, die ein Gewicht aufweisen, wie Elektronen oder Atomkerne, haben eine starke Verbindung zu den informationstragenden Boten des überall vorhandenen Higgsfeldes (nach dem britischen theoretischen Physiker Peter Higgs). Das bedeutet, der Raum ist mit einer Feldsubstanz angefüllt, früher meinte man, das wäre der Äther. Teilchen, die durch dieses Feld fliegen, treffen auf eine Widerstandskraft, die sich anfühlt, als hätte das Teilchen eine Masse. Bevor das Higgsfeld mithilfe der feldeigenen Botenteilchen – den Higgs-Bosonen – die Teilchen im Feld mit der vermeintlichen Masseneigenschaft informiert, sind alle Teilchen nicht massehaltig, genauso, wie es die grundlegenden Gleichungen der Quantenmechanik es voraussagen – das aber ist eine ganz andere Erklärung von Masse als die klassische Physik von Isaac Newton (1643–1727). Immerhin so gewichtig, dass Higgs dafür 2013 der Physiknobelpreis zuerkannt wurde.

Machen wir uns also einmal mehr klar: Wir bestehen nur und ausschließlich aus wechselwirkenden Teilchen, die sich über Felder gegenseitig unentwegt Information zuschieben – nicht vergessen, das sind geistige Prozesse. Werden die Informationen erkannt, dann wird aus Möglichkeit konkrete Realität. Diese Informationen verlangen zur Decodierung zwingend ein geistig arbeitendes Bewusstsein.

Energiequanten, die von der Umwelt kommend unsere Sinnesorgane, also etwa Auge oder Haut, treffen, waren vorher nur Möglichkeiten. Erst der Informations- und Energieaustausch mit Rezeptoren und folglich mit dem für uns nutzbaren Bewusstseinsfaktor legte die Endaktivität als Reiz fest. Und selbst nun können wir noch bestimmen, ob wir den Reiz wahrnehmen und eine Erregung der Rezeptoren und Neurone starten oder ob etwas anderes für unsere Aufmerksamkeit wichtiger ist. In jedem Fall gestaltet sich die Welt so, wie wir sie festlegen. Der österreichisch-amerikanische Physiker Fritjof Capra sagte: »... die beobachteten Strukturen der Materie wären somit Spiegelungen der Strukturen unseres Bewußtseins.«[41]

Die Regeln der Quantengesetze laufen durch alles durch, durch Umwelt, durch Körper und Gehirn, aber in dem Augenblick, wo die bewusste Wahrnehmung einsetzt, werden die Quantengesetze der Möglichkeiten zu einem Prozess, der ein einziges definiertes Ergebnis präsentiert. Es ist nicht verwunderlich, dass nun viele Physiker zum Ergebnis kommen, dass Bewusstsein Teil der Quantenphysik ist. Man könnte einwenden, dass es nicht das Bewusstsein ist, sondern dass es genau genommen die oben geschilderten informativen Wechselwirkungen und der daraufhin erfolgende Energieaustausch sind, die das Auftauchen einer definitiven Realität erzwingen. Aber dieses Argument greift nicht, wenn wir unsere Definition von Bewusstsein konsequent anwenden. Um Information als solche zu erkennen, braucht es immer das Werkzeug »Bewusstheit«. Um die richtige Auswahl des Energieaustauschs aus der riesigen Anzahl von Möglichkeiten zu gewährleisten und um das Ergebnis des gesamten Prozesses einzuordnen und weiterzuführen, braucht es Bewusstsein.

Die Wahrnehmung ist ein Akt des bewussten Beobachtens. Dies wiederum impliziert die Kunst des kreativen Weglassens unzähliger Möglichkeiten, die Filterung sinnvoller Eigenschaften aus dem allgemeinen Rauschen. »Das Bewusstsein ist der Schlüssel«, sagten bereits im Jahr 1930 die Physiker Fritz London (1900–1954) und Edmond Bauer (1880–1963).[42] Gegen diese Erkenntnis kann nichts erwidert werden, denn selbstverständlich kann kein Ergebnis wahrgenommen werden ohne ein Bewusstsein. Es gehört zu allem, was wir tun, dazu: Kein Physiker kann Gesetzmäßigkeiten ohne Bewusstsein erkennen, kein Mathematiker kann Gleichungen ohne Bewusstsein aufstellen und anwenden. Wenn aber Physiker ihre Gesetzmäßigkeiten und Gleichungen dem Universum und der Natur abschauen und »entdecken«, denn die Gesetze und Gleichungen beschreiben ja gerade das Geschehen, was bereits im Universum und in der Natur vorhanden ist, dann muss zwangsläufig Universum und Natur ebenfalls mit einem Bewusstsein ausgestattet sein.

Die Folgerungen eines »biotonischen« Gesetzes, die Eugene Wigner immer wieder in seinen Essays anmerkt, sind deshalb schlüssig. Es besagt: »Die Quantentheorie beweist die Existenz eines universellen Bewusstseins im Universum.«[43]

Wenn wir ein universelles Bewusstsein postulieren, dann können wir auch die sich hier anschließende Kernfrage plausibel beantworten: Wie konnte Universum und Natur derartige Gesetzmäßigkeiten und Gleichungen aufstellen? Antwort: im Prinzip mit dem gleichen Bewusstseinsmechanismus, wie wir es heute machen, denn wir verwenden das Bewusstsein des Universums.

Was bedingt den Beobachtereffekt?

Wir haben uns schon mehrfach indirekt mit dem sogenannten Beobachtereffekt beschäftigt. Hier kommen nun noch einige Hintergrundinformationen dazu, die das Prinzip verdeutlichen. Dieses Prinzip ist der Kern unserer These, dass unsere Wirklichkeit von Intelligenzen erschaffen wird.

In der Quantenphysik, die sehr stark mit dem Beobachter korrespondiert, stehen die kleinen Bauteilchen der Materie im Zentrum. Es gibt aber keinen Grund, auch die größeren Materiekonstruktionen dem Prinzip unterzuordnen. Experimentell ist es beispielsweise dem Team um den österreichischen Quantenphysiker Anton Zeilinger gelungen, Fullerene, also Materiekugeln, mit etwa sechzig einzelnen Molekülen zu telemetrieren. Natürlich werden wir keinen Menschen beamen können, er hat viel zu viele Moleküle, aber die Quantenphysik greift immer wieder an strategisch wichtigen Weichenstellungen im kleinsten Bereich ein und verändert Formen und steuert damit Funktionen.

In der Quantenphysik dominiert als Theorie immer mal wieder die sogenannte Kopenhagener Deutung, die auf den Forscherkreis um Niels Bohr zurückgeht, der in Kopenhagen häufiger eine Runde interessierter Physiker empfing, darunter auch Werner Heisenberg. Die Kopenhagener Deutung besagt, dass durch den Fokus der geistigen Aufmerksamkeit aus dem »Meer der Möglichkeiten« ein einziges Muster konkretisiert und durch sein Herausfiltern realisiert wird. Mithilfe des geistigen Prinzips entsteht aus Potenzialität die Realität.

Diese Darstellung wurde später unterstützt durch John Archibald Wheeler. Er betonte immer wieder, dass alle Quantensysteme undefiniert sind bis zu dem Moment, in dem sie gemessen werden. Wir wissen bereits: Jede Messung ist mit einer Beobachtung verbunden. Eine Beobachtung wird durch einen bewussten Beobachter vorgenommen. Die Anordnung für die Messung ergibt das Ergebnis. Realität ist somit von einem geistigen Prinzip abhängig.

Wie bei allen Quanten, so ist es auch bei Elektronen und ihren Botenstoffen möglich, dass die Teilchen nur deshalb wirklich sind, weil die Nachweisapparatur als ein geistiges Produkt des Forschers sie hervorgebracht hat. Jedenfalls verhalten sich *unbeobachtete* Elektronen in der Vorstellung der Physiker wie wellenförmig verlaufende Wahrscheinlichkeiten. Diese Wahrscheinlichkeitswelle hat nichts mit der elektromagnetischen Welle zu tun, sie ist lediglich eine Hilfsvorstellung für etwas, was sein könnte.

Johannes Kofler, Max-Planck-Institut für Quantenoptik (MPQ), Garching, sagt:»… wir leben in der Tat in einer Welt, in der physikalische Eigenschaften unter bestimmten Bedingungen nicht unabhängig von ihrer Beobachtung existieren … der lokale Realismus [ist] ein für alle Mal widerlegt.«[44]

Wir können es gar nicht oft genug wiederholen: Quantensysteme haben vor der Messung respektive Beobachtung keine festen Eigenschaften. Sie sind nur virtuelle Teilchen aus Wahrscheinlichkeiten einer Wellenfunktion. Kein Quantenteilchen besitzt zum Beispiel einen Spin, bevor es gemessen wird. Ohne Zuordnung von Eigenschaften (Sinn und Bedeutung) existiert nichts in Raum und Zeit. Erst Elektronen, denen Sinn und Bedeutung, also Funktion zukommen, outen sich als Quelle von Ladung und Information für Kraft und Zeit. Die Möglichkeiten-Wellenfunktion der Elektroneneigenschaft kollabiert dabei. Kollaps der Wellenfunktion ist der Übergang vom Potenziellen zum Wirklichen.

Nach allem, was wir bisher darüber geschrieben haben, können wir allgemein festhalten: Der Übergang von der Unbestimmtheit zur Bestimmtheit erfolgt erst, wenn etwas beobachtbar geworden ist. Dabei steht die Beobachtung nur als Merkmal für die Erweiterung unseres Wissens, also für fortschreitende Erkenntnis, eng verbunden mit dem Status Intelligenz.

Der Beobachtereffekt wird zwar immer mit Bohr und Heisenberg verbunden, aber dabei wird übersehen, dass der österreichische Physiker und Philosoph Ernst Mach (1838–1916) schon vorher das Prinzip erkannte. Mach war damals Professor für Mathematik und Physik und gleichzeitig Professor für Philosophie, erst in der Universität Graz und dann in der Universität Wien. Als Anhänger einer damaligen positivistischen Bewegung verbreitete er, dass alle Erkenntnisse der Wirklichkeit in Beobachtungen wurzeln müssen. Weil er so dachte, fiel ihm das berühmte »Mach'sche Prinzip« ein, das Einstein für seine Allgemeine Relativitätstheorie umformte, wobei Zentrifugalkraft und Gravitationskraft verwandt sind. Das Mach'sche Prinzip erklärt, dass die Zentrifugalkräfte, die ein sich drehender Körper erfährt, und ebenfalls die Trägheit von den umgebenden Sternen verursacht werden. Durch ein Rückkopplungsprinzip werden die Elektronen der Körper sozusagen geschubst, wobei der kumulative Effekt von einer Unmenge Elektronen und sehr vielen Sternenmassen die Kräfte erzeugt.

Wo hört dieses Prinzip auf, wo fängt es an? Haben Systeme überhaupt eine bestimmte Form, solange man sie nicht wirklich mithilfe eines Messvorgangs beobachtet? Was genau passiert bei einem Messvorgang? Warum kann die subjektive Beobachtung eines Menschen oder vielleicht auch die Beobachtung durch andere Lebewesen ein objektives Dasein erzeugen?

Das sind deshalb Kernfragen, denn wenn wir diese beantworten können, wissen wir, wie wir unsere Realität lenken können. Schauen wir, was die Experimente ergeben.

Die Gruppe um den Physiker Leonard Mandel (1927–2001) an der Universität Rochester zeigte 1991 im Experiment, dass ein Photon vom Wellen- zum Teilchencharakter gezwungen werden kann, wenn sich das potenzielle Wissen des Beobachters ändert. Indem der experimentierende Mensch eine Information in Aussicht gestellt bekommt, schaltet das System bereits um. Mandel sagte: »Der Quantenzustand spiegelt nicht nur das wider, was wir über das System wissen, sondern was im Prinzip erfahrbar ist.«[45]

Dieses Ergebnis ist schier umwerfend: Bereits die konkrete Möglichkeit, eine Erkenntnis zu erhalten und nicht erst die direkt erhaltenen Messungsergebnisse, lässt Wellenzustände kollabieren und schaltet reale Kräfte. Das zeigt uns sehr deutlich genau das, was wir hier bisher hergeleitet haben: nämlich dass Quanten aufgrund ihrer Informationscharaktere geistige Phänomene aufweisen, die sich mit den Quanten unserer geistigen Funktion verbinden. »Ich, Quant, sag dir, Mensch, was ich gleich sein werde, weil du, Mensch, verstanden hast, dass dies möglich ist.«

In der Praxis heißt das: Wenn wir uns grundlegend etwas Plausibles ausdenken, das in die bisherige Erkenntnis hineinpasst, geschieht dies auch. Die Betonung liegt auf »grundlegend«, denn wie gesagt: Riesige Komplexe können laut Zeilinger bisher nicht beliebig erzeugt und versetzt werden. Und wenn dieses potenzielle Wissen in Zweifel umschlägt, wird dann eine Messung umkehrbar?

Bohr und viele Theoretiker bezweifelten dies. Ist die Wellenfunktion der Wahrscheinlichkeit erst einmal kollabiert, bleibt das System in der Realität – so meinten sie. Aber offensichtlich lagen sie falsch. Marlan O. Scully, damals an der Universität von New Mexico, Albuquerque, vertritt seit 1981 die Meinung, dass man erhaltene Information auch löschen kann, und dann treten die ursprünglichen Welleneigenschaften oder Wahrscheinlichkeiten erneut auf.[46] Andere Forschergruppen wie die von Raymond Y. Chiao von der Universität von Kalifornien in Berkeley konnten derartige Quantenlöscher im Experiment nachweisen. Verschwindet die konkrete Information über einen Vorgang, hat das Auswirkungen auf das Ergebnis »Wellen oder Teilchen«.[47]

Das heißt zusammengefasst: Das Kollabieren einer Wellenfunktion und damit die Realität einer Kraft sind abhängig von unserem Wissen und unseren Zweifeln, was Erwartungen eines Geschehens entsprechend schalten kann. Deshalb verfolgen wir in diesem Buch den »Pfad der Erkenntnis«.

Ein derartiges Verhalten in der Naturwissenschaft, das allein von unserem »Wissen«, unseren Erkenntnissen und unseren Erwartungen abhängt, rief tiefe Bestürzung bei Physikern hervor. Auch das Phänomen der Verschränkung, wonach zwei Teilchen, die aus einer Quelle stammen, eine Einheit bilden, bis sie irgendwie beobachtet werden, war in der Konsequenz für einen Wissenschaftler nicht akzeptierbar. Denn diese Einheit besteht im Prinzip auch noch, wenn sich eins der ungestörten Teilchen hier befindet und das andere in einer anderen Galaxie des Universums angekommen ist. Die Folge ist, dass sich ein Ereignis im Hier (Gebiet A) augenblicklich am Ort des Zwillingsteilchens irgendwo im Universum (Gebiet B) auswirkt. Einstein nannte dies »die gespenstische Fernwirkung« und wollte dieses absolut »unrealistische« Verhalten keinesfalls anerkennen. Aber er und alle anderen Skeptiker hatten unrecht: Bereits 1964 konnte John S. Bell (1928–1990) vom Europäischen Laboratorium für Teilchenphysik (CERN) im Einzugsbereich von Genf das »Phänomen der Nichtlokalität« überzeugend aufzeigen.[48] Der Gruppe um Alain Aspect gelang dann wie gesagt Anfang der Achtzigerjahre der experimentelle Nachweis der Verschränkung. Die von Einstein noch bezweifelte »geisterhafte Fernwirkung« gibt es tatsächlich.

Auch das Gedankenexperiment, im Jahr 1935 aufgestellt von Einstein und seinen Kollegen Boris Podolsky (1896–1966) und Nathan Rosen (1909–1995), deshalb abgekürzt »EPR-Paradox« genannt, das die bizarre Quantenwelt als unvollständig und irrtümlich brandmarken sollte, wurde experimentell nachvollzogen.[49] Dies gelang 1990 John G. Rarity und Paul R. Tapster vom Royal Signals and Radar Establishment in Malvern, England. Als Ergebnis zeigte sich erneut die Richtigkeit der unglaublichen Quantenphänomene nichtlokaler Zusammengehörigkeit. Wir hatten schon erwähnt, dass – anders als Schrödinger[50] – selbst ein so revolutionärer Denker wie Einstein damit nicht zurechtkam.

Die eben erwähnten Experimente beschrieben alle das Lichtverhalten, also elektromagnetische Wellen und ihre Teilchen, also die Photonen. Aber inzwischen gelten diese Ergebnisse auch für Elektronen, Neutronen, Protonen und sogar für Atome und einige untersuchte Moleküle – also für diejenigen Stoffteilchen, aus denen unsere Körper sind. John Horgan, Redakteur bei der Wissenschaftszeitschrift *Scientific American*, der diese Zusammenhänge beschrieb, nennt es ein pathologisches Verhalten.[51]

Pathologisch ist dies aus unserer Sicht der Alltagsrealitäten. Aus Sicht der Quantenrealität sind eher wir Menschen in unseren Ansichten heute pathologisch. Wir wollen die Wahrheit partout nicht annehmen, obwohl alle Hinweise existieren. Quantenrealität ist unsere Grundlage des Menschseins. Und da wir alle von

Quantenrealitäten gesteuert werden, müssen wir ein geistig angepasstes neues Modell annehmen.

Zwei Forscher setzen hier ein Zeichen: der Physiker und Philosoph David Z. Albert von der Columbia-Universität in New York und der Philosoph Barry Lower von der Rutgers-Universität in New Brunswick, New Jersey.[52] Sie sagen: Jeder Beobachter und allgemein jedes »empfindungsfähige physikalische System« besteht aus Myriaden von Erfahrungen, die diese Systeme machen, entsprechend der Vielzahl von Wahlmöglichkeiten, welche Schrödingers Wahrscheinlichkeitsgleichungen darlegen. Soll heißen: Jede Beobachtung setzt auf diverse unterschiedliche Erfahrungen, und jede Erfahrung variiert entsprechend das System.

Auch Wheeler kam der Sache nahe, als er postulierte, die wichtigste Lehre der Quantenphysik sei, dass physikalische Phänomene irgendwie durch die Fragen, die wir nach ihnen stellen, definiert sind. Er sprach deshalb von einem »partizipatorischen Universum«. Fragen beruhen auf geistigen Einstellungen. Diese bedingen das Ergebnis.[53]

Wheelers Ansicht hat laut Horgan gewaltige Konsequenzen: Das Grundlegende der Realität wäre demnach nicht das Quant, das trotz seiner Unbestimmtheit ein physikalisches Phänomen ist, sondern die Antwort auf eine Ja-nein-Frage, das Bit, also die grundlegende Informationseinheit, so wie in allen Computern. Wheeler fasst diese Konsequenz als Wortspiel mit »the it from the bit« zusammen.

Tatsächlich verlagert sich die Quantenphysik deshalb in die Sichtweise der Informationstheorie, angeführt vom Wheeler-Schüler William K. Wootters, Williams College in Williamstown, Massachusetts, der die Gesetze der Quantenwelt auf die Gesetze von Informationen umschreiben konnte.[54]

David Bohm wurde unter anderem dadurch berühmt, weil er mit seinem Schüler Yakir Aharonov herausfand, dass die Bewegung geladener Teilchen selbst dann von räumlich begrenzten Magnetfeldern beeinflusst werden kann, wenn die Teilchen niemals in den Bereich der Felder eindringen; heute gilt das experimentell abgesichert als das Aharonov-Bohm-Gesetz. Wir wollen hier nicht auf dieses seltsame Phänomen eingehen; es sollte nur deutlich machen, dass Bohm ein ernst zu nehmender Wissenschaftler ist. Wichtig erscheint in diesem Zusammenhang, dass Bohm die Physik philosophisch betrachtete. Er schrieb mehrere Bücher über Physik, Philosophie und das Wesen des Bewusstseins.

Das Universum ist demnach eine Verbundenheit aller Dinge, was Bohm wie gesagt »implizite Ordnung« nannte und als ein universelles Ordnungsgeflecht beschrieb.[55] Ordnung beruht auf zugrunde liegender Information. Informationserkennung ist auf Bewusstheit angewiesen. Wenn es also implizite Ordnung im Universum gibt, dann muss es auch eine universelle implizite Bewusstheit geben. Die Evolution der Natur des Planeten Erde beweist die Richtigkeit dieser Annahme. Die Aufgabe von Lebewesen, die diesen Zusammenhang erkennen, ist es, den Weg zu finden, der diese universelle Ordnung anzapfen und nutzbar machen kann.

Auch Carl Friedrich von Weizsäcker (1912–2007) war wie Bohm Physiker und Philosoph. Er stellte fest: »Es ist charakteristisch für die Physik, wie sie heute praktiziert wird, nicht wirklich danach zu fragen, was Materie ist, für die Biologie, nicht wirklich danach zu fragen, was Leben ist, für die Psychologie, nicht wirklich danach zu fragen, was Seele ist.« Und folgerichtig fragt er, »…in welchem Umfang die Subjektivität, also unsere Seele und unser Bewusstsein, *Gegenstand* eines Wissens von der Art der Quantentheorie sein könnte«. Er stellt dann später fest, es »steht nichts im Wege, sie [die Quantentheorie] auf seelische und bewusste Vorgänge anzuwenden«.[56] Genau das möchten wir in diesem Buch präsentieren.

In Aristoteles' Lehrgebäude war die Seele noch ein zentraler Begriff der Physik, weil es bei ihm um diejenigen Körper ging, die die Ursache ihrer Bewegung in sich selbst tragen, wie er sagte.

Schrödinger ist wie gesagt der Urheber der mathematischen Darstellung der Wahrscheinlichkeit, der von ihm so genannten Psi-Wellenfunktion. Alle Dinge, groß oder klein, besitzen vor ihrer »Entdeckung« erst einmal Psi-Wellenfunktionen. Er bezeichnete diese Wellenfunktion als »Wissen«. Das ist insofern erstaunlich, als die Wahrscheinlichkeiten ja eher als Nicht-Wissen bezeichnet werden müssten. Wird ein Ding beobachtet und kollabiert die Wellenfunktion dabei, so nennt er dies »Änderung des Wissens«. Wenn aber Wissen als subjektive Kenntnis von objektiven Tatbeständen angesehen wird – wie es von Weizsäcker beschreibt –, dann wären die Psi-Wellenfunktionen oder, wie *wir* es nennen, das Meer aller Möglichkeiten bereits subjektive Kenntnis, die durch Beobachtung zu vermeintlich objektiven Tatbeständen führt, was tatsächlich eine Änderung des Wissens darstellt.

Nicht nur zu Bohrs und Heisenbergs Zeiten, sondern bis in die heutige Zeit hinein werden in Experimenten immer wieder die Gesetzmäßigkeiten der Quantenereignisse durch Messung und Beobachtung bestätigt. Zum Beispiel: Das Physikerteam um Andrew Truscott von der Australian National University wiederholte Wheelers Experiment der »Verzögerten Auswahl« im Jahr 2015.[57] Die Ergebnisse wurden in der Pressemitteilung so zusammengefasst: »Es beweist, dass Messung alles ist. Auf der Quantenebene existiert Realität erst, wenn wir sie beobachten. Entweder entscheidet sich das Atom anhand der Messung, oder eine zukünftige Messung verändert den Zustand des Photons in der Vergangenheit. Alles hing davon ab, ob sie am Ende der Reise gemessen wurden, wodurch ihr wellenförmiges oder partikelhaftes Verhalten ins Leben gerufen wurde.«[58]

Auch hier wieder kann man die Beobachtung als Interaktion mit der Umgebung interpretieren. Immer dann, wenn eine vorab unbestimmte Energie mit der Umwelt interagiert, wobei es egal ist, ob ein Messgerät eingesetzt wird, eine Projektionsfläche oder der Mensch mit seinem Augensinn, entsteht ein konkreter Zustand oder eine Eigenschaft. Dies alles ist unweigerlich mit Information verbunden.

Bereits im Jahr 1998 deckte das Team um Mordehai »Moti« Heiblum vom israelischen Weizmann-Institut, Rehovot, eine interessante Beziehung auf: Es war ja schon lange bekannt, dass Elektronen, die beobachtet werden, sich in ihrem Gebaren von Wellen zu Teilchen wandeln. Aber das Experiment wies nach, dass der Einfluss des Beobachters auf das, was tatsächlich geschieht, mit der Intensität der Beobachtung wächst. Je mehr »Spürfähigkeit« für Elektronen die Experimentatoren einsetzten, desto stärker verschwand der Wellencharakter und desto mehr erschien der Teilchencharakter. Das aber entsprach einer echten Steuerung der Wellenkollapsfunktion durch die Intensität der Beobachtung. Als Beobachtung galt das Ablesen eines Elektronendetektors, der in unterschiedlichen Entfernungen vom Elektronengeschehen platziert wurde.[59]

Verallgemeinert bedeutet das, je mehr Erkenntnis wir von etwas haben, desto mehr Reales entsteht in der Welt um uns herum. Wir haben von Beginn dieses Buches an immer wieder von dem »Pfad der Erkenntnis« gesprochen und dabei lediglich wiederholt, was die uralten Lehren der Upanischaden bereits überlieferten. Heute – mit den vielen Ergebnissen aus den Erkenntnissen der Quantenphysik in engster Verbindung mit unserer Verwendung des universellen Bewusstseins – werden nun die Lehren bestätigt.

Der US-amerikanische Physiker Henry Stapp, ehemals Universität Berkeley, der sowohl mit Heisenberg als auch mit Wolfgang Pauli (1900–1958) zusammenarbeitete, sagt dies so: »Der Quantenmechanismus öffnet durch Kohärenzen dem nicht lokalen Bewusstsein Wirkkräfte, wodurch ein Transferpotenzial ausgelöst wird, das sich in der formlosen ›Potentia‹ im transzendenten Bereich des Bewusstseins befindet.«[60] Stapp ist auch der Meinung, dass man die Funktionsweise des Menschen nicht durch die Einzelheiten der Gehirnaktivität erklären kann. Bewusstsein wird zwar durch Neuronvermittlung zum Körper gebracht, und dieser wirkt hierbei als ein geistiger Empfänger, aber es wurzelt nicht darin.[61]

Fassen wir zusammen: Energieformen von verschiedenen Massenteilchen, die als Möglichkeitswelle, also in einer Wahrscheinlichkeitsfunktion, zunächst keine erkennbare Präsenz haben, können durch zielgerichtete Aufmerksamkeit in die Wirklichkeit geschaltet werden. Je stärker die Aufmerksamkeit, desto weitgehender funktioniert das. Zielgerichtete Aufmerksamkeit steht demzufolge im Zusammenhang mit einer Energie. Ein Beobachter füllt durch seine Aufmerksamkeit ein Energiefeld mit Informationen, die dann ab einer bestimmten Intensität die Energien in die Realität transformieren.

Der Manifestationsprozess

Heute wissen wir, dass nicht der beobachtende Mensch das Entscheidende der Realitätsbildung ist, sondern das Bewusstsein, das vom Menschen genutzt wird. Das wird auch durch frühere Experimente bestätigt, besonders die von dem bereits erwähnten Helmut Schmidt, wonach Ergebnisse, die von Maschinenmessungen stammten, so lange in einer Wahrscheinlichkeit verborgen blieben – der Physiker spricht hier von Superposition –, bis ein menschliches Wesen diese Ergebnisse abliest.

Rekapitulieren wir das im vorherigen Kapitel besprochene Phänomen des Beobachtereffekts noch einmal so: Die Wahrscheinlichkeitsfunktion kollabiert, wenn von einem Energieteilchen Information in ein »Bewusstsein« gelangt ist, also die Information erkannt und abgerufen wird. Bereits hier gibt es interindividuell starke Unterschiede, denn was für den einen wichtig ist, braucht es nicht für einen anderen zu sein.

Durch dieses Information-Bewusstseins-Phänomen werden

Eigenschaften erschaffen beziehungsweise geschöpft. Das wiederum passiert durch das Geben von Sinn und Bedeutung. Die abgerufene Eigenschaft ist nun zur Wirkung befähigt, was nur über Quanten möglich ist.

Laut Quantenphilosophie existieren die Dinge der materiellen Welt nur in Beziehung zu einem Bewusstsein. Mitschöpfertum ist eine inhärente Eigenschaft aller bewusstseinsnutzenden Dinge. Notwendig ist die Wechselwirkung des Beobachters mit dem, was als Beobachtetes erwartet wird. Im Experiment spielen drei Ebenen für das sich ergebende Ergebnis wichtige Rollen:

- die Versuchsanordnung als Messebene,
- die vernünftigen, logischen Gedankenkonstruktionen des Forschers und
- die sich dabei einstellenden Empfindungen und Erwartungen.

Kompliziert? Ja. Wundersam? Ja. Was mit dem Bewusstsein dann als bildlicher Gedanke entsteht, ist also mehr als die reine Beobachtung als primäre energetische Information. Der sich herausbildende Gedanke ist das, was unser sogenanntes Unbewusstes aus der Beobachtung gemacht hat. Immer aber ist die geistig-informative Energie die entscheidende schöpferische Kraft; ohne sie wäre nichts.

Der französische Jesuit, Paläontologe, Anthropologe und Philosoph Pierre Teilhard de Chardin (1881–1955) war geradezu visionär, indem er fragte, ob die Struktur, welche die Physiker jeweils finden, das Wesen der von ihnen untersuchten Materie darstellt oder nur die Spiegelung ihres eigenen Denkens ist.[62] Heisenberg postulierte inhaltlich ähnlich: »Auch in der Naturwissenschaft ist also der Gegenstand der Forschung nicht mehr die Natur an sich, sondern die der menschlichen Fragestellung ausgesetzte Natur.«[63]

Was im Experiment für energetische Teilchen gilt, ist für jeden von uns im Alltag ebenso von Bedeutung. Bei all unseren Aktionen und Reaktionen gelten die eben genannten drei Beziehungsebenen genauso wie im Experiment. Statt Versuchsanordnung als Messebene ist im Alltag der Weg zu einem Ziel maßgebend, das wir anvisieren, also das, was wir erreichen (beobachten, messen) wollen. Bereits der Wille, unseren Körper zu bewegen, gehört dazu. Und so wie die physikalischen Experimente es gezeigt haben, passt sich das grundlegende Energienetz der energetischen Situation jedes einzelnen Menschen an. Wir haben keine unabhängigen Dinge vor uns, obwohl uns das immer wieder mit dem Märchen von einer »Objektivität« erzählt wird.

Wir wissen nun: Die Physiker nennen die Wechselwirkung von Beobachter und Beobachtung »Zusammenbruch (Kollabierung) der Wahrscheinlichkeiten-Wellenfunktion«. Der Begriff »Wahrscheinlichkeitswellen« ist eine Konstruktion aus Wellen und dem geistigen Konzept »Wahrscheinlichkeit«, eine geistige Vorstellung von dem, was ist. Wahrscheinlichkeiten stellen wir uns immer dann vor, wenn wir die verborgenen komplexen Beziehungen der Dinge nicht kausal erfassen können. Wir müssen davon ausgehen, dass alles, was real existiert, für uns so lange ein Netz aus Wahrscheinlichkeiten ist, wie noch keine Wechselwirkung stattgefunden hat. Wir müssen uns klar darüber sein, dass die Wahrscheinlichkeit mit dem Potenzial für das Wirklichkeit-Werden der Natur innewohnt.

Offensichtlich sind nicht nur *wir* fähig, Realität durch Wechselwirkung zu schalten, sondern alles, was durch »Beobachtung« oder »Messung« eine Art von Resonanz zu den verborgenen informativen Energien des Vakuums aufbaut. Und Wheeler zufolge existiert das Universum nur deshalb als etwas Reales, weil es von intelligenten Wesen beobachtet wird: »Aus der Erkenntnis, dass das Bewusstsein das Agens ist, das ein subatomares Teilchen, etwa ein Elektron, existent werden lässt, sollten wir nicht voreilig schließen, wir seien die einzigen Agenzien in diesem schöpferischen Prozess. Wir erschaffen zwar subatomare Teilchen und dazu das gesamte Universum, aber umgekehrt erschaffen sie auch uns. Eins erschafft das andere im Rahmen einer ›Selbstregulierenden Kosmologie‹.«[64]

Dieses Statement hat inhaltlich Ähnlichkeit mit dem Ausspruch Jesu im Thomas-Evangelium: »Ich bin das Licht, das über allen ist. Ich bin das All; das All ist aus mir hervorgegangen, und das All ist zu mir gelangt. Spaltet das Holz – und ich bin da. Hebt den Stein hoch: dort werdet ihr mich finden.«[65] Hier ist notwendig zu wissen, dass der Begriff »Licht« für »Bewusstsein« steht. (Übrigens findet man die gleichen Inhalte in einem der ältesten Texte der hinduistischen Veda, dem *Chāndogya Upanishad*.)

Interessant ist nun, dass wir nicht einmal konkret beobachten müssen, um eine Wechselwirkung zu starten, sondern es genügt, die Gedanken aufgrund von erkannten Möglichkeiten konkret zu formulieren. Dies zeigt Mandels Experiment in der Universität Rochester.

Das gilt auch dann, wenn wir eine Theorie aufstellen, um beobachtete Phänomene zu beschreiben. Eine Theorie wird aufgestellt, damit eine Beschreibung eines konkreten Geschehens funktioniert, um Wissen zu erzeugen. Und alle Theorien der Quantenphysik, die sehr plausibel, also mit Gewissheit, formuliert sind, *haben* funktioniert. Sie konnten ihre Gültigkeit, ihre Wirklichkeit im Experiment beweisen.

Wir sagen dann Dinge wie: »Elektronen gehorchen den Gesetzen der Physik.« Aber wir übersehen, dass diese Gesetze nur mithilfe der geistigen Auswüchse unserer Gehirne und ihrer Ankopplung an ein universelles Bewusstseinsfeld existieren. Pointiert gesagt: Wir beschreiben das Verhalten von einem Ding entweder deterministisch oder statistisch und behaupten dann felsenfest, das Ding gehorche dieser Beschreibung. Es gehorcht aber nicht der Beschreibung, sondern es ist durch die Beschreibung, die wir uns von ihm machen, existent geworden; und vorher war es nicht als Ding vorhanden, weshalb es auch nicht gehorchen konnte.

Alles, was existiert, ist ein dynamisches, energetisch-informatives Beziehungsnetz, das aus dem Quantenvakuum, also aus der allumfassenden Einheit heraus erschaffen wurde. Das, was wir »Eigenschaften von Protonen oder Elektronen« nennen, wird erst durch derartige Beziehungen in unsere Realität gebracht. Durch geistige Prozesse manifestierte Phänomene ergeben unser Bild von Teilchen als Bausteine der Materie. Es sind wie gesagt auch nicht Teilchen, die entstehen, sondern brennpunktartige energetisch-informative Wirbelformationen durch geistig-informative Einwirkung.

Alles derart Manifestierte hat weiterhin Kontakt zum energetisch-informativen Gesamtnetz. Und wir als geistige Lebewesen sind mit unseren »Brennpunkten« darin eingebettet. Unser Sein und unser individueller Geist sind Teil des Manifestationsprozesses. Weil die Realität der materiellen Welt aus Teilchen zur Denkgewohnheit geworden ist, halten wir unter allen Umständen daran fest. So prägt sich ein individueller Geist jedes Menschen. Deshalb können wir, wenn wir weiter im individuellen Geist verbleiben, nicht das Ganze überblicken; es fehlt die höhere Plattform dafür.

Erst wenn wir den konditionierten, angelernten individuellen Geist des Alltags stilllegen oder transformieren, etwa durch Meditation oder durch mystische Erfahrung, gelangen wir auf eine höhere Plattform und überblicken eventuell das Ganze. Die veränderte Ausrichtung der Aufmerksamkeit verändert dann die Wahrnehmung. Die logischen Konstrukte des Intellekts, die uns die reduktionistische Arbeitsweise beschert haben, werden abgelöst von einer spirituellen holistischen Sichtweise. Erst dann haben wir den Überblick über das, was grundsätzlich wirklich vor sich geht.

Die wahre Bedeutung des Lebens können wir nicht im Außen erkennen, wie es die Wissenschaft versucht, sondern nur in uns selbst durch die adäquate Erkenntnis. Für dieses Erkennen müssen wir die jedem gegebene Intuition, Meditation und Spiritualität nutzen. Damit werden wir eins mit unserer Urquelle. Die trennende Dualität von Beobachter und Beobachtetem kann dann nicht länger bestehen, weil wir erkennen, dass unser Ich durch seine Verbindung mit unseren Selbstinstanzen nicht in Zeit und Raum eingeschlossen ist. Die Urquelle von allem ist das geistige Vakuum des Universums, und das ist zeit- und raumlos.

Wenn wir befreit sind von Raum und Zeit, sind wir auch vom logisch begreifenden Geist befreit, der alles auf lineare Ursachen-Wirkungs-Einheiten begrenzt und holistische holografische Sichtweisen nicht zulässt. Individueller Geist und universeller Geist vereinigen sich und verschmelzen ineinander. Das Holografieprinzip macht deutlich, dass alle Teile voneinander »wissen« und das Ganze im Blick behalten.

Wenn »die neuen Wir« sich hier bewusst einklinken, entsteht auch die der Ganzheit innewohnende Atmosphäre der Liebe als wohltuendes Verschmelzungs- und Geborgenheitsgefühl.

Metaphysik und Erfahrungen aus mystischer Perspektive

Wir sind davon überzeugt, dass unser Alltag die Realität ist und dass unsere Träume Schäume, also irgendwelche Fantasien sind. Diese Ansicht müssen wir korrigieren. Denn die Welt der Realität hat zwei Erscheinungsformen, beide sind natürlich: die physische und die metaphysische.

Wir haben es hier aus unserer Sicht mit einem dualen Spiegel zu tun: Eine Seite des Spiegels reflektiert das materielle Universum, auf der anderen Seite befindet sich eine Phase, aus der wir Energie und Information schöpfen. Es ist ein Reservoir aller Gefühle, Empfindungen und Erfahrungen. Alles, was ist, was war und was sein wird, ist dort eingespeichert und abrufbar.

Während die materielle Seite der Welt gut durchforscht ist, entzieht sich alles Metaphysische der direkten Wahrnehmung durch die Sinne – und ist dennoch immer präsent. Es ist die Quelle der Träume, des intuitiven Wissens und die Hauptmotivation zu sein.

Das Wesen des Lebens ist so eingerichtet, dass wir beide Seiten des Weltenspiegels zur Realitätssteuerung verwenden müssen. Auf der physischen Seite regiert der Wille, auf der metaphysischen die Motivation. Mein Wille dirigiert meine Aufmerksamkeit in der materiellen Welt, meine Motivation erlaubt mir zu handeln – beides zusammen ist die Urquelle jeder Absicht. Nur so können wir in die Materie einwirken und nur so erlangen wir Kontrolle über das eigene Tun. So gestaltet jeder Mensch seine eigene Welt; dies allerdings größtenteils völlig unbewusst.

Metaphysik ist die Wissenschaft, die sich mit der Geist-Seele beschäftigt. Geist-Seele und Materie sind für die Metaphysik untrennbar verbunden. Für viele berühmte Menschen der Geschichte war das Bemühen um Metaphysik eine Selbstverständlichkeit, so für Thales von Milet (wahrscheinlich 624–544 v. Chr.), Descartes, Gottfried Wilhelm Leibniz (1646–1716) und Teilhard de Chardin.

Metaphysik und Mystik sind für viele Menschen immer noch etwas Unseriöses. Die wirklich großen Physiker waren da ganz anderer Meinung. Planck zum Beispiel sagte: »Das Erkennen der Wahrheit kann nur durch einen entschlossenen Schritt in das Reich der Metaphysik gewährleistet werden.«[66] Einstein merkte an: »Das Schönste, was wir erleben können, ist das Geheimnisvolle. Es ist das Grundgefühl, das an der Wiege von wahrer Kunst und Wissenschaft steht. Wer es nicht kennt und sich nicht mehr wundern, nicht mehr staunen kann, der ist sozusagen tot und sein Auge erloschen.«[67] Und der weise Pierre Teilhard de Chardin stellte 1955 fest: »Die wahre Physik wird die sein, der es gelingen wird, den ganzen Menschen in ein zusammenhängendes Weltbild einzufügen.«[68]

Warum haben viele wissenschaftlich Tätige in der heutigen Zeit so starke Berührungsängste zu Themen der Metaphysik? Auch in diesem physikalischen Bereich gibt es Fakten.

Wir haben bisher die unzweifelhafte Erkennung von Information durch Bewusstheit, also durch geistige Aktivität, an die zentrale Stelle unseres Lebens gestellt. Aber wieder haben wir einen wichtigen Punkt vernachlässigt: Woher kommt Bewusstheit und das, was unseren Geist ausmacht? Das ist eine ganz entscheidende Frage. Im Mainstream geht man wie gesagt selbstverständlich davon aus, dass Bewusstsein im Kopf entsteht. Wir dagegen behaupten, dass das, was wir alle wie selbstverständlich unentwegt anwenden, eine Eigenschaft des gesamten Universums ist. Und diese Eigenschaft ist in uns, weil die Eigenschaften des Universums in uns sind.

Wir stehen nicht allein mit dieser Überzeugung. Einstein beispielsweise kam zu ähnlichen Aussagen: »Meine Religion besteht in demütiger Anbetung eines unendlichen geistigen Wesens höherer Natur, das sich selbst in den kleinen Einzelheiten kundtut, die wir mit unseren schwachen und unzulänglichen Sinnen wahrzunehmen vermögen. Diese tiefe gefühlsmäßige Denkkraft, die sich im unerforschlichen Weltall manifestiert, bildet den Inhalt meiner Gottesvorstellung.«[69]

Warum ist diese Meinung plausibel? Wir hatten bereits das masselose Vakuum als Einheitsfeld von allem beschrieben. Als Vorstellungsbild halten wir also einmal mehr fest: Extrem wenig Massen von uns und aller anderen Materie, von Sand und Steinen, vom Wasser, von Bakterien, Pflanzen und Tieren schwimmen in einem riesigen universell ausgedehnten Ozean einer masselosen Suppe – ja, von was denn? Was ist der Inhalt dieser »Suppe« grundsätzlich?

Die Physiker geben sich große Mühe, diese entscheidende Frage aus ihrer Sichtweise zu beantworten, aber die Meinungen der Forscher gehen weit auseinander, denn wo es keine Massen gibt, kann man nichts messen. Das haben wir schon angesprochen. Messung setzt Kraftübertragung voraus. Kräfte können aber nur an Massen entstehen, im Vakuum gibt es aber keine Massen, folglich keine Kräfte, also auch keine Messung. Diese Einheitsphase entzieht sich deshalb der Erforschung konservativer Wissenschaft.

Für uns ist wichtig, aus den bisherigen Kapiteln zu rekapitulieren: Erstens ist das Quantenvakuum die Geburtsstätte sämtlicher die Materie ausmachender Bausteine, und zweitens kann dieser Mechanismus geistig beeinflusst werden.

Dadurch, dass zwischen »Tiefen«vakuum (Meer aller Möglichkeiten) und »Oberflächen«vakuum (Realitätsschaltung im Quantenvakuum) eine energetisch-informative Differenz entstanden ist, wird ein geistiges System (Informationserkennung durch Bewusstheit mit Intelligenz) möglich. Warum kann man diese Aussage als zentral ansehen?

Der formative Geist als Schöpfer der Vielfalt

Aus traditioneller metaphysischer Sicht ist das Vakuum – die »große Leere« – nicht nur die Mutter von Massen als Bausteine der *Mater*ie (lat. *mater* [Mutter]), sondern es hat eben auch die inhärente Eigenschaft des Werkzeugs, das wir »Bewusstheit« nennen und was Leben und Lebendigkeit erst ermöglicht.

Wenn die Einheit des massefreien Vakuums unter bestimmten Umständen die Eigenschaft von Bewusstheit nutzen kann, ist sie auch fähig, Informationen wahrzunehmen. Sofern die Einheit mit Bewusstheit Informationen erkennt, kann sie diese zielgerichtet einsetzen. Denn ohne zielgerichtetes Verarbeiten von Informationen sind Informationen weitgehend sinnlos. Wer oder was aber Informationserkennung mit Bewusstheit besitzt, hat Bewusstsein. Alle diese Eigenschaften und Fähigkeiten haben wir als Geist definiert.

Damit können wir zwei Begriffe auf das Vakuum anwenden: Erstens gibt es über die fast vollständige Verbreitung des Vakuums im Universum einschließlich in uns das, was wir als universellen Geist postuliert haben; und zweitens herrscht mit den Eigenschaften eines Geistes im Vakuum eine Intelligenz. Denn Intelligenz ist in unserer Definition hier »die zielgerichtete Verarbeitung von erkannten Informationen«. Das Ziel kann durch den Geist vorgegeben werden, der dann die Eigenschaften eines »formativen Geistes« annimmt. Somit haben wir einen Einheits-Geist, der bereits die Schöpfung der Vielfalt in sich trägt, also einen Geist für die Einheits-Vielfalts-Transformierung.

Der Begriff »Einheits-Geist« ist eigentlich nicht hilfreich – er stammt aus der traditionellen Überlieferung und ist vielleicht ein Übersetzungsfehler. Denn der Einheit fehlt jegliche Differenzierung. Ohne Differenzierung kann es aber keine Ziele geben. Ein Ziel kann nur angepeilt werden, wenn verstanden wurde, was mit dem Ziel verbunden ist. Dafür braucht es Vielfalt, nicht Einheit, also Verständnis, Erkenntnis, Erfahrung, Erlebnis.

Wer die gesamte Vielheit kennt, also alles weiß, sich alles vorstellen kann, ist ein *Ganzheits*geist: Übergeist, erkennender Geist, heilbringender Geist, Heiliger Geist oder eben einfach »Gott«. Aus funktionellem Blick heraus ist der Begriff »Formativer Geist« am zweckmäßigsten. Denn ohne die Bildung von Form, Struktur, Gestalt gäbe es keine funktionellen Konstruktionen. Und Konstruktionen im Großen wie im Kleinsten sind Grundlage von allem.

Wir alle sind Nutzer dieses Prinzips, können aber nur so viel realisieren, wie wir selbst wissen, uns vorstellen können, kennen, Erfahrungen aus Erleben haben. Jedes Individuum hat seine ureigensten limitierten Informationen dazu. Diese Informationsmenge erweitert sich mit jedem Wissen über Möglichkeiten.

Wir postulierten, dass Information und Informationserkennung (Bewusstheit) auch im Vakuum eine Rolle spielt. Warum meinen wir, dass Information im Vakuum wirklich existiert und somit einen »Formativen Geist« ermöglicht?

Wir hatten bereits mehrfach verdeutlicht, dass Kräfte in der Vakuumphase mangels Massen keine Rolle spielen. Auf der anderen Seite sehen wir aber deutlich, dass innerhalb aller Materie, die ja fast vollständig aus der Vakuumphase besteht, bestimmte Kräfte als Bindungskräfte zwischen Atomen und Molekülen verwendet werden, um relativ kompakt und fest sein zu können. Auch unser Körper mit allen seinen Materialien und Flüssigkeiten wie Blut, Zellen und Organen verfügt ja über eine gewisse Konsistenz, Zähigkeit und Festigkeit.

Außerdem sehen wir, dass Materie in der Natur über die zielgerichteten Kräfte bestimmte Formen, Strukturen, Gestalten annimmt. Die Pflanzen wie ein Baum oder die vielen Tiere beziehungsweise den Menschen erkennen wir über die spezifischen Formen. Jede Zelle, jedes Organ hat eine typische Form. Die Natur lebt mithilfe typischer Formen, Strukturen, Gestalten – alles Schöpfungen des »formativen Geistes«. Für Festigkeit und Formen sind natürlich Kräfte verantwortlich, die sich aus Bindungsenergien rekrutieren. Da die Materie sich aus Kraftzusammenschlüssen von Atomen zu Molekülen aufbaut und da in diesen Atom- und Moleküleinheiten zu fast 100 Prozent Raumvolumen das Vakuum herrscht, müssen die Zusammenhaltungskräfte also doch durch die Vakuumphase hindurchgehen oder über sie weitergeleitet werden. Wie soll das gehen, wenn im Vakuum mangels Massen keine Kräfte sein können?

Die klassische Physik geht davon aus, dass elektromagnetische Felder mit Lichtgeschwindigkeit durch das Vakuum hindurchgehen und dadurch die Materie verfestigt ist. Aber eine derartige elektromagnetische Welle kann nicht im Vakuum existieren, weil sie als Wechselwirkung zwischen elektrischen und magnetischen Kraftfeldern definiert ist und Kräfte im Vakuum ohne Massen nicht existieren können. Also, wie werden Kräfte, auch elektromagnetische Kräfte und Gravitationskräfte, über die alles dominierende Vakuumphase geleitet?

Die Antwort ist einfach, wird aber immer wieder übersehen: Nein, nicht die Kräfte gehen hindurch, sondern die *Informationen für diese Kräfte*. Das ist ein prägnanter Unterschied. Da wir Kräfte immer nur als Wirkung wahrnehmen, übersehen wir, was Kräften zugrunde liegt. Es ist eben nicht nur Energie, sondern auch Information. Alle grundlegenden Teilchen, die Materie aufbauen und formen, verwenden Boten für Informationen. Das Vakuum ist also nicht nur randvoll mit potenzieller Energie, sondern ebenso voll mit jeder erdenklichen Information (»virtuelle Information«), die jeweils konkretisiert und realisiert werden kann. Die aus diesen Informationen entstehenden Kräfte sind dann zielbestimmt, ansonsten gäbe es nicht die jeweiligen Form-Konstrukte. Das aber setzt wieder geistige Aktivität laut unserer Definition voraus.

Wenn wir also fragen: »Was genau in uns kennt das Meer aller Möglichkeiten? Wer ist Träger des formativen Geistes, der sich an dem Pool der Möglichkeiten bedient?«, dann ist die plausible Antwort: Es sind die eingangs definierten Selbstinstanzen. Diese bewirken ein Ich-Innen, unterscheidbar zum Ich-Außen.

Grundlage des Ich und des Selbst

Für diese Trennung zwischen dem Selbst als »Ich-Innen« und dem »Ich-Außen« könnte es eine physikalische Erklärung geben. Eine sehr kleine Gruppe von Forschern – es sind die Italienerin Giuliana Conforto (Astronomie), der US-Amerikaner Rick Strassman (Medizin), der US-Amerikaner Eben Alexander (Neurologie) und Ulrich Warnke (Biologie) – weist schon länger darauf hin, dass unser geistiges Innensystem, das letztlich ja auch aus dem Vakuumbereich heraus existiert, mit einem Feld zu tun hat, das physikalisch ebenfalls eng mit dem Vakuumbereich zusammenarbeitet. Es ist indirekt die sogenannte »Schwache Wechselwirkung«, eine der vier physikalischen Grundkräfte der Natur. Diese Kraft ist auch für die Rotationseigenschaften der Quantenteilchen, also der Spins verantwortlich. Und den Spin können Menschen mit ihren gedanklichen Vorstellungen beeinflussen, was seit etwa 1989 in der Physik Fakt ist. Deshalb kann man sich fragen, ob Gedanken einerseits und Spin der Elementarteilchen andererseits mit den gleichen Feldkräften zu tun haben.

Die »schwache Wechselwirkung«, die nur auf kleinstem Raum innerhalb des Atoms ihre Effekte ausübt, korrespondiert mit der universell vorhandenen sogenannten Dunklen Materie und der Dunklen Energie, die zusammen immerhin 95 Prozent der universellen Gesamtenergien ausmachen.

Die »schwache Wechselwirkung«, auch »schwache Kraft« genannt, verwendet Informations-Botenteilchen, die Bosonen heißen; es gibt bezüglich der schwachen Wechselwirkung drei unterschiedliche davon (W+,W–, Z^0). Das Bosonen-Botenteilchen mit der Bezeichnung Z^0 kennt als Folge seiner Eigenschaften keinen Raum und keine Zeit, auch keine elektrische Ladung. Somit spielt für dieses Botenteilchen Z^0 die elektromagnetische Lichtgeschwindigkeit, die ja – wie jede Geschwindigkeit – auf Raumveränderung pro Zeitsegmenten aufbaut (km/s), keine Rolle.

Unser Postulat ist deshalb: Die Selbstinstanzen mit Seele und Gefühlsreservoir verwenden im Innensystem mithilfe von Bewusstheit/Unterbewusstheit die »schwache Wechselwirkung« und sind dabei Z^0-Bosonen-aktiv ohne Zeit und ohne Raum, also immer und überall. Werden mit Bewusstheit dann im Außensystem Massen für Materie festgelegt, wird das System auch photonenaktiv und kann deshalb dem Selbst und dem Ich die Brücke hin zur Zeit und hin zum Raum vermitteln. Das erst ermöglicht die Geistaktivität zur Vielfalt und erfasst die Informationen aus der Außenwelt.

Tatsächlich behandeln wir ja Gefühle und Empfindungen als Auswirkungen der Seele, die sich als ein universelles unendliches ewiges Feld lokal durch Emotionen als Beeinflussung der Materie widerspiegelt.

Materie mit geistigem Ursprung

Materie ist die dynamische Zusammensetzung von Massen und Vakuumphase. Massen können bereits vorhanden sein, oder sie werden aus der Vakuumphase durch einen geistigen Prozess der Informationserkennung und -verarbeitung rekrutiert. Das Prinzip der Informationsweiterleitung wird im Massenbereich durch die Botenteilchen weitergeführt. Immer wieder heißt es sogar bei Physikern, die Quanten wie Elektronen oder Quarks übertragen Kräfte. Wir haben es bereits richtiggestellt: Nein – sie übertragen Kräfte nie direkt, wie denn auch? Sondern sie senden Botenteilchen (Photonen, Gluonen, Mesonen), die jeweils die Information für Kräfte an Massen übertragen. Wenn sich die Elektronen eines Atoms mit einem anderen Atom verbinden wollen, senden die Elektronen der beiden Atome Botenteile für Informationen aus und »verabreden« sich damit, um zusammenzukommen.

Wenn aber im Vakuum die durchgeleiteten Informationen eine Hauptrolle für Kräfte spielen, dann greifen wieder die oben erklärten Beziehungen von Information zur Bewusstheit, zum Bewusstsein und zum Geist. Daraus können wir schließen: Bei allen Prozessen des Quantenvakuums sind geistige Aktivitäten anwesend. Dies trifft nicht nur auf die Bildung von Energiewirbeln an der Oberfläche beziehungsweise Grenzschicht des Vakuums zu, sondern auch auf die Aktivität der Quanten selbst, die sich um die Formierung der Materie kümmern. Was wir »Quanten« nennen, sind in Wahrheit Indikatoren für wechselwirkende Beziehungen. Der hervorragende Physiker Anton Zeilinger ahnte die Konsequenzen, als er sagte: »Die meisten Physiker sind sehr naiv; sie glauben immer noch an wirkliche Wellen oder Teilchen.«[70]

Alle Quanten sind Folgen wechselwirkender Informationen, und alle Quanten sind Quellen von Informationen. Wer erkennt diese Informationen? Es ist ein rein geistiges Prinzip und hängt von geistigen Resonanzen ab, also von Wissen. Die Kapazität von Wissen steigert sich vom Atom über kleinste Lebewesen, Naturteilnehmer, Menschen bis zum Größten, dem Universum.

Wozu wird diese Information genutzt? Sie baut diejenigen Quanten auf, die dann durch ein Kraft-Bindungs-System, das wir »Materie« nennen, zu Formen werden. Und das geistige Prinzip, das hier wirkt, baut im Lebendigen nicht nur durch Atom- und Molekülbindungen Materie auf, sondern gibt den Materiekonglomeraten vielfältig auch ganz spezifische Form, Struktur, Gestalt. Diese Formbildung durch einen formativ wirkenden Geist bringt großen Nutzen für spezifische Funktionen – wie gesagt, die Natur ist voll von Formen. Zum Beispiel weist jede spezifische Form eine bestimmte Resonanz für spezielle Energiegrößen auf. Bekannt ist, dass Wassermoleküle sich zu unterschiedlichen Clustern zusammenformen und diese dann wissenschaftlich messbar zur resonanten Energie- und Informationsübertragung genutzt werden.[71]

Von Elektronen freigesetzte Botenteilchen aus Materiestrukturen können auch zu uns gelangen, zum Beispiel ins Auge, und sie regen dort in der Retina erneut Elektronen an. So bewirken Elektronen unter Verwendung ihrer Botenteilchen eine Kaskade von elektrischen Aktivitäten und lösen in bestimmten Gehirnabschnitten des Menschen das Sehen der Materieform aus, zum Beispiel »Baum«. In allen diesen Prozessen stehen das Quantenvakuum und seine geistigen informationsverarbeitenden Aktivitäten immer im Mittelpunkt des Geschehens – in allem und in jedem.

Die Mechanismen zur Entstehung der Materie sind identisch mit den Mechanismen zur Entstehung von Gedanken. Die innere Welt ist das Bindeglied zwischen manifestierten Energien und Geist-Seele. Die Verbundenheit zwischen »äußerer« Realität und Geist-Seele kann durch Mystik direkt erfahren werden. *Mysticus* heißt im Lateinischen »zur Geheimlehre gehörend, geheimnisvoll« (gr. *mystikós*), es bedeutet auch »Versenkung« (gr. *myein* [Mund oder Augen schließen]). Mystische Erfahrung ist etwas ganz Normales: Die erlebbare Welt tritt aus unserem Geist mit Unterstützung durch unsere Seele ins Sein.

Wir haben immer wieder betont, dass unsere Welt auf Annahmen und Vorstellungen beruht. Das betrifft sowohl die Wissenschaft als auch unseren Alltag. Wir haben auch erklärt, dass uns diese Annahmen und Vorstellungen zwar nie zur grundsätzlich wahren Wirklichkeit führen, aber durchaus unsere eigene Realität aus der Virtualität des Vakuums heraus erschaffen kann. Es geht dabei um eine Manifestation als Summe der Einzelstationen Aufmerksamkeit, Annahme, Vorstellung und Erwartung. Alles kommt aus unserem geistigen Inneren.

Umschlagplatz ist das Quantenvakuum, das geistig durchdrungen ist. Unser Wille kann unseren materiellen Körper steuern, wir können durch Mimik, Körpertonus und Drüsen unsere

Seele sprechen lassen, unsere Körperkonstruktion wird automatisch mit Energie versorgt und an die unterschiedlichsten Erlebnisse angepasst.

Wir wollen mit diesem geistig-seelischen Mechanismus der Manifestation, der auch eine Schöpfung erlaubt, willentlich Glückseligkeit erreichen. Für viele Menschen in unserer Gesellschaft wäre Reichtum, zusammengesetzt aus viel Geld und Besitz, ein erstrebenswertes Ziel. Warum können wir dieses Ziel, zum Beispiel einen hohen Lottogewinn, nicht durch Vorstellung, Annahme, Erwartung zur Realität werden lassen? Schließlich gelingt auch die Vorstellung von Heilung im Fall des Placebo-Effekts. Die Antwort ist einfach: Wir können durch Vorstellung nur das zur Realität bringen, was innerhalb des Vakuums als potenzielles Informationsangebot durch Wechselwirkung mit der Natur und dem Universum bereits angelegt ist. Dieses Prinzip kann man an Neuentdeckungen festmachen. Wenn die Wissenschaft etwas entdeckt, dann war dies bereits als Möglichkeit angelegt, und wir haben mit der Entdeckung nur »die Decke« weggezogen. Ein Geldreichtum in Resonanz der Glückseligkeit gehört nicht dazu. Geld kennen die Natur und das Universum im Zusammenhang mit Glückseligkeit nicht in ihren Anlagen. Die Energien und Informationen des Quantenvakuums, mit denen unser Geist jongliert, können beliebig subatomare Teilchen für die Ziele des Erlebens zur Verfügung stellen. Aber für eine konkrete Geldausgabe als Grundlage einer Harmonie, dafür sind Natur und Universum nicht geeignet; dies ist zu unnatürlich für die Seele.

Wir können erfolgbringend nur die als natürliche Möglichkeit vorhandenen Wirkungen beobachten und uns dann Bilder der beobachteten Wirkung im Geist vorstellen. Diese Vorstellungen müssen so gestaltet sein, als wären sie reale und ursächliche Erfahrungen. Dann werden aus dem, was grundlegend vorhanden ist, das ist virtuelle Energie und potenzielle Information als Gebilde, konkrete Teilchen, Wellen, Kräfte, die sich in den beabsichtigten Mustern offenbaren.

Das meiste ist purer Glauben

Verstand plus inhaltlich passende Gefühle ergeben den Glauben. Jeder Gedanke ist immer mit Empfindungen und Gefühlen verknüpft. Reine intellektuelle Gedanken können nur programmierte Roboter haben, aber niemals wir Menschen. Glauben können wir etwas, wovon wir überzeugt sind. Die Überzeugung ist eine Empfindung, ein Gefühl, das motivieren, aber auch deprimieren kann.

Objektiv gesehen heißt es oft: Glaube kann kein Wissen ersetzen. Das gilt aber keineswegs im geistigen subjektiven »Innen-Verhältnis«. Glaube *ist* im »Innen-Verhältnis« körpereigene Gewissheit. Glaube wird als wahr angenommen:

>»Realität ist, was wir als wahr annehmen.
>Was wir als wahr annehmen, ist, was wir glauben.
>Was wir glauben, basiert auf unseren Wahrnehmungen.
>Was wir wahrnehmen, hängt davon ab, was wir suchen
>   [brauchen, wollen] …
>Was wir suchen …, hängt davon ab, was wir denken.
>Was wir denken, hängt davon ab, was wir wahrgenommen
>   haben.
>Was wir wahrgenommen haben, bestimmt, was wir glauben.
>Was wir glauben, bestimmt, was wir für wahr halten.
>Was wir für wahr halten, ist unsere Realität.«[72]

Diese subjektive körpereigene Gewissheit ist als Glaube stark modulierbar und veränderbar. Vertrauen und Überzeugung als Voraussetzungen des Glaubens erwachsen aus einer Beurteilung der Befunde. Befunde werden geglaubt, wenn sie nicht mit Erfahrungen kollidieren. Je nach eigenen Erfahrungen sind Beurteilungen von Mensch zu Mensch unterschiedlich, deshalb ist auch der Glaube unterschiedlich.

Träume während des Schlafs werden als absolut wahr angenommen. Deshalb werden in jedem Traum Körperreaktionen stimuliert. Die Traumphase wird in der Wissenschaft als »REM-

Phase« bezeichnet (engl. *rapid eye movement* [schnelle Augen-bewegung]), weil sich die Traumgedanken in der Materie der Augenmuskulatur fortsetzen. Gerade extreme Aufregungsmerkmale wie Herzklopfen und Schweißausbrüche sind während eines aufregenden Traumes bestens messbar. Die im Schlaf sinkende Kerntemperatur wird durch möglichst aufregende Träume wieder angehoben. Wir würden ohne Träume innerlich mangels temperaturabhängiger Diffusion von Sauerstoff in die Zellen hinein an die Grenze des innerlichen Erstickens kommen. Damit wir im für uns realen Traumgeschehen aber nicht gegen die Wand rennen, werden sogar automatisch in uns Hemmungen der motorischen Aktivität geschaltet.

Dieses Prinzip gilt auch außerhalb der Träume. Das bedeutet: Genauso wie beim Träumen werden die Inhalte der Gedanken, die Glauben tragen, in mannigfaltige Körpermaterie-Beeinflussung umgesetzt. Und so, wie im Traum-Prinzip unbewusst durch die Motivation, Körpermaterie und ihre Funktionen zielgerichtet angesteuert werden, können wir im geistigen »Innenverhältnis« bewusst mit dem Willen jeden Teil unseres Körpers, der auf Feedback anspricht, ansteuern. Je öfter wir die gleichen Wege der Ansteuerung verwenden, je öfter wir also einen Weg einüben, desto stabiler und gravierender findet die Ansteuerung statt.

Zugrunde liegt immer der oben skizzierte geistige Quantenmechanismus der Realitätsbildung. Das Prinzip des »Glaubens« ist ein besonderer Wahrnehmungszustand, der uns in die Lage versetzt, Information abzurufen, die Energien steuern mit der Konsequenz von Kraft- und Zeitoperationen an Massen, was zu Bindungen führt. Zweifel löscht die gefestigten Bindungen und damit diesen Teil der Realität (Quantenlöschen).

Genauso haben wir laufen gelernt, Fahrrad fahren, Hygiene, auch Psychohygiene, eben alles, was unser Leben aktiv darstellt. Fehlt der Mechanismus, sind wir weitgehend im Erleben gestört. So führt fehlende Motivation analog zu dem Zustand der Depression.

Unsere Vorstellungen halten wir für Wirklichkeit, und sie werden Wirklichkeit. Wir suchen nach Zusammenhängen. Wir bemerken Regelmäßigkeiten. Wir ordnen diesen regelmäßigen Zusammenhängen Bedeutung zu und streben nach Sinn. Wir bewerten unsere Erfahrungen durch Auswahl aus Gegensatz-Katalogen (richtig – falsch, gut – böse, schön – hässlich). Wir ordnen diesen Erfahrungen allgemeingültige Qualitäten zu.

Wir können die grundsätzliche Wirklichkeit der Natur nicht erkennen, wenn wir den Mechanismus der geistig-seelischen Materiebeeinflussung nicht kennengelernt haben. Diejenigen Menschen, die diesen Mechanismus nicht kennen – und die meisten kennen ihn nicht –, fallen leicht einer unkontrollierten Neurose oder sogar einer Psychose zum Opfer. Sie grübeln in negativen Gedanken, trainieren damit die Mechanismen, bis sie eingefahren sind, und schädigen dadurch automatisch und unausweichlich ihren Körper. Sie trainieren einen Weg von der Psyche in die Körpermaterie hinein, der enorme Falschfunktionen auslöst.

Schlimmer noch: Ohne diese Erkenntnis stellen auch Therapeutinnen und Therapeuten die falschen Fragen zu Diagnose und Therapie. Diese Unkenntnis reicht dann bis in diejenigen Therapien hinein, die heute entweder erfolglos angewendet werden oder sogar so nebenwirkungsreich sind, dass alles noch schlimmer wird.

Fassen wir die oben beschriebene Glaubens-Kaskade im materiellen Körper, die zur Realitätsschaltung führt, noch einmal prägnant zusammen:

- Glauben entsteht durch Überzeugung,
- Überzeugung ergibt Gewissheit,
- Gewissheit wird angenommen,
- Annahme ergibt Vorstellung,
- Vorstellung ergibt Erwartung,
- Erwartung schaltet Realität.

Nach Erkennen und Kenntnis des in uns angelegten Weges als »Pfad der Erkenntnis« kann dieser Mechanismus zum Erreichen einer vollkommenen Glückseligkeit genutzt werden.

Teil III
Das Erleben
von Ganzheit und Einheit

»Das Verstehen
betrifft als die Erschlossenheit des Da
immer das Ganze
des In-der-Welt-Seins.«

MARTIN HEIDEGGER[1]

Ganzheit führt zur Glückseligkeit

Immer wieder wurde von uns das Ziel erwähnt: Um Glückseligkeit bewusst hervorzubringen, müssen wir die universelle Einheit aus dem Blickwinkel der Trennung aufsuchen. In der Alchemie hieß dieses Bestreben kurz und bündig »Solve et coagula«, »Scheide und vereinige«. Was war damit wirklich gemeint?

Um es gleich noch einmal deutlich zu machen: In die Einheit ganz und gar einzugehen, und zwar so, wie wir den Einheitsbegriff am leichtesten verstehen – ohne Vielfalt, ohne jede Differenzierungen –, würde uns nichts bringen. Denn ohne Unterschiede können wir nichts, rein gar nichts erleben, wir hätten dann weder Erleben noch Leben mehr. Also können wir dann auch nicht die Einheit erleben. Wie auch?

Welche Alternative haben wir denn dann? Was ist mit der Ganzheit? Was können wir uns unter Ganzheit vorstellen? Ist Ganzheit identisch mit Einheit? – Da regt sich Widerspruch. Einheit ist ein Einssein, während Ganzheit wohl eher mit »alles umfassend« von einer Vielfalt assoziiert wird. Vielfalt ist aber das Gegenteil von Einheit.

Doch da gibt es einen Aspekt, der Ganzheit mit Einheit versöhnt. Je mehr wir uns auf die Ganzheit einlassen, desto mehr verschwindet das Definierte, und es entsteht Allgemeines, also Undefiniertes. Das Maximum der Undefiniertheit ist aber das Nichts. Die eigentlich als Dualität anzusehenden Begriffe »alles« und »nichts« werden damit vereint, und hierin steckt Einheit.

Sind das Spielereien mit Begriffen? Schauen Sie sich Satellitenbilder der Erde an. Wenn das Teleskop im Orbit sehr stark auf die Erdoberfläche zoomt, sehen Sie sogar das Gewusel der Menschen auf den Straßen in den Städten. Wird nun langsam der Zoomfokus zurückgefahren, verschwinden immer mehr Einzelheiten in den Bildern, bis die Erde als ganze Kugel zu sehen ist – eine über allem stehende Ganzheit, kaum unterscheidbar vom Begriff Einheit der Erde.

Wenn wir nicht mehr unterscheiden können, brauchen wir auch nicht mehr auszuwählen. Wo wir nichts mehr zu wählen haben, gibt es keine Unterschiede mehr.

Die Umwelt einschließlich der Natur erleben wir als Ansammlung verschiedenster Dinge und Geschehen. Verloren haben wir dabei die Sicht, dass alles nur eine Quelle hat. Keiner wird widersprechen, wenn wir die Natur begrifflich als eine lebendige Ganzheit ansehen. Natur als Begriff hat keinen Plural, allein das spricht bereits für eine Ganzheit. Wir sind Teil der Natur, also sind auch wir Teil der Ganzheit. Die Natur gehört untrennbar zum Planeten Erde und die Erde untrennbar zum Universum. Jede Einheit als Natur, Erde, Universum erfüllt die Begrifflichkeit der Ganzheit.

Ganz analog zeigt sich Bewusstsein. Durch Bewusstsein erleben wir die Ansammlung verschiedenster Dinge und Geschehen. Dabei übersehen wir, dass Bewusstsein nur eine Quelle hat. Bewusstsein gibt es nicht als Plural. Es umfasst die Ganzheit. Wir sind Teil des Bewusstseins, also sind wir Teil der Ganzheit. Natur und Bewusstsein hängen direkt zusammen.

Von dieser Ganzheit können wir aufgrund unserer stark konditionierten Alltags-Denkfähigkeit immer nur einen Bruchteil begreifen. Die reduzierte Denkfähigkeit für die Ganzheit ist kein Fehler unserer Anlagen, sondern hausgemacht. Wir haben gelernt und sind darauf konditioniert, das nicht einzubeziehen, was nicht durch Messwerte und Definitionen ausgedrückt werden kann. Aber die Ganzheit, so wie wir sie meinen, kann weder gemessen noch im physikalischen Sinn definiert werden und ist dennoch immerfort da. Diese Ganzheit als Einheit kann nur erfahren werden.

Der mittlerweile über hundertjährige englische Chemiker, Mediziner und Biophysiker James Ephraim Lovelock hatte in den Siebzigerjahren zusammen mit Lynn Margulis (1938–2011) die Idee, unseren Planeten in seiner Ganzheit einschließlich seiner Atmosphäre als lebenden Organismus mit lebensregulierenden Kräften anzusehen. Er nannte das Gesamtsystem nach der personifizierten Erde aus der griechischen Mythologie »Gaia« (gr. *Gaía* oder *Gḗ*) und sprach ihr eine eigene Physiologie zu.[2] Bereits Aristoteles war der Meinung, dass das Universum einschließlich der Natur einem riesigen Organismus ähnelt und dieser auf ein kosmisches Ziel ausgerichtet ist. Die Disziplin, die sich diese Ansicht als Arbeitshypothese nimmt, heißt Teleologie.

Die Idee von Gaia ist immerhin so faszinierend, dass Anfang August 1985 in Amherst, Massachusetts, eine Konferenz unter dem Motto »Ist unsere Erdkugel ein Organismus?« stattfand.[3] Teilnehmer waren Nobelpreisträger von sechzehn Universitäten sowie zwanzig Forschungszentren aus vier verschiedenen Kontinenten, darunter die NASA und die Smithsonian Institution der USA.

Die Beiträge sollen hier nicht ausgebreitet werden. Nur so viel: Wir stellen im Kapitel »Eine merkwürdige Gesetzmäßigkeit im Universum« ein Modell vor, das besagt, dass innerhalb hierarchisch angeordneter geistiger Einheiten vom Kleinsten bis zum Größten geistig-seelische Organisationsmomente zur Verwaltung der gesamten Einheit auftauchen. Warum sollte die Erde davon ausgenommen sein?

Es ist einsichtig, dass wir eine revolutionär neue Erweiterung der alltäglichen Wahrnehmung nicht durch unsere eigenen gedanklichen Vorstellungen erreichen können, denn diese sind im Gegensatz zu Intuitionen im Kern immer veraltet, niemals neu; sie sind befangen, und sie sind auch nicht der absoluten Wahrheit verpflichtet. Doch was ist absolute Wahrheit?

Allein die Mechanismen zur Verwaltung des Universums, eingeschlossen die Natur, stellen absolute Wahrheit dar. Universum und Natur als Funktion kann sich für den Bestand nicht die kleinste Unwahrheit erlauben. Jede Unwahrheit wird innerhalb der skizzierten gesetzmäßigen Hierarchiekaskade zu falschen Wegabzweigungen führen und sich schließlich selbst zerstören.

Zur Natur des Universums gehört das Bewusstsein. Reine Bewusstheit als ein Werkzeug zur Erkennung von Information und zur Weiterverarbeitung dieser erkannten Information ist prinzipiell wahr und gehört deshalb auch zur Einheit von Universum und Natur. Bewusstsein ist universal verbreitet.

Aber Bewusstsein ermöglicht auch Denken und Gedanken. Diese wiederum sind dann weder wahr noch gehören sie der Ganzheit und Einheit an. Denn das Denken und die Gedanken führen immer zur Trennung von Dingen und Strukturen und werden eher Illusion als Wahrheit. Denken und Gedanken ergeben Wissen. Wir glauben, unser Wissen ist richtig und wahr, und ignorieren die Tatsache, dass Wissen auch Illusion sein kann. Auf unserem vermeintlich richtigen Wissen beruhen unsere Überzeugungen und Meinungen, Grundlagen für unsere Beurteilungen. Aber oft genug müssen wir feststellen, dass die Richtigkeit unseres subjektiven Wissens relativ ist, auch deshalb, weil die Quellen, auf die wir unser Wissen stützen, bereits viel Unsinn verbreitet haben. Verwirrungen und sogar Ängste aufgrund dieses Faktenmülls sind unausweichlich.

Gedanken, die Wissen tragen, sind von uns abgespaltete Dinge. Abgespaltene Dinge sind besonders leicht manipulierbar. Und von der Manipulierbarkeit wird fleißig innerhalb der Gesellschaft Gebrauch gemacht. Erinnern Sie sich an das Kapitel über Meme. Weil wir dennoch diesem manipulierten »Wissen« in uns aber felsenfest glauben, leben wir – unbestritten neben vielen schönen Momenten – auch vermehrt in Konflikten, Sorgen und immer wieder Ängsten.

Unser Ego ist davon maßgeblich geprägt. Zum einen wird es somit selbst zu einem manipulierten Gedankenkonstrukt, zum anderen formt ausschließlich unser so manipuliertes Ego unsere beurteilenden Gedanken. Beides zusammen ergibt, dass wir weder durch unser Ego noch durch unsere Gedanken zur absoluten Wahrheit gelangen können. Die Täuschung liegt auch daran, dass wir davon ausgehen, Individuen zu sein, was man mit »Ungeteilte« übersetzen kann. Offensichtlich ist das aber falsch, denn wir leben fragmentiert, also in Teilungen, verursacht durch Gedanken, die inhaltlich alles andere als vertrauensvoll und richtig sind. Deutlicher Beleg dafür sind die in unserer Gesellschaft epidemisch verbreiteten Angstzustände, Hass und Gier.

Um das alles zu verlassen, brauchen wir nur denjenigen Weg zu suchen, der uns zur Ganzheit und Einheit führt; zur ganzheitlichen Einheit gelangen wir zweifellos über den »Pfad der Erkenntnis« – wir werden diesen Weg bald noch besser verstehen.

Wahre ganzheitliche Einheit ist ein mysteriöser Zustand, der laut traditionellen und alchemistischen Verlautbarungen viel verspricht. Albert Einstein wusste: »Das Schönste, das wir erfahren können, ist das Geheimnisvolle.«[4] Wenn wir zum geheimnisvollen Zustand durchdringen und ihn aus einem neuen Blickwinkel erleben, kommt etwas außerordentlich Ungewöhnliches auf uns zu. Das Erlebnis ist mit einem überwältigend schönen und tiefgreifenden Eindruck verbunden, getragen von Liebe, Harmonie und Frieden – eine vollkommen heilbringende Glückseligkeit. Nicht zufällig sind »heil« oder »das Heil« und »heilig« vom gleichen Stamm abzweigend, vom (erschlossenen) germanischen *hailiz*, was »ganz« und gleichzeitig »gesund« bedeutet. Auch das englische *the whole* (das Ganze) besitzt denselben Ursprung wie *holy* (heilig).

Wie kommen wir dorthin? Niemand kann sich die wahre ganzheitliche Einheit durch den Verstand »erdenken«, denn alle Alltagsgedanken, alle Verstandesmechanismen bewirken – wie schon mehrfach betont – immer eine Trennung in separate messbare, analysierbare »Dinge«. Diese Kontraproduktivität der Alltagsgedanken ist der Grund dafür, dass die wahre ganzheitliche Einheit nur als besonderer Zustand erfahren werden kann.

Um welche Trennung geht es detailliert? Um den Beobachter einerseits und das Beobachtete andererseits, um den Denker und den Gedanken, also um das Subjekt und das Objekt, um das Ich und das Selbst. Alle diese Trennungen können überwunden werden. Gelingt dies, dann erkennen wir das Beobachtete ohne den

Beobachter, und wir durchschauen die Pseudodifferenzierung von Subjekt und Objekt, das Ich wird zum Selbst. Das so emsig handelnde Ich mit seinen Gedankenproduktionen verliert seine alles trennende Dominanz über unser Leben.

Traditionen wie Raja-Yoga wissen um einen formenlosen Zustand, der sich dadurch auszeichnet, dass es zeitweise keine Unterscheidung zwischen Subjekt und Objekt mehr gibt, genannt »Nirvikalpa-Samādhi« (wandelloser Samādhi). Er beschreibt die Einheit mit der Weltenseele Brahman, den höchsten transzendenten Bewusstseinszustand, bei dem es keine Dualität mehr gibt – der aber nicht dauerhaft sein muss. Die Identifikation mit unserem Ich und seinem Ego wird dafür vorübergehend aufgegeben und stattdessen die Selbstinstanz hervorgehoben. Die Daoisten nennen dieses Verfahren »Rückkehr zu unserem wahren Sein« und sehen es als sichere Methode an, ein Meister der Stille zu werden und den individuellen Geist ruhen zu lassen, indem man den Geist »in sich selbst kehrt« und das innere Leuchten betrachtet. Das innere Leuchten meint aller Wahrscheinlichkeit nach das Erfassen der Energie des reinen Bewusstseins.

Wenig bekannt ist, dass Martin Luther (1483–1546) tief in der Mystik verwurzelt war. Einer seiner Lehrer war der deutsche Mystiker Johannes Tauler (1300–1361), der die Selbsterkenntnis als das Wichtigste des Lebens annahm. Damals wurde viel von der uralten arabischen Alchemistenlehre übernommen. So übernahm Luther auch das Bild von der Liebesbeziehung zwischen Gott als Bräutigam und der menschlichen Seele als Braut. Die Alchemie des Mittelalters stellte die Liebesbeziehung als Verbindung von König und Königin dar.

Übersetzen wir diese symbolische Verbindung nochmals in unsere Terminologie: Einerseits haben wir als Folge der universellen Bewusstheit Selbstinstanzen mit einem Geist-Seelen-Speicher (Teile der Vakuumphase), andererseits haben wir ein bewusstes Ich in der Raumzeit. Die Verbindung von beiden Entitäten als »Einssein« kann unter speziellen Umständen bewusst erfahren werden. Wir können diese Verbindung auch ganz schlicht bezeichnen als »das verborgene Unbewusste bewusst machen«.

Im Christentum wird dafür gerne der Terminus »Einhauchen des Heiligen Geistes« verwendet, verbunden mit Wahrheitserkenntnis und eventuellem Weisheitswissen und verbunden mit der Erfahrung vollkommener Liebe. Es ist ein Zustand, der nach dem irdischen Tod meistens ohne weiteres Zutun auftritt. Im Islam gilt ein identisches Prinzip: Es geht um die enge Beziehung zwischen dem Liebenden, dem Sufi und dem Geliebten als Gott. Die Liebe führt beide zur Einheit *(tauhīd)*. In allen derartigen Philosophien wird immer wieder in den Vordergrund gestellt, dass diese Vereinigung nicht erst nach dem Tod erfahren werden kann, sondern bereits zu irdischen Lebzeiten. Im Sufismus heißt es »zu sterben, bevor man stirbt«.

Was also alle Religionen und Philosophien in den Mittelpunkt stellen, ist eine Verbindung des einzelnen Menschen zu einer universellen Kraft. Dafür muss das reguläre Alltagsdenken transformiert werden. Durch einen rigorosen Perspektivenwechsel entsteht als erster Schritt eine Transformation von unserem Ich als Selbsttäuschung zu unserem wahren Wesen als Selbstinstanzen. Der weitere Weg, also die Verbindung der universellen Geist-Seele mit den Selbstinstanzen, kommt dann weitgehend automatisch zustande, denn sie gehören der gleichen Rubrik an.

Man kann den Vorgang als »spirituelles Erwachen« bezeichnen. Das Verb »wachen« kommt vom (erschlossenen) germanischen *wekan*, ist assoziiert mit dem lateinischen *vigere* (frisch, lebhaft, munter sein) und findet sich in unserem heutigen »wecken« und »wacker« wieder. Das Substantiv »die Wache« wird in der Bedeutung des »Aufpassens« verwendet.

In der Vollendung des spirituellen Erwachens kann es zu dem in vielen religiös-spirituellen Traditionen beschriebenen Phänomen der »Erleuchtung« kommen. Bezeichnet wird das Phänomen als eine Einsicht in die gesamtheitliche Wirklichkeit. Auch die christliche Unio mystica (mystische Einigung) – das Erwachen des Menschen zu sich selbst, eine existenzielle Grunderfahrung, die begrifflich nicht zu erfassen ist – setzt auf die schweigende, verschwiegene Vereinigung des Abgetrennten mit dem Absoluten. Der korrespondierende Zen-Terminus lautet »Satori« (Erwachen), im Pali heißt er »Bodhi«, im Sanskrit »Samādhi« (Versenkung, Sammlung, wörtlich »Fixieren, Festmachen«). Bekannt als Urheber dieser Philosophien sind der historische Buddha Siddhartha Gautama (ca. 563–483 v. Chr.) und Platon (427–347 v. Chr.). Über Siddhartha Gautama wird kolportiert, dass er die Welt als Abfolge von Traumbildern erfuhr, als einen Kreislauf aus Wiedergeburten und Seelenwanderung.

Platon beschrieb in seinem »Siebenten Brief« etwas für uns heute gut Nachvollziehbares.[5] Je nach Wortwahl der Übersetzer kann man lesen: Wahrnehmungen, Ansichten, Erklärungen, Benennungen sollte man so lange umwälzen, bis Einsicht zu dem Thema aufleuchtet. Gemeint ist dabei vermutlich der uns noch geläufige Mechanismus, dass, wenn man lange genug über ein Thema nachdenkt, plötzliche Intuitionen oder Assoziationen die zugrunde liegende Problematik des Themas erhellen. Es ist, als ob durch Beleuchtung mit dem Abtaststrahl das Bild im Hologramm zum Vorschein kommt. So hat beispielsweise Einstein mehrfach berichtet, dass er seine Lösungen zu kniffligen Fragen zur Wirkweise des Universums nicht durch Forschung, sondern durch Intuition erhalten hat. Dies konnte aber nur geschehen, weil er vorher sehr intensiv das Thema durchdacht hat. Wieder ein Beispiel für die Effektivität des »Pfads der Erkenntnis«.

Aber Platon fand auch noch heraus, dass nicht nur faktisches Wissen, dem Verstand zugehörig, einfallen kann, sondern ebenso Empfindungen und Gefühle, der Seele zugehörig. Lernen, so meint er, ist auch eine Aktivität der Seele. Tatsächlich müssen wir lernen, die Gefühle und Empfindungen, die ja der Seele zugehörig sind, bestimmten Geschehnissen zuzuordnen, um beurteilen zu können und Ordnung herzustellen. Die Seele nimmt aber nicht Neues und Fremdes dabei auf, sondern sie erinnert sich durch einen Anstoß an das, was sie schon immer besessen hat. Die Seele besitzt laut Platon alle Kenntnis aus einem »überhimmlischen Ort« und aus Erfahrungen früherer Erdenleben. Er lehrte bereits, dass die universelle Ordnung ihren Ursprung in einer zeitlosen Dimension hat, die auch unserem Bewusstsein zugrunde liegt.

Genau dies ist ja auch Inhalt unseres Modells. Dieser Punkt der Philosophie ist der von Siddhartha Gautama sehr ähnlich. Und beides entspricht den Erkenntnissen der Physik hinsichtlich eines universell vorhandenen Speichers von Informationen. Der Neuplatoniker Plotin (205–270) entwickelte im 3. Jahrhundert dazu eine Lehre als »Schau des Lichts des Einen«. Diese Lehre fand durch den Kirchenvater Augustinus von Hippo (534–430) Eingang ins Christentum als »Theorie der Illumination« (lat. *illuminatio* [Erleuchtung]).

Mit einfachen Worten heißt das für uns: Ausrichtung des Bewusstseins nicht mehr auf das Ich, sondern auf die Selbstinstanzen und ihre Verbindungen zur Einheit. Was ist der Unterschied zu unserer üblichen Ausrichtung? Hier zwei gut nachvollziehbare Hinweise dazu:

- Mithilfe unserer Sinnesorgane projizieren wir unsere Erlebnisse nach außen in die Umwelt. Wir *hören* den Wind in den Bäumen rauschen. Wir *sehen*, wie sich die Blätter bewegen. Wir *fühlen* einen Luftzug auf der Gesichtshaut. Das ist gut so, denn wir müssen uns in der Umwelt orientieren, brauchen Navigationssignale, schon deshalb, weil unsere Nahrung ursprünglich ausschließlich aus der Umwelt kam. Mit diesen Außenprojektionen ist ein bewusstes Denken verbunden, ein Urteilen, ein Einordnen, ein Planen. Je öfter eine derartige Situation sich wiederholt, desto fester wird die Identifikation. Das denkende Ich bekommt dadurch Macht. Macht ist die Möglichkeit, über etwas zu bestimmen.

• Um diesen ersten Punkt ablaufen zu lassen, setzen wir unser Ich als Beobachter ein und machen damit unsere Umwelt zu etwas Beobachtetem. Was wir uns aber nicht klarmachen, weil das Ich daran kein Interesse hat: Unser Ich ist über unser Selbst der Aufnehmende von Informationen. Aufnehmen heißt, dass die Informationen mit dem Aufnehmenden verschmelzen, wie aufgenommene Energie mit einer Empfangsantenne verschmilzt. Der Aufnehmende und die Information sind dann zusammengehörig. Beobachter und Beobachtetes fließen zusammen. Wir wissen bereits: Informationen sind codierte Energien. Alle Energien, die von außen kommen, werden in unserem Innern so umgesetzt, dass ein Erleben stattfinden kann. Alles Erleben findet immer und ausschließlich allein in uns statt. Das aber heißt: Beobachter und Beobachtetes sind eine Einheit. Denken wir hinsichtlich dieser Logik an Wheelers »U«, bei dem ein Ausläufer der Beobachter und der andere Ausläufer das Beobachtete ist, beide aber durch den unteren Bogen vereint sind. Die Frage ist hier nur: Wer kann diese Einheit in uns erkennen?

Wenn wir uns diese beiden Hinweise vergegenwärtigen, dann bekommen wir eine Ahnung davon, dass die gewöhnliche Vorstellung des Außen noch eine andere Seite hat. Die Aufmerksamkeit kann nicht nur nach außen, sondern umgekehrt in eine Sphäre innerhalb von unserer geistigen Welt gelenkt werden, wo die Gegensätze des Erkennbaren eine Einheit bilden.

Eigentlich ist uns dieser Prozess durchaus vertraut. Wir wenden ihn gewöhnlich an, wenn es um Mitgefühl geht. Gefühle von Mitmenschen werden von uns aufgenommen und durch Vereinigung in uns wiedergegeben, was zur Empathie führt. Wir werden eins mit den Gefühlen unseres Gegenübers und weinen gegebenenfalls mit. Wenn es um Gefühle geht, kann der Verstand nichts ausrichten. Das heißt, dieser Gefühls-Vereinigungs-Mechanismus, der so gut funktioniert, läuft unbewusst ab.

Das führt uns auf einen interessanten Weg. Die Frage ist ja, warum Gefühle »ansteckend« sind? Das liegt daran, dass alle Menschen und wohl auch zumindest die Säugetiere auf ein überall identisches Gefühlsfeld zugreifen können. Wenn also Mitmenschen oder auch gute Schauspieler ein bestimmtes Gefühl äußern, können wir durch Rückkopplung in eine Art Resonanz fallen und erleben das identische Gefühl.

Wie weit gilt dieser Rückkopplungsmechanismus auch für bestimmte geistige Felder? Um einer Antwort auf diese Frage näher zu kommen, müssen wir etwas ausholen.

Wir haben bereits dargestellt, dass unser Ich im Alltag identisch mit unseren Alltagsgedanken ist und damit Trennungen als Subjekt und Objekt einführt. Ich sehe da draußen den Baum. Ich höre den Vogel zwitschern. Ich fühle die Sonnenstrahlen im Gesicht. Wir haben nun verstanden: Das Ich ist mit dieser Aufmerksamkeitsrichtung, mit dieser Projektion nach außen, mit dieser Trennung von mir als Subjekt und den Dingen da draußen als Objekte, nicht geeignet, die Einheit aufzuspüren.

Wenn wir aber das Ich mit seiner Vernunftabhängigkeit vorübergehend ausschalten könnten, wäre auch die Dualität von Subjekt und Objekt weg. Die Ausschaltung des Ich ist eine Änderung der Perspektive und des Funktionsmusters von Bewusstsein, die Gedanken-Identifikation mit der Außenprojektion kann so ausgelöscht werden.

Die Frage ist, wie man das Ich mit seinen analysierenden, bewertenden Gedanken vorübergehend ausschalten kann.

Es gibt wie gesagt ein einprägsames Bild, das deutlich aufzeigt, wie unser Verhältnis zur ganzheitlichen Einheit aussieht: Jeder von uns Menschen ist ein Tropfen, der aus dem Meer aufspritzt. Als Tropfen sind wir isoliert vom Meer und führen eine Eigenexistenz, haben also keinen Kontakt zum einheitlichen Wesen des Meeres. Der Tropfen kann je nach Umweltbedingungen verschiedene Formen annehmen, etwa fein verteilt im Wolkendunst, als eine Schneeflocke oder als Eiskristall. Das immer bleibende Wesen dieser verschiedenen Formen ist das Wasser. Aber genau dies ist aus Sicht des Tropfens nicht erkennbar, da er seinen Bezug zum Wesen des Meeres verloren hat und es innerhalb des Tropfens keine Differenzen gibt.

Die Empfindung der ganzheitlichen Einheit kommt in dem Moment zurück, wenn wir ins Meer zurückfallen und die Gesamtenergie des Meeres uns leicht erneut durchströmen kann. Welche ganzheitliche Einheit meinen wir; welchen Zusammenschluss von Trennungen? Es sind: Einheit von Körper und Seele. Einheit von Ich und Selbst. Einheit von Subjekt und Objekt. Einheit von Bewusstsein und Unterbewusstsein. Und schließlich Einheit von individuellem Bewusstsein und universellem Bewusstsein. Diese Zusammenführung entspricht der Schwelle vom Leben zum Tod. Die Rückkehr des Tropfens in den Ozean als Tod beschert uns eine unsägliche Ruhe und Glückseligkeit – so berichten es übereinstimmend die Mehrzahl der Reanimierten.

Diese Glückseligkeit ist so überwältigend schön, dass alle Schulen geistiger Vervollkommnung innerhalb der gesamten Geschichte der Zivilisation einen Weg suchten, auch ohne Tod dieses Gefühl zu erreichen. In allen Traditionen war bekannt, dass es darum geht, sich im Ozean der Energien aufzulösen, ohne gleichzeitig sein individuelles Wesen aufgeben zu müssen. Aber solange der Mensch seine Wesensidentität mit dem Ozean *nicht* erkennt, bleibt ihm der Zugriff auf die Glückseligkeit verwehrt.

Quantenphysik beweist Einheits- und Ganzheitsaspekt

Im Jahr 1927 rechneten Bohr und Heisenberg auf dem Solvay-Kongress in Brüssel erstmals mit der klassischen Physik ab. In seinem Hauptvortrag trug Bohr vor, dass das alte Konzept der physikalischen Beschreibungen der Welt als eine Funktion von Raum und Zeit abzuschreiben sei. Einstein war der permanente Widersacher dieser Ansicht. Es ging darum, dass sich bereits damals abzeichnete, dass Teile eines Systems unabhängig von Raum und Zeit verbunden bleiben können – eine Unmöglichkeit für Einstein. Der Physiker Paul Ehrenfest (1880–1933) sagte damals erbost in Gegenwart von Heisenberg: »Einstein, ich schäme mich für dich. Du argumentierst genauso gegen die Quantentheorie wie deine Gegner gegen die Relativitätstheorie.«[6]

Einsteins Argument dagegen war, »der Alte« würfele nicht. Er schrieb dies in einem Brief an den Physiker Max Born (1882–1970): »Die Quantenmechanik ist sehr Achtung-gebietend. Aber eine innere Stimme sagt mir, daß das doch nicht der wahre Jakob ist. Die Theorie liefert viel, aber dem Geheimnis des Alten bringt sie uns kaum näher. Jedenfalls bin ich überzeugt, daß der nicht würfelt.«[7] Wie wir schon andeuteten, schrieb Einstein zusammen mit seinen Physikerkollegen Boris Podolsky und Nathan Rosen 1935 das Pamphlet »Kann die Wirklichkeitsbeschreibung der Quantenphysik als unvollständig betrachtet werden?«.[8] Heute sind diese Gedanken der drei Wissenschaftler als EPR-Paradoxon bekannt. Erst im Jahr 1972 wurde ein konkretes Experiment zu diesem Problem entwickelt, was dann Anfang der Achtzigerjahre von dem Franzosen Alain Aspect und seinem Team durchgeführt wurde. Wir hatten weiter oben bereits darüber berichtet.

Konkret ging es darum, dass im selben Moment, in dem ein Photon (oder anderes Quantenteilchen) in seinen experimentell erzeugten Eigenschaften wie etwa in seinem Energiegehalt oder in seiner polarisierten Schwingungsrichtung, durch die Messung festgelegt wurde, ein parallel existierendes Zwillingsphoton in diesen Eigenschaften ebenfalls bestimmt ist (allerdings in der Ausrichtung immer entgegengesetzt). Das passiert unabhängig davon, wie weit das Zwillingsteilchen entfernt vom Ort des Experiments mit dem ersten Photon ist, und es passiert sofort und unmittelbar, also unabhängig von einer Signalübertragung mit Lichtgeschwindigkeit. Das aber heißt: Weder Raum noch Zeit spielen bei diesem nachweisbaren Effekt eine Rolle. Die Zwillingsteilchen bleiben unabhängig vom Verlauf der Raumzeit eine Einheit.

Die Quantenphysik demonstriert somit deutlich einen Ganzheitsaspekt der Wirklichkeit, der vorher nie für möglich gehalten wurde. Die quantische Einheit bleibt erhalten, bis eines der Teilchen eine neue Verbindung eingeht. »Einstein irrte sich«, verkündete 1985 Phillipe Grangier von der Aspect-Gruppe anlässlich des fünfzigjährigen Bestehens der EPR-Abhandlung.

Zwillingsteilchen als symmetrische Teilchenpaare sind keine Besonderheit, sie entstehen bei ganz normalen Atomprozessen und beispielsweise bei jeder Tischlampe. Auch das Tageslicht der Sonne, das an Wasseroberflächen polarisiert wird, besitzt jede Menge Zwillingsphotonen.

Die experimentellen Ergebnisse der Überprüfung der Quantentheorien setzten plötzlich und unerwartet einen Schnitt in die bisherigen Ansichten. Bis dato hielt man sich an die Vorstellung, dass eine Wechselwirkung von getrennten Körpern und Teilchen über Felder ablaufen, wie sie Maxwell mathematisch formuliert hat, also Anziehung und Abstoßung durch Impulse. Da mit dem Abstand zwischen den Reaktanzen die Kräfte messbar mit dem Quadrat der Entfernung abnehmen, war zweifellos die Raumzeit beteiligt. Nun aber war bewiesen: Die Verbindungen der Quantenteilchen (hier von Photonen) scheinen keine physikalische Kraft zu brauchen. Es herrscht ein Prinzip außerhalb von Raum und Zeit vor. Das bedeutet, es existiert eine neue Dimension mit einer neuen Wirklichkeit. Es gibt etwas Nichtmaterielles, Nichtphysisches, das zwar auf die Materie im Raum eine Wirkung ausübt, selbst aber weder dem Raum noch der Zeit anzugehören scheint.

Die Matrix

Damit ist die materielle Grundlage der Naturwissenschaft obsolet. Die Welt, das Universum, besteht nicht aus einem unzusammenhängenden Mosaik aus zufällig herumsausenden Einzelteilen, sondern aus einer einheitlichen Matrix. Diese unterstützt die

Teile, die wiederum insgesamt selbst das Ganze ausmachen. Weiß man nichts von diesem Verbund, so meint man, das Verhalten des einzelnen Teilchens beruhe auf Zufall. Durch den Ganzheitsaspekt wird deutlich: Nicht nur lokale Verhältnisse dirigieren das Teilchen, sondern auch globale und sogar universelle Komponenten sind für jedes Teilchen Einflussgrößen. Der Begriff »Universum« (spätlat. *universalis* [zur Gesamtheit gehörig, allgemein]) sagt dies bereits aus.

Wir benötigen Wissen über das Universum, bevor wir den Teilchen eine Realität zuschreiben können, aus denen das Universum besteht. Wenn wir also fragen: »Was ist zuerst vorhanden – das Universum oder die Teile?«, dann heißt die Antwort: »Sowohl als auch.« Es gibt nicht die Summe der Teilchen, die eine ganzheitliche Einheit erschafft, sondern es ist die untrennbare Abhängigkeit von dem Kleinen und dem Großen, dem Lokalen und dem Universalen.

Für uns als Betrachter verbinden sich zufällig herumschwirrende Quanten untereinander durch Botenstoffe. Was wir dabei übersehen, ist, dass die insgesamt ausgetauschte Information naturgesetzmäßig zu einer übergeordneten Ganzheitsregulation anwächst, ohne die Gesetzmäßigkeiten von Raum und Zeit zu berücksichtigen. Augenscheinliche Zufälligkeit und Gesetzmäßigkeit treffen sich. So entstehen die Gegenstände und Dinge unserer täglichen Wirklichkeit. Die durchschnittliche statistische Wirkung lokaler einzelner Mikroeinheiten vereint sich zu einem für uns undurchschaubaren gesetzmäßigen Verhalten. Es entsteht eine übergreifende Ordnung im Chaos der Einzelgeschehnisse.

Naturgesetze sollten universell und ewig gelten, was analog heißt: unabhängig von Raum und Zeit. Naturgesetze sind aber verantwortlich für die Regulierung von Leben in Raum und Zeit. Mit ihnen entstehen auch Organe wie das Herz, Neurone, die ein Gehirn bilden. Dabei nehmen Einzelteilchen für die zielgerichtete Funktion eine übergeordnete spezifische Form an. Somit sind Naturgesetze der Brückenschlag von Einheit zu Vielfalt.

Die Materie, so wie wir sie wahrnehmen, messen, analysieren, eben auch die unseres Körpers, unterliegt den Veränderungen von Raum und Zeit. Aber die Vorlage für unsere Struktur, die inneren und äußeren Formen, sind weder orts- noch zeitbestimmt. Diese Vorlage gehört demnach sowohl der universellen Dimension als auch der Ewigkeitsdimension an. Damit verschieben sich die Ursache und der Erhalt des Lebendigen zu einer Nicht-Raumzeit-Ebene. Also dorthin, wo es keine ortsbestimmten und zeitlich veränderlichen materiellen Wirklichkeiten gibt.

Welche Auswirkungen haben diese Ganzheits- und Einheitsbetrachtungen für uns Menschen?

Trennung und ihre Aufhebung

Die Zersplitterung durch Denken ist unübersehbar. Durch Denken wird die ganzheitliche Einheit aufgespalten. Wir haben es schon mehrfach angedeutet: Auch unser Ich wird aus einer höherstehenden Entität als Abspaltung erdacht. Alles, was sich dann als Getrenntes zeigt, hängt mit der Abspaltung des Ich zusammen. Ich als Denker erschaffe den Gedanken. Ich als Beobachter erschaffe das Beobachtete. Alles Erschaffene unterliegt der Trennung vom Ich.

Die Vorteile dieses Prinzips hatten wir bereits eingehend gewürdigt. Aber das ganze Prinzip entlarvt sich als Illusion. Wir wissen aus der Quantenphysik, dass alles Erschaffene aus dem Vakuum stammt, dem riesigen Meer aller Möglichkeiten und Wahrscheinlichkeiten. Das Universum besteht fast vollständig aus dieser Vakuumphase und ist unendlich ausgebreitet. Erinnern wir uns, auch wir bestehen fast vollkommen aus masselosem Raum, aus »Leere«. Diese universal vorhandene Leere ist unser aller Einheit und gleichzeitig Heimat unserer Selbstinstanzen.

Ist also diese Vakuumphase, woraus alles entsteht, die Einheit, oder ist sie die einheitliche Ganzheit? Und wie kann aus der Einheit oder Ganzheit alles entstehen?

Die Physiker haben dazu eine feste Meinung: Wenn konkrete Information als solche vom Bewusstsein erkannt wird, und dafür ist ja Bewusstsein da, dann kommt es zur Teilung und Trennung. Alles, was in diesem Universum als Ding auftaucht, ist fortan getrennt von der Vakuumphase. Wheeler ist überzeugt, dass diese Dinge nur durch eine Beobachtung entstehen konnten.[9] Martin J. Rees, ein mit vielen Ehrungen ausgezeichneter britischer Professor für Kosmologie und Astrophysik in Cambridge, sagt es ganz konkret: »Am Anfang waren da nur Wahrscheinlichkeiten. Das Universum konnte nur entstehen, indem es von jemandem beobachtet wird. Es ist unerheblich, dass der Beobachter erst Milliarden Jahre später auftauchte. Das Universum existiert, weil wir seiner bewusst sind.«[10]

Die traditionellen Schriften sprechen hier vom Heiligen Geist, wobei wir bereits erwähnt haben, dass »heil« auch mit »ganz« oder »ungeteilt« gleichgesetzt werden kann. Heilig wäre somit das Synonym für Einheit oder Ganzheit. Geist – so haben wir es definiert – ist die Erkennung und Verarbeitung von Information mithilfe von Bewusstsein. Heiliger Geist ist demnach das Ganze oder Ungeteilte, mit oder in dem Information durch Bewusstsein existiert.

In den Religionen wird angenommen, dass ein universaler Gott die Welt erschaffen hat. »Am Anfang war das Wort« lesen wir im Neuen Testament. Das Wort trägt immer Information. Deshalb wäre es besser zu sagen: Am Anfang war die Information. Information gibt es nur mit Bewusstsein.

Und Information kann es nur geben, wenn es Differenzen gibt. Wo es keine Unterschiede gibt, kann es keine Information geben. In der Anwendung heißt das, es gibt einen Schöpfer und getrennt davon eine Schöpfung, indem unterstellt wird, dass Bewusstsein Information hervorgerufen hat. Ganzheit und Getrenntheit werden bereits hier erkennbar als Prinzip, das alles antreibt. Was im Universellen funktioniert, muss auch bei unserem Ich funktionieren.

Wir nehmen an, dass das unendlich verbreitete Vakuum mit seinen potenziellen Energie- und Informationsinhalten strukturiert ist. Ein Teil dieser Struktur ist ein Massenspeicher für Informationen. Und somit ist eine derartige »Cloud« gleichzusetzen mit dem »Sitz« der Selbstinstanzen und dem, was allgemein Geist-Seele genannt wird. Die Geist-Seele der Selbstinstanzen ist nach diesem Modell also die Gesamtheit unserer Lebenserfahrungen, einschließlich Empfindungen zur Bewertung und Beurteilung vom erlebbaren Geschehen. Bewusstsein ist die Ursache dafür.

Trennung ist laut Einstein eine »optische Täuschung« unseres Bewusstseins: »Ein menschliches Wesen ist ein Teil des Ganzen, das wir ›Universum‹ nennen … Es erfährt sich selbst, seine Gedanken und Gefühle als etwas von allem anderen Getrenntes – eine Art optische Täuschung seines Bewusstseins.«[11]

Es geht um die Auflösung der sogenannten Subjekt-Objekt-Spaltung. Gibt es irgendein überzeugendes Argument dafür, dass der Denker und der Gedanke eins sind? Dass der Beobachter das Beobachtete ist? Dass der Erfahrende gleichermaßen das Erfahrene ist?

Erst einmal hören sich diese Einheitskonstrukte absurd an. Aber sie können nicht falsch sein, denn in unseren Träumen treffen sie ja exakt zu. Ich beobachte etwas getrennt von mir, zum Beispiel eine Amsel, die auf dem Ast des Kirschbaums sitzt und fröhlich vor sich hin trällert. Ich mache mir also offensichtlich in diesem Traumgeschehen Gedanken, ansonsten würde ich nicht die Vogelart und die Baumart festgelegt haben, und ich empfinde etwas, ansonsten würde ich es nicht mit »fröhlich« beurteilen. Aber in dem Moment, in dem ich aus dem Traum aufwache, stelle ich fest, dass all dieses Traumgeschehen in mir, also in meinem Ich oder Selbst entstanden ist. Was immer mich ausmacht, war eins mit der Wirklichkeit im Traum.

Im hinduistischen Māndūkya-Upanishad lesen wir, der Zustand des Träumens und Wachens als derselbe gelte den Weisen.

Schaffen wir es, im Traum unser stillgelegtes Frontalgehirn – den Sitz des Ich – erneut zu aktivieren, was im Schlaf eigentlich stummgeschaltet bleibt, dann merken wir direkt, dass Traumgeschehen und Gedanken zusammenfallen. Wir sagten ja schon, dass dies im sogenannten »luziden Träumen« geschieht und dass Nahtod-Erfahrene von ähnlichen Erlebnissen berichten: Unsere Gedanken werden unmittelbar manifestierte Wirklichkeit. Unser Wille kann uns mithilfe des Gedachten in jede beliebige Situation versetzen. Es ist, als ob der Mensch wie ein Fernsehempfänger sich selbst so einstellt, dass das geschieht, für das er sich gerade empfangsmäßig ausrichtet. Der Empfänger wird zum Empfangenen. Der Beobachter wird zum Beobachteten.

Plotin postuliert in seiner Lehre, dass alles Hervorgegangene auf seinen Ursprung zurückgewendet werden kann. Dann fällt der Endpunkt des Rückgangs mit dem Ursprung des Hervorgegangenen zusammen.

Traum und Nahtod-Erleben sind also eigentlich Ganzheitsbeweise. Aber diese Beweise überzeugen viele Menschen nicht. Warum? Es ist die gleiche Begründung, die der Quantenphysik entgegensteht; die tägliche Handhabung spricht dagegen. Erinnern wir uns: Beobachten, messen, urteilen – für alles das haben wir unseren Verstand. Für die Bewertung des Beobachteten haben wir unsere Empfindungen und Gefühle. Unsere Wahrnehmungen werden ja immer und immer wieder bewertet, verglichen, beurteilt. Das aber geht nur, wenn alles Geschehen als getrennt von meinem Ich wahrgenommen wird. Und schon haben wir wieder die Trennung von Subjekt und Objekt, von Beobachter und Beobachtetem. Der Begriff »Beurteilung« hat bereits die Teilung als Wort in sich: Be-ur-teilung. Verstand und Gefühle machen unsere Wirklichkeit. Das Ich steht dabei immer im Mittelpunkt, getrennt von allem – welche Illusion!

Wir haben jetzt folgendes Problem, das in der Praxis meistens übersehen wird. Bisher hieß es, dass unsere Realität durch Beobachtung entsteht, weil aus dem Meer der Möglichkeiten eine Möglichkeit festgelegt wird. Beobachtung wird dabei die Ursache der Trennung. Das bedeutet, durch Beobachtung kann niemals eine Aufhebung der Trennung erzeugt werden. Gedanken des Ich verhindern deshalb das Ganzheitserlebnis.

Wo ist die Anleitung dafür zu finden, wie man die gedankliche Trennung in unserer Wahrnehmung wieder rückgängig macht, um wirklich und wahrhaftig die ganzheitliche Einheit zu erfahren? Es wäre eine Wahrnehmung, die nicht auf Beurteilen und damit auch nicht auf Zerteilen beruht.

Gibt es im Alltag eine vom Ich nicht dominierte Wahrnehmung? Wenn wir diesen vom Ich unabhängigen Weg finden und einschlagen, kommen wir ans Ziel. Dies war in uralten Zeiten bekannter als heute.

Die Stilllegung des illusionären Ich

Damit sich das Folgende quasi als Weichenstellung unseres Erlebens einprägt, wiederholen wir nochmals in kurzer Form, was wir bereits dargestellt haben.

Alles, was wir wahrnehmen, wird mithilfe von Gedanken gefiltert und interpretiert. Jeder Gedanke braucht einen Denker – ich denke. Es gibt nun mal keinen Gedanken ohne Denker und umgekehrt keinen Denker ohne Gedanken. Diese gegenseitige Abhängigkeit hat schwerere Konsequenzen, als wir uns gewöhnlich klarmachen. Denn das Ich des Alltags entsteht nur und ausschließlich durch unsere Gedanken. Wir identifizieren uns mit den angesammelten Urteilen und Meinungen von uns und über uns. Das Ich wird dann in uns eingebildet, zum Beispiel als Selbstliebe und dann wieder als Selbsthass. Wenn aber Ich-Gedanken illusionär sind – wie beschrieben –, dann ist auch das Ich illusionär. Und wenn es gelingt, die alltäglichen Gedanken zu verdrängen, gibt es kein Ich mehr. Dennoch gibt es beim Nahtod-Erlebnis, wo das Ich stummgeschaltet ist, Gedanken. Der Grund: In dem Augenblick, da das Ich aufhört, alltägliche Gedanken zu produzieren, springt das Selbst ein. Meditation, Trance, Nahtod sind alles Gelegenheiten für diesen Moment. Was sich daraus ergibt, werden wir noch genauer betrachten.

Wie können wir das Ich ohne unseren Tod stummschalten? Stellen Sie sich vor, Sie gehen in die Hocke, um an einer blühenden Rose zu riechen und ihren wunderbaren Duft einzuziehen. Nun stellen Sie sich weiter vor, Sie sehen jetzt, wie eine Person, die offensichtlich Sie sind, vor einer blühenden Rose hockt und den Duft der Blüte riecht.

So etwas gelingt nicht nur in der Vorstellung. Immer wieder wird erlebt und auch darüber berichtet (auch in Foren des Internets), wie man neben sich selbst steht und sich beobachten kann. Irgendwas kann also Ihr persönliches Ich beobachten, ohne dass dies vom Ich bemerkt wird, denn das Ich geht ohne Unterbrechung seiner momentanen Beschäftigung nach.

Es ist dasselbe »Irgendwas«, das Ihre Träume beobachtet, in denen Sie selbst eine Rolle spielen. Irgendein unbekannter Regisseur spinnt die Fäden und besetzt Ihr Ich als Rolle. Wer ist der Regisseur, und wer schaut sich Sie vor der Rose hockend und das Traumgeschehen mit Ihnen in der Hauptrolle an?

Laut physiologischer Erkenntnis ist das Ich einfach zu erklären: Es sitzt wie gesagt im Frontalgehirn. Schaltet man das Frontalgehirn aus, so schaltet man das Ich aus. Nein – so einfach ist die Sache dann doch nicht. Denn der Nahtod-Erfahrene, dessen Gehirn nicht mehr funktionierte, also auch kein Frontalgehirn mehr hatte, erzählt nach der Wiederbelebung seine Erlebnisse in Ichform, etwa: »Ich schwebte zur Decke, und ich sah, wie die Ärzte versuchten, mich wiederzubeleben.«

Die Frage, die sich hier ergibt, lautet: Ist das Ich von Nahtod-Erfahrenen das identische Ich des Alltagslebens? Wenn die Ichs nicht identisch sind, müssen wir sie verschieden benennen, damit sie nicht verwechselt werden.

Es ist schon eigenartig, dass sich etwas vom Ich, das ja im Körper zentriert ist, während einer Nahtod-Erfahrung ablöst und die

Szene der Wiederbelebung des eigenen Körpers dann meistens aus einer erhöhten Position anschauen kann. Die im Alltag gewohnte direkte Identifikation mit dem eigenen Körper weicht einer Feststellung: »Da unten liege ich.« Aber in dem Moment, in dem die Wiederbelebung Wirkung zeigt, erlischt die Beobachtung von außen, und die gewohnte Körper-Ich-Identifikation ist unmittelbar wiederhergestellt. Das Ich ist erneut Akteur der Alltagswirklichkeit.

Nichts macht die Spiritualität deutlicher als diese Erfahrung: Wir sind geistige Wesen, die auch unabhängig vom materiellen Körper existieren und die Welt abgelöst vom Körper wahrnehmen können.

John C. Eccles erklärte den Zusammenhang von geistigen Entitäten mit unseren Erfahrungen als Menschsein. In einem Artikel über »Hirn und Bewusstsein« schreibt er: »[Es gibt] eine in sich selbst gegründete Seinsform, die einerseits aus den vielfältigen Prozessen der neuronalen Apparatur der Hirnrinde jeweils das herausliest, was seiner jeweiligen Aufmerksamkeit entspricht, die umgekehrt aber auch von sich aus auf den neuronalen Apparat einwirkt.«[12] Was steckt dahinter? Wir brauchen, um uns selbst zu verstehen und dann zu steuern, ein erweitertes glaubhaftes Modell.

Der Einheits-Geist (Gott) lebt durch seine Schöpfungen

Das Quantenvakuum ist die Geburtsstätte der Vielfalt, die aus der Einheit heraus entsteht. Alles, was das Werkzeug Bewusstheit verwenden kann, kreiert Information und kann diese zielgerichtet, also intelligent, verwerten. Wir können diesen Prozess auch »Schöpfung« nennen, ausgelöst und überwacht von dem Einheits-Geist, der die Potenzialität diverser geistiger Entitäten enthält.

Wir wollen noch einmal betonen: Dieser Schöpfer als Einheits- beziehungsweise formativer Geist ist über die 99,999999999 Prozent Raumvolumen-Vakuumphase in uns allen. Wir Menschen sind darüber hinaus alle miteinander durch die Präsenz dieses alles umfassenden Geistes in jedem von uns verbunden. Dennoch sind wir im allgemeinen Alltagsleben nicht identisch mit ihm, sondern nutzen dieses Prinzip einseitig als individuellen Geist. Dadurch, dass wir hauptsächlich mit unseren Sinnen die entstandene und immer wieder neu entstehende materielle Welt in unserer Umgebung abtasten, werden unsere Gedanken auf die dort ablaufenden Geschehnisse konzentriert. Dadurch sind wir weitgehend auf den materiellen Alltag begrenzt. Im Fokus unserer Gedanken und Absichten sind immer unser Körper und seine Erlebnisse mit der direkten Umgebung, zusätzlich einige Weltereignisse, von denen wir aber nur über Kommunikationskanäle erfahren. Aus diesen vordringlichen Informationen erschaffen wir immer wieder neue Informationsmuster und Wechselwirkungen, was wir eben »Erlebnis« und »Erkenntnis« nennen.

Evolutionsgeschichtlich gesehen war die geistige Konzentration auf unsere materielle Umwelt eine Notwendigkeit, um uns zu orientieren, unseren Körper mit Nahrung zu versorgen und vor feindlicher Umwelt zu schützen. Diese nach außen gerichteten Aufmerksamkeiten sind in der Erschaffung des »Ichs« angelegt. Ein Kleinkind kann erst dann ein Ich bemerken, wenn es die Umweltgeschehnisse nicht nur wahrnimmt, sondern auch einordnet in ein Gedankengebäude: »Hier passieren eine Menge Dinge um mich herum, und ich bin mit meinem Körper im Zentrum dieser Dinge.« Durch das individuelle Original-Erleben eines »Außenherum«, also als Empfänger von Signalen, die von außen kommen, entsteht ein Getrenntsein von der physischen Welt um uns und den anderen Lebewesen. Erst jetzt kommt das bewusste Ich-Sein im individuellen Geist voll zur Geltung. Die Psychologie nennt diese besonders sensible Phase des Kleinkindes »Prägung«. Der Mensch wird als solcher geprägt durch Ereignisse, die ihm passieren. Daraus entwickelt der Mensch individuelle Geistinhalte, die seinen Alltag bestimmen. Der Einheits-Geist in uns ist allerdings immer weiterhin präsent, wird aber in den Hintergrund gestellt – er ist unbewusst – und wartet sozusagen in einem Schlummer auf Erweckung.

Der Vorgang der »Ich-Entwicklung« des Menschen ist mechanistisch eine Kopie von der »Ich-Entwicklung« des Einheits-Geistes, den wir traditionell als »Gott« bezeichnen. Auch das »Gottheit-Ich« wird geprägt durch die Vielfalt drumherum, die ohne die allgemein geltenden Systemeigenschaften der Geistentwicklung überhaupt nicht vorhanden wäre. Aber dadurch, dass durch die Gottheit Schöpfung stattfindet, entstehen geschöpfte Dinge und Wesen, die durch ihre Wechselbeziehungen Ereignisse um die Gottheit herum erschaffen und die der Gottheit ein Zentrum zuweisen. Unser Ich gehört zu diesen Schöpfungen dazu.

Somit kommt das Ich des Menschen auf gleichem Weg zustande wie das Ich der Gottheit. Beide Ichs sind auf ihre Umgebung angewiesen, um sein zu können. Die Gottheit hat die Lebewesen der gesamten Welt als Umgebung, die Menschen dagegen gewöhnlich nur ihre unmittelbare Umgebung.

Man kann sich dieses wichtige Detail mit einem Vergleich aus der Fernsehwelt vorstellen. Stellen Sie sich vor, es gäbe einen universalen Fernsehsender, der ausgestrahlt wird und über alles, was im Universum geschieht, berichtet. Und daneben gibt es die vielen regionalen Fernsehstationen, die aber immer nur das senden, was in ihrer Umgebung passiert ist. Beide Fernsehmodule, also das universale und das regionale, verfügen über die gleichen Mechanismen, und sie können sich auch beliebig verbinden. Auf diese Weise empfängt das universelle Fernsehen auch die Berichte des regionalen Fernsehens. Der umgekehrte Weg ist genauso möglich, ist aber über die regionale Prägung der Zuschauer weitgehend uninteressant und ohne Wissen der Zuschauer sogar unverständlich.

Setzen wir diesen Vergleich um auf die vermeintlich wirklichen Gegebenheiten, dann kann sich das Ich jedes Menschen mit angeeignetem Wissen über die richtige Frequenzeinstellung leicht mit dem Ich der Gottheit verbinden, und umgekehrt kann sich die

Gottheit mit jedem einzelnen Menschen verbinden – so, wie es alle traditionellen Philosophien, die teilweise zu Religionen wurden, berichten.

Wir wollen diese Vorgänge nochmals mit dem Begriff »Geist« darstellen: Das, was wir mit »Geist« definiert haben, also Informationserkennung und Verarbeitung mit dem Werkzeug Bewusstheit, was Bewusstsein erzeugt, ist durch verschiedene individuelle Erlebnisse als ein »individueller Geist« bei jedem Menschen unterschiedlich ausgeprägt. Dieser »individuelle Geist« kann durch den Einheits-Geist und durch die untergeordneten Geistsysteme wahrgenommen werden, da alle als Urheber der Konstruktion Mensch beteiligt sind. Mithilfe dieser Konstruktion entwickelt der Mensch aber immer Inhalte eines eigenen individuellen Geistes. Und durch die vielen Geschehnisse, die dieser individuelle Geist des Menschen erschafft, kann der Einheits-Geist erleben, dass er im Zentrum existiert. Einheits-Geist als zentrale Gottheit und individueller Geist des Menschen können wechselseitig miteinander kommunizieren. Die Wege dafür sind nicht weit. In jedem Menschen ist durch die 99,999999999-prozentige Vakuumphase der Einheits-Geist immer enthalten.

In bestimmten Phasen unseres Lebens wird dies besonders deutlich, wie auch beim bereits kurz erwähnten Phänomen der »terminalen Geistesklarheit«. Menschen, die Jahre im Koma lagen oder unter nahezu vollständiger, irreparabler Gehirnschädigung oder auch extremer Demenz litten, sind kurz vor ihrem Tod geistig völlig klar, gewinnen ihre alten harmonischen Gesichtszüge zurück und richten an die völlig verblüfften Verwandten oder Familienmitglieder eine letzte Botschaft mit wichtigen persönlichen Nachrichten.[13]

Wenn Gehirnschäden das Verhalten von Menschen verändern – wie beispielsweise bei der Demenz –, bedeutet das nur, dass unser Bewusstsein in der Alltagswelt nicht die gewohnte Ausdrucksmöglichkeit hat. Wenn aber die Barrieren des Gehirns erst einmal vollkommen abgebaut sind, schalten wir sozusagen in den

Online-Modus. Das macht deutlich: Es kommt auf die Perspektive unseres »geistigen Führers« an. Das Ich hat eine eingeprägte Perspektive zwecks Erhalt und Sicherung des Körpers. Diese Perspektive kann zu den Selbstinstanzen hin verändert werden.

Eine merkwürdige Gesetzmäßigkeit im Universum

Diese Gesetzmäßigkeit einer intelligenten Existenz außerhalb unseres Alltags-Ichs bestimmt alles, was im Universum durch Schöpfung passiert, geistig und materiell. Es bestimmt auch, was bereits als Materie, als Energie, als Kräfte besteht. Quelle und Ursache dieser Gesetzmäßigkeit ist Bewusstsein, mündend in Wissen, Gedanken, Gefühlen und letztlich in der Wirklichkeit und im Leben.

Es geht um die Subjekt-Objekt-Beziehung, weiterhin um die Hierarchie von Ich und Selbstinstanzen und um die Vielfalt und die Einheit. Ferner geht es auch um das Vorhandensein und Nichtvorhandensein von Quanten:

- Nehmen wir an, es gibt einen Geist der Einheit, den man allgemein »Gott« nennt.
- Einheit kann es nur da geben, wo es keine Vielfalt gibt.
- Vielfalt ist aber immer die Voraussetzung für das Erleben.
- Eine Einheit ohne Vielfalt ist auf ewig leblos, sie kann nichts erleben.
- Vielfalt entsteht, wenn etwas wahrgenommen wird.
- Wahrgenommen wird Information. Information entsteht durch Bewusstheit.
- Das Wahrgenommene wird zum Objekt. Der Wahrnehmende ist das Subjekt.
- Damit der Wahrnehmende, also das Subjekt, sich selbst als Realität festlegen kann, sind selbstgeschaffene Wahrnehmungen, also Objekte notwendig.
- Wahrnehmungen als Objekte sind Informationen. Erschaffene

Objekte bedeuten, dass Information mit Bewusstsein festgelegt wurde.

- Dadurch entsteht Vielfalt. Die Vielfalt ist notwendig, damit sich der Wahrnehmende durch Differenzierung selbst erkennt.
- Ein Geist der Einheit, wir hatten ihn »Gott« genannt, erkennt via Vielfalt sein Wahres Selbst.
- Die Erschaffung gelingt, indem Information, die das Wahre Selbst beschreibt, als Eigenschaft festgelegt wird.
- Nun ist der Geist der Einheit das Subjekt und das Wahre Selbst das Objekt.
- Das Wahre Selbst als erschaffene Untereinheit verwendet die Werkzeuge Bewusstsein und Wille und bekommt damit die Lizenz, selbst zu erschaffen.
- Obwohl das Wahre Selbst aus der Sicht Gottes das Objekt ist, wird es aus seiner eigenen Sicht zum Subjekt, zum Schöpfer.
- Und dieses Prinzip der Objekt-Erschaffung und der anschließenden Transformation von Objekt zu Subjekt aus der neuen Perspektive wird durch alle Akteure nach unten weitergegeben:
  - Das Wahre Selbst erschafft das Höhere Selbst, indem es Information als Eigenschaft festlegt.
  - Das Höhere Selbst erschafft das Einfache Selbst, indem es Information als Eigenschaft festlegt.
  - Das Einfache Selbst erschafft das Ich, indem es Information als Eigenschaft festlegt.
  - Das Ich erschafft seine Welt, indem es Information als Eigenschaft festlegt.

Nun sind wir im Alltag angekommen, aber das Prinzip geht weiter in die Natur und ihre Grundlagen hinein. Ein Elektron ist erst vorhanden, wenn es erschaffen wurde, indem der Beobachter Information als Eigenschaft festlegt. Das betrifft alle Quanten.

Diese Gesetzmäßigkeit wird getragen von einer Wandlung von Einheit zu Vielfalt, Unbestimmtheit zu Bestimmtheit, Möglichkeit zu Realität. Sie durchzieht das gesamte Universum. Der verursachende Faktor ist das Bewusstsein. Die Wahrnehmung des Seins ist notwendigerweise – wie die Kaskade verdeutlicht – auch eine Erkenntnis der Einheit, ein »Innewerden«.

Das Merkmal dieser Gesetzmäßigkeit ist, dass jede hierarchische Stufe vom Höchsten bis zum Niedrigsten nach ihrer Erschaffung, also als Objekt, eine eigene Machtstruktur der Schöpfung entwickelt, also zum Subjekt wird – ganz so, wie wir es von den Memen kennengelernt haben und wie es die Quantenphilosophie vorgibt.

Aus Sicht des Niedrigsten in dieser Hierarchiestufenkaskade ist ein Aufsteigen zum Höchsten wie eine Himmelsleiter. Das ist aber nur eine Metapher, denn sowohl das Niedrigste als auch das Höchste sind in uns und in allem. Und jede Stufe, jede Struktur vom umfassenden Ganzen bis zum kleinsten Detail bleibt durch die informativ-energetische Verschachtelung untereinander untrennbar verbunden.

Was wir uns soeben erarbeitet haben, klang auch schon lange bei einigen bekannten Physikern an. So durchschaute der englische Physiker, Astronom und Mathematiker James Hopwood Jeans (1877–1946) das System bereits in den frühen Jahren des 20. Jahrhunderts: »Das Universum beginnt mehr und mehr wie ein großer Gedanke denn wie eine große Maschine auszusehen.«[14] Dirac brachte es dann auf den Punkt. Er konstatierte »die wachsende Erkenntnis über die Rolle, die der Beobachter spielt, indem er selbst die Regelmäßigkeit einführt, die in seinen Beobachtungen dann sichtbar wird«.[15]

Tiefes Verständnis führt zur Verschmelzung

Wir erinnern uns, dass es die Aufmerksamkeit und ihre Ausrichtung war, die uns die Konzentration auf etwas Denkwürdiges ermöglichte. Wir hatten beschrieben, dass das Geben von Sinn und Bedeutung der eigentliche Realitätsschalter der Quantenphiloso-

phie ist – also das, was in der Quantenphysik »Beobachtereffekt«
genannt wird. Anstatt »Sinn zu geben« können wir auch »unsere
Sinne einsetzen«: Wir »sinnen über etwas«. Und sinnen (ahd.
sinnan) und senden (ahd. *senten*) haben ursprünglich dieselbe
Bedeutung (reisen). Also senden wir etwas.

Auch jetzt wollen wir, um unser Ziel zu erreichen, diese not-
wendige Aufmerksamkeit beziehungsweise Ausrichtung benutzen, verzichten aber total auf eigene Vorstellungen. Denn die sind
befangen und vergangenheitsbelastet. Außerdem bemühen wir
uns, nicht mehr kommentierende Zuschauer zu sein. Wenn uns
das gelingt, gibt es keine Messung, Bewertung, Beurteilung mehr.
Alles, was trennt, wird aufgehoben.

Ich rede von »wir«, darin stecken unsere Ichs. Weil der Prozess des Perspektivenwechsels mit unserem Ich nicht so einfach
funktioniert – jahrzehntelanges Konditionieren und Lernen von
»Beobachter und Beobachtetem« kann nicht unmittelbar gelöscht
werden –, wird stattdessen in einer aufgesuchten besonderen
Ruhe und Stille die Intelligenz unseres Einfachen Selbst als Akteur
eingesetzt. Wenn wir uns mit unserem Einfachen Selbst identifizieren, hat das den nützlichen Sinn, dass dieses Selbst nicht in
Raum und Zeit verhaftet ist und deshalb auch keine Trennungen
wie das Ich notwendig hat.

Wie können wir uns mit dem Einfachen Selbst identifizieren? Indem wir das Ego-Zentrum auflösen. Wie? Zum Beispiel
durch die Tiefenentspannungsmeditation, mit intensiver Hinwendung zum Jetzt. Das ist die uralte Methode, die immer funktionieren kann. Als Ergebnis der Tiefenentspannung verlieren wir
das Gefühl für unseren Körper und damit auch für das Ich-Zentrum. Wir schweben geradezu, da die Propriozeptoren (Sensoren
der Körperstellung) und die Somatosensorik der Körperoberfläche, die uns mechanische Berührungen anzeigen, keinen Kontakt mehr mit der Unterlage melden; sie adaptieren während der
Dauer der Tiefenentspannung, so wie wir unsere Bekleidung nach
einiger Zeit des Tragens nicht mehr auf der Haut spüren. Wenn

die propriozeptive Aktivität nicht mehr das Gehirn erreicht, fällt die Notwendigkeit der dauernden Prüfung und Nachjustierung der Körperlage weg. Das unbewusste Vegetativum kommt zur Ruhe.

Durch Ablenkung verzichten wir auf jedes aktive »Problemewälzen«. Gelingt uns das, bleibt vom Ich nicht mehr viel übrig. Wir haben dem Ich seine Lieblingsbeschäftigung genommen: Urteilen und Vergleichen. Das Habenwollen steht nicht mehr im Vordergrund.

Es ist ein gewaltiger Unterschied, ob das Ich *Gedanken bildet* und sie denkt oder ob das Selbst *Gedanken einfallen* lässt. Gedanken, die während der Tiefenentspannungsmeditation, also in Trance, einfallen, gehören zu unserem Selbst; sie entsprechen nicht mehr unserer ichbezogenen Vorstellung. Sie sind wegen ihrer Ich-Neutralität kein Hindernis für unser neues Ziel, sondern eher willkommen.

Die Meditation oder Hypnose und jegliche Form der Trance, so auch die Einschlafphase (Hypnagogie) ebenso wie die Aufwachphase (Hypnopompie), erlauben uns die Rückkehr zum Selbst: Wir stehen über allen materiegebundenen Dimensionen.

Der Begriff »Religion« (lat. *religio* [gewissenhafte Berücksichtigung, Rückverbindung]) sagt nichts anderes. Und tatsächlich ist die Rückkehr zur ganzheitlichen Einheit im Sinne von Heiligkeit Zentralthema jeder religiösen Vereinigung.

Wenn das Selbst als Geist-Seele das Werkzeug Bewusstheit nutzt, entsteht unverfälschte Intelligenz. Intelligenz, so hatten wir definiert, ist zielgerichtete Informationsverarbeitung. Diese Intelligenz unseres Selbst basiert auf »gesunder« Energie und universellem Wissen und führt uns schon deshalb zu einem ursprünglichen, herrlichen und fraulichen Zustand.

Warum können wir damit rechnen, wirklich nur Schönes zu erleben? Die Probleme, mit denen wir geistig kämpfen, entstehen durch die Kontrastgedanken des Ich. Wenn wir aber der Geist-Seele, also unserem Selbst, die Bühne überlassen, verlassen wir das Ich und damit alle Beurteilungen und Trennungen, alle Kritik, alle Anforderungen für Entscheidungen, alle Grübeleien, auch alle Beeinflussungen durch die soziale Umwelt. Nur noch die ganzheitliche Einheit mithilfe des intuitiven Selbst ist in uns bewusst, ein Sein ohne nagende Zweifel. Wir schwimmen wie kleine Eiswürfel im Meer der Möglichkeiten, bereit, jederzeit mit dem Meer zu zerfließen, uns von den Energien des Meeres durchströmen zu lassen. Diese Energien sind konstruktiv. Nur Schönes, Angenehmes, Wunderbares, Herrliches ist konstruktiv, pflanzt sich also fort. Destruktive Energien dagegen sind sich selbst zerstörend, haben deshalb kein Sein.

Wie wir immer wieder betont haben, ist für die Realitätsbildung eine Vereinigung von Verstand und Seele, was sich als das Geben von Sinn und Bedeutung äußert, ein wichtiges Instrument. Die Natur hat uns damit perfekt ausgestattet. Wir, also unser Körper und unser Ich, reagieren auf jeden Inhalt von Gedanken. Alles, was angeboren abläuft, geschieht über die Vereinigung von Verstand und Seele, ansonsten könnten keine Materieveränderungen wie Tränenbildung, Gesichtsrötung oder Erektionen stattfinden.

Aber betreffend dieser Einheit von Verstand und Seele gibt es offensichtlich sehr verschiedene Stadien. Mal hat der Verstand mehr Anteil in unseren Gedanken, ein anderes Mal ist es die Seele. Was jeweils vorherrscht, konnte ich in meinem Lehrprogramm innerhalb der Universität, in den Versuchen im physiologischen Kurs deutlich machen. Dafür wurde niedrige elektrische Spannung an zwei Finger der Hände mit Elektroden angelegt, und dann wurden die elektrischen Ströme gemessen. Durch geeignete Fragen konnten nun die Gedanken des Probanden auf eher intellektuelle Anteile oder auf eher gefühlsintensive Anteile gelenkt werden. Bei den gefühlsintensiven Anteilen erweitern sich die kleinen Blutgefäße der Finger, und die Schweißdrüsenaktivität nimmt zu. Beide Veränderungen lassen durch Abbau des elektrischen Widerstandes und Veränderung der elektrischen Kapazität einen stärkeren elektrischen Strom fließen. Die Stromstärke wurde technisch in einen Klang umgesetzt. Gesprächsinhalte, die Scham und Peinlichkeit provozierten, ergaben dann so etwas wie einen »Aufschrei« des Gerätes, was die Umgebung begeisterte, aber für die Proband*innen emotional so unangenehm war, dass der Effekt laufend stärker wurde und immer höhere Tonfrequenzen annahm.

Es ist das Prinzip des Lügendetektors. Gegen diese unbewusste psychovegetative Funktion des Körpers ist der Verstand machtlos, die Reaktion läuft ab, ohne dass unser Wille etwas dagegen unternehmen kann. Genau diese Machtlosigkeit wollen wir jetzt aber verhindern. Wir alle verwenden ja den Willen, um zielgerichtet zu handeln. Gibt es im Unbewussten, zu dem unsere Seele gehört, auch so ein Prinzip? Ja – es ist die Motivation. Was der Wille im Bewussten, ist die Motivation im Unbewussten. Wille und Motivation arbeiten Hand in Hand. Sie bewegen uns.

Motivation wird über Stimmungen vermittelt. Indem wir unsere Stimmung modulieren, verändern wir unsere Motivationsstärke. Auch Stimmungen sind abhängig von der Analyse eines Ist-Zustandes, was durch den Verstand aktiviert ist, verbunden mit einem Gefühl der Bewertung des Analyseergebnisses, was durch die Seele aktiviert ist.

Welche Verstandes- und Gefühlslage brauchen wir für diejenige Motivation, die uns zum Selbst führt? Es sind mehrere wichtige Einzelpunkte, einige davon sind folgende. Zuerst sollen die ichbezogenen Punkte aufgeführt werden: alles loslassen, was Manipulatoren uns als Vorwand einer Gesellschaftsanpassung oktroyiert haben. Sich vom Marionettendasein befreien. Die eigene Wichtigkeit zurücknehmen. Sich nicht gegenüber Mitmenschen verteidigen, die sich erdreisten, Urteile über uns zu fällen. Schuldgefühle ablegen. Keine Angst vor Misserfolg zulassen, denn schließlich wird die Angst vor Misserfolg jeden Erfolg abwürgen. Konzentrierte Hinwendung zur Natur mit Wald, Blumen, Bächen, Seen, Hügeln, Bergen, Felsen, Sand und Meer.

Als Nächstes schauen wir uns die notwendigen selbstbezoge-
nen Punkte an: Empfindungsaufmerksamkeit einsetzen und empfangen. Wissen und Verstehen der Wirkmechanismen, wie wir sie
in diesem Buch aufgezeichnet haben. Daraus Erkenntnis fassen.
Und der entscheidende Faktor ist dann die sichere Gewissheit,
dass das anvisierte Ziel erreicht wird.

Tiefspirituelle Erfahrung – Das Entheogen

Das Gefühl »alles ist eins« (All-Einheit) wird gern mit dem Kunst-
begriff »entheogen« benannt. Er setzt sich zusammen aus den alt-
griechischen Wörtern *entheos* (gottbegeistert) und *genésthai* (bewirken). Im Mittelpunkt steht die Erfahrung einer pantheistischen
Wirklichkeit der Welt. Der Pantheismus sagt aus, dass der Begriff
»Gott« der Ganzheit aller Dinge gleichkommt.

Über das Gefühl einer ungetrennten Verbindung mit allem
haben schon viele Menschen berichtet. Bereits in alten Traditionen wurden als Hilfsmittel zur Erlangung dieses Gefühls psycho-
aktive Drogen verwendet. Das hat sich bis heute nicht geändert.
Sie werden »Entheogene« genannt. Unser Ziel ist es, dieses Gefühl
ohne zugeführte Drogen zu erlangen.

Aber es ergibt Sinn, sich anzusehen, was zugeführte Drogen
im Gehirn verändern, um dieses Gefühl auszulösen und es zu erfahren. Wir haben Indizien dafür, dass genau die gleichen Veränderungen der Neurone im Netzwerk unserer Gehirne durch eine
bestimmte geistige Einstellung auftreten. So ist vom Psilocybin,
dem Hauptwirkstoff der sogenannten Zauberpilze, schon länger
bekannt, dass es ein ähnliches Gehirnaktivitätsmuster erzeugt wie
beim Träumen. Andererseits wirkt Psilocybin ähnlich wie LSD.
Auch unter LSD-Einfluss erscheint die Welt wie in einem Traum.
Das Ich löst sich auf.

Aber noch interessanter ist das Ergebnis, dass das Gehirn nach
dem LSD-Konsum einen Zustand annimmt, der dem eines Kindes

gleicht. Das ist deshalb so interessant, weil man aus Kindermund immer wieder esoterisch anmutende Erzählungen hört und bei Kindern einen von Erwachsenen nicht leicht nachvollziehbaren Glückseligkeitszustand beobachten kann.

Das wollen wir uns genauer ansehen. LSD ist die Abkürzung von »Lysergsäurediethylamid«, einem synthetischen Derivat des Alkaloids Lysergsäure, das durch den auf Roggenähren gedeihenden Pilz mit dem Vulgärnamen Mutterkorn (Claviceps pupurea) gebildet wird. LSD kann nicht geraucht werden, da durch Hitze der Wirkstoff zerstört wird. Aber bereits kleinste Mengen im Mikrogrammbereich in den Körper gebracht, können intensive Wahrnehmungsveränderungen bewirken. Das ist erstaunlich, denn nur ein sehr geringer Teil dieser Kleinstdosis gelangt noch über die Blut-Hirn-Schranke ins Gehirn. Dort bindet LSD an verschiedene Serotoninrezeptoren. Die Rezeptortypen 5-HT_{1A}, 5-HT_{2A}, 5-HT_{2C} scheinen bei der Wirkung einen besonderen Effekt auszulösen. Diese Rezeptoren sind in strategisch wichtigen Gehirnarealen weit verbreitet (Raphe-Kerne, Locus caeruleus, Pyramidenzellen im Neocortex). Nun muss man wissen, dass physiologisch und ohne Drogen diese wichtigen Gehirnareale an alle übrigen Hirnregionen hemmende Informationen senden, wohl um das Gehirn vor Übererregung zu schützen und auf die Erregungsantwort der jeweils akuten Reize zu reduzieren. Diese natürlicherweise vorhandenen hemmenden Signale werden nun ihrerseits durch LSD-Rezeptor-Effekte gehemmt. Eine Hemmung der Hemmung hat eine Forcierung zur Folge. Das ist der Grund, warum nun viele Gehirnbezirke gleichzeitig zu hoher synchronisierter Erregungsaktivität auflaufen.

Es geht ja nicht nur um die Sinneseindrücke, die verarbeitet werden, sondern um Informationen, die »unbewusst« reizgleich erkannt, decodiert, interpretiert, gefiltert werden. Erst danach werden diese Signale über die Eingangspforte »Thalamus« zur Verarbeitung in der Großhirnrinde zugeführt. Durch LSD wird die Filterung mehr oder weniger verhindert, und der Impulsstrom zur Großhirnrinde wird übermäßig stark vergrößert, dies ohne übliche Interpretation. Daraus resultiert eine veränderte Ich-Perspektive, und es entsteht die Selbsterfahrung, die wir suchen.

Eine Arbeitsgruppe vom Imperial College in London um Robin L. Carhart-Harris hat mit neuesten Hirnscan-Methoden eine Gruppe von LSD-Probanden angesehen und mit einer Placebo-Gruppe verglichen.[16] Die Wissenschaftler sprechen davon, das Gehirn in einen kindlichen Zustand zu versetzen.

Was bedeutet das? Unser Gehirn arbeitet normalerweise mit voneinander unabhängigen Neuronennetzwerken. Jedes Netzwerk für sich führt spezielle Aufgaben aus; dies mündet zum Beispiel in Sehen, Hören, Laufen, Greifen, aber auch in verstärkter Aufmerksamkeit und vielem mehr. LSD löst diese Trennung der einzelnen Netzwerke auf, es kommt zu einer Funktionseinheit. Die Menschen mit diesen Gehirnenthemmungen fühlen eine angenehme Ich-Entgrenzung, eine Verschmelzung und ein beglückendes Einssein mit dem Universum. Insgesamt einen Zustand »allumfassenden Bewusstseins«. Außerdem wird häufig von einem Gefühl des Vertrauens zu anderen Personen gesprochen, das ansonsten nicht gespürt wird.[17]

Die Zunahme der Gesamtvernetzung im Gehirn unter LSD-Gabe entspricht also einer bewusst werdenden Ich-Auflösung, von der die Probanden begeistert berichten können. Dadurch entsteht ein Verschmelzen der Innenwelt mit der Außenwelt. Die Sinneseindrücke der Außenwelt werden als das wahrgenommen, was sie tatsächlich sind: Erfahrungen des Selbst, also Erfahrungen des Inneren, die uns das Ich nicht so erlaubt.

Genau diese Funktionseinheit von Neuronennetzwerken ist auch im Gehirn von Kindern zu finden. Erst beim Erwachsenen spezialisiert sich das Gehirn durch immerwährendes Training und wird dann in verschiedene Funktionsbereiche unterteilt. Dadurch wird es immer starrer und inflexibler. Das betrifft auch Zentren, die für unser Ich-Bewusstsein zuständig sind; ihre Aktivität wird immer isolierter. Sorge, Furcht und Ängste nehmen zu.

Damit schwindet zunehmend auch die spirituelle Erfahrungsmöglichkeit. Selbst dann, wenn nun Entheogene eingenommen werden, führt die Auflösung der eigenen Identität bei einigen Probanden zu verstärkten Angstzuständen, die sich zu Panik steigern können. Diese Zustände, wenn sie wiederholt auftreten, werden durch die Wiederholungen nun auch noch gelernt.

Aldous Huxley (1894–1963), bekannt vor allem durch seinen dystopischen Roman *Schöne neue Welt*, verschrieb sich schon in den frühen Fünfzigerjahren der Forschung von Halluzinogenen. Durch seine eigenen Erfahrungen mit diesen Drogen war er der Meinung, dass sich die Welt unter Drogenkonsum so offenbart, wie die Dinge in Wirklichkeit sind. In seiner Schrift *Pforten der Wahrnehmung* beschreibt er »ein von Ballast befreites Wahrnehmungsvermögen«.[18] Der Mensch sieht sich weniger als Individuum, sondern vielmehr als Teil des Universums. Huxley ist einer der Namensgeber des Begriffs »psychedelisch« in der Bedeutung von »die Seele offenbaren«.

Er machte seine Erfahrungen unter anderem mit Meskalin. Er erkannte nicht nur die Änderung der Wahrnehmung, sondern auch die Auflösung des Ich. Durch eine Art Dezentralisierung des Ich gelingt die Identifizierung mit den Selbstinstanzen, und die Probanden fühlen sich nicht mehr getrennt von den Dingen der Umgebung, die sie hören oder sehen oder fühlen.

Neue Welten durch Isolation vom Alltag

Wichtig ist nun zu wissen, dass die synchronisierte Kohärenzfunktion der Gehirnnetzwerke auch bei einer Tiefenentspannung auftritt. Für diese Erscheinung eines Aktivierungszustands des Gehirns bei absoluter Körperruhe gab es noch vor einigen Jahren keinerlei Erklärung, und ehemals wurde dies von den Wissenschaftlern deshalb als »mysteriöse Region« und »mystische Mittelhirnaktivität« bezeichnet. Es geht um den Zustand des bereits kurz anzitierten »Default-Mode Network« (DMN), was man sinnvoll übersetzen kann als »Basis-« beziehungsweise »Ruhemodus-Netzwerk« oder auch als »Leerlauf-Netzwerk des Gehirns« (engl. *default* [Standard, Voreinstellung, Verzug]), wobei »Ruhe« und »Leerlauf« sich nicht auf das Gehirn, sondern auf die Körperaktivität beziehen.[19]

Auch hier synchronisieren sich Hirnregionen, die ansonsten wenig Verbindung haben. Der DMN-Modus enthält zwei unterschiedliche Zustände:

- Er ist aktiv ohne Präfrontale-Cortex-Funktion und gibt damit unbewusst und nicht erinnerbar die Welt des Traumschlafs wieder.

- Er ist aktiv zusammen mit dem präfrontalen Cortex und gibt bewusst und erinnerbar eine Welt wieder, die wenig mit der materiellen Alltagswelt zu tun hat, aber so wie beim luziden Traum während der Kombination einer Entspannungs- und Achtsamkeitsmeditation aufgesucht werden kann. Man charakterisierte diesen Zustand als sogenanntes reizunabhängiges Denken, Akronym SIT (engl. *stimulus-independent thought*), und kann diese Aktivitäten mit einer Art Bereitschaftszustand für die innere Einkehr kennzeichnen, wobei im Mittelpunkt des Geschehens sogar laut Aussage von Wissenschaftlern auch Voraussagen über die Zukunft stehen. In früheren indisch-asiatischen Kulturen wird der Zustand als »Turīya« bezeichnet (wörtlich »das Vierte« [der überbewusste Zustand der Erleuchtung, der über die drei vertrauten Bewusstseinszustände Wachen, Träumen und Tiefschlaf hinausgeht]).

In den Ruhezuständen und besonders in der Tiefenentspannung des Menschen offenbaren sich also verschiedene Grundbefindlichkeiten des Geist-Seele-Verbundes. Der Indikator dafür ist das Muster des Default-Netzwerks.

In meinem Modell der Quantenphilosophie und der Interwelt

ist der »Default-Modus« mit reduzierter Frontalhirnaktivität gerade der Moment, in dem das Ich sich zurückzieht und wir als unser ureigenes Selbst, bewusst an die ganzheitliche Einheit angekoppelt, aus einem Speicher Informationen abrufen können. Wenn wir das über das Angelernte und Konditionierte hinaus bewusst und willentlich machen, ist die bisherige Ich-Perspektive eindeutig neu justiert, und dies kann bei vielfacher Wiederholung gelernt werden.

Der Einsatz von Wille zeichnet sich durch intensive Aktivität des präfrontalen Cortex innerhalb des Default-Mode-Netzwerks aus. Und nun kommt wieder unser »Pfad der Erkenntnis« ins Spiel. Habe ich das Wissen, zum Beispiel das, was wir hier im Buch Stück für Stück entwickelt haben, prinzipiell erfasst und abgespeichert, dann springt der Alltags-Denker während des DMN-Modus zu einem zielgerichteten Denken aus der neuen Perspektive heraus. Genauso lässt sich das luzide Träumen erklären: Auch im Traum wird der Wille zugeschaltet.

Wir hatten Bewusstsein definiert als Schaltung zur Erkennung von Information und ihrer zielgerichteten Verarbeitung. Nun stellen wir fest, dass das DMN ein Wirkmechanismus für das Ich im menschlichen Körper ist, sich neu zu orientieren.

Fassen wir noch einmal zusammen: Zuerst tasten wir uns mit abgeschwächtem Ich-Zustand an die Selbstwelten heran und erleben diese bei Wiederholung zunehmend bewusst. Da diese Selbstwelten aber nicht mehr, wie die Ich-Welt, den Raumzeit-Dimensionen unterliegen, begegnen wir dem, was bisher unbewusst war. Der Vorteil dieser Konstellation ist, dass wir nicht voll im Einheitssystem aufgehen, weil wir dann kein Erleben mehr haben könnten. Vielmehr sehen wir die Selbstinstanzen aus der Perspektive dessen, was der Verstand des Ich bisher als Erkenntnis angesammelt hat.

Das ist eine äußerst spannende Erkenntnis, denn je enger unsere Gedanken, Vorstellungen, Suggestionen mit dem Zustand der Kohärenz, also mit dem Default-Mode Network, zeitlich ver-

bunden sind, desto mehr erleben wir einen neuen Wahrnehmungszustand, der Ordnung (Heilung) und ergänzendes Wissen vermittelt. Das ist nach meiner Überzeugung die Ursache der
positiven Hypnose- und Placebo-Effekte.

Genau hier liegt die helfende Bedingung für den neuen »Pfad
der Erkenntnis«, den wir als Ziel suchen.

In der gnostisch-sethianischen Schrift »Allogenes NHC XI, 3«
aus der Sammlung der Nag-Hammadi-Schriften heißt es dazu:
»Und ich wandte mich zu mir selbst und sah das Licht, das mich
umgab, und das Gute, das in mir war, und ich wurde göttlich.«[20]

Was die Bibel bei Jesus mit Auferstehung beschreibt, ist der
Übergang zu einem neuen Sein. Die Auferstehung ist die Rückführung in die Selbstinstanzen. Immer wieder wird statt Auferstehung auch das Aufwachen für diesen Prozess propagiert, zum
Beispiel: »Wach auf, der du schläfst, und steh auf von den Toten,
so wird dich Christus erleuchten« (Eph 5, 14).

Als Beispiel der Praxis ist hier der Samadhi-Tank zu nennen,
der von dem amerikanischen Neurophysiologen John Cunning-
ham Lilly (1915–2001) erfunden und erprobt wurde. – Der Mensch
liegt im Dunkeln und »schwebt« gleichsam in einer warmen Mag-
nesiumsalzlösung. In dieser isolierten Umgebung, in der die meisten Sinnesreize unterbleiben, gelangt er schnell und sicher in den
Erkennungszustand.

Das erfuhr beispielsweise auch Charles Lindbergh (1902–1974),
als er achtzehn Stunden lang mit seiner »Spirit of St. Louis« in
seiner engen Flugzeugkabine bei monotonem Motorengebrumm
und bei häufigem Regen und Nebel von Boston nach Paris flog. Er
schrieb, sein Bewusstsein habe sich von den Sinnen getrennt. Die
Wichtigkeit der physischen Bedürfnisse und der unmittelbaren
Umgebung wurden überlagert von der Wahrnehmung universeller Werte. Für universelle Zeiträume fühlte er sich getrennt vom
Körper, als wäre er ein Bewusstsein, das sich im Raum, auf Erden
und im Himmel ausdehnte, das von Zeit und Materie nicht mehr
eingeschränkt werde, frei von jeglicher Schwerkraft. Als lebe er

in der Vergangenheit, in der Gegenwart, in der Zukunft, hier und anderswo und alles gleichzeitig.[21]

Genauso erging es dem US-amerikanischen Polarforscher und Konteradmiral Richard E. Byrd (1888–1957), als er viereinhalb Monate vollkommen isoliert in dem Basislager Bolling in der Antarktis verbrachte. Ein erhabenes Gefühl der Einheit mit der Natur und allen Dingen nahm von ihm Besitz; zeitweise verließ er seinen Körper und schwebte schwerelos durch den Raum. Er bemerkte eine große Intelligenz, die alles durchdringt, und erlebte dabei pure Glückseligkeit.[22]

Vielen sind wohl auch die mystischen Zustände des Astronauten Edgar Mitchell (1930–2016) auf dem Mond bekannt: »Es war ein spirituelles Erlebnis, in dem das Göttliche fast greifbar nahe war, ich wusste, dass das Leben im Universum nicht einfach auf zufälligen Prozessen beruhte. Dieses Wissen stellte sich unvermittelt ganz intuitiv ein, es war keine Folgerung… durch Nachdenken und logische Abstraktion… Es war ein subjektives Wissen, das jedoch mindestens so real und gültig war wie die objektiven Daten, auf denen das Flugprogramm und das Übermittlungssystem basierten. Ganz offensichtlich hat das Universum einen Sinn und eine Stoßrichtung – da ist eine unsichtbare Dimension hinter der Schöpfung, die dieser eine sinnvolle Ordnung zugrunde legt und dem Leben Sinn verleiht.«[23]

Und schließlich spricht auch Reinhold Messner immer wieder von Visionen während seiner Himalaja-Expeditionen, die ihm das Wissen über eine Einheit mit dem Universum vermittelt haben.

Die Effektivität von Glaube als Gewissheit »zu haben«

Wir haben bereits mehrfach angesprochen, dass die Erkennung und zielgerichtete Verarbeitung von Information mit dem Begriff »Intelligenz« umschrieben werden kann (lat. *intellegere* [erkennen, verstehen]). Verwunderlich ist nun, dass selbst auf der Quantenebene Logik und Intelligenz dort herrschen, wo Botenteilchen abgesendet werden. Botenteilchen erkennen das Ziel, wo ihre Information abgegeben werden soll, ansonsten könnten sie keine Boten sein. Diese Quantenintelligenz wird dann fortgesetzt bei funktionellen Molekülen wie bei Enzymen, Hormonen und Neurotransmittern. Bei all diesen Molekülen werden immer wieder Informationen erkannt und Ziele aufgesucht, nach unserer Definition also intelligent gehandelt. Enzyme suchen das Substrat, das sie umsetzen wollen, Hormone und Neurotransmitter suchen ihre ureigensten Rezeptoren auf. Der gesamte Stoffwechsel, die stoffliche Energieerzeugung, die Regeneration, das Immunsystem, die Reproduktion und so viel mehr sind Hinweise auf diese Intelligenz in uns, die unser Leben und Erleben mit dem Materiekörper erst möglich macht.

Allgemein gilt: Wenn ein Ziel geistig ausgesucht und verifiziert ist, passiert etwas Eigenartiges; es entsteht eine stabile Verbindung, die in uns etwas real bewirkt. Ausgesuchte Formen, Strukturen, Gestalten werden so gebildet, Substrat wird zerlegt, bestimmte Verhaltensweisen werden gesteuert, letztlich funktionieren sämtliche Sinne damit, und Gefühle werden umgesetzt zu Materieeffekten. Wir Menschen und die ganze Natur erreichen ihre lebendige Existenz mit diesem Mechanismus.

Aber auch die gesamte Psyche, also unser Verhalten, beruht darauf. Indem wir seelisch-geistige Empfindungen und Gefühle in die Materie hineinwirken lassen, verändern wir sie. Wie gesagt: Wir können zum Beispiel bei Einsamkeit, Entbehrungen, Trennungen, Traurigkeit bitterlich weinen. Das aber bedeutet, dass wir die materiellen Tränendrüsen durch geistig-seelische Einwirkung aktivieren. Oder wir können bei geeignetem Verständnis herzlich lachen – alles Fälle von für uns so »selbstverständlicher« Materiebeeinflussung. Die Mimik, die gesamte materiell bedingte Körperhaltung wird Ausdruck unserer Gefühle als nonverbale Kommunikation. Und das Naturziel der Reproduktion, des Nachwuchses, des Kinderbekommens als Folge der natürlichen Sexualität kann ohne die Kaskade zielgerichteter Effekte ebenfalls nicht funktionieren. Wir können sehr viele weitere Effekte des Lebens aufführen: Immer ist derselbe Mechanismus tätig, bewusst und unbewusst.

Aber die Frage ist doch: Wie und warum funktioniert die vielfältige Realitätsbildung, wenn ein Ziel angestrebt ist? Wie sieht der Mechanismus für eine zielgerichtete Verwirklichung aus? Die Lösung dieses Rätsels liegt im untersten Quantenbereich.

Die Lösung aller Quantenrätsel: Das Rückkopplungsprinzip

Die Formulierung »Lösung aller Quantenrätsel« mit dem entsprechenden Text dazu stammt von John Gribbin.[24] Alles begann mit einem Modell Wheelers und seines Schülers und späteren Nobelpreisträgers (1965) Richard Feynman (1918–1988). Beide gelten noch heute als die bedeutendsten Physiker ihrer Generation. Ihr Modell sollte das Schicksal einer freigesetzten elektromagnetischen Strahlung detaillierter erklären. Elektromagnetische Strahlung stammt von Elektronen, und es war bereits gut bekannt, dass diese Wellenstrahlung durch bestimmte determinierende Einflüsse, wie wir sie oben beschrieben haben, in Photonen umgewandelt werden kann. Wenn ein Elektron ein Photon absendet, erfährt das Elektron dabei einen gewissen »Rückstoß«. Oder umgekehrt: Wenn das Elektron ein Photon aufnimmt, also absorbiert, erhält es einen »Vorstoß«. Diese Stoßbewegungen des Elektrons bedingen wiederum die Aussendung neuer Photonen.

Entsprechend unseren gewohnten Gedanken meinen wir nun, dass Elektron 1 ein Photon aussendet, also emittiert, und irgendein Elektron 2 dieses Photon aufnimmt, also absorbiert. Es ist wie beim Fußball – einer schießt, und ein anderer nimmt den Ball an; Ursache und Wirkung, eins geschieht nach dem anderen, zeitlich geordnet. Dieser Vorgang findet mit Sicherheit im Elektronenbereich oftmals statt. Aber ein bis heute völlig unbedachter Vorgang ist laut Quantengesetz genauso wahrscheinlich und ergibt einen erweiterten Mechanismus: Das Elektron 2 kann in der Zukunft ein Photon emittieren, und dieses reist nun in der Zeit rückwärts und wird dann in unserer Gegenwart (oder sogar in unserer Vergangenheit) von Elektron 1 absorbiert.

Tatsächlich, so zeigen überzeugend zahlreiche Versuche, können sowohl Elektronen als auch Photonen, wenn wir sie beobachten, rückwärts in der Zeit geschickt werden. Sie können sich aber auch wieder umdrehen und daraufhin erneut in die Zukunft reisen. Photonen können so für Elektronen wie ein Zeitspiegel wirken. Diese Wechselbeziehung besteht immer aus dem Dreiergespann Elektron, Positron und Photon. Warum Positron? Ein Elektron, das gerade in der Zeit rückwärts reist, fungiert für uns in Richtung Zukunft Reisende als Positron. Wir kennen noch aus der Schule die doppelte Negation, also minus mal minus ergibt plus. Das doppelte Minus ergibt sich erstens durch das Zurück in der Zeit und zweitens durch das entsprechende Wegnehmen der negativen Ladung, was das Positron ausmacht. Als Äquivalent ergibt sich ein Zufügen positiver Ladung (Positron), die in der Zeit vorwärts wandert.

Was ich dargestellt habe, ist ein Merkmal der besten Theorie, die jemals von Menschen erdacht wurde, der Quantenelektrodynamik (QED). Diese Theorie, die ein Rückwärts in der Zeit einschließt, wurde 1965 mit drei Nobelpreisen belohnt (Feynman, Schwinger, Sinitro Tomonanga).

Es gab damals schon die berühmten Maxwell'schen Gleichungen. Sie beschreiben die Bewegung der elektromagnetischen Schwingungen durch den Raum und ihre Wechselwirkung mit geladenen Teilchen. Viele Gesetze der Physik, so auch die Maxwell'schen Gleichungen, sind vollkommen zeitsymmetrisch. Löst man die Gleichungen, ergeben sich demnach zwei Ergebnisse: eines für eine in der Zeit vorwärtslaufende Schwingungswelle und ein zweites für eine in der Zeit rückwärtslaufende Welle.

Warum wissen wir nichts davon? Weil alle Wissenschaftler meinten, dass eine Welle, die in der Zeit rückwärtsläuft, Unsinn ist, und deshalb wurde das zweite Lösungsergebnis einfach fallengelassen.

Feynman ließ sich von derartigen Gedanken seiner Kollegen nicht beirren. Und er fand ein weiteres Indiz. Man kann messen, dass die Elektronen, die einen Stoß erhalten, Widerstand leisten und in diesem Moment Photonen abstrahlen. Nichts Besonderes, möchte man meinen, denn Elektronen haben ja eine Masse, und die setzt sich der Beschleunigung als Trägheit entgegen. Aber der Widerstand, der in der Physik »Strahlungswiderstand« genannt wird, ist stärker als bei ungeladenen Teilchen gleicher Masse, also spielt die Ladung eine Rolle. Es wurde schnell deutlich, dass der Strahlungswiderstand nur deshalb auftritt, weil das Elektron mit etwas wechselwirkt. Nachdem man die von Elektronen emittierten und absorbierten Wellen, die von der Gegenwart in die Zukunft und von der Zukunft in die Gegenwart und sogar von der Gegenwart in die Vergangenheit laufen, genauer unter die Lupe genommen hatte, stellte man fest, dass der Strahlungswiderstand genau von diesen Schwingungen in der Zeit herrührte.

Die Physiker bemühten sich nun um die richtigen Wortbeschreibungen. Wellen, die vom Elektron abgesendet werden, heißen »retardiert«, weil sie erst nach ihrer Emittierung irgendwo landen werden. Die aus unserer Beobachtersicht in der Zeit rückwärtslaufenden Wellen heißen »avanciert«, weil sie irgendwo eintreffen, bevor sie aus unserer Sicht emittiert wurden. Wenn avancierte Wellen aus dem ganzen Universum und aus allen Richtungen auf ein Elektron einprasseln, dann wird verständlich, dass dieses Elektron festgesetzt wird und einem eventuellen Stoß einen Widerstand entgegensetzt. Die Energie wird absorbiert und stellt sich der Bewegung des Elektrons entgegen; dies ist der erwähnte Strahlungswiderstand.

Nebenbei gefragt: Hat dieser Effekt etwa auch etwas mit der sogenannten Gravitationskraft zu tun? Vermutlich ja. Der Strahlungswiderstand ist eine Eigenschaft jeder Materieanhäufung, also auch jedes Steins. Stoße ich gegen ihn oder will ich ihn vom Boden aufheben, wehrt er sich mithilfe der Trägheit, und dann sind die Elektronen dieses Steins als träge Masse durchaus zu berücksichtigen. Da die Gravitation voller Rätsel ist, wie ich immer wieder in meinen Büchern an Beispielen aufzeige, findet sich in dem Strahlungswiderstand der Elektronen möglicherweise eine Erklärung.

In der Wheeler-Feynman-Absorber-Theorie werden die einzelnen Aktivitäten rund ums Elektron sehr genau beschrieben. Regen wir also ein Elektron an und schauen zu, was passiert: Das Elektron sendet durch Anregung eine retardierte Welle in die Zukunft und *gleichzeitig* eine avancierte Welle in die Vergangenheit – wir nennen dieses sendende Elektron vorübergehend »verursachendes Erstelektron«. Diese Wellen begegnen natürlich in Raum und Zeit anderen Elektronen, die dadurch ebenfalls eine Anregung erfahren. Selbstverständlich werden ebendiese neu angeregten Elektronen nun auch in die Zukunft und gleichzeitig in die Vergangenheit elektromagnetische Wellen abstrahlen. Das gesamte Universum und alle elektronenreichen Körper sind deshalb voll von elektromagnetischer Strahlung. Aber nun greifen wieder die Quanten- und Strahlungsgesetze. Die allermeisten Wellen löschen sich durch destruktive Interferenzen aus. Dennoch kehren einige Wellen aus der Vergangenheit und aus der Zukunft nach der »Reflexion« an anderen Elektronen zu unserem Erstelektron zurück und erzeugen den mehrfach erwähnten Widerstand gegen eine Beschleunigung durch einen Stoß.

Entscheidend sind die Rückkopplungen, die sofort wirksam

sind. Sofort wirksam heißt, dass die Bestätigung eines Informationstransfers über beliebig weite Strecken durch Boten zu einem Ziel augenblicklich eintritt, ohne dass wir eine unerlaubte Überlichtgeschwindigkeit bemühen müssen. Diese Bestätigung funktioniert also auch dann, wenn die zurückkehrenden Signale im Prinzip aus einer weit entfernten Galaxie kommen.

Das Prinzip der Wheeler-Feynman-Theorie funktioniert in jedem Makro- und Mikrobereich, also innerhalb des gesamten Universums; zwischen dem Universum und der Natur, zwischen Natur und jedem Menschen, zwischen allen Lebewesen. Auch innerhalb unseres Körpers, zwischen jeder einzelnen Zelle. Das hat enorme Konsequenzen. Zum Beispiel: Wenn wir etwas sehen, bedeutet dies, dass nicht nur der gesehene Gegenstand, also etwa ein Baum, Photonen abgibt, die unsere Augen treffen, sondern die Elektronen unseres Auges, die über die eintreffenden Photonen angeregt werden, emittieren ebenfalls Photonen – quasi ein aktiver Blick, eine Aussage, die in alten Kulturen immer wieder überliefert wurde. Alles, was wir mit »Sehen« bezeichnen, ist ein Photonenaustausch zwischen Auge und anvisiertem Objekt.

Wenn ich meinen Arm heben will, entsteht ein vor- und in der Zeit zurücklaufender Kommunikationsprozess zwischen Gehirn und Arm. Das System gibt nicht nur Anweisung, sondern registriert gleichzeitig die Höhe der Armbewegung, die Geschwindigkeit, den Druck und vieles mehr – ein riesiger Informationsaustausch und immer wieder die Bestätigung »Es hat geklappt, Ziel wurde erreicht«. Im Prinzip bekommen alle Zellsysteme über alle Tätigkeiten sofort Bescheid. Diese Rückkopplungen können bei Wiederholungen durch Bahnung gelernt werden. Auch angelernte Reflexe hängen mit diesem besonderen Feedback-Mechanismus zusammen. So erklärt sich etwa die Balance beim Fahrradfahren, die schließlich vollkommen unbewusst und reflexartig die Muskulatur gegen die Schwerkraftwirkung in Stellung bringt.

Ein weiteres wichtiges Merkmal des Rückkopplungsprinzips ist, dass es in beide Richtungen funktioniert: Unser Erstelektron bekommt augenblicklich die Nachricht, dass es sein Ziel erreicht hat, und umgekehrt: Das Ziel erfährt, wo sich gerade unser Erstelektron aufhält. Durch ein drittes Teilchen neben unserem Erstelektron und dem Zielelektron kann durch die avancierte Kopplung mit unserem betrachteten Erstelektron der Befehl »Tu was!« ausgelöst werden und durch die retardierte Wechselwirkung mit dem Zielelektron die Bestätigung »Ich habe getan« erfahren werden. Dieses dritte Teilchen kann durch unser Ich repräsentiert werden. Es ist *deshalb* notwendig, weil die Photonenpaare nicht emittiert werden, solange keine Absorptionsvorkehrungen getroffen worden sind. Die »Absprache« über die Absorptionsvoraussetzungen bestimmen dann, was tatsächlich bei der Transaktion herauskommt. Sie werden immer in Richtung Zukunft abgeschlossen. Deshalb gibt es den Beobachtereffekt.

Ergebnis: Wenn wir Gedanken des Alltags vorübergehend weglassen und unseren Fokus ganz auf die Einheit des Universums als Unendlichkeit und Ewigkeit lenken, dann wirken die Elektronen des Universums im Feedbackmodus auf unsere Elektronen. Der Rückstoß oder Vorstoß, der dabei entsteht, bedeutet: Wir werden unmerklich schwerer oder leichter.

Man muss sich längere Zeit mit der Theorie beschäftigen, um das alles zu verstehen.

Elektronen sind Teil eines gewaltigen holistischen Netzwerks. Ohne sie gäbe es keine Strukturen, keinen Menschenkörper, keine Natur. Alles gehört den Elektronen, von den Galaxien bis zu Menschen und Einzellern. Deshalb gilt dieses Prinzip für alle Dinge, die wir kennen. Daraus folgt, dass die elektrischen Aktivitäten geladener Teilchen niemals vom ganzen Universum zu trennen sind. Und aus jedem elektromagnetischen Signal, sei es natürlichen Ursprungs oder technischen, wie von Handy, Radio, Fernsehen, Radar, Navigation, wird immer ein kosmisches Ereignis.

Die Theorie wurde von Feynman 1941 im Physikalischen Institut in Princeton vorgetragen. Im Auditorium saßen auch Albert

Einstein und Wolfgang Pauli und viele weitere Quantenwissenschaftler. Überliefert ist die Bemerkung Einsteins: »… mir scheint die Theorie möglich zu sein.«[25]

Heute ist die Theorie zwar anerkannt, aber immer noch weitgehend ungenutzt oder in ihrer Tragweite nicht erkannt. Wir sind in unserer Alltagswelt in keiner Weise geübt, eine Zeit rückwärts zu erleben, und deshalb ist dieser Fakt sehr befremdlich. Man kann sich daher nur schwer vorstellen, dass eine Botschaft in Form eines Photons mit Lichtgeschwindigkeit in den Raum hinausgetragen wird und durch Reflexion an einem weiteren Elektron (Reflexion bedeutet Energieabsorption, Elektronanregung und erneute Photonaussendung mit identischer Energiegröße) in der Zeit zurückkommen kann. Dabei wird – absolut gesehen – genauso viel Zeit auf dem Hinweg wie auf dem Rückweg verbraucht, aber auf dem Hinweg ist es Zeit in die Zukunft und auf dem Rückweg eben zeitlich in die Vergangenheit. Die Wege heben sich dann als Zeitdistanzen auf; in Summe (plus/minus) ist dann keine Zeit vergangen – die Reaktion ist deshalb augenblicklich.

Doch es gab bei der Wheeler-Feynman-Theorie ein Hindernis für die breite Anerkennung; die Theorie berücksichtigte in ihrer ersten Version keine Quantenprozesse und war deshalb als klassisch zu bezeichnen. Man wusste aber bereits, dass Quantenprozesse mehr erklären können als die klassische Physik und deshalb berücksichtigt werden müssen. Der Physiker Shu-Yuan Chu, damals in den Bell Laboratories in Murray Hill, New Jersey, hat die Theorie deshalb im Jahr 1993 aufgegriffen und an die Quantenmechanik beziehungsweise die parallel existierende Stringtheorie angepasst.[26]

Allerdings hatte John G. Cramer von der Universität Washington in Seattle fast zehn Jahre zuvor bereits an diesem Ziel gearbeitet.[27] Seine von ihm so genannte »Transaktionsinterpretation« gibt auf viele für das Leben wichtige Fragen sehr plausible Antworten. Cramer bezog die Schrödinger-Gleichungen zur Beschreibung von Wahrscheinlichkeitswellen mit ein. Das ergibt Sinn, denn auch die Wahrscheinlichkeitswellen reisen wie die elektromagnetischen Wellen mit Lichtgeschwindigkeit. Darüber hinaus schloss er die Maxwell'schen und die relativistischen Gleichungen Einsteins mit ein. Nun ergaben sich in der mathematischen Beschreibung wieder zwei Lösungsmöglichkeiten, eine für retardierte Wellen, die (entsprechend unserer Erfahrung) in die Zukunft laufen, und eine für avancierte Wellen, also für solche, die in der Zeit rückwärtslaufen (was unserer Erfahrung widerspricht).

Ein Grund dafür, dass diese sorgfältigen Berechnungen Cramers nahezu resonanzlos blieben, ist die Meinung vieler Physiker, dass es in die Vergangenheit reisende Wellen nicht geben kann – das wäre widersinnig. Vor allem spreche dagegen, dass wir in einem Zeitpfeil stecken, der die Zukunft favorisiert und der unweigerlich die Unordnung (Entropie) steigert. Das Umgekehrte widerspreche dem Zweiten Hauptsatz der Thermodynamik und unseren Erfahrungen: Eine Tasse, die herunterfällt und in viele Teile zerbricht, kann nicht wieder ohne Zutun auf den Tisch zurückgebracht und dabei in ihren ungebrochenen Originalzustand zurückversetzt werden.

Aber in der Quantenphysik herrschen Gesetzmäßigkeiten, die eben nur im Quanten- und hier besonders im Mikrobereich gelten. Übersieht man dies, begeht man einen Kardinalfehler. Denn es zeigte sich, dass bereits Schrödingers Wellengleichung sowie die Gleichungen rund um die »Kopenhagener Deutung« von Bohr und viele weiteren physikalischen Gleichungen allesamt zeitsymmetrisch sind; das heißt, sie alle haben Lösungen, die keinen monopolen Zeitpfeil aufweisen, sondern tatsächlich sowohl Richtung Vergangenheit als auch Richtung Zukunft weisen können. Sie sind gültig für beide Richtungen, ohne irgendetwas zu verletzen. Die Gesetze der Natur stellen Vergangenheit und Zukunft tatsächlich auf die gleiche Stufe. Was bedeutet, dass die zeitliche Abfolge auch umgekehrt ablaufen kann. Es ist eine Funktion der Wahrscheinlichkeit, ob im Kleinsten Entropiezu- oder -abnahme möglich ist.

Mit Cramers Anpassung der Wheeler-Feynman-Theorie an die

Quantenphysik konnten einige Rätsel gelöst werden. Wenn diese Zeitoperationen nun an bestimmten Weichen der Funktionsschienen der Materie oder geistigen Komplexen auftreten, können sogar makroskopische Effekte verzeichnet werden. Denken Sie an das mikroskopisch kleine Fitzelchen, das, in der Schleimhaut der Nase angekommen, einen Nieser mit einer Geschwindigkeit zwischen 100 und 1000 Kilometern in der Stunde auslösen kann …

Die Überbrückung der »Lücke« zwischen virtuell und real

Uns interessiert vor allem eins: Kann diese angepasste Cramer-Theorie »die Lücke« schließen? »Die Lücke« bringt Physiker zur Verzweiflung. Der Begriff »die Lücke« umschreibt die Frage, wie die Welt den Übergang vom Wahrscheinlichkeitsprinzip der Schrödinger-Gleichungen zur definierten Realität unserer täglichen Erfahrung vollzieht. Kurz: Wie wird aus der schier unendlichen Liste aller Möglichkeiten eine einzige ausgesucht?

Um die Antwort zu finden, fassen wir noch mal das Rückkopplungsprinzip zusammen. Ein beliebiges Elektron, das durch irgendetwas angeregt wird, erzeugt ein Feld von Wellen, das sich einerseits in die Zukunft ausdehnt (retardiert) und andererseits in die Vergangenheit (avanciert). Ein derartiges Sender-Elektron haben wir oben als »verursachendes Erstelektron« genannt. Wir sollten dabei im Hinterkopf behalten, dass alle Körper von Elektronen aufgebaut sind, dass alle Elektronen Informationsmuster darstellen und selbst unter Einsatz von Photonen Informationsfelder absenden, dass also jede Blume, jedes Tier, jeder Mensch, jedes Gehirn, jedes Herz mit diesem Prinzip arbeitet.

Betrachten wir vorerst nur die retardierte Welle. Sie reist so lange in die Zukunft, bis sie ein ausgesuchtes Ziel-Elektron trifft, das die Energie der Welle absorbiert. Diese absorbierte Energie regt das Empfänger-Elektron zur Aussendung neuer Wellen an, ebenfalls Richtung Zukunft und Richtung Vergangenheit. Nun schauen wir uns selektiv die avancierte Welle Richtung Vergangenheit an. Diese Welle reist auf demselben Pfad zurück, wie sie vorher Richtung Zukunft gereist ist, trifft somit wieder auf das verursachende Erstelektron.

In diesem Hin und Zurück verbirgt sich etwas Wichtiges, es ist das »Händeschütteln«. Das wollen wir gleich näher betrachten. Um das Bild zu vervollständigen, vorerst noch dies: Das verursachende Erstelektron erhält durch die zurückkehrende avancierte Welle einen Stoß, und dadurch sendet sie erneut beide Wellenqualitäten aus. Und so geht es endlos weiter. Davon sind nicht nur unser hier beschriebenes Sender- und Empfänger-Elektron betroffen, sondern alle Elektronen im ganzen Universum, in jedem Körper, in jeder Struktur.

Cramer nennt das Sender-Elektron »Emitter« und das Empfänger-Elektron »Absorber«. Er stellt dann fest: Emitter senden eine »Angebotswelle«, und die Absorber schicken eine »Bestätigungswelle«. Man kann nun das Schicksal aller Pfade der Wellen berechnen und konstatiert, dass sich alle durch Überlagerung (Interferenz) auslöschen, bis jeweils auf den Doppelpfad, der sich als kürzeste Verbindung zwischen dem jeweiligen Sender (Emitter) und jeweiligen Empfänger (Absorber) ausbildet. Dieser Doppelpfad setzt sich zusammen aus retardierter, positiver Energie in die Zukunft einerseits und aus avancierter, negativer Energie in die Vergangenheit andererseits. Weil – wie bereits beschrieben – negativ mal negativ positiv ergibt, so wie minus mal minus plus ergibt, verstärkt der Doppelpfad zwischen Sender und Empfänger sich gegenseitig. Cramer nennt diese Transaktion das »Händeschütteln«.

Das »Händeschütteln« ist exakt der Moment, wo aus den vielen Möglichkeiten eine einzige entsteht. Wichtig bei dem Rückkopplungsmechanismus ist also, dass durch die abgeschlossene Transaktion *eine* von vielen Möglichkeiten des Geschehnisses verwirklicht wurde. Elektronen kommunizieren auf diese Weise, um Ziele zu verwirklichen. Das zweite Ergebnis dieses Mechanismus ist, dass die Elektronen (oder andere Quantenteilchen) das Ergebnis ihrer Zielfindung augenblicklich mitgeteilt bekommen, ohne dass die Entfernung eine Rolle spielt.[28] Gribbin ist so begeistert von diesem Prinzip der Transaktion im Rückkopplungsmechanismus, dass er eine neue Ära der Physik prophezeit, wenn das Prinzip erst einmal in seinen Konsequenzen verstanden worden ist.[29]

Welche Aussichten haben seine Erwartungen? Wir haben bisher nur beschrieben, wie Photonen als Boten der Elektronen die Kommunikation bewerkstelligen, wenn man diese Kommunikation von außen her beobachtet. Das ist für uns die Regel. Wir stellten fest, dass Elektronen augenblicklich reagieren, egal, wie weit sie voneinander entfernt sind. Aber was geschieht im »Innenverhältnis«, was also »bemerken« die Photonen selbst von diesem Geschehen? Diesen Fall wollen wir deshalb kurz streifen, weil das Rückkopplungsprinzip verallgemeinert werden kann.

Wir wissen: Photonen reisen mit Lichtgeschwindigkeit. Wer mit Lichtgeschwindigkeit unterwegs ist, für den gibt es keine Zeit. Ob das Signal eines Photons in die Vergangenheit oder Zukunft reist, spielt für das Photon selbst überhaupt keine Rolle, da es in seinem eigenen Bezugssystem zeitlos ist. Damit wird auch der Raum egal, er hat keine Bedeutung. Das Photon ist einfach nur da, es ist immer und überall im Jetzt vorhanden.

Warum ist diese Innensicht so wichtig? Sie gilt eben auch für das Bewusstsein. Die »Teilchen« des Bewusstseins, die Psychons, sind genauso wie die Photonen in der Perspektive der Teilchen immer und überall im Jetzt vorhanden. Das heißt, sie haben ein Sein. Und da wir alles, wirklich alles mit Bewusstsein erkennen, ist die Perspektive der Innenansicht für jeden von uns gültig. Unsere ureigenste Verwendung des Bewusstseins lässt sich nicht von außerhalb betrachten. Bewusstsein befindet sich selbst außerhalb von Raum und Zeit, vermittelt aber, wie Photonen, in die Raumzeit hinein.

Wie wir unsere Ziele augenblicklich erreichen

Carl Friedrich von Weizsäcker fragt, »in welchem Umfang die Subjektivität, also unsere Seele und unser Bewusstsein, *Gegenstand* eines Wissens von der Art der Quantentheorie sein könnte«. Er stellt dann später in seinem Artikel fest, »[Es] steht nichts im Wege, sie [die Quantentheorie] auf seelische und bewusste Vorgänge anzuwenden«.[30]

Genau das wollen wir tun.

Das Prinzip der Transaktion in der Zeit lässt sich beliebig verallgemeinern. Wir haben von Rückkopplung gesprochen, können es aber auch »Echo in der Zeit« nennen oder »Feedback«.

Bedingung des Funktionskreises ist: Die abgesendete Information oder Energie kann nur absorbiert werden, wenn der Empfangsdetektor auf die Information oder Energie abgestimmt ist, also eine Art von Resonanz existiert. Das ist bei technischen Sendern und Empfängern eigentlich immer der Fall, aber hier muss die Information direkt im Empfänger verstanden werden und nicht zu einem Umsetzer wie Radio oder Fernseher weitergeleitet werden. Deshalb sprechen wir von einem Empfangsdetektor. Ist die Information akzeptiert, dann läuft die Antwort allerdings zeitlich zurück zum Sender.

Eine weitere Bedingung wollen wir im Auge behalten: Es ist ja nicht nur wichtig, dass der Empfangsdetektor auf Information und Energie abgestimmt ist, sondern sehr wichtig ist, dass ein ganz bestimmter Empfangsdetektor als Ziel festgelegt ist. Wer sucht das Ziel aus?

Im Prinzip ist es wie bei der Fledermaus: Sie sendet einen Klicklaut, es ergibt sich hier ein Echo an einer Materiestruktur, etwa an einem Felsen, an einem Baum, an einem Insekt, und damit wird die Umwelt kartiert. Nur die Zeit zurück steht bei diesem Schall-Echo nicht im Vordergrund.

Unser Quanten-Echo innerhalb von Schwärmen interagierender Teilchen ist also viel raffinierter. Das Besondere dieses Rückkopplungsmechanismus ist, dass der Sender in dem Moment, wo er ein Signal absendet, bereits »weiß«, wer sein Signal empfangen und beantwortet hat. Die Zeitdauer zwischen Aussendung und Empfang ist gleich null. Und die räumliche Entfernung zwischen Signal und Empfangsziel spielt ebenfalls keine Rolle.

Nun können wir überlegen, wo diese Rückkopplungs-Echo-Bedingungen eine Rolle spielen. Eigentlich haben wir hier eine Form der Realisierung durch den Beobachtereffekt; alle Teilchen können diesen Effekt auslösen.

Egal, was wir erleben, es laufen immer Angebots- und Bestätigungswellen durch das Geschehen. Wäre es nicht so, gäbe es kein Erleben. Leben funktioniert mithilfe von Beziehungen, und Beziehungen bauen auf wechselseitige Informationssignale. Die Differenzierung, welche Welle in die Zukunft und welche in die Vergangenheit läuft, ist für uns intellektuell nicht auflösbar und macht sich nur im Ergebnis oder in Empfindungen bemerkbar. Aber beide Wellen sind immer vorhanden. Auch »Vorahnungen« sind so erklärbar.

Das Rückkopplungsprinzip, eingebettet in die Quantenphilosophie, bietet noch einen ganz anderen Vorteil. Wenn es überhaupt noch kein wirkliches, also real existierendes Ziel gibt, dann kann der Mensch sich ein derartiges Ziel dennoch in Gedanken vorstellen. Wenn man dies macht, entsteht automatisch eine Rückkopplung, die schließlich zumindest eine virtuelle Realität erschafft.

Wie müssen wir uns den genaueren Ablauf vorstellen?

Wenn wir uns etwas vorstellen, haben wir ein Bild oder einen Geschehensablauf in der Gedankenstruktur gebildet. Die gedankliche »Vorstellung« hat das Ziel anvisiert.

Auch eine Vorstellung läuft erst einmal als Welle durch unseren Körper und anschließend über unseren Körper hinaus. Sie besteht nicht nur aus einer Energie-, sondern gleichfalls aus einer Informationskomponente. Das bedeutet, sowohl die Energie- als auch die Informationskomponente sind dafür verantwortlich, wer oder was als Ziel der Welle infrage kommt. Wieder spielen Resonanzen eine Rolle dafür. Keinesfalls kann jede beliebige Elektronenkonstellation automatisch in Resonanz liegen.

Nun ist die Frage erlaubt: Wie kann der Mensch sich etwas vorstellen, was er noch nie erlebt hat? Antwort: Eine Vorstellung entwickelt sich im Bereich des Möglichen, es ist nicht notwendig, diese Vorstellung exakt im bereits Erlebten auszurichten. Es ist für das Prinzip eben egal, ob das Ziel wirklich existiert oder ob sich der Mensch dieses Ziel lediglich aus der Fantasie heraus ausdenkt. Das, was heute jeder Psychologe als Psychosomatik, Psychoneuroimmunologie oder Psychoendokrinologie kennt, läuft ebenfalls oftmals durch diesen Mechanismus ab.

Wir können uns durchaus vorstellen, auf der Insel »Paradies« im stillen, warmen, blaugrünen Lagunenwasser zu baden, obwohl wir das vielleicht noch nie gemacht haben.

Die vielen Varianten des Vorstellungsbildes können sich zwar gedanklich augenblicklich verwirklichen, aber nicht unmittelbar materiell gegenständlich werden. Dennoch haben wir mit exakt diesem Mechanismus durch Wiederholung und Übung die Kontrolle über unseren Körper und über unsere Handlungen in der Umwelt bekommen: Wir haben laufen gelernt, sprechen, singen, feinmotorisches Fingerspiel, wir verwenden Toiletten, wenn wir entsprechende Signale im Körper spüren, was Affen meistens nicht können.

Die stärkste Rückkopplung ist die der Empathie. Wir können mit dem Echo-Feedback in unsere Mitmenschen eindringen und das momentane Gefühl auslesen. Liebe hängt sehr eng mit Einfühlungsvermögen zusammen. Auch unsere Selbstinstanzen und unsere Meme, zum Beispiel unsere »Schutzengel«, (er)finden wir mit diesem Empathie-Feedback-Mechanismus. Sogar die Lust beruht auf einer sich selbst verstärkenden Rückkopplungsschleife. Insgesamt können wir lobend feststellen: Das Echo-Feedback mit dem Ergebnis des »Händeschüttelns« ist eine wunderbare Erfindung.

Das, was von uns dann »Absicht« genannt wird, wirkt als Sender einer Angebotswelle hin zum Ziel. Und schließlich ist die »Erwartung« der Empfänger der Bestätigungswelle vom Ziel. Hinter der Investition von »Vorstellung, Absicht und Erwartung« verbirgt sich natürlich unser Ich. Die Rückkopplungsmechanismen wirken auf diese Weise zwischen dem Ich, das sich etwas vorstellt, beabsichtigt, erwartet, einerseits und dem, *was* es sich vorstellt, beabsichtigt, erwartet, andererseits. Da der Informationsschluss beim Echo-Feedback augenblicklich wirkt, kann der Mensch etwas beabsichtigen, erwarten und gleichzeitig darauf setzen, dass das Erwartete bereits eingetroffen ist.

Genau das steht bereits im Neuen Testament als Erfolgsanleitung für das Bitten und Beten: »Darum sage ich euch: Alles, worum ihr betet und bittet – glaubt nur, dass ihr es schon erhalten habt, dann wird es euch zuteil« (Mk 11, 24). Dieses Prinzip hat Einzug in alle unsere Aktivitäten.

Ein geeignetes Beispiel ist das visuell-lokale Vorausschauen, was deutlich macht, dass dieses Echoprinzip auch unbewusst abläuft. Unser Sehapparat, gesteuert vom »Unterbewusstsein«, eilt nämlich einem anvisierten Zielobjekt immer voraus. Aber der Sehapparat fixiert unweigerlich genau an dem Punkt, an dem gleich ein Geschehen stattfinden wird, dies auch bei höchsten Veränderungsgeschwindigkeiten. Damit wird die Trägheit der Signalverarbeitung im Gehirn kompensiert. Wenn Augen ein Objekt erfasst haben, dauert es 30 Millisekunden bis zur Anregung der lichtempfindlichen Nerven. Weitere fünf Millisekunden werden benötigt, um die Information ins Gehirn zu leiten. Damit das Gesehene erkannt wird, bedarf es einer Assoziation des Geschehens mit einer entsprechenden Erfahrung, was weitere 100 Millisekunden benötigt. Von der Wahrnehmung des Objekts bis zum bewussten Erkennen vergehen also 135 Millisekunden. Plus einen sechs Millisekunden vorauseilendem Augenfokus sind es ganze 141 Millisekunden, die der Sehapparat einschließlich Verarbeitung der Bahn eines sich bewegenden Objekts voraussehen kann. Auch

Reflexe verwenden das Prinzip. Tennisspieler reagieren schneller auf den anfliegenden Ball, als es die Latenz von Muskel, Nerven, Sensorik zulässt.

Oder das Schamgefühl: Es kann immer erst durch das Rückkopplungsprinzip ausgelöst werden. Wir hinterfragen etwas und erkennen als Antwort eine zweifelhafte »Peinlichkeit«, die zur Scham führt. In der Folge kann sich durch Erweiterung kleiner Blutgefäßverbindungen die Gesichtshaut verstärkt röten, was den umgebenden Menschen nonverbal sogar unser spezielles Schamgefühl signalisiert.

Auch das autogene Training ist mit dem Rückkopplungsprinzip erklärbar. Die zu erreichende Schwere und Erwärmung von Arm und Füßen wird sich zuerst nur detailliert vorgestellt, bevor sie dadurch wirklich eintritt.

Eine wichtige Bedingung des Effekts haben wir bisher nicht genannt: Wenn wir mit Zeitoperationen, also dem Signal Richtung »in die Zukunft« und dem Signal Richtung »zurück in die Vergangenheit«, arbeiten, dann ist damit festgelegt, dass wir innerhalb der Raumzeit tätig sind. Wir haben schon mehrfach dargelegt, dass Raumzeit an die materielle Welt gebunden ist. Das Rückkopplungsprinzip ist also eine überaus wertvolle Hilfe, um in der materiellen Raumzeit zu navigieren. Ich (gehört zur Raumzeit) hebe meinen Arm (gehört zur Raumzeit). Dennoch funktioniert das Prinzip darüber hinaus auch als Brücke zur Raumzeitlosigkeit.

Unsere Seele als Ursprung unserer Gefühlswelt ist raumzeitlos. Alle unsere Gedanken haben deshalb raumzeitlose Gefühlskomponenten zur Bewertung und Beurteilung eines Geschehens. Wir hatten auch ausgeführt, dass die Seele zu den Selbstinstanzen gehört. Die Gedanken bilden das Ich in der Raumzeit, während das Selbst außerhalb von ihr existiert. Die Verbindung von Ich und Selbst heißt Verbindung von Verstand und Seele und ist immer vorhanden, aber zunächst einmal nicht willentlich kontrollierbar.

Das ändert sich mit dem Echo-Feedback. Das Ziel, sich *bewusst und willentlich* mit dem Selbst zu verbinden, gelingt nach einiger Übung – Beispiele: autogenes Training, luzides Träumen, Trance, Tiefenentspannungsmeditation –, deshalb können wir davon ausgehen, dass unser Prinzip der Rückkopplung auch als Brücke von materieller Welt zu geistiger Welt dienen kann. Es ist ja auch bereits in jeder geistigen Vorstellung angelegt, nur merken wir normalerweise nichts davon. Besonders eklatant tritt es bei Hypnoseffekten zutage. Die Fremdsuggestion durch einen Hypnotiseur verschmilzt mit Eigensuggestion im Hypnotisierten mit dann messbaren materiellen Kraftauswirkungen.

Gemeinsam ist diesen Trance-Suggestionseffekten, dass unser Ich als Generator von Alltagsgedanken, die üblicherweise hohe Verstandesanteile aufweisen, vorübergehend außer Kraft gesetzt wird. Wir erreichen dann eine vollkommen andere Gedankensphäre. Halluzinationen als Indikator eines »Jenseits« sind ein weiteres Beispiel; auch sie sind Gedanken mit geringer Verstandeskontrolle. Wenn LSD das Jenseits ermöglicht oder das Nahtod-Erlebnis, haben wir ebenfalls Gedanken. Gedanken sind überall dabei, aber es ist ein entscheidender Unterschied, ob Gedanken aktiv gedacht werden oder ob uns Gedanken einfallen. Aktiv gedacht werden sie vom Ich, einfallen tun sie vom Selbst. Der Ursprung von dem, was uns einfällt, ist deshalb im Prinzip unbewusst. Wir haben es also wieder mit dem Gegensatz bewusst/unbewusst zu tun. Aber unbewusst aus Sicht des Ich heißt keinesfalls unbewusst aus Sicht des Selbst, denn Bewusstheit als Werkzeug der Informationserkennung gilt selbstverständlich auch im sogenannten Unbewussten. Nur dass das Ich dies nicht merkt.

Wie bereits erwähnt: Unbewusstes ist das Bewusstsein des Selbst. Auch die Gefühle, die unsere Gedanken mehr oder weniger begleiten, fallen ein, sind also nicht bewusst steuerbar. Die Perspektive ist entscheidend: Normalerweise sehen wir alles, was den Verstand betrifft, aus der Sicht des Ich und alles, was die Gefühle betrifft, aus der Sicht des Selbst. Mehr Verstandes-Feedback: Wir realisieren die Materiewelt. Mehr Gefühls-Feedback: Wir realisieren die Seelenwelt.

Realitätsschaltung der Transformation

Wir hatten uns bereits darauf festgelegt, dass nichts in der Welt für uns ohne Bewusstsein existiert. Bewusstsein hatten wir definiert als einen Modus, der Informationen als solche erkennbar macht und sie dann verarbeitet. Wenn diese Verarbeitung zielgerichtet abläuft, haben wir es mit Intelligenz zu tun. Information, Bewusstsein, Intelligenz werden als Gedanken integriert, also existiert die Welt durch Gedanken.

Wenn sich durch Beobachtung ein Ding oder ein Geschehen in den Gedanken als ein Erkennen festgesetzt hat, dann ist es bereits automatisch mit früher abgespeicherten Dingen und Geschehnissen verglichen worden. Der Vergleich wird eingeordnet, was Raum und Zeit erfordert. Willkommen in der materiellen vierdimensionalen Welt.

Nun haben wir eine Realität vor unserem geistigen Auge. Wir stellen uns damit etwas vor, sind aber noch weit entfernt von einer begrifflichen Realität in der Alltagswahrnehmung. Und das ist gut so. Schlimm wäre, wenn sich jeder Gedanke sofort in wirkliche Gegenstände und Dinge umwandelte. Wenn der Mensch sich also vorstellt, dass das Flugzeug, in dem er gerade sitzt, abstürzt, passiert überhaupt nichts. Ein Steuersystem eines Flugzeugs besteht aus zu vielen Atomen und Molekülen, die für einen Absturz alle zusammen in kohärenter Weise auf den »Befehl« des Gedankens »hören« müssten. Das ist zu viel verlangt.

Anders sieht es mit einzelnen Elektronen aus. Tatsächlich – sie richten sich nach unseren Gedanken. Und je mehr Menschen den gleichen oder sogar denselben Gedanken haben, desto besser klappt diese Abhängigkeit. Die Gruppe PEAR in der Princeton University hat in vielen Experimenten dafür Beweise gesammelt.

Wir sprachen bereits darüber. Grundlegend ist ein universelles Informationsfeld, das wir aus unserer Alltagssicht heraus in die Vakuumphase verortet haben, wo alles, was in der Natur geschieht, abgespeichert wird. Auch Brian Josephson, Nobelpreisträger für Physik 1972, hält die objektive Realität für ein Produkt der kollektiven Gedanken der Menschheit.[31] Und die tantrischen Mystiker Tibets bezeichnen den Stoff der Gedanken als *tsal* und vertreten die Ansicht, dass jede mentale Aktivität Wellen dieser geheimnisvollen Energie erzeuge. Sie hielten das gesamte Universum für eine Hervorbringung des Geistes, geschaffen und belebt durch das kollektive *tsal* aller Lebewesen.[32]

Weitere experimentelle Versuche zeigen, dass eine verhältnismäßig kleine Gruppe von Menschen durch gleichzeitige Meditation die Kriminalitätsrate innerhalb einer Stadt beeinflussen kann. Sogar die Anzahl der Verkehrsunfälle ist beeinflussbar. Ein Team um den Psychologen und Neurologen David Orme-Johnson hatte bereits in den Siebzigerjahren herausgefunden, dass, wenn nur ein Prozent einer Gesellschaft eines Stadtbezirks zielgerichtet meditiert, die Kriminalitätsrate gegenüber einem Kontrollbezirk, wo nicht meditiert wurde, abgesenkt wird. Alle Bezirke, die in fünfzig Versuchen bearbeitet wurden, es waren Los Angeles und Washington, DC, sowie Regionen des Nahen Ostens, zeigten identische Ergebnisse.[33] Das ähnelt sehr den früheren Ergebnissen, die mit Tieren erlangt wurden und als »operante Konditionierung« oder als »programmiertes Lernen« in die Wissenschaftsannalen eingingen.

Aber wie gesagt, auch in unserem Körper ist diese Abhängigkeit zwischen Elektronen und Gedanken gegeben. Die Elektronen in unserem Körper sind entweder bereits für die Kommunikation vorhanden, oder wir schalten sie in die Realität. Davor sind sie Wahrscheinlichkeiten, wie das Wort es ausdrückt: wahr als Schein – also noch nicht wahr. Allerdings sind die Wellen der Wahrscheinlichkeiten allein mathematische Ansichten von Physikern; was sie tatsächlich sind, weiß niemand. Deshalb können wir auch spekulieren, dass die Physiker ihre entdeckten Gesetzmäßigkeiten lediglich aufgedeckt, sozusagen wiederbelebt haben. Dabei läuft folgende verallgemeinerte Kaskade ab:

- Wir machen uns Vorstellungen von bestimmten Zielen und Wirkungen, setzen diese Wirkungs-Erfahrungen um in Theorien mit mathematischen Formeln und sind nun fest davon überzeugt, dass diese Wirkungen eine von uns unabhängige Existenz haben.
- Diese Überzeugung gelangt als Glaube in die Allgemeinheit.
- Die Folge davon ist eine durch Menschen verursachte immense Verstärkung der Realitätsschaltung von als Ganzes neu geformten Quantenmöglichkeiten.
- Damit wird diese Neuschöpfung zur allgemeinen Selbstverständlichkeit. Und wir übersehen, dass nichts davon vorhanden wäre, gäbe es keine Vorstellungen und kein Bewusstsein, das diese Vorstellungen ermöglicht und trägt.

Das Entscheidende in unserem »Pfad der Erkenntnis« ist, dass sich das Rätsel lösen lässt, wenn wir ein besonderes Verständnis und eine besondere seelische Einstellung an den Tag legen, losgelöst von der Alltagskaskade. Dies entspricht in den Traditionen einer Einweihung.

Das Geheimnis des »Inneren Feuers«

In unseren Recherchen haben wir mit Erstaunen festgestellt, dass hinter den Traditionen der Alchemie genauso wie hinter der Tradition der bereits erwähnten indischen Vedānta ein äußerst wahrer und interessanter Kern steckt.

Alchemie ist in den unterschiedlichsten Kulturen seit vielen Jahrtausenden Tradition (arab. *al-kīmyā* [Chemie]): in Ägypten und den arabischen Ländern des Nahen Ostens, Griechenland, Indien, China. Alchemie, landläufig schubladisiert als »Chemie des

Mittelalters«, hat vielmehr das hehre Ziel, das »erdgebundene bleierne« Bewusstsein zu einem spirituell erleuchteten »goldwerten« Seinszustand zu wandeln.[34] Vordergründig lassen sich die Überlieferungen, die der Alchemie zugeschrieben werden, nicht verstehen – erstens, weil sie inzwischen verfälscht sind, und zweitens, weil sie ohne Grundlagenkenntnisse keine direkt verwertbare Anleitungsinformation liefern. Das Letztere ist Intention, weil das Wissen uralter Priesterkasten, die Tausende Jahre vor Christi lebten, nur ausgebildeten Menschen zur Verfügung gestellt werden sollte, die als ethisch wertvoll erachtet wurden. So schrieb der englische Alchemist Thomas Norton (1433–1513): »Geheim soll diese Wissenschaft auf ewig bleiben. Den Grund dafür will ich euch schreiben: Ein böser Mensch könnte durch ihre Macht der Christen Frieden stören über Nacht. Und voller Hochmut rechtmäßige Kaiser, Könige und Fürsten von den Thronen stürzen.«[35]

Man bemühte sich zu allen Zeiten, die Aussagen der Alchemie so zu verschlüsseln, dass kein »Unbefugter« an die wirkliche Information herankommt. Im *Rosarium Philosophorum*, Ausgabe Weinheim, liest man: »Wo immer wir gesprochen haben, haben wir nichts gesagt. Aber wo wir etwas verschlüsselt und in Bildern niedergeschrieben haben, dort haben wir die Wahrheit verhüllt.«[36]

Das Wesen der Alchemie beruht auf der Überzeugung einer mystischen Verbundenheit des Menschen und aller Dinge der Natur in einer gewollten, sinngeprägten und zielbestimmten Schöpfung.

Valentin Weigel (1533–1588) ist Autor des Werks »Introductio hominis«, veröffentlicht in *Philosophia Mystica*. Er schreibt dort »als Theosopho Anonymo«, um nicht der Verfolgung durch die Kirche zu unterliegen: »Merke, es ist zweierlei Erkenntnis Gottes, eine natürliche aus dem Licht der Natur, die bringet noch nicht die neue Geburt oder Seligkeit, und eine übernatürliche Erkenntnis aus dem Lichte des Glaubens oder der Gnaden, und hierinnen stehet vollkommene Seligkeit.«[37]

Zusammenfassend geht es um ein Wissen, das sich aus einer

neuen erweiterten Wahrnehmung ergibt, mit allen Folgen einer willentlich gesteuerten, quasi programmierten Realität. Im Vordergrund stehen nicht der naive Glaube und die Hoffnung, dass so etwas möglich ist, sondern ein konkreter, gesetzmäßiger »Pfad der Erkenntnis« darüber, wie alles funktioniert und beeinflussbar ist.

Der Universalgelehrte Athanasius Kircher (1602–1680) meinte bereits im Jahr 1675, das »Adamische Urwissen« *(prisca sapientia)* sei durch direkte Kommunikation mit den geistlichen Welten vermittels der Ur- und Natursprache erlangt worden.[38]

Hermes Trismegistos, der dreimal größte Hermes, ist eine archetypische Verschmelzung des griechischen Gottes Hermes mit dem ägyptischen Gott Thoth, dem Gott der Wissenschaft und der Magie. Im römischen Raum hieß er Mercurius Ter Maximus. Er wird als Urheber der Alchemie in Fortsetzung uralten Wissens genannt, datiert in die Zeit Mosis. In dem ihm zugeschriebenen *Buch der Sieben Kapitel* heißt es zum alchemistischen Werk: »Seht, ich habe euch eröffnet, was verborgen war: das Werk ist mit euch und bei euch; indem ihr es in euch selber findet, wo es immerwährend ist, werdet ihr es stets gegenwärtig haben, wo immer ihr auch sein möget, an Land oder zur See.«[39]

Das Geheimnis findet sich in der Natur des Menschen. Die uralten Alchemie-Inhalte wurden nur spärlich in Texten und hauptsächlich in Bildern überliefert. In diversen Abbildungen wird die immer gleiche prinzipielle Symbolik gezeigt: Es geht um Gegensätze und ihre Vereinigung.

Auf der einen Seite stehen feste Stoffe oder König oder Sonne oder Sulphur oder Gold, was für den geistigen Verstand steht; im erweiterten Sinn auch für einen universellen Geist. Auf der anderen Seite stehen flüchtige Stoffe oder Königin oder Mond oder Mercurius oder Silber, was für seelische Gefühle und erweitert für Weltenseele steht. Letztlich werden also unsere Begriffe »Verstand« und »Seele« und ihre universelle Erweiterung symbolisch unterschiedlich codiert.

Wir lesen auf der von Hermes Trismegistos offenbarten Smaragtafel als Punkt 8.: »In Summa. Steige durch großen Verstand von der Erden gen Himmel / und von dannen wiederumb in die Erde / und bringe die Krafft der oberen und unteren Geschöpff zusammen / so wirst du aller Welt Herrlichkeit erlangen: Dann auch kein verächtlicher Zustand mehr umb dich sein wird.«[40]

Mit dieser ausgesuchten Übersetzung von 1702 wird deutlich, dass heutige zugängliche Übersetzungen der Smaragdtafeln nicht die richtige Erkenntnis übermitteln. So wurde bei der Übersetzung im Buch von Burckhardt[41] aus oben zitiertem Punkt 8 der Punkt 7, der sich heute so liest: »Es steigt von der Erde zum Himmel empor und kehrt von dort zur Erde zurück, auf dass es die Kraft der Oberen und der Unteren empfange. So wirst du das Licht der ganzen Welt besitzen, und alle Finsternis wird von dir weichen.« Vergleichen Sie selbst: Es sind kleine Verfälschungen, die sich durch fehlendes Gesamtverständnis einschleichen.

In diesem Original von 1702 verschwindet auch die immer und überall zitierte Metapher: »Das Untere ist gleich dem Oberen und das Obere gleich dem Unteren, zu wirken die Wunder eines Dings.« Vielmehr heißt es verständlich: »2. Die Geschöpfe hienieden gesellen sich zu denen dort oben / und diese hinwiederum zu jenen / auf dass sie mit gesamter Hand ein Ding herfür bringen mögen / so voller Wunder steckt.«

Was für ein Unterschied! Es geht in diesem Buch um den richtigen, wahren Erkenntnisweg, und der entspricht dem Original von 1702 und nicht der heutigen überall zu lesenden Verfälschung.

Die Aufgabe, die laut Alchemie in einem »Kleinen Werk« und in einem »Großen Werk« erledigt werden muss, besteht darin, beide Seiten, also alles rund um den Verstand und alles rund um die Seele, zusammenzuführen. Dies wird in der Alchemie als »Liebe« bezeichnet oder als »androgyn«. Textlich heißt es dann so schön: »Im Geist für wahr halten, im Herzen für wahr empfinden.«

Die Verbindung von Verstand und Seele ist eigentlich nichts Besonderes, denn es passiert regelmäßig im Alltag und im Traum. Nur wusste man offensichtlich damals schon, dass Träume zwar eine virtuelle Realität erzeugen, aber nicht in vollem Umfang eine materielle Realität schalten können.

Was also fehlt, ist erstens die *willentliche* Steuerung der Verbindung zwischen Verstand und Seele und zweitens die Brücke zwischen den Polaritäten Virtualität und Realität. Da die Seele, oder sagen wir besser verständlich: das Unterbewusstsein, im Allgemeinen nicht durch den bewussten Verstand dirigiert werden kann, wird die *willentliche* Erledigung der Aufgaben tatsächlich zum bisher ungelösten Problem. Wir haben es hier immer wieder thematisiert.

Die Frage, die sich stellt, ist also: Wie kann ich die angestrebte Verbindung von Verstand und Seele willentlich steuern mit der Folge, dass die materielle Realität verändert wird?

Zu Beginn von allem steht der Alchemie zufolge eine komplette »Sublimierung«, Reinigung, Destillierung. Die Forderung nach gedanklicher Reinigung finden wir immer wieder in der Zeitgeschichte. So sagte der Biologe und Agnostiker Thomas Henry Huxley (1825–1895) sinngemäß: Setz dich hin vor die Tatsachen, sei bereit, alle vorgefassten Meinungen aufzugeben, denn sonst erfährst du nichts. Descartes sagte in seinem Buch *Regeln zur Ausrichtung der Geisteskräfte*: »Denn alle Täuschung, die den Menschen ... passieren kann, geschieht ... dadurch, dass ... Urteile blindlings ohne Fundament gefällt werden.«[42]

Nachdem die Reinigung vollzogen ist, greift die geheimnisvolle Lehre, die in der Alchemie inhaltlich verschleiert ist. Codierte Zeichnungen und Texte machen deutlich: Beide Seiten, also Verstand und Seele, werden vereint durch die Erlangung des »Geheimen Feuers«, manchmal heißt es auch durch das »Innere Feuer«, oder mithilfe des Kristallsterns respektive der weißen Taube, die schon ewig als Symbol des Heiligen Geistes bekannt ist. Das Geheime Feuer wird in anderen Bildern auch durch zielende Waffen dargestellt, etwa durch einen Bogenschützen. Aber oft taucht zusätzlich ein geflügelter Merkur (gr. Hermes) mit schlangenumwundenem Stab als Vermittler auf. Dieses geflügelte Wesen mit

Stab gilt als Schlüssel für eine »Kraft, die Himmel und Erde öffnet, Tod und Leben gibt« *(primum agens)* im *Hermetischen A.B.C.*[43]

Befolgen wir die geheimen Anleitungen, die insgesamt als »Ei des Weisen« bezeichnet werden, dann erleben wir im Endergebnis das »fünfte Sein«, wie es in den *Geheimen Tractätlein* »Von einem Lehrjünger der Natur L. C. S.« von 1749 heißt. Das Symbol dafür ist die Krone.[44] Dieses »fünfte Sein« wird mit dem Aushängeschild »Gloria« versehen; es ist ein unzerstörbares »Geist-Seelen-Elixier im Lebensbaum«, wie es Janus Lacinius in *Pretiosa Magarita novella* (1577–1583) auch in einem Bild beschreibt.[45] Es ist offensichtlich identisch mit der bereits oben erwähnten Seinsform Turīya.

Es gibt eine Reihe von Zeichnungen, die sowohl die einzelnen Phasen als auch die Wirkungen des Werks zusammenfassend darstellen: Das bisherige Leben wird abgelegt. Seele (Frau und Luna) und Geist (Mann und Sol) vereinen sich über die vier Säulen menschlicher Tugenden. Die Seele des Menschen verbindet sich mit der universalen Geist-Seele. Es bedarf des geheimen Feuers (der Schütze). Darauf entsteht der Lebensbaum aus Erkenntnis und Weisheit (Krone). Widder und Löwe zeigen den Zeitrahmen an, in dem die Operationen des Werks stattfinden.

Es gibt auch Hinweise darauf, was die immer wieder erwähnte »Materia prima« auszeichnet: »Und diese Prima Materia wird in einem Berg gefunden, der eine ungeheure Anzahl erschaffener Dinge enthält. In diesem Berg ist jede Art von Wissen zu finden, die es gibt auf der Welt. Keine Wissenschaft oder Kenntnis, kein Traum oder Gedanke …, der darin nicht enthalten wäre.«[46]

Es gibt einen weiteren interessanten Hinweis. Jesus war nach unserer Überzeugung durch und durch Alchemist, also mit den hermetischen Wissenschaften bestens bekannt, so wie er auch mit der Vedānta, die ebenfalls hermetische Bezüge hat, vertraut war. Innerhalb der Nag-Hammadi-Schriften gilt das Thomas-Evangelium als authentische Überlieferung der Aussagen Jesu: »Dies sind die geheimen Worte, die Jesus, der Lebendige, sprach und die Didymos Judas Thomas aufgeschrieben hat« (Logion 1).[47] Hier scheint ein Wortspiel beabsichtigt zu sein, denn sowohl die griechische Bezeichnung »Didymos« als auch der aramäische Name »Thomas« bedeuten »der Zwilling«, gemeint ist der Zwilling im Geiste zu Jesus.

Geheim waren die Worte aus dem gleichen Grund, wie es bereits in den Alchemie-Überlieferungen tradiert wurde, weil mit dem Einsetzen einer erweiterten Wahrnehmung die Allmacht wirksam werden kann, die, wenn sie von »schlechten Charakteren« benutzt wird, großen Schaden anrichtet. Logion 62 des Thomas-Evangeliums macht deutlich: »Ich sage meine Geheimnisse allen, die meiner Geheimnisse würdig sind.« Und zwei der Logien bringen das »Geheimnis« auf den Punkt: »Wenn zwei miteinander Frieden schließen in ein und demselben Haus, werden sie zum Berg sagen: Hebe dich hinweg! Und er wird sich hinwegheben« (Logion 48). Und: »Wenn ihr die Zwei zu einem macht, werdet ihr des Menschen Sohn werden. Und wenn ihr sagt: Berg, hebe dich hinweg!, wird er sich hinwegheben« (Logion 106). Übersetzt heißt dies: Um eine Allmacht zu erlangen, schaffe die Dualität ab, verbinde in dir Verstand und Seele, identisch mit Ich und Selbst, Bewusstes und Unbewusstes, Außensystem und Innensystem.

Wir hatten bereits, was unsere Wahrnehmung betrifft, ein subjektives Innensystem von einem objektiven Außensystem unterschieden. Die Dinge unserer Welt sind Vorstellungen; Dinge und Vorstellungen bedingen sich gegenseitig. Wir müssen uns klarmachen, dass immer beide Systeme von demselben Bewusstsein erschaffen werden. Somit muss auch eine Verschmelzung möglich sein, die dann die angestrebte Einheitserfahrung ergibt. Im Buch »Thomas des Wettkämpfers«, das ebenfalls aus Nag Hammadi stammt, sagt Jesus zu Thomas: »Wer sich selbst nicht erkennt, hat nichts erkannt. Wer aber sich selbst erkennt, erkennt die Tiefen des Alls.«[48]

Man könnte nun angesichts des Eindrucks, dass die Erde nach wie vor oder sogar mehr denn je von »unsauberen Charakteren« bevölkert sei, die »Geheimnisse« niemals veröffentlicht wissen, so wie die traditionellen Lehren es immer wieder proklamierten. Aber wir haben erkannt, dass es eine natürliche Barriere gibt. Immer wieder gibt es in den überlieferten Schriften auch versteckte Andeutungen zu dem Mechanismus der entscheidenden Transformation: Sie funktioniere nur, wenn sie hehr und authentisch »gelebt« werde. Voraussetzung und Bedingung zur Effektivität des »Pfads der Erkenntnis« sei eine solche tiefe Erlebnisfähigkeit. Genau die gehe den sogenannten »schlechten Charakteren« aber in aller Regel ab.

Erforderlich ist auch eine totale Umwälzung des bisherigen angelernten Wissens. Die hermetischen Lehren erwähnen diesbezüglich immer wieder als Notwendigkeit das »Geheime Feuer«. Dem Thomas-Evangelium zufolge sagt Jesus: »Ich habe ein Feuer auf die Welt geworfen, und jetzt hüte ich es, bis es auflodert« (Logion 10). Oder: »Wer mir nahe ist, der ist dem Feuer nahe. Und wer mir fern ist, ist dem Königreich fern« (Logion 82).[49] Was steckt hinter dieser gesamten Symbolik?

Feuer steht in den hermetischen Wissenschaften als Agens der Wandlung, speziell als eine veränderte Wahrnehmung durch Zusammenschluss der »geläuterten Seele« und des »Geistes der Wahrheit« mit der Folge der »schöpferischen Kraft«. Nach längerer Recherche spekulieren wir Folgendes und verwenden dies als hypothetisches Modell: Es geht um bestimmte geistig-seelische Energien (»Feuer«), die immer wieder als »schöpferische Kraft« in Verbindung mit der Materiebildung (Materia prima) in Erscheinung treten.

Die »schöpferische Kraft« wird in den Bildern der Alchemie durch strukturierte Wesenheiten hervorgebracht. Merkur, Hermes, Heiliger Geist werden immer wieder genannt und in Bildern gezeichnet, entsprechend dem beschriebenen Entstehungsmechanismus von Memen, von C. G. Jungs Egregoren oder von David-Néels Tulpas. Diese Strukturen können dann energetisch resonant das auslösen, was weit über das hinausgeht, was wir als quantenphysikalischen Beobachtereffekt bei der Beeinflussung der Materie dargestellt haben. Der Beobachtereffekt bezog sich auf einzelne Quantenereignisse; das geheime Feuer durch Meme bezieht sich auf die Macht über ganze Strukturen und Formen. Es ist sozusagen eine Quantenketten-Realisierung, die auch unseren Geist formt. Hätten wir nicht das Verständnis der quantenphysikalischen Effekte, könnten wir die Traditionen überhaupt nicht ernst nehmen.

Wie bereits beschrieben nimmt durch die Erkenntnisse nicht nur die Assoziationsfähigkeit zu, sondern auch noch die Gesamtvernetzung im Gehirn, was zu kohärenter Neuronenaktivität führt. Es ist gleichzusetzen mit einem gewissen Trancezustand, wobei das Ich mit unserem Selbst leichter verschmolzen werden kann. Die Sinneseindrücke der Außenwelt werden dann als das wahrgenommen, was sie tatsächlich sind: Erfahrungen des Selbst, also Erfahrungen des Inneren, die uns das Ich nicht so erlaubt. Genau diese Funktionseinheit von Neuronen-Netzwerken ist auch im Gehirn von Kindern zu finden. Wir hatten bereits deutlich gemacht, dass das Ego bei Kindern dadurch sehr viel schwächer ausgebildet ist als bei Erwachsenen und die Verbindung zum Selbst entsprechend stärker. Zu »werden wie die Kinder« sei die Voraussetzung dafür, »ins Himmelreich zu kommen« (Mt 18, 3).

C. G. Jung hat die entscheidenden Protagonisten bestens beschrieben.[50] Es geht um das Ego einerseits und um das Selbst andererseits: Als materieller Mensch korrespondieren wir mit dem Ego, als universelle Geist-Seele korrespondieren wir mit unseren Selbstinstanzen. Das, was uns ausmacht, kann abwechselnd Ego und Weltenseele sein, also Teile des Ganzen oder verbunden als ganzheitliche Einheit. Das Ganze ist unbewusst immer präsent, wir müssen es nur bei Bedarf stärker hervorbringen. Jesus, Allah, vorher Buddha oder auch Trismegistos und viele mehr gelten als »Prototypen« dafür.

Spirituelle Erfahrungen

Machen wir uns klar: Das »Ich« mit seinem materiellen Körper ist das Erschaffene. Aber weder Ich noch Körper können sich selbst erschaffen. Beide sind von einer Kraft geformt, deren Energie wir uns in unseren Selbstinstanzen konzentriert vorstellen können. Auf dieses Energiekonstrukt hat das Ich, was die aktive Schöpfung betrifft, nur begrenzten Einfluss. Aber die in den vorherigen Kapiteln bereits definierten Selbstinstanzen werden über alles informiert, stehen also in dauernder energetisch-informativ codierter Wechselwirkung mit dem, was mit dem Ich und seinem materiellen Körper geschieht. Das Ich lernt zwar, seinen materiellen Körper zu beeinflussen, und kann zum Wohl des Körpers Entscheidungen ausführen, wird aber in diesen Entscheidungen hauptsächlich von den übergeordneten Kräften gelenkt, ausgehend von den Bestimmungen der Selbstinstanzen. Dies umfasst den riesigen Bereich, der allgemein mit »Unterbewusstsein« benannt wird.

Vergessen wir nicht: Das Ich, das meint, vollkommen autonom zu sein, unterliegt in Wirklichkeit zu großen Teilen den überpersönlichen Selbstinstanzkräften. Diesen Fakt bewusst anzunehmen geschieht durch Bewusstsein der Instanz »Selbst« und kommt aus unserer Geist-Seelen-Einheit – reines Selbstbewusstsein also. Man darf es nicht verwechseln mit dem Ich-Bewusstsein, das vom Verstand aufgebaut wird und fälschlicherweise vielfach ebenfalls »Selbstbewusstsein« genannt wird.

Alles, was der Verstand aufbaut, ist, wie wir schon eingehend besprochen haben, Trennung. Im Fall des Ich-Bewusstseins ist es nicht nur die Trennung der Welt vom Ich, sondern auch die Trennung der Selbstinstanzen vom Ich. Aber das reine Selbstbewusstsein der Geist-Seelen-Einheit löst uns von der Diktatur des Egos und verspricht dadurch – wie jede Loslösung – eine wohltuende Freiheit. Je selbstbewusster, desto freier und »ganzer« sind wir. Warum? Während das Ich von den bloßen Gegensätzen lebt und uns an die Raumzeit bindet, stehen die Selbstinstanzen darüber, erweitern unseren Horizont und ermöglichen die Transformation der Perspektive. Mit dem aus der Quantenphysik bekannten Sowohl-als-auch, also der Komplementarität, haben die Selbstinstanzen einerseits die beliebige freie Wahl der Möglichkeiten unabhängig von Raum und Zeit, andererseits die konkrete Festlegung einer Möglichkeit in Raum und Zeit als Realität. Der Mechanismus besteht in der Delegation von Instanzen. Ausführlich ging es darum im Kapitel »Eine merkwürdige Gesetzmäßigkeit im Universum«.

Wenn wir (also das, was uns ausmacht) unsere zur ganzheitlichen Einheit gehörenden Selbstinstanzen bewusst wahrnehmen, können wir sowohl die wahre Wirklichkeit erleben als auch aus der illusorischen Alltagsrealität fliehen. Menschen, die genau diese Erfahrung gemacht haben, sprechen von Frieden, Stille, Befreiung und schierer Glückseligkeit. Diese Erfahrung wird also nicht durch unser verstandesmäßiges Ich bewirkt, bei dem der Suchfokus ausschließlich nach außen gesetzt ist, sondern sie geschieht mit der Bedingung einer angemessenen spirituellen Empfindung in uns und oft spontan. Derartige Spontaneität ist vielen Menschen von den Intuitionen her bereits bekannt. Intuitionen sind unvermittelte Einfälle, die nicht durch Denken oder Gedanken entstehen, sondern ohne Auslöser plötzlich vorhanden sind. Bei Intuitionen handelt es sich um Wissen mit der Empfindung absoluter Wahrheit. Was soeben mit »angemessener spirituellen Empfindung« benannt wurde, ist gleichzusetzen mit dem, was auch die Quantenrealität schaltet: Gewissheit, dass aus Möglichkeit Wirklichkeit geschieht.

Die daoistische Philosophie beschreibt eine »ewig ruhende Kraft«, die alles Lebende erschaffen hat und durchdringt, eine »endgültige Wirklichkeit«, die jenseits unserer Vorstellung liegt, und eine »universelle Gesetzmäßigkeit«, mit der wir im Einklang stehen müssen.

In traditionellen Überlieferungen sind die erlebbaren Zustände ziemlich eindeutig beschrieben. Nehmen wir hier als ein Beispiel die Yogāchāra-Schule innerhalb des Mahāyāna-Buddhismus. Dort sind unsere drei Körperpersönlichkeiten (Trikāya) mit unterschiedlichen Wahrnehmungszuständen differenziert:

- der erschaffene Körper (Nirmānakāya),
- der Körper der Transzendenz (Dharmakāya) und
- der Körper der Glückseligkeit (Sambhogakāya).

Wir haben die Reihenfolge im Vergleich zur üblichen Trikāya-Wiedergabe hier umgestellt entsprechend der Darstellung in diesem Buch, wonach wir von einem gewohnten Leben in Raum und Zeit ausgehen. Das Nirmānakāya steht deshalb hier am Anfang, weil es den Manifestationskörper auf der Ebene gewöhnlicher Wesen in Raum und Zeit bezeichnet. Beim Dharmakāya wird direkte Offenbarung des Wissens von höheren Ebenen zuteil, wie es heißt. Durch Meditation oder andere Trancezustände zusammen mit dem »Pfad der Erkenntnis« kann man eine Samādhi-Stufe erreichen, die der Ebene entspricht, auf der das Wissen in der transzendenten Urform auf ewig vorhanden ist. »Dort bekommt der Yogin vom ewigen Buddha Belehrungen, die alles in den Schatten stellt, was er auf der Erde je gehört hat.« Der wunderbare Zustand der Glückseligkeit ohne Zweifel, ohne Anstrengung, ohne Schmerz stellt sich ein. Transpersonales Wissen ist verblüffend und umfassend. Es kommt unmittelbar als plötzliche Intuition, durchaus logisch und wesentlich. Dieser erst einmal nur spontan erlebte Zustand kann verfestigt werden.

Voraussetzung, geradezu Bedingung ist der »Pfad der Erkenntnis«, wie er in diesem Buch dargestellt wird: Wissen über die Möglichkeiten und dann Stimmigkeit der Inhalte des Wissens mit den Erfahrungen. Es ist, als ob man bisher einer Täuschung unterlegen war und nun aufgewacht ist. Der amerikanische Neuropsychologe Karl H. Pribram (1919–2015), der in den Sechzigerjah-

ren gemeinsam mit David Bohm das »holonome Gehirnmodell«
entwickelte, sagte einmal sinngemäß und bestätigt damit eigene
Erfahrungen: Wenn man wirklich mit etwas beschäftigt ist, fallen
einem die Dinge auf merkwürdige Weise in den Schoß. Ein Wissenschaftler ruft nun spontan: »Heureka!«

Ich und Selbst sind unterschiedliche Institutionen, die vereint
werden können. Das Echo-Feedback ist der Mechanismus, um
Ziele zu verwirklichen. Das funktioniert sowohl auf materieller
wie auf geistiger Ebene. Ist von uns erkannt, dass alles in uns und
um uns herum geistig gesteuert wird, dann ist die Bildung von
helfenden Memen nur noch ein kleiner Schritt. Diese Helferstruk-
turen kontrolliert entstehen zu lassen und *bewusst* einzusetzen ist
ein Hauptanliegen unserer Erfahrung.

Nur wenn wir das Erklärungsmodell um die alltäglichen Bedingungen ausweiten wollten, müssten wir die Struktur des Gehirns einbeziehen: Kohärenz der Neuronenaktivitäten, besondere
Aktivität der rechten Gehirnhälfte und anderes mehr. Ich habe
diese physiologischen Voraussetzungen im Buch *Die Öffnung des
3. Auges*[51] eingehender beschrieben. Dort waren sie wichtig, weil
das »Dritte Auge« als ein Organ des Gehirns der Physiologie unterliegt. Aber bisher kann niemand die Frage entscheiden: Sind
allgemein Gehirnaktivitäten die Ursache unserer besonderen Er-
lebensmomente oder die Folge davon? Die Nahtod-Erlebnisse von
Gehirntoten verwirren das bisher als gültig geglaubte Wissensbild.
In Wahrheit ist – wie in der grundlegenden Quantenphysik – die
wechselseitige Beziehung maßgebend. Aber es ist wie beim Computer: Die Teile des Computers werden von einem Programm ge-
regelt. Es ist nicht möglich, den Sinn dieses Programms zu erkennen, wenn man nur untersucht, wie Teile aufeinander einwirken.
Denn es sind ja nicht die Teile, die das Programm ausmachen,
sondern das Programm ist übergeordnet. So gehorchen auch die
Körperteile, auch das Gehirn unseren Gedankenmustern, die wiederum in ihrem Vermögen einer höheren Intelligenz folgen.

Der Medizin-Nobelpreisträger (1981) und Neurobiologe Roger W. Sperry (1913–1994) sagte einmal: »Das, was die Teile bestimmt, ist nicht materiell, nicht erklärbar durch Atome und Partikel. Sie sehen das bei Heilungsprozessen, wo die Ganzheit wieder erschaffen wird, obwohl die Funktion der Teile zerstört war ... Da wird die Kontrolle von oben nach unten sichtbar. Das Prinzip der nichtmechanischen ganzheitsschaffenden Abwärtskontrolle wirkt sich auf allen Ebenen aus. Ein Atom, das in einem Molekül eingefangen wird, ist nicht länger sein eigener Herr. Es entstehen ganz neue Situationen.«[52]

Woran merken wir, dass der Mechanismus funktioniert? Wir erkennen aus einem gewissen geistigen Abstand zum Alltäglichen, dass unser Ich zwar weiterhin die unumstrittene Persönlichkeit in Verbindung mit unserem Körper in Raum und Zeit darstellt. Aber zusätzlich erkennen wir, dass wir immer schon einen überpersönlichen Pol besitzen, der alles zusammengehörig umfasst, was wir als natürliche Umwelt, Natur und Kosmos kennengelernt haben. Damit wird deutlich, dass sich unsere Perspektive, unser Standpunkt aus dem Ich-Zentrum heraus verschoben hat. Wir können auf alles reagieren, als ob es zu uns gehört: Liebe und Einfühlungsvermögen wirken primär, Destruktives zerstört sich selbst, das Gute dagegen fördert sich selbst. Wir erleben den »Pfad der Erkenntnis« als das Prinzip der Schöpfung und als die wahre Wirklichkeit. Ist das, was uns ausmacht, von der Dominanz des Ich entkoppelt, wird eine Flut schöner Gefühle ausgelöst, neben dem Zustand der Glückseligkeit eine unbändige Freiheit – alles Schöne ist möglich und erreichbar, ohne jeden Besitzanspruch. Vermutlich ist diese Perspektive – glaubt man den Berichten – weitgehend identisch mit der von Nahtod-Erfahrenen.

Der überpersönliche Pol von uns ist genau das, was wir bisher als »Selbstinstanzen« bezeichnet haben, eine Art abrufbare »Geist-Seelen-Einheit« mit individueller Einbettung. Diese Erfahrung verändert die Ziele unserer Person. Das Interesse an finanziellem Erfolg, an Besitztümern, an Status, an Ehrgeiz; gesellschaftsfeindlicher Konkurrenz und Rivalität ist fortan stark nivelliert. Die Einverleibung von möglichst vielen materiellen Dingen ergibt keinen Sinn mehr, um glücklich zu sein. Irgendwie meint man nun, bereits alles haben zu können, ohne es besitzen zu müssen. Egal, was man willentlich anfokussiert, es ist ohnehin Teil unserer Selbstinstanzen, gehört dazu, aber ohne es explizit haben zu müssen. Es kann leicht ignoriert und ausgeschlossen werden.

So zentriert sich nicht mehr das Ich im Körper, sondern der Körper mit seinem Ich liegt innerhalb der Selbstinstanzen – eine ganz andere Daseinsform. Das ist schwierig in Worte zu fassen, weil fast alle unsere Begriffe des Alltags dem Ich- und Ego-Leben dienen, dieses nun aber keine Priorität mehr hat.

Alle Dualität, alle Trennung, die als Gedanken vom Ich ausgingen, sind nicht mehr Grundlage des Lebens. Subjekt und Objekt werden zwar weiterhin wahrgenommen, haben aber als getrennte Dinge kaum mehr Bedeutung. Die »Drei-Einigkeit« aus dem Erlebnis (Situation), dem Erlebten (Inhalte) und dem, der erlebt (Erlebender), wird als zusammenhängend frappierend deutlich, eben als Einigkeit.

Das Verhältnis zu den Mitmenschen wird vollkommen entspannt, weil das Gemeinsame, was alle Menschen ausmacht, mehr denn je bewusst ist und im Vordergrund steht. Wo hat da noch Konkurrenz seine Berechtigung? Die Gemeinschaft ist eher wie eine harmonisch zusammengehörige Familie. Immer wieder wird deutlich erkannt: Das Gute pflanzt sich fort, vermehrt sich, während das Schlechte energetisch »ausgehungert« wird, es verkümmert. Man muss Geduld haben, um die Entwicklung abwarten zu können. In vielen Fällen entsteht eine unwiderstehliche Attraktivität, eine wohltuende Anziehung zu diversen Geschöpfen. Möglicherweise ist es das, was immer wieder in der Gesellschaft mit »Liebe« bezeichnet wird, zumindest aber Geborgenheit und Vertrauen gibt. Schuldzuweisungen werden selten. Es ist eher das Erkennen, dass sich Dinge und Ereignisse wechselseitig bedingen und einfach geschehen, Defizite eingeschlossen.

Das Ganze, besonders die Natur mit Tieren und Pflanzen, werden als ein uns Menschen zugehöriger Teil hoch geachtet – so, wie es in frühen Zeiten bei Naturvölkern und verschiedenen Volksstämmen sicherlich bereits der Fall war. Die Begriffe »Heiligkeit« und »Heiland« im Sinn von »heil und ganz« gewinnen als eine Renaissance an Bedeutung. Daraus ergibt sich verstärkt auch eine nachhaltige Behandlung von Ressourcen.

Alle diese sprachlich-begrifflichen Versuche, den privilegierten Zustand zu beschreiben, treffen eindeutig nicht vollständig das wirkliche Empfinden. Wir können ja nicht einmal allgemeingültig definieren, was genau Liebe ist. Es hat wenig Sinn, weiter nach Begriffen und Worten zu suchen, die alle aus dem uns vertrauten Alltagserleben stammen, weil es eben nicht der übliche Alltag ist, der jetzt erlebt wird. Weitere Versuche können nur in Schwulstigkeit abgleiten – jeder muss den besonderen Augenblick der Verschiebung des Standorts oder der Perspektive auf die Weltinhalte selbst erfahren. Nicht das Bewusstsein wird verschoben, es bleibt als Werkzeug immer gleich, sondern der Standpunkt für diejenigen Informationen der Geist-Seele, die uns wahre wunderbare Beziehungen aufzeigen. Wir erleben nicht mehr als Ich, sondern wir erleben uns als etwas Darüberstehendes, das unser Ich eben glückselig wahrnimmt. Die Gefahr bei Bedeutungsübertreibung ist, dass wir als ein Fremder oder Eigenbrötler in der alltäglichen Welt wahrgenommen werden. Hat man dies erkannt, kann leicht gegengesteuert werden. Soziale Einbettung sollte niemals aufgegeben werden.

Auch wenn es zeitlich oft nur relativ kurze Momente der Glückseligkeit sind, Minuten bis Stunden, so ist die Nachhaltigkeit dennoch enorm. Der Zustand wird als etwas Besonderes über Monate erinnert. Es wird überaus deutlich, dass es sich nicht um schale, kurz empfundene Fantasiegebilde handelt, sondern dass es um eine grundlegende Wahrheit des Seins geht, die uns im Allgemeinen verborgen ist. Die Erweiterung des wahrnehmenden Blickwinkels, verbunden mit den begleitenden angenehmen Gefühlen von Gelassenheit, Geborgenheit, Frieden und Befreiung von Angst – eben die unermessliche Glückseligkeit –, bleibt als besonders schöne Erinnerung. Nur wenn wir uns oft genug in diesen Zustand als Nachempfindung einstimmen, wird der Nachhall mehr und mehr verfestigt. Es ist wie nach einer wunderbaren Hochzeit, also dem Bund des Lebens, der, weil er so schön ist, gedanklich immer wiederholt wird.

Meister Eck(e)hart (ca. 1260–1328) fasste den Zustand folgendermaßen zusammen: freies Hindurchschauen, Emporheben zur wunderbaren Gottesweisheit, Ewigkeit ohne Raum und Zeit, nur Gegenwart »Jetzt«, Vordringen in die Wahrheit der bloßen Einheit.[53] Das trifft es.

Es gibt ein seltsames Phänomen, dem kaum Beachtung gegeben wird: Wenn wir geistig intensiv an einem uns stark interessierenden Problem arbeiten, können wir diese Arbeit beiseitelegen und eine gewisse Zeit später wieder aufnehmen. Mit Erstaunen stellen wir nun fest, dass die Inhalte bereichert und klarer sind, als ob im Stillen ohne unsere Präsenz eine Intelligenz weitergearbeitet hätte. Man kann dieses Phänomen geradezu als Arbeitsmethode verwenden, indem man das erarbeitete Material der inneren Kraft zur Vervollständigung anvertraut. Im Prinzip ist das die gängige Methode der Verarbeitung von Lebenserfahrungen.

Worauf es dabei ankommt, ist eine Erkenntnissuche, eine tiefliegende Neugier und schließlich ein elementares Verstehen, das sich irgendwie assoziativ fortpflanzt. Wir kennen diese Situation auch aus intensiven Diskussionen. Durch den Austausch konzentrierter Gedanken kommt es plötzlich zu Erkenntnissen, die vorher nicht vorhanden waren. Der Schlüssel der Erkenntnis offenbart seine Bedeutung erst dann, wenn wir die »richtige« Einstellung annehmen. Anderenfalls erfahren wir zwar den Schlüssel, aber wir sind unfähig, ihn anzuwenden; er ist dann verborgen unter rationalen Motiven, die die entscheidende Essenz blockieren. Dieses Wissen ist kein erlerntes Wissen, sondern es stellt sich ein als Intuition.

Auch die Forschung weist viele Merkmale spiritueller Wege auf. Albert Einstein hatte dies erkannt, zum Beispiel sagte er: »Sämtliche großen Wissenschaftstaten liegen in der intuitiven Erkenntnis…« Und weiter: »Eine Entdeckung in der Wissenschaft findet nicht auf dem Weg der Logik statt. Eine Entdeckung bekommt eine logische Form erst im Laufe ihrer Abfassung. Jede Entdeckung – und sei sie auch noch so klein – ist immer eine Erleuchtung. Das Ergebnis kommt von außen und so unerwartet, als hätte es jemand eingegeben.«[54] Oder zitieren wir Eccles: »Grundsätzlich sind meine Entdeckungen so entstanden: Sie tauchten aus ganz unerwarteten Ereignissen auf, wo ich am Ende genügend aufmerksam war, um zu hören, was die Natur mir sagen wollte. Gute Forscher… sind jene, die die Bedeutung des Unerwarteten erkennen und zu schätzen wissen.«[55]

Es läuft so ab, wie wir es von der Quantenphilosophie her kennen: Das Verhalten der Quanten ist abhängig von unserer Fragestellung, was wir über die Welt wissen wollen und auf welche Art und Weise wir sie beobachten werden. Dies sogar dann, wenn wir uns letztlich noch nicht einmal klar für eine Methode entschieden haben, sondern noch geistig jonglieren, sagt Gribbin. Aus dem Blickwinkel unserer Perspektive haben Quanten die Fähigkeit, selbstständig zu wissen, auch vorauszuwissen.[56] Und schon Newton, ein großer Kenner der Alchemie, sagte, das Entdecken der wissenschaftlichen Wahrheit sei »die Frucht ununterbrochener Stille und Meditation«.[57]

Alle Zitate in diesem Kapitel geben Hinweise auf den »Pfad der Erkenntnis«, den wir in diesem Buch in den Vordergrund gesetzt haben. In unserer heutigen Zeit hat unser Ich als das Regulierende, Trennende und zusätzlich das Urteilende immer die Oberhand, sodass sich die Urquelle der Glückseligkeit in der ungeteilten Ganzheit nicht ohne unseren inneren Wandel offenbaren kann. Wir brauchen zwingend Erkenntnisse. Selbsterkenntnis ist gleichzusetzen mit Erkenntnis der ganzheitlichen Einheit des

Universums, weil unser Selbst in dieser Einheit seine geistig-seelische Heimat hat. Um diese Erkenntnis zu erlangen, müssen wir alles infrage stellen, was wir bisher zu sein glaubten. Es ist wie eine innere Auferstehung.

Wir glauben immer, alles müsse irgendwo herkommen. Aber wir können kein Lied singen, wenn wir nicht die Töne und den Text im Konsens kennen. Wir können kein Gemälde anfertigen ohne Werkzeuge wie Leinwand, Pinsel und Farben. Die Auswahl der Farben, Formen, Komposition, die das Gemälde ausmacht, ist das Ergebnis von Vorstellung und Ideen, zusammengefasst in kreativen Gedanken. Gedanken sind frei, sie sind nicht einmal ans Gehirn gebunden, denn auch ein defektes Gehirn stoppt nicht die Gedanken. Gedankliche Schöpfungen als informative Energien entstehen scheinbar aus dem Nichts, sind aber das einzig Wahre des Universums. Informative Energie kann sich nicht etablieren, wenn sie nicht ausgedrückt wird; wir Lebewesen können diese Energie zum Ausdruck bringen.

»Die Idee des Ganzen bestimmt die Form und Verbindung aller Teile.«

IMMANUEL KANT[58]

Teil IV
Die Natur betrügt uns nie

»Vor lauter Lauschen und Staunen sei still,
du mein tieftiefes Leben;
daß du weißt, was der Wind dir will,
eh noch die Birken beben.

Und wenn dir einmal das Schweigen sprach,
laß deine Sinne besiegen.
Jedem Hauche gieb dich, gieb nach,
er wird dich lieben und wiegen.

Und dann meine Seele sei weit, sei weit,
dass dir das Leben gelinge,
breite dich wie ein Feierkleid
über die sinnenden Dinge.«

RAINER MARIA RILKE[1]

Lebenssinn in der Natur finden

Um Glückseligkeit zu finden, ist es einerseits wichtig, Wissen zu besitzen, also Erkenntnis zu haben. Dieses Wissen und die Erkenntnis wurden in den vorausgehenden drei Teilen dieses Buches präsentiert. Wir nennen es »Pfad der Erkenntnis«. Für diese Erkenntnis ist unser Verstand verantwortlich. Verstand allein führt aber niemals zum Ziel der Glückseligkeit, es fehlt dafür die Komponente Seele. Das heißt, zusätzlich zum »Pfad der Erkenntnis« brauchen wir eine besondere Einstellung, eine Gelegenheit, die unsere Seele vollständig einbezieht. Um die Dominanz der Verstandeswelt abzuschwächen und uns mehr der Seele zuzuwenden, haben wir beispielsweise bereits den Trancezustand während der Meditation empfohlen. Es gibt aber eine weitere wahre und auf ihre Art einzigartige Methode, die uns zielsicher diese Einstellung zur Öffnung der Seelenkomponente ermöglicht: Es ist das Verinnerlichen von Natur. Darum geht es in Teil IV.

Wenn Menschen wegen ihrer Gesinnung in eine Kirche gehen, erwarten sie eine spirituell stimulierende Umgebung. Alte Kathedralen sind in dieser Hinsicht besonders ergiebig. Ähnlich verhält es sich mit der Natur. Bereits ein Spaziergang in der Natur mit Achtsamkeit und konzentrierter Hinwendung ruft im Menschen einen besonderen Zustand hervor, vergleichbar der Spiritualität. Das Entscheidende ist, dass ein besonderes Verständnis und eine spezielle seelische Einstellung entstehen, losgelöst von der Alltagskaskade. Viele Traditionen sprechen von »Einweihung«.

Was damit gemeint ist und warum das Erleben der Natur die Seele erschließt – darauf wollen wir im Folgenden eine Antwort geben.

Alle Menschen suchen den Lebenssinn. Wer einen Lebenssinn erkennt, fühlt sich wohler und hat eher die Chance, den Zustand der Glückseligkeit zu erleben. Lebenssinn zu finden ist geradezu ein instinktives Bedürfnis ähnlich einer Religiosität. Dieses Bedürfnis findet sich in allen menschlichen Kulturen.[2]

Schauen wir uns das genauer an. Ergebnisse von empirischen Studien zeigen: Wenn man Menschen fragt, was sie als Lebenssinn ansehen, dann steht unerwartet an erster Stelle Naturverbundenheit, noch vor sozialen Bindungen.[3]

Warum? Naturverbundenheit erzeugt ein subjektives Wohlbefinden als immaterielles Glück. Umgekehrt erzeugt ein Glücklich-Sein wiederum Gefühle der Naturverbundenheit.[4] Eins ergibt das andere – ein typischer Vorgang des Lebendigen. Im Jahr 2019 waren 94 Prozent der Deutschen der Meinung, dass es sie glücklich macht, in der Natur zu sein.[5] Wenn diese Wechselwirkung von Naturverbundenheit und Glück erkannt und sozusagen kultiviert wird, entsteht nicht nur eine Verstärkung des Glückszustandes, sondern auch ein umweltverträgliches Verhalten zur Bewahrung der Natur.[6]

Der US-amerikanische Biologe Edward O. Wilson stellte 1984 die Biophilie-Hypothese auf, frei übersetzt: »Liebe zum Leben«.[7] Sie besagt: Wir Menschen haben eine evolutionäre Neigung, geradezu einen Instinkt dafür, uns mit der natürlichen Welt zu verbinden. Übrigens prägte Wilson auch den Begriff »Biodiversität«. Für diese unbewusste Biophilie-Haltung von uns Menschen gibt es aktuelle Hinweise. So analysierten die Biologin Chia-Chen Chang aus Singapur und ihre Forschungsgruppe weltweit aktuelle Bilder aus sozialen Medien, vor allem anhand der Fotoplattform Flickr. In Zeiten von Covid-19 steigt rapide die Anzahl von Fotos in sozialen Netzwerken an, auf denen sich Menschen bevorzugt in der Natur aufhalten und nicht in der Alltagsroutine. Warum machen sie das? Die These der Wissenschaftler folgt dem Biophilie-Prinzip: Menschen suchen weltweit bei der Verunsicherung durch die Pandemie als eine Art Gegenpol schöne Momente, Entspannung und Freizeitspaß bevorzugt in der Natur. In anderen Untersuchungen fand man heraus, was auf der Hand liegt: Verlieren wir weiterhin Natur und natürliche Habitate durch das übliche unachtsame, profitorientierte Denken und Handeln, dann verlieren wir auch Orte mit schönen Erinnerungen.[8]

Natur funktioniert aufgrund von Gesetzmäßigkeiten

Den wenigsten Menschen ist bewusst, dass es nur eine absolute Wahrheit gibt: Es ist die Natur mit ihren zugrunde liegenden Naturgesetzen. Alle Naturgesetze wurden nicht von der Wissenschaft gemacht, wie viele meinen, sondern Wissenschaftler decken Naturgesetze lediglich auf; Naturgesetze werden gefunden, was bedeutet: Sie waren bereits vorher da. Diese Naturgesetze sind ja Voraussetzung dafür, dass es Lebewesen einschließlich uns überhaupt gibt. Auf der anderen Seite sind Lebewesen, und wir Menschen gehören eben dazu, dafür verantwortlich, dass es Naturgesetze gibt. Denn ohne Wesen gäbe es keinen Ausdruck von Bewusstsein, und Naturgesetze wären ohne Bewusstsein überhaupt nicht erkennbar, sie wären dann sinn- und bedeutungslos. Wir Menschen entdecken in der Natur also eine bereits vorhandene Ordnung, die für uns einen Sinn ergibt.

Man kann annehmen, dass Naturgesetze universell und vielleicht auch ewig gelten. Universell? Wir nehmen an, das Universum sei unendlich ausgebreitet. So gesehen heißt universell und ewig unabhängig von Raum und Zeit, was der Einheit entspricht. Der universelle Wille des Bewusstseins, in allen Formen des Lebens zu entstehen, ist überall im Universum.[9] Dies legt nahe, dass Naturgesetze einer Einheit entstammen. Aber gleichzeitig sind Naturgesetze verantwortlich für die Regulierung von Leben in Raum und Zeit. Somit sind Naturgesetze der Brückenschlag von Einheit zu Vielfalt.

Das Wort »Natur« stammt aus den Anfängen der europäischen Philosophie. Abgeleitet ist es vom lateinischen *natura*, das wiederum im Kern dem frühgriechischen Wort *phýsis* entspricht. *Phýsis* ist der Prozess des Werdens, Wachsens, Blühens oder Aufgehens oder auch die Beschaffenheit oder das Wesen eines Objekts. Wenn wir von Natur sprechen, dann ist die gesamte Vielfalt gemeint, die durch Schöpfung einer *natürlichen* Gesetzmäßigkeit entstanden ist und nicht durch die industrielle Technik des Menschen aufgebaut wurde. Die Natur ist im krassen Gegensatz zur Industrie und Technik lebendig durch ihre Lebewesen. Dazu gehören Pflanzen, die Wälder und Wiesen bilden, und dazu gehören Tiere, die diese Landschaften bewohnen und Meere bevölkern. Auch wir selbst als Menschen sind Lebewesen der Natur und benutzen diese Natur mit allem, was sie bietet: Bäche, Seen, Meere, Gebirge, ja sogar Sonnenenergie und die Atmosphäre mit Wolken und Wetter.

Wenn wir uns nun fragen, wie wir als ein Teil der Natur im Ganzen integriert sind, dann ist der wichtigste Gedanke, dass sie bereits vor unserem Dasein existierte und wir in eine bereits perfekte vorhandene Umgebung »hineinevolutioniert« wurden. Somit fungiert die Natur bis heute als unsere absolute Lebensgrundlage. Ohne den Sauerstoff, den die Pflanzen der Erde erzeugen, würden wir nicht atmen. Ohne die Kohlenhydrate, Proteine, Fette, Nukleinsäuren, die wir durch Pflanzen und Tiere als Nahrung zu uns nehmen, gäbe es keinen Baustoff- und keinen Energiestoffwechsel. Ohne die Phytonutrienten gäbe es keine Gesundheit. Die vielen Vorteile von dieser Beziehung Natur–Mensch haben wir, was die Physiologie des Menschen betrifft, in unseren Büchern *Bionische Regeneration* und *Bionisches Wasser* eingehender aufgezeigt.[10]

Hier nun interessiert ein anderer Aspekt, nämlich die Auswirkungen auf die Psychologie des Menschen. Denn die Physiologie beschäftigt sich nur mit dem materiellen Teil, der andere Teil, der uns ausmacht, ist die Psyche, vereint mit der Seele. Der Mensch hat sich in den Jahrmillionen im Denken und Fühlen, also in seiner Psyche, an die Natur angepasst.

Zu diesem Thema wurde in den letzten Jahren zunehmend wissenschaftlich geforscht. Dass wir uns in der Natur glücklich fühlen, ist mehrfach bewiesen worden. Aber auch das ist nicht unser Hauptaugenmerk. Sondern wir fragen uns und wollen hier nun herausfinden, ob die Natur uns dabei helfen kann, in eine Stimmung zu kommen, die den oben beschriebenen »Pfad der Erkenntnis« besonders leicht zu dem Ziel Glückseligkeit führen kann.

Was ist Naturverbundenheit?

Wenn wir von einem Spaziergang oder einer Wanderung in der Natur sprechen, gibt es die verschiedensten Implikationen. Wir könnten ein unberührtes Wildnisgebiet als Gemisch von vitalen und vermodernden Bäumen, blühenden Blumen, Gräsern, Moosen und Bächen durchsetzt mit Felsen und Seen aufsuchen, die sich dauernd ändernden Dünen am Meer, Kulturlandschaften, etwa einen gepflegten Wald oder eine Wiese für Heuschnitt, eine Ackerlandschaft, aber es reicht auch ein städtischer Park oder der heimische Garten.

Dass Menschen von der Natur begeistert sind und eine Sehnsucht nach der Natur verspüren, darüber wird in allen Traditionen berichtet, und dies wird auch in der Literatur immer wieder behandelt, zum Beispiel in die *Leiden des jungen Werther(s)*[11] von Johann Wolfgang von Goethe (1749–1832) oder in der Philosophie Jean-Jacques Rousseaus (1712–1778). Und schließlich werden die positiven Wirkungen in wissenschaftlichen Untersuchungen der letzten Jahrzehnte eindrucksvoll bewiesen, wie wir im Folgenden darlegen. Natur spricht nicht nur bewusste Sinne an – wie Farben, Formen, Geruch, Gehör –, sondern auch unbewusste Gefühle, und sogar unsere Energetik ist betroffen. Frühlingsmonate, in denen die Natur erwacht, sind bei vielen Menschen und auch bei Tieren Momente unbändiger Freude.

Ausgesuchte Plätze der Natur sind Zuflucht, Geborgenheit und Offenbarung geheimnisvoller Mystik. Ich liege und schaue den wandernden Wolken zu. Ich sitze am Bach und sehe und höre das fließende und glucksende Wasser vorbeiziehen, als ob es etwas mitteilen möchte. Ich stehe auf der Waldlichtung und höre die

Blätter im Wind rascheln, fühle das weiche Moospolster unter meinen Füßen, rieche die modernden abgefallenen Äste, besetzt mit Pilzen. Ich sitze auf der Bank auf einem Hügel und sehe das wellenförmig sich wiegende Kornfeld. Es streift ein zarter Luftzug über mein Gesicht, als ob mich etwas streichelt. Die Vögel zwitschern und hüpfen herum mit großer Fröhlichkeit. Aus der Ferne tönen einige Krähen. In der Luft liegt ein angenehmer frischer Geruch von Blüten, der meine Atmung tiefer werden lässt. Uralte Bäume bilden an einem Weg einen überdachten Hohlgang; ich gehe mit einem demütigen, dankbaren Gefühl durch das Spalier von vitalen, mich überragenden Lebewesen. Und derartiges Erleben lässt sich unendlich weiterführen. Wir kommen weiter unten darauf zurück.

Viele Menschen in der heutigen Zeit meinen, auf dies alles, was wir eben aufgeführt haben, leicht verzichten zu können. Sie setzen auf die technisierte materielle Welt. Wir werden nun zuerst kurz ansehen, was die Gründe für den Verzicht auf Naturerleben laut Untersuchungen sind. Danach allerdings werden wir höchst überzeugende Argumente dafür liefern, dass das Naturerleben ein essenzieller Faktor für stabile physische und vor allem psychische Gesundheit ist. Wir werden zeigen, dass die Erlangung von Glückseligkeit am leichtesten unter Zuhilfenahme von Naturerlebnissen funktioniert.

Naturentfremdung statt Naturerfahrung

Ein großer Teil der Menschen hat immer seltener direkten Kontakt zur Natur und ihren Inhalten, und die Folgen sind unbekannt.[12] Der US-amerikanische Schmetterlingskundler und Schriftsteller Robert M. Pyle hat diese fortschreitende Entfremdung bereits 1993 als »Aussterben der Erfahrung« bezeichnet. Der im Jahr 2016 verstorbene Sozialökologe Stephen Robert Kellert an der Yale School of Forestry and Environmental Studies konstatierte 2002, dass sich die Gesellschaft »so sehr von ihren natürlichen Ursprüngen entfremdet hat, dass sie die grundlegende Abhängigkeit unserer Spezies von der Natur als Bedingung für Wachstum und Entwicklung nicht erkennt«.[13]

Im Buch *Was ist Natur?*, herausgegeben von Gregor Schiemann, heißt es: »Die Naturwissenschaften haben aufgrund ihrer Spezialisierung nicht mehr die Natur als Ganzes und aufgrund ihrer experimentellen Methode auch keine von Menschen unberührte Natur mehr zum Gegenstand. Die durch sie ermöglichte technische Gestaltung der menschlichen Lebensbedingungen lässt es fragwürdig erscheinen, ob dem Begriff der Natur überhaupt noch eine analytische Relevanz zukommen kann. In der heutigen Renaissance der Naturphilosophie spiegelt sich eine als Krise empfundene Veränderung der Stellung des Menschen zur Natur.«[14]

Die Menschheit hat im Laufe ihrer sechs bis sieben Millionen Jahre dauernden Evolutionsgeschichte 99,9 Prozent ihres Gesamtlebens in der Natur verbracht. Und nach Schätzung japanischer Wissenschaftler sind 0,01 Prozent unserer Mensch-Zeit stadtpräsent und naturentfremdet.[15] Man kann das durchaus als typische Zivilisationskrankheit bezeichnen.

Nach dem deutschen Geobiologen und Paläontologen Reinhold Leinfelder (FU Berlin) müssen wir zu einer integrierten Wissensgesellschaft zusammenkommen, bestehend aus Vertretern unserer Gesellschaft, Naturwissenschaften, Geisteswissenschaften und Politik: Jeder ist von dem Problem der Entfremdung betroffen.[16] Ein »Aussterben von Erfahrungen« bezüglich der Natur muss jetzt und für nachfolgende Generationen unbedingt verhindert werden. Engagierte Menschen und Gruppen in der Bevölkerung, die bereits einen Beitrag sowohl zur Erreichung gesunder Gesellschaften als auch zur Bewältigung einer Vielzahl von Umweltproblemen leisten, waren immer schon in der Minderheit.

Es ist schwierig, genau festzulegen, was beim heutigen Menschen zu einem derartigen rapiden Rückgang der spontanen Aktivitäten in der Natur geführt hat. In der wissenschaftlichen Literatur werden mehrere mögliche Ursachen genannt:

- Die sprunghafte Zunahme des Anteils der Menschen innerhalb des letzten Jahrhunderts, die in städtischen Gebieten leben, wo ein hoher Anteil des Lebensraums aus künstlich-technischen Materialien besteht – sie koppeln sich von natürlichen Umgebungen ab und verlieren damit die Möglichkeiten von Selbstfindungsprozessen.
- Die Freizeitbeschäftigung verlagert sich eklatant auf Fernsehen, Computerspiele und Internetnutzung mit ausschließlich sitzender Lebensweise.
- Eine, verglichen mit früheren Zeiten, intensive Planung und Management des Lebens von Kindern seitens der Eltern zwängt die Kinder extrem ein und erlaubt keinen kreativen Freiraum.
- Es gibt inzwischen ein deutliches Defizit in der Gesellschaft an Gefühlen für Natur. Festgestellt wurde ein Verlust des Interesses an der Natur und der emotionalen Affinität, das heißt der Liebe zur Natur.[17]
- Individuelle Vorlieben, der unerschütterliche Glauben an den materiellen Fortschritt und übermäßiger Konsum sind weitere Gründe für eine Trennung von der Natur.[18]
- Eine Übernutzung natürlicher Ressourcen und ihrer Bedeutung für den Menschen beruht vor allem auf der Schwierigkeit, die Wertvorteile der Natur für die Menschen in die Politik zu integrieren.[19]

Der US-amerikanische Umweltschützer und Humanökologe Paul Shepard (1925–1996) war davon überzeugt, dass das menschliche Bewusstsein durch Evolution und unsere Umwelt geformt wurde. Nach seiner Überzeugung sind wir maßgeblich »Wesen des Paläolithikums«. Shepard zeigte uns mit deutlichen Worten eine Entfremdung der Natur in der menschlichen Gesellschaft: »Diejenigen, die die Werte dieses Wirtschafts- und Kultursystems annehmen oder sich daran gewöhnen, leben in einer anthropozentrischen Fantasiewelt, die sie selbst geschaffen haben, und glauben, dass die urbane Umgebung mit Waren, Werbung und Unterhaltung eine ›zweite Natur‹ ist, die die biologische Natur transzendiert und ersetzt. In der Tat ist die soziale Realität eine ›Simulacra‹ [ein trügerischer Schein] und ›Hyperrealität‹, die jetzt durch solche postindustriellen Kräfte wie multinationale Konzerne und Finanzmärkte, elektronische Medien und ›Megatechnologie‹ geschaffen wird.«[20] Mit dieser Einstellung gibt es nur Verlierer.

Natur bedingt Gesundheit

Die Natur in sein Leben einzubeziehen durch regelmäßige Naturaufenthalte ist nicht nur ein effektiver Weg zu augenblicklichen individuellen Wohlfühlmomenten, sondern führt auch zur langfristigen körperlichen und psychischen Gesundheit der Menschen.

Mit der evolutionsbiologischen Verbindung zur Natur ist uns eingeprägt zu lernen, wie man mit der Natur interagiert. Die Interaktion, so wurde wissenschaftlich gefunden, ist nicht das Produkt einer angeborenen genetischen Übertragung, sondern beruht auf Erfahrung, die wir mit unseren Sinnen und Empfindungen machen.

Es ist schon fast eine Selbstverständlichkeit, dass aus positiven Interaktionen mit der Natur auch proökologische Einstellungen resultieren. In Erkennung des ökologischen und ökonomischen Wertes unserer natürlichen Umwelt entwickelt sich ein bewusstes, nachhaltiges Verhalten gegenüber der Natur, was ebenfalls langfristig unserer Gesundheit dient. In Untersuchungen wurden folgende Empfindungen beziehungsweise Verhaltensweisen aus einem inneren Antrieb heraus verstärkt, wenn Menschen sich mit der Natur regelmäßig verbinden:

- Gefühle, wie Liebe, Fürsorge, Wertschätzung,
- Denkweisen wie zum Beispiel verschiedene Blickwinkel einnehmen und Altruismus,
- weniger selbstsüchtige Entscheidungen, zum Beispiel im Konsumverhalten,

- rigorose Entscheidungen, um die natürliche Umwelt zu schützen.
- Förderung der Authentizität und der Pro-Sozialität.[21]

In der Anwendung bedeutet das Folgendes: Wenn wir Menschen im Alltag und besonders im Beruf durch zu viel sensorische Input-Information stark überlastet werden, benötigen wir eine Möglichkeit zum Ausgleich. Naturaufenthalte gewährleisten dies zuverlässig dadurch, dass wir uns dabei in eine neue Position fern vom konditionierten Alltag versetzen. Aus dem neuen Blickwinkel heraus können wir dann negative Erfahrungen deutlich leichter sortieren und organisieren, also sozusagen in übersichtliche Schubladen einordnen. Jede zusätzliche Ordnung entspricht einer Heilung.

Untersuchungen zeigen, dass über eine unbewusste Stabilität der Psyche, die wir in der Natur erlangen, Aggressionen und Depressionen abgebaut werden.[22] Menschen verlieren in der Natur Wut und Angst und spüren ein deutliches Behagen und eine wohltuende entspannte Aufmerksamkeit.[23]

Mit dem Abstand zur täglichen psychischen Überlastung wird unser Selbst stabiler. Warum? Insgesamt gesehen fühlen wir eine Vermittlung stärkerer Identität, weil es besser gelingt, Selbstanalyse und Selbstbeobachtung durchzuführen, was im stressigen Alltag meistens unmöglich ist.

Eine Stabilisierung des Selbst brauchen wir, weil unser Selbst die Verbindung zur Seele ist, im Gegensatz zum Ich, das die Verbindung zum Verstand darstellt. Seele und Verstand können immer nur in der ausgewogenen Vereinigung reale Harmonie erschaffen. Naturerlebnisse sind dazu besonders geeignet, diese harmonische Vereinigung herzustellen. Wir erleben über die verstärkte Einbeziehung der seelischen Komponente einen angenehmen Ausgleich zum Alltag, der ja über die Ich-Instanz durch Erfahrungen des Verstandes dominiert wird.

Menschen sprechen von einer »beseelten« Natur und von

der Göttlichkeit der Natur. Diese hat direkte Auswirkungen auf unsere Psyche. Nun wird verständlich, warum wir ohne Naturkontakt psychisch krank werden können.[24] Aber neben der Psyche wird auch die Physiologie optimiert. Ein Spaziergang im Wald senkt das immunschädliche Cortisol.[25]

Allein schon dann, wenn Menschen aus dem Fenster auf eine Grünfläche schauen können, verringern sich gesundheitliche Beschwerden wie Kopfschmerzen.[26]

Bisher haben wir über funktionelle Störungen gesprochen, aber überraschend ist dann doch, dass in waldreichen Gebieten der Mensch eine niedrigere Sterblichkeit und eine geringere Tumorinzidenz hat.[27] Wo es Waldsterben gibt, nehmen folglich Krankheiten des Menschen zu.[28]

Im Rahmen unseres Themas ist das sogenannte Waldbaden (jap. *shinrin yoku*) hochinteressant. Es geht um eine tiefe Entspannung bei gleichzeitig hoher Achtsamkeit. Es ist nicht verwunderlich, da dieses Konzept im Jahr 1982 von der japanischen Forstbehörde entwickelt wurde und inzwischen international etabliert ist (infta.net – International Nature and Forest Therapy Alliance). Das »Baden in der Natur« fördert die Empathie, die Kreativität und Fantasie, aber vor allem die Lebensfreude als Lebenslust. In der offiziellen Psychologielehre findet man so gut wie nichts davon; menschliche Beziehungen und ihre Störungen stehen dort im Vordergrund.

Die paradoxe Beobachterrolle des Menschen in der Natur

Die Diversität einer Naturlandschaft mit ihren Tieren ist fast beliebig zahlreich, und doch fällt auf, dass der Begriff »Natur« immer nur im Singular genannt wird. Es gibt davon keinen Plural. Natur ist ein übergeordneter Begriff für die Gesamtheit von Organismen in einer materiellen Welt.

Wir erkennen das Universum – wieder nur als Singular mit dem Wortbestandteil »Uni-« (lat. *unus* [einer]) – als übergeordnete Einheit. Die Erde ist Teil des Universums. Auch sie ist selbstverständlich nur im Singular existent. Einige Wissenschaftler folgen der Theorie James E. Lovelocks,[29] dass die Erde als »Gaia« ein selbstständiger Organismus ist. Unsere Natur gehört zum Planeten Erde; ist sie ebenfalls ein eigenständiger Organismus? Der Mensch ist Teil der Natur; von ihm wissen wir bereits, dass er ein eigenständiger Organismus ist.

Wenn man sich dann fragt, wie wir die Natur erfassen können, kommen wir schnell darauf, dass dies ohne Bewusstsein nicht denkbar ist. Und auch der Begriff »Bewusstsein« wird immer nur im Singular verwendet. Das Bewusstsein ist wie die Natur, wie der Planet Erde, wie das Universum etwas einheitlich Ganzes. Wir können davon ausgehen, dass das Ganze als Universum, als Erde, als Natur und als Bewusstsein einen inneren Zusammenhang hat, der sich als die bekannte Formel »Gleiches erkennt Gleiches« in einer Art Resonanz widerspiegelt. Deshalb gibt es eine Sehnsucht, mit der Natur eins zu sein, so wie es die Sehnsucht gibt, mit dem universellen Schöpfer eins zu sein.

Und damit eröffnet sich die Paradoxie: Warum wünschen wir uns, eins mit der Natur zu sein? Denn wir sind doch bereits eins mit ihr, wir gehören zur Natur. Wir müssten uns logischerweise wünschen, dass sich unser Denken ändert. Was hat unser Denken so beeinflusst, dass wir uns jetzt als außerhalb von der Natur betrachten, dass wir Natur aufsuchen wollen, obwohl wir Natur sind?

Diese Fragen beruhen auf der gleichen Problematik, die sich als roter Faden durchs ganze Buch zieht und hier noch einmal aufgegriffen wird: Wenn wir von »wir« reden, ist immer unser Ich im Mittelpunkt. Und unser Ich registriert durch unsere Sinne, dass rundherum eine Welt »da draußen« existiert. Das Ich ist das Subjekt, und der Beobachter, das »da draußen« ist das Objekt und das Beobachtete. Mit dieser Dualität, dieser Fragmentierung, wird es dem Ich ermöglicht, Gedanken zu generieren und eigene Ordnungen vorzunehmen. Auf diese Weise wird die Natur von uns selbst separiert – eine Riesentäuschung. Denn alles, was »da draußen« ist, ist in Wirklichkeit in uns drinnen.

Wir wissen, dass die uns umgebende Natur im Grunde ein Frequenzen-Wirrwarr darstellt, verursacht unter anderem durch die elektromagnetischen Schwingungen des Sonnenlichts. Erst unser Geist beziehungsweise Bewusstsein decodiert diese Frequenzmuster, wodurch eine Information entsteht. Verschiedene Frequenzen sind identisch mit verschiedenen Quantenenergien der Photonen, ausgehend von den durch Licht angeregten Elektronen. Bäume, Sträucher und Blumen, Tiere, Meere, Berge, wie wir sie kennen, entstehen alle für uns erst mit dem Mechanismus Photonenaustausch und Decodierung durch Bewusstsein. Wir erzeugen damit schöpferisch Form, Struktur, Farbe und Gestalt und geben allem, was wir erkennen, somit Sinn und Bedeutung. Gestalt ist immer mit exakter Funktion verbunden und kann nicht zufällig sein. Damit erschaffen wir uns quasi eine realistisch wirkende Bühnenkulisse, in der wir uns bewegen.

Wahrnehmung ist somit immer ein Konstrukt unserer Gehirnprozesse. Jede Wahrnehmung wird von individuellen Empfindungen beeinflusst.

Ein gutes Beispiel dafür ist das französische Wort *paysage* für »Landschaft«. Die deutsche Übersetzung des Wortes ist sinngemäß »Anblick der Erdoberfläche« und hat somit vor allem die Bedeutung eines beobachteten (Natur)ausschnitts. Ohne Beobachter kann dieser nicht existieren. Das Wort beschreibt somit die bildliche Darstellung des jeweils erlebten (Natur)ausschnitts und wird durch entscheidende Sinngebung ein Abbild unserer Realität. Die dadurch entstehenden Gefühle rücken im französischen *paysage* näher zur Kunst beziehungsweise Malerei. Im Sinn eines ästhetisch physischen Objektes ist sie eine »wirkliche« Landschaft.[30] Somit wird Landschaft für den Betrachter ein sinnlich wahrgenommenes Bild.

Zusammenfassend kann man sagen: Obwohl wir untrennbar mit der Natur verbunden sind, gestaltet unser Ich daraus eine Trennung, um analysieren und denken zu können. Wie im Kapitel »Das Besondere der Meme« in Teil I beschrieben, macht sich dieses Gedankenkonstrukt oft selbstständig und wird zu einer beherrschenden Macht, die uns von der Natur absondert – eine komplette Täuschung. Die übergeordnete Natur lässt sich davon nicht beeindrucken. Wenn wir sie erneut verinnerlichen, wird die Trennung aufgehoben – das ist das Geheimnis der so wohltuenden Wirkung der Natur auf uns. Mit »uns« ist nun nicht mehr das Ich im Vordergrund, sondern das Selbst mit seiner engen Verflechtung zur Seele.

Die Attraktivität der Natur

Menschen haben aus ihrer Affinität für Physik heraus eine bevorzugte Präferenz für Symmetrien, die wir leicht erkennen können. Gleichzeitig erkennen wir darin Schönheit, eine Ästhetik (gr. *aisthētiké* [Wissenschaft von der Wahrnehmung durch die Sinne] und *aisthánesthai* [wahrnehmen, empfinden]).[31] Mit anderen Worten, wir fühlen uns von Symmetrie angezogen. Und Symmetrie ist nichts anderes als Information mit dem »Geben von Sinn und Bedeutung« durch Gefühlsqualitäten. Denn die Sinne des Menschen sind darauf angelegt, Informationen aus einer natürlichen Umgebung zu interpretieren.

Viele Studien zeigen, dass Menschen durch die Wahrnehmung von Naturschönheiten ein höheres Wohlbefinden erleben. Sie haben eine hohe Lebenszufriedenheit und leben weniger im Materialismus. Dabei sind laut Untersuchung eine Extraversion (die seelische Einstellung auf äußere Objekte) und Dankbarkeit mit der Wahrnehmung von natürlichem Schönen verbunden. Beide sind die stärksten Vorhersagevariablen für das subjektive Wohlbefinden.[32] Derartige Erfahrungen sind für uns dann nach den

Worten des deutschen Philosophen Martin Seel eine »Attraktion der ästhetischen Natur«.[33]

Natur ist absichtslose, unverborgene und erwartungsfreie Wahrnehmung, die deshalb für uns mühelos ist; eine Information in unmissverständlichen, klaren Verhältnissen. Sie »belehrt« uns schöpferisch aus der Einheit heraus, ist Selbstidentifikation ohne Subjekt-Objekt-Bezug. Das ist exakt die Konstellation für einen positiven Bewusstseinszustand, der wiederum zur glückselig machenden Realisierung von Wissen und Erkenntnissen führt.

Das bedeutet für uns in der Praxis, nicht nur ein Gefühl der Verbundenheit mit der Natur zu entwickeln, sondern sich auch auf die Schönheit der Natur einzulassen. Drei Voraussetzungen sind dafür notwendig:

- Wahrnehmung mit Zielsetzung durch Motivation (Imagination),
- In-sich-Gehen, Innehalten (Kontemplation) und
- Kommunikation (Resonanz).

Unser persönliches Wohlbefinden wird dadurch maßgeblich verbessert.[34] Dies hat als positive Folge, dass auch zwischenmenschliche Kontakte transparenter und gewinnbringender werden.

Natur »manipuliert« uns positiv über Informationsaussendung

Eine Blume wird von uns durch ihre Kombination von Form, Farbe und Geruch leicht wiedererkannt und setzt damit positive Zeichen. Blumen in ihrer arttypischen harmonischen Kompensation aktivieren dann mehrere unserer Gehirnregionen. Damit erzeugen sie in uns emotional stimulierende (Wahrnehmungs)erfahrungen. Bei diesem Wahrnehmungsprozess fassen wir verschiedene Naturelemente zu einer kohärenten Gestalteinheit zusammen. Die Blütenform ist bei der menschlichen Bewertung der

Schönheit von Blumen das Hauptmerkmal, verglichen mit Farbe und anderen Merkmalen.

Blumen können neben den üblichen Glücksgefühlen manchmal auch Gefühle wie Traurigkeit in uns aktivieren. Vermutlich passiert das aufgrund von kulturellen Konditionierungen, die unter anderem mit ihrer visuellen Gestalt verbunden sind. Sie stimulieren das autobiografische Gedächtnis und erzeugen durch (soziale) Erfahrungen respektive Erinnerungen emotional erlernte Assoziationen. So helfen uns Blumen, ein beliebiges Wahrnehmungserlebnis aktiv zu organisieren. Zur fröhlich machenden Sommerwiese gehören rote Mohnblumen und blaue Kornblumen. Zum Begräbnisritual gehören weiße Lilien.

Blumen werden von uns gezüchtet und gepflegt, wie wir geliebte Haustiere und angehörige Menschen pflegen.

In einer israelischen Studie erhielten die Probanden Blumen.[35] Drei Tage nach Erhalt der Blumen waren immer noch überbordende positive Gefühle aktiv. Die Teilnehmer der Studie lächelten mehr und hatten mehr soziale Kontakte. Blumen sind fraglos mit einer positiven, emotionalen Umgebung für uns Menschen verbunden – ein weiterer Garant für optimale psychische und daraus resultierende physische Gesundheit.

In einer weiteren israelischen Studie wurden Probanden Mandalas und Blumen gezeigt: Zwar wurden blütenförmige Mandalas als interessant definiert, aber natürliche Blumen wirkten direkt beruhigend und glücklich machend.[36]

Die Interaktion zwischen Blume und Mensch äußert sich darin, dass wir uns auf sie zubewegen, sie pflegen, riechen und pflücken können – entsprechend einer verkörperten Ästhetik, die durch die Bewegung unseres Körpers im Raum und nicht nur durch die Betrachtung der Umgebung entsteht.[37]

Probanden mussten eine Hand für einige Zeit in eiskaltes Wasser eintauchen.[38] Das ist ein typisches Experiment zur Messung der Schmerzempfindlichkeit. Die Gruppe mit im Raum stehenden Pflanzen hatte ein geringeres Schmerzempfinden der Hand gegenüber Kontrollgruppen ohne Pflanzen. Das bedeutet, anwesende Pflanzen erhöhen die Schmerztoleranzgrenze im Organismus. Ursache könnte die vermehrte Ausschüttung von Endorphinen bei den Probanden mit schmerzlindernden Eigenschaften sein. Allgemein: Es ist davon auszugehen, dass Pflanzen darauf Einfluss nehmen, wie der Mensch seine Umwelt wahrnimmt.[39]

Das Sein in einer ganzheitlichen Natur

Der schweizerische Soziologe und Nationalökonom Lucius Burckhardt (1925–2003) ist Begründer der Spaziergangswissenschaft (Promenadologie). Ja – so etwas gibt es wirklich. Das Ziel dabei ist, einen Ort in der Natur und das darin Lebendige aufzusuchen, um das Betrachten wiederzuentdecken und neue Blickwinkel zu erschließen, außerdem Anschauungsweisen auszuprobieren, Ungewohntes wahrzunehmen, störende Elemente zu entdecken, auch mal Fehlschlüsse zu registrieren und über dies alles zu reflektieren.

Warum sollte das notwendig sein? In unserer Gesellschaft dominiert bekanntlich fast ausschließlich der mit unserem Ich verbundene rationale Verstand. Das Ich als Subjekt erzeugt in einer äußeren materiellen Welt ein objektives Ding, zum Beispiel wenn wir ein Auto betrachten. Dieses Ding existiert darauf getrennt vom Ich. Wir hatten bereits darauf hingewiesen, dass diese Trennung eine schwer akzeptierbare Täuschung ist. Hier sei nur noch einmal betont, dass alles, was wir hören, sehen, fühlen, niemals objektiv sein kann, weil alles, was wir wahrnehmen, in uns entsteht, also subjektiv ist. Man kann sagen: Ohne unsere inneren Funktionen gäbe es kein Auto. Dieses Nach-außen-Projizieren ist als Mechanismus aber für unsere Orientierung notwendig. Und wir haben uns so daran gewöhnt, dass wir schwerlich umdenken können. Auch in wissenschaftlichen Untersuchungen stehen immer nur Objekte im Fokus. Aber jedes Objekt wird subjektiv durch den Wissenschaftler hervorgebracht und interpretiert.

Durch die Subjekt-Objekt-Trennungen erscheint uns die Welt niemals als Einheit, sondern immer als einander ausschließende Teile. Unser Leben verläuft sozusagen eingleisig innerhalb einer alltäglichen materieorientierten Welt. Das Gegenteil davon wäre das Erleben einer geistig-seelischen Welt, die zwar als sogenanntes Unterbewusstsein immer vorhanden ist, aber unserem Bewusstsein normalerweise weitgehend verschlossen bleibt.

Nun kommt wieder die Natur ins Spiel. Natur kann uns Menschen das verschlossene Tor zur geistig-seelischen Einheit in einmaliger Weise öffnen. Wie das? Wir müssen nur die Erkenntnis umsetzen und verstehen, dass wir Menschen genauso zur Natur gehören wie das ganze Lebewesenkollektiv an Bäumen, Sträuchern, Gräsern, Wildkräutern, Blumen, Tieren, Insekten et cetera, eingebettet in Himmel, Wolken, Sonne, Regen und so weiter …

Wir sagten bereits: Zur Natur als eine Ganzheit gehört eine Vielfalt von Lebewesen, darunter ist auch das Lebewesen Mensch. Alle Lebewesen der Natur haben ziemlich gleiche genetische Struktur, alle arbeiten mit einem Bewusstsein, um Information als solche festzulegen. Diese Aussage ist mit keinem technischen Kollektiv der sonstigen Umwelt möglich. Das ist der Grund, warum in unserem Innersten eine tiefe Verbundenheit vorhanden ist mit allem, was die Natur ausmacht. Es gibt kein Objekt Natur. Nur ein fehlgeleitetes Ich mit seiner Trennungssucht kann diese Verbundenheit überdecken.

Gotthard Günther (1900–1984), der deutsche Philosoph und Logiker, kritisierte: »Es gelingt dieser Geschichtsepoche nicht, die beiden kosmischen Grundwerte Subjekt und Objekt deutlich und allgemein verbindlich voneinander zu unterscheiden. Im archaischen Weltbild bleibt die Grenze zwischen Seele und Ding immer fließend.«[40]

In der Forschung zur Beziehung des Menschen und seiner natürlichen Welt ist Spiritualität der Schlüssel zum Verständnis einer Naturbedeutsamkeit.[41] Viele Menschen fühlen in einem spirituellen und/oder religiösen Kontext die Einheit der Natur, etwa durch Wahrnehmung von etwas »Größerem«, das sich während Naturaufenthalten präsentiert (Selbsttranszendenz).[42] Naturaufenthalt wird als geeignetes Mittel genutzt, um sich mit etwas zu verbinden, das höherer Intelligenz angehört. Dazu kommt dann auch zu glauben, dass das eigene Leben in einen Plan passt.[43]

Es wurde auch untersucht, welche besonderen Gefühle sich beim Aufenthalt in der Natur einstellen. Im Gesamten spüren Menschen eine Erhabenheit, eine Würde. Auch von Ehrfurcht wird berichtet.[44] Wobei Ehrfurcht wiederum Gefühle der Verletzlichkeit, der Bedeutungslosigkeit und Furcht vor den Qualitäten der Natur wie Großartigkeit, Macht, Geheimnis beziehungsweise Mystik, Unvorhersehbarkeit aufdeckt. Das wird nicht negativ empfunden und kann sogar Freude bereiten. Und schließlich wird noch Demut genannt – ein Gefühl der Verehrung der Natur. Alles Gefühl-Erleben führt schließlich zu einer dauerhaften persönlichen Veränderung.

Neben Gefühlen wird auch Inspiration erfahren. Die inspirierende Energie in der Natur vermittelt Zugehörigkeit zu anderen Lebewesen und sogar die Einheit von allem. Aber insgesamt ist weder die Gefühlslage noch der Zustand exakt zu beschreiben. Wenn Gefühle wie Inspiration, Freiheit, Vitalität, Ewigkeit und Harmonie genannt werden, ist nicht alles gesagt. Eine der einzigartigen Qualitäten der spirituellen Reaktionen auf die Natur ist diese »Unbeschreibbarkeit« und »Unaussprechlichkeit«. Mit Worten und Begriffen aus unserer Alltagswelt der Vielfalt ist eben keine Beschreibung aus der Sphäre der Einheit möglich. Im Vordergrund steht die positive Verwandlung, die mit gestärkter Vitalität und erneuerter Energie verbunden ist.[45]

Es sind wohl auch die widersprüchlichen Qualitäten oder polaren Gegensätze in der Natur, die uns Menschen faszinieren, wie Leben und Tod der Lebewesen, denen wir beiwohnen können, oder zum Beispiel der unübersehbare Wechsel bei Pflanzen im Jahreswechsel. Sie lassen uns das Gleichgewicht zwischen Werden und Vergehen erahnen. Auch das absichtslose Wechselspiel zwischen Schönheit und Bedrohung, mitunter Furcht vor Wildtieren oder massiven Wettereinbrüchen, besetzen unsere Aufmerksamkeit. Natur wird dadurch zu einem einmaligen Lehrfeld. Denn auch vermeintlich negative Emotionen müssen erfahren werden, um die positiven Erfahrungen spürbarer zu machen. Wir leben nun mal durch Gegensätze. Ohne Gegensätze gibt es kein Leben.

Ein Gefühl der Erhabenheit in Naturerlebnissen mit der Erkenntnis, sich im Sein des Ganzen zu befinden, ist offensichtlich die Bedingung, um den Zustand der Glückseligkeit erreichen zu können. Damit ist Naturerleben eine bedeutende Urquelle für subjektiv erfahrene Spiritualität.

Der Sinn im Leben resultiert aus ebendiesen transzendenten Erfahrungen.[46] Wir können die Grenzen der materiellen Alltagserfahrungen, die durch unsere eingeschränkten Sinneseindrücke gegeben sind, überschreiten und dadurch hinter eine selbst konstruierte Bühnenkulisse schauen.

Warum Natur derartige Gefühle auslösen kann, beschrieb bereits der US-amerikanische Psychologe und Philosoph William James (1842–1910). Seine Begründung ist heute noch aktuell, wenn er sagt, dass Natur »eine eigentümliche Kraft zu haben scheint, solche mystischen Stimmungen zu erwecken«.[47] Er fügt hinzu, dass mystische Erfahrungen in Naturaufenthalten ein Gefühl von Verbundenheit und Einheit zwischen dem gesamten Universum und der persönlichen, privaten Sphäre vermitteln.

Der US-amerikanische Biologe Edward O. Wilson erklärte diesen Zusammenhang folgendermaßen: »Weil die Artenvielfalt vor der Menschheit geschaffen wurde und weil wir uns in ihr entwickelt haben, haben wir ihre Grenzen nie ausgelotet ... Die lebende Welt ist die natürliche Domäne des ruhelosen und paradoxen Teils des menschlichen Geistes. Unser Sinn für Wunder wächst exponentiell; je größer das Wissen, desto tiefer das Geheimnis und desto mehr suchen wir nach Wissen, um neue Geheimnisse zu erschaffen ... Unsere intrinsischen Emotionen treiben uns an, nach neuen Lebensräumen zu suchen, unerforschte Terrains zu durchqueren, aber wir sehnen uns immer noch nach diesem Gefühl einer geheimnisvollen Welt, die sich unendlich weit erstreckt.«[48] Der US-amerikanische Biologe Michael E. Soulé (1936–2020) schrieb dazu konkreter: »Biophilie ist vielleicht schwer von dem zu trennen, was manche Menschen eine Beziehung zu ›Geist‹ oder ›Gott‹ nennen.«[49]

Naturobjekte wie Pflanzen, Steine, Wasser lösten beim archaischen Menschen eine geistige Reaktion aus, die zu sinnlichen Erfahrungen führten. Damit transformieren sich die Objekte in subjektive, geistige Bedeutungen, die dann wieder in die Objekte zurückprojiziert werden. Darauf beruht das Prinzip einer Natur- und Dingbeseelung – der sogenannte Animismus (nach F. A. van Scheltema [1846–1899], dem niederländischen Historiker und Kunsthändler).[50]

Der Ökologe Stephan Harding, Universität Oxford, findet dieses einheitliche Naturverständnis in vielen indigenen Kulturen: Natur sei wirklich lebendig, und jedes Wesen in ihr sei mit Entscheidungsfreiheit, Intelligenz und Weisheit ausgestattet – Qualitäten, die im Westen, wenn überhaupt anerkannt, gemeinhin als »Seele« bezeichnet würden. [51]

Diese Ansichten befinden sich bereits in der Philosophie des Buddhismus: »Die empfindenden Wesen können Bäume und Pflanzen wahrnehmen. Bäume und Pflanzen sind die Seele der empfindenden Wesen. Darum können sie Objekte der Erkenntnis des Geistes und der Seele der empfindenden Wesen werden.«[52]

Die Einheit zwischen Mensch, Natur und Geist findet sich in der indianischen Navajo-Tradition in Bezug auf die Vorstellung von »Diyin«. Dieser Begriff bezieht sich auf eine »heilige Ganzheit« mit der Annahme, dass sie das menschliche Leben beeinflusst. Laut den US-amerikanischen Navajo-Professor*innen Nancy Maryboy und David Begay ist Diyin ein dynamischer und fortlaufender Prozess, der alle im Universum existierenden Dinge durch ein Muster komplexer Wechselbeziehungen umfasst. Dieser Prozess ändert sich dann ständig, wenn die lebenden und natürlichen Elemente, aus denen er besteht, Diyin verändern.[53]

Der US-amerikanische Philosoph und Schriftsteller Ralph Waldo Emerson (1803–1882) machte deutlich, dass die intuitive Wahrnehmung der Natur verbunden mit Wohlbefinden wichtiger ist als »objektives« Faktenwissen.[54] Das, was ein Mensch wahrnimmt, ist in ihm selbst vorhanden. Die Natur ist darum auch ein Spiegel des Menschen. Sie ist harmonisches Symbol oder Metapher für den menschlichen Geist, der lebenslang daraus lernen kann. Emerson zufolge entspricht jede Erscheinung in der Natur einem geistigen Zustand. Philosophisch gesehen, so Emerson, besteht das Universum aus Natur und Seele. In anderen Worten: Geist ist in der Materie. Wie jede Pflanzenart »weiß« zum Beispiel eine Rose, dass sie eine Rose ist.

Tiefenentspannung in Resonanz mit einer Naturumgebung bringt uns in einen Zustand, in dem sich Bewusstes (Geist) und Unbewusstes (Seele) besonders eindrucksvoll überschneiden. Der Erfolg davon ist die Geist-Seele-Einheit. Dieser Zustand stellt sich ein, unabhängig von einer aktiven oder passiven Beobachterrolle. Damit können sehr intensive Erlebnisse entstehen.

Die Geist-Seele-Einheit hat auch die Möglichkeit, verborgene Informationen intuitiv bereitzustellen. Durch Abruf wird schließlich die Transzendenz in eine »jenseitige Interwelt« als Quelle von Energie und Information und als Speicher von »Wissen« bewerkstelligt. Kurz gesagt: Uns gelingt ein bewusstes Aufsuchen des »Unterbewusstseins«. Diese Informationen können wir nutzen für Problemlösungen und für Gesundheitsförderung: Daten werden vom Unterbewusstsein in der Geist-Seele-Einheit aus einem Informationsfeld empfangen und bewertet. Eingebung »fühlt« und »weiß« das Einssein mit der Natur. Dem »Unterbewusstsein« steht weit mehr, nämlich über 95 Prozent Information zur Verfügung verglichen mit dem Alltagsbewusstsein. Unser Verstand mit fünf Prozent Verarbeitungskapazität filtert und überträgt empfangene Informationen in einen ordnenden verbalen oder symbolischen Code. Das sind dann unsere Begriffe, Regeln, »Schubladen«.

»Seelenreise« in die Natur

Wenn die Natur einen dermaßen überwältigenden Eindruck vermitteln kann, wollen wir auch wissen, mit welchen Signalen sie dies möglich macht.

Kongruent mit dem Kontext unseres Buches ist der Hinweis, dass Natur selbst auch als reines Spiegelbild der Überzeugungen und Wünsche des Menschen gesehen werden kann.[55] Intuition, vermittelt durch Naturaufenthalte, verbindet sich mit Inspiration, was als geistige »Einatmung« übersetzt werden kann. Dafür ist die immer wieder gepriesene Achtsamkeit ein wichtiger Faktor. Wir Menschen verbinden mit diesen Effekten von Intuition und Achtsamkeit offensichtlich intensiven Genuss und Zufriedenheit – ein Wohlfühlsein. Achtsamkeit steht signifikant im Zusammenhang zwischen Naturverbundenheit und psychischem Wohlbefinden.[56]

Ursache dafür ist eine Kommunikation beziehungsweise ein Resonanzeffekt mit Folge einer Identifikation zwischen dem Menschen und der lebenden, wissenden Präsenz in der Natur. Das Erleben von Naturszenen, ihr Empfangen in unserem Geist, kann uns offenbar bereits eine gewisse Glückseligkeit bescheren, die mehr bietet als die Zufriedenheit über den Besitz materieller Dinge. Natur ist eine positive existenzielle Erfahrung.[57]

Deshalb wollen wir uns jetzt zu einer Wanderung in die frühlingshafte Natur aufmachen. Frühling ist nicht nur das Erwachen der Natur aus dem Winterschlaf, sondern unser eigenes Erwachen, verbunden mit einem wiederkehrenden, alljährlichen Erstaunen. Unsere Sinne erleben dann Natur mit Freude, Ehrfurcht, Zauber und Glückseligkeit: Wir spazieren an einer blütenreichen Wildwiese vorbei, die von Bienen und anderen Bestäubern emsig in einem rauschenden Summen bevölkert wird. Wir wissen: Bienen besitzen in ihrem kleinen Gehirn genauso wie wir Rezeptoren für Glückshormone, zum Beispiel für Dopamine, bei Insekten sind es

Octopamine, die als Belohnung für reichlich gefundenen Nektar ausgeschüttet werden. Diese molekularen Mechanismen sind Teil einer grundlegenden »Werkzeugkiste der Natur«.[58]

Gehen wir in Resonanz dazu und fühlen uns positiv verbunden mit diesen emsig tätigen Lebewesen, schütten wir ebenfalls Glückshormone aus. Das ist im weitesten Sinn eine Form der Empathie. Ein angenehmes Wohlbefinden breitet sich nun ebenfalls in uns aus. Dopamin ist neben der Auslösung von Glücksmomenten auch ein Botenstoff für das Lernen, identisch mit neuen Erfahrungen durch unsere Wahrnehmungsfähigkeit. Wenn also bei uns durch die bienenbevölkerte Wiese vermehrt Dopamin ausgeschüttet wird, dann wird unsere Intensität für die Wahrnehmung der vor uns ausgebreiteten Naturszenen vergrößert. Auch Bienen machen das so – sie sammeln verstärkt Informationen zur nektarreichen Futterquelle und geben diese in ihrem Bienenstock an andere Sammlerinnen weiter.

Viele Lebensmittel, die uns essenzielle Nährstoffe liefern, besonders Mikronährstoffe, sind von der Bestäubung abhängig. Eine Dezimierung oder Wegfall von Bestäubern wird sich negativ auf unsere Nährstoffzufuhr auswirken. Mit diesen Gedanken nehmen wir uns vor, zukünftig mehr bestäuberfreundliche Pflanzen in unserer privaten Umgebung zu etablieren.

Wir betreten einen Wald und entdecken an einem Baumstamm ein Gesicht mit Augen, Nase und Mund. Phänomenologisch tendieren wir Menschen dazu, auch in natürlich gewachsenen formgebenden Strukturen eine Gestalt unserer Erinnerung zu erkennen. Das liegt daran, dass Signale unserer Sinne nach Vergleichen mit anderen Wahrnehmungen und entsprechender Einordnung verlangen. Wir stellen uns vor, dass wir in diesem Moment einem Naturwesen begegnen. Gemäß dem im ersten Teil des Buches Gesagten sind Naturwesen Meme, die durch einen schöpferischen Bewusstseinsinhalt von uns erschaffen werden und ein Sein erhalten. Durch weitere Wahrnehmungsresonanz kann dann mit dem vermeintlichen Naturwesen die umgebende Natur seelisch vertieft und signiert werden. Wir halten inne, gehen in ein inneres Zwiegespräch, um damit Dankbarkeit und Bewunderung für diese außergewöhnliche Begegnung auszudrücken.

Wir kommen an einem See vorbei mit einer Oberfläche glatt wie ein Spiegel und dann wieder mit sanften Wellenbewegungen, in dem sich die Sonne ungewohnt glitzernd widerspiegelt. Beim entrückten Beobachten fällt uns die Bildszene einer funkelnden Seele ein, die auf der Wasseroberfläche tänzelt – sei es die Seele der Natur, unsere eigene oder die eines uns nahestehenden Wegbegleiters im Leben, allgemein von Menschen, die uns in guter Erinnerung geblieben sind. Das Bild wird zu einem funkelnden Schatz, der in unserem Herzen sicher und gut verankert ist.

Bäume am Ufer scheinen im verschwommenen Abbild des Wassers wie spiegelverkehrt zu wachsen. Sie wirken wie Symbole für das Erreichen unserer eigenen teilweise unbewussten Erwartungen, dafür, Unmögliches ins Mögliche umzukehren, über uns selbst hinauszuwachsen und gleichzeitig tief verwurzelt zu sein.

Die Identität zwischen Mensch und Baum war traditionell immer ein Symbol des Wandels bezüglich des geistig sich entwickelnden, schöpferischen Menschen. Damit verbunden ist auch ein mystischer Aspekt: Vor der von uns betrachteten Natur liegt für nicht Eingeweihte ein Schleier, der die Sicht auf viele unentdeckte, unfassbare Geheimnisse verhindert. Eingeweihte dagegen haben die Fähigkeit, diesen Schleier zu lüften, und entdecken dann Antworten auf entscheidende Fragen zum Leben.

Finden wir bei unserer »Seelenreise« einen Stein, der uns in seiner Form gefällt, können wir wieder mit entsprechend ausgeprägter Fantasie in Resonanz mit einer Naturerscheinung »fallen«. Entscheiden wir, diesen mitzunehmen, um für ihn einen geeigneten Platz im Garten zu finden, werden wir im Vorbeigehen dann regelmäßig Freude finden. Der Stein wird zum Erinnerungsfokus, er vermittelt uns immer wieder seine Herkunft und den schönen Moment, in dem er uns im wahrsten Sinne des Wortes »aufgefallen« ist.

Bisher war unsere achtsame Seelenreise nach außen gekehrt, nun wollen wir eine kurze innere Seelenreise antreten: Wir spazieren nicht mehr durch eine Landschaft, sondern wir stellen sie uns innerlich vor – farbenreich blühend, große Harmonie verbreitend. Dabei erkennen wir plötzlich: Jeder Mensch für sich genommen könnte auch eine inspirierende, wundervolle Pflanze sein – alles Leben unterliegt den gleichen Anforderungen. Der Prozess des Werdens, Wachsens, Blühens oder Aufgehens. Alles muss gehegt und gepflegt werden. Wir selbst sind für den Erfolg der gesamten Natur als integriertes Mitglied mitverantwortlich, denn wir haben mit unserem Bewusstsein die Fähigkeit, zu erkennen und zu handeln.

Alle diese Seelenbilder können von uns versendet werden an nahestehende Wegbegleiter, deren Wesen und Seelen uns am Herzen liegen. Die Gemeinschaft wird dadurch liebevoller und stabiler.

Das Meer, die Berge und Wildnis zeigen uns Menschen mit allen Sinnen eine Schönheit, Freude, Tiefe, Unergründlichkeit, Sanftheit, auch Wildheit, Ehrfurcht. Sie sind Meister und Urquellen für Spiritualität, Inspiration und Achtsamkeit.

Natur ist und bleibt für alle Ewigkeit der Sammelbegriff für einen Hort von Wesen, die geboren werden, leben und deren Materie nach dem Tod wieder zu Erde wird, so wie es mit uns geschieht. Jede Einheit eines Lebewesens entsteht, wenn wir darauf achten und uns darauf einlassen, mit der Kraft der Vereinigung. Vereinigung aber ist Liebe. Wir als Beobachter und alles, was wir beobachten, vereinen sich der Quantenphysik zufolge zu einer Einheit. Wir haben als Ergebnis wissenschaftlicher Untersuchungen erfahren, dass die Anwesenheit von Natur, was nichts anderes ist als Anwesenheit anderer Lebewesen innerhalb von Ökosystemen, uns entspannt und vitalisiert. Offensichtlich geschieht dabei der Austausch von Kräften der Lebendigkeit. Es liegt nahe, dass auch dafür unbewusst die Liebe als eine Urkonstellation der Vereinigung zur Einheit verantwortlich ist.

Alle Inhalte der Natur, die wir sehen, hören, riechen, entstehen aufgrund von Eindrücken in uns durch zufließende Information. Die Natur ist niemals »da draußen«, sondern immer als Eindruck in uns. Wir müssen sie aber durch geistige Verinnerlichung auch hereinlassen. Wir erschaffen in uns nicht nur das Bild des Baumes, obwohl es nirgends im Gehirn als Bild gefunden werden kann, sondern wir empfinden und kommunizieren auch seelisch mit dem Lebewesen »Baum«.

Entspannung, Abbau jeglicher Sorgenstruktur, Abstreifen gesellschaftlicher Forderungen und Verpflichtungen, Lösen innerer Fesseln, tiefgehende Erleichterung und dann wache Achtsamkeit mit dem Ziel, sich der Natur hingeben, sich verlieren – das alles sind exakt die Erlebensbedingungen, um über den »Pfad der Erkenntnis« ans Ziel der Glückseligkeit zu gelangen.

Unsere Ich-Perspektive verschwindet dabei aus ihrer bisherigen Alltagsbindung. Ich bin nicht mehr das Wichtigste und kann mich von Schönem und Harmonischem treiben lassen. *Ich bin* die Natur, und *ich habe* das Bewusstsein und damit die ganze Schöpfung. Ich bin intensiv »Selbst-bewusst«, bin Einheit aus der bisher erfahrenen Vielfalt heraus. Zusammen mit dem Wissen aus dem »Pfad der Erkenntnis« bin ich nun glückselig.

Quintessenz

Nicht die in unserer Zeit bevorzugte wissenschaftliche Analyse erklärt, was Leben und Glückseligkeit ist, sondern eine ewige und unveränderliche kosmische Gesetzmäßigkeit, die auf dem universellen Netzwerk der Quantenphilosophie aufbaut.

Die kosmische Gesetzmäßigkeit bestimmt alles, was vor sich geht, alles Geschehen, alle Manifestationen. Sie bestimmt auch alles, was sich offenbaren kann. Dazu gehören Energien und Kräfte, Harmonien, Leben, Bewusstsein, Wissen, Gedanken, Empfindungen, Materie und alle damit zusammenhängenden Mächte.

Jeder Körper, jeder Gedanke, jede seelische Regung ist in innerer Beziehung zu dieser Gesetzmäßigkeit und bildet eine unzertrennbare Einheit mit ihr.

Der Mensch kann seine Entwicklung optimieren, wenn er fähig ist, die Einheit mit der Gesetzmäßigkeit bewusst wahrzunehmen.

Dazu muss der Mensch seinen Organismus in ein empfindsames Werkzeug der Spiritualität verwandeln, um Energien und Kräfte, die ständig zufließen, zu realisieren und zu lenken.

Das funktioniert ausschließlich durch Lenkung des Bewusstseins. Es ist Schöpfer der Gedanken. Gedanken sind auch die Wegbereiter des Fühlens und Handelns.

Der Gedankenkörper ist des Menschen höchstes Gut; nur dieses gibt ihm die Fähigkeit, die kosmische Gesetzmäßigkeit bewusst zu verstehen und seine Ausdrucksformen in seiner Umwelt als Natur zu erkennen.

Die Einheit mit der Natur ist die Basis der menschlichen Erdexistenz.

Handelt das Lebewesen in Harmonie mit der kosmischen Gesetzmäßigkeit, wird es zum Schöpfer neben der höchsten Intelligenz.

Er verwendet dafür die allumfassende Urquelle der Erkenntnis und des Wissens. Als Folge kann sich die universelle Wahrheit eröffnen, die auf keinem anderen Weg erkannt werden kann.

Es gibt keine andere absolute Wahrheit.

Das Gefühl mit größten Auswirkungen ist die Liebe, eine Form der Verschmelzung, was sich in vielfältigsten Folgen zeigt.

Die Gedanken aller Lebewesen ergeben ein kosmisches Gedankenmeer. Dieses besitzt mächtige Kraftpotenz, negativ als Zerstörung und positiv als Aufbau.

Dieses Gedankenmeer kann als Intuition angezapft werden. Dabei helfen Hilfswesen, die dafür erdacht werden können (Kommunionen).

Die heilenden Strömungen der Erde und des Kosmos, die überall präsent sind und alles durchdringen, können so in Einklang gebracht werden.

Jeder Einzelne muss die Erkenntnis selbst erfahren, kein anderer kann es für ihn tun.

»Ich habe die innere Vision erlangt,
Und durch deinen Geist in mir
habe ich von deinem wunderbaren Geheimnis erfahren.
Durch deinen mystischen Einblick
hast du mir eine Quelle des Wissens geschaffen,
die aus mir hervorquillt,
einen Springbrunnen der Kraft,
der lebensspendendes Wasser fließen lässt,
eine Flut voll Liebe
und allumfassender Weisheit
wie das Strahlen des ewigen Lichts.«

AUS DEM »BUCH DER HYMNEN«[1]

Anhang

Literatur

Ader, R., D. L. Felten und N. Cohen (Hg.): *Psychoneuroimmunology*, Academic Press, San Diego 2000

Altman, I., und J. Wohlwill (Hg.): *Human Behavior and Environment, Vol. 6: Behavior and Natural Environment*, Plenum, New York 1983

Antares: »Quanten-Experimente zeigen, wie die Gegenwart die Vergangenheit ändern kann, und das ist noch nicht alles...«, 8.9.2016, Transinformation – Information zum Wandel, https://transinformation.net/quanten-experimente-zeigen-wie-die-gegenwart-die-vergangenheit-aendern-kann-und-das-ist-noch-nicht-alles/, abgerufen am 6.5.2021

Aspden, H.: *Aether Science Papers*, Sabberton Publications, Southampton 1966

Aspect, A., P. Grangier und G. Roger: »Experimental Realization of Einstein-Podolsky-Rosen-Bohm Gedankenexperiment: A New Violation of Bell's Inequalities«, *Physical Review Letters* 49 (2), 1982, S. 91–94

Becker, A., et al. (Hg.): *Gene, Meme und Gehirne. Geist und Gesellschaft als Natur. Eine Debatte*, Suhrkamp Verlag, Frankfurt am Main 2003

Beichler, J. E.: »The Emergence of Neurocosmology: Evolution Physics, Consciousness, Physical Reality and Our Experiential Universe«, *Unified Field Mechanics II: Formulations and Empirical Tests*, Proceedings of the Xth Symposium Honoring Noted French Mathematical Physicist Jean-Pierre Vigier, Porto Novo/It., 25.–28.7.2016, 2018, https://www.worldscientific.com/doi/abs/10.1142/9789813232044_0050, abgerufen am 10.5.2021

Bell, J. S.: *Quantenmechanik. Sechs mögliche Welten und weitere Artikel*, Walter de Gruyter Verlag, Berlin 2015

Bentov, I.: *Auf der Spur des wilden Pendels. Abenteuer im Bewußtsein*, Rowohlt Verlag, Reinbek bei Hamburg 1985

Bethelmy, L. C., und J. A. Corraliza: »Transcendence and Sublime Experience in Nature: Awe and Inspiring Energy«, *Frontiers in Psychology* 10 (509), 2019, https://www.frontiersin.org/articles/10.3389/fpsyg.2019.00509/full, abgerufen am 10.5.2021

Beveridge, W. I.: *Seeds of Discovery. A Sequel to the Art of Scientific Investigation*, Norton & Company, London 1980

Blackmore, S.: *Die Macht der Meme oder Die Evolution von Kultur und Geist*, Spektrum Akademischer Verlag, Heidelberg 2010

Blüchel, K. G., und F. Malik (Hg.): *Faszination Bionik. Die Intelligenz der Schöpfung*, Mcb Verlag, München 2006

Boer, W. de:»Die Vakuumenergie des Universums«, 19.11.2011, KIT (Karlsruher Institut für Technologie), http://www-ekp.physik.uni-karlsruhe.de/~deboer/html/Talks/Magdeburg.pdf, abgerufen am 6.5.2021

Bohm, D.: *Die implizite Ordnung. Grundlagen eines dynamischen Holismus*, Goldmann Verlag, München 1987

Bohr, N.: *Atomphysik und menschliche Erkenntnis*, Vieweg & Sohn, Braunschweig 1958

Bowler, D. E., et al.:»A Systematic Review of Evidence for the Added Benefits to Health of Exposure to Natural Environments«, *BMC Public Health* 10, 2010, S. 1–10

Brunton, P.:»The World As Mental«, o. D., https://paulbrunton.org/notebooks/21/2, abgerufen am 7.5.2021

Bundesministerium für Umwelt, Naturschutz und nukleare Sicherheit (BMU): *Naturbewusstsein 2019 – Bevölkerungsumfrage zu Natur und biologischer Vielfalt*, Broschüre Nr. 10053, 2020, https://www.bmu.de/publikation/naturbewusstsein-2019/, abgerufen am 3.4.2021

Burckhardt, T.: *Alchemie. Sinn und Weltbild*, Walter Verlag, Olten und Freiburg im Breisgau 1960

Bürgin, L.: *Der Urzeit-Code. Die ökologische Alternative zur umstrittenen Gen-Technologie*, Herbig Verlag, München 2007

Byrd, R. E.: *Allein! Auf einsamer Wacht im Südeis*, F. A. Brockhaus, Leipzig 1940

Capra, F.: *Wendezeit. Bausteine für ein neues Weltbild*, Scherz Verlag, Bern, München und Wien 1982

Carhart-Harris, R. L., S. Muthukumaraswamy et al.:»Neural Correlates of the LSD Experience Revealed by Multimodal Neuroimaging«, *PNAS* 113 (17), 2016, S. 4853–4858

Chang, C.-C., et al.:»Social Media, Nature, and Life Satisfaction: Global Evidence of the Biophilia Hypothesis«, *Nature/Scientific Reports* 10 (4125), 2020, https://www.nature.com/articles/s41598-020-60902-w, abgerufen am 3.4.2021

Charon, J. É.: *Tod, wo ist dein Stachel? Die Unsterblichkeit des Bewusstseins*, Paul Zsolnay Verlag, Wien/Hamburg 1981

Chu, S.-Y.:»Statistical Origin of Classical Mechanics and Quantum Mechanics«, *Physical Review Letters* 71 (18), 1993, S. 2847–2850, https://journals.aps.org/prl/abstract/10.1103/PhysRevLett.71.2847, abgerufen am 7.5.2021

Conley, B.:»Micobial Extracellular Electron Transfer is a Far-Out Metabolism«, 15.11.2019, American Society for Microbiology, https://asm.org/Articles/2019/November/Microbial-Extracellular-Electron-Transfer-is-a-Far, abgerufen am 6.5.2021

Cramer, J. G.: *The Quantum Handshake. Entanglement, Nonlocality and Transactions*, Springer Verlag, New York 2016

–, »The Transactional Interpretation of Quantum Mechanics«, *Review of Modern Physics* 58 (3), 1986, S. 647–687

David-Néel, A.: *Magier und Heilige in Tibet*, Goldmann Verlag, München 2005

Davidson, J.: *Das Geheimnis des Vakuums. Schöpfungstanz, Bewußtsein und Freie Energie. Die Neue Physik aus mystischer Sicht*, Omega Verlag, Düsseldorf 1996

Davies, P.: *Die Urkraft. Auf der Suche nach einer einheitlichen Theorie der Natur*, dtv, München 1992

Davies, P., und J. Gribbin: *Auf dem Weg zur Weltformel. Der große Überblick über den Stand der neuesten Physik*, Byblos Verlag, Berlin 1993

Descartes, R.: *Regulae ad directionem ingenii Cogitationes privatae*, Philosophische Bibliothek Bd. 613, übers. und hg. v. Wohlers, C., Felix Meiner Verlag, Hamburg 2011

Diener, E., S. Oishi und L. Tay (Hg.): *Handbook of Well-Being*, DEF Publishers, Salt Lake City, UT, 2018

Dietzfelbinger, K. (Hg.): *Apokryphe Evangelien aus Nag Hammadi*, Dingfelder Verlag, Edition Argo Weisheit im Abendland, Andechs 1988, S. 227.

Dirac, P. A. M.: *Die Prinzipien der Quantentheorie*, S. Hirzel, Leipzig 1930

Donovan, G. H., et al.: »The Relationship Between Trees and Human Health: Evidence From the Spread of the Emerald Ash Borer«, *American Journal of Preventive Medicine* 44, 2013, S. 139–145

Drexler, D.: *Landschaft und Landschaftswahrnehmung. Untersuchung des kulturhistorischen Bedeutungswandels von Landschaft anhand eines Vergleichs von England, Frankreich, Deutschland und Ungarn*, Dissertation an der Technischen Universität München, Lehrstuhl für Landschaftsökologie, 2009

Dukas, H., und B. Hoffmann (Hg.): *Albert Einstein - The Human Side. Glimpses from his Archives*, Princeton University Press, Princeton, NJ, 1979

Eccles, J. C.: *Wie das Selbst sein Gehirn steuert*, Piper Verlag, München 1996

–, »Hirn und Bewusstsein«, *Mannheimer Forum* 77/78, zitiert nach *Ein Panorama der Naturwissenschaften*, zusammengestellt und redigiert von Ditfurth, Prof. Dr. H. v., Studienreihe Boehringer, Mannheim 1977

–, *Wahrheit und Wirklichkeit. Mensch und Wissenschaft*, Springer Verlag, Berlin 1975

Eccles, J. C., und K. Popper: *Das Ich und sein Gehirn*, Piper Verlag, München 1982

Einstein, A.: *Ausgewählte Texte*, hg. v. Meiser, H., Goldmann Verlag, München 1986, S. 75

–, *Mein Weltbild. Aphorismen für Leo Baeck*, hg. v. Seelig, C., Europa Verlag, Zürich 1953

Einstein, A., und M. Born: *Albert Einstein, Max Born. Briefwechsel 1916–1955* (Brief an Max Born vom 4.12.1926), Rowohlt Verlag, Reinbek bei Hamburg 1972

Einstein, A., B. Podolsky und N. Rosen: »Can Quantum-Mechanical Description of Physical Reality be Considered Complete?«, *Physical Review* 47, 1935, S. 777–780

Eliade, M.: *Schmiede und Alchemisten. Mythos und Magie der Machbarkeit*, Herder Verlag, Freiburg im Breisgau 1992

Emerson, R. W.: *Natur*, Diogenes Verlag, Zürich 2003

Emmons, R.: »Striving for the Sacred: Personal Goals, Life Meaning, and Religion«, *Journal of Social Issues* 61 (4), 2005, S. 731–745

Ferris, T.: *Das intelligente Universum. Über die Grenzen des Verstandes*, Byblos Verlag, Berlin 1992

Ferrucci, P.: *Unermesslicher Reichtum. Wege zum spirituellen Erwachen*, Rowohlt Verlag, Reinbek bei Hamburg 1992

Feynman, R. P.: *QED. Die seltsame Theorie des Lichts und der Materie*, Piper Verlag, München 1992

Forshaw, P. J.: »The Hermetic Frontispiece: Contextualising John Dee's Hieroglyphic Monad«, *Ambix* 64 (2), 2017, S. 115–139, https://www.tandfonline.com/doi/pdf/10.1080/00026980.2017.1353247?needAccess=true, abgerufen am 7.5.2021

Frank, R. M.: »Paul Shepard's ›Bear Essay‹ – On Environmental Ethics, Deep Ecology and Our Need for the Other-than-Human Animals«, 2016, https://paulhoweshepard.files.wordpress.com/2016/11/paul-shepard-bear-essay4-short-doc.pdf, abgerufen am 4.4.2021

Gebhard, U., und T. Kistemann (Hg.): *Landschaft, Identität und Gesundheit. Zum Konzept der Therapeutischen Landschaften*, Springer Fachmedien, Wiesbaden 2016

GFG – Gemeinschaft für Frieden und Gerechtigkeit: *Der misshandelte Planet. Ursachen der Zerstörung. Befreiung durch Aufklärung und Gesellschaftswandel*, Tredition GmbH, Hamburg 2019

Giovetti, P.: *Engel. Die unsichtbaren Helfer des Menschen*, Bertelsmann Verlag, Gütersloh 1991

Gleick, J.: *Genius. The Life and Science of Richard Feynman*, Random House, New York 1993

Glimcher, P. W.: »Indeterminacy in Brain and Behavior«, *Annual Review of Psychology* 56, 2005, S. 25–56

Goethe, J. W. von: *Die Leiden des jungen Werthers*, Weygandsche Buchhandlung, Leipzig 1774

Gotthard, G.: »Maschine, Seele und Weltgeschichte«, *Beiträge zu einer operationsfähigen Dialektik, Dritter Band*, Felix Meiner Verlag, Hamburg 1980, S. 211–235, https://www.vordenker.de/ggphilosophy/gg_maschine-seele-weltgeschichte.pdf, abgerufen am 5.4.2021

Gribbin, J.: *Schrödingers Kätzchen und die Suche nach der Wirklichkeit*, S. Fischer Verlag, Frankfurt am Main 1996

Gribbin, J., und H. Dipankar: »What is Light?«, *New Scientist*, 2.11.1991, https://www.newscientist.com/article/mg13217934-200-what-is-light/, abgerufen am 15.3.2021

Guéguen, N., und S. Meineri: *Natur für die Seele. Die Umwelt und ihre Auswirkungen auf die Psyche*, Springer Verlag, Berlin und Heidelberg 2013

Hagelin, J. S., M. V. Rainforth, K. L. C. Cavanaugh et al.: »Effects of Group Practice of the Transcendental Meditation Program on Preventing Violent Crime in Washington, D. C.: Results of the National Demonstration Project, June–July 1993«, *Social Indicators Research* 47 (2), 1999, S. 153–201, https://www.jstor.org/stable/27522387?seq=1, abgerufen am 7.5.2021

Halber, D.: »MIT Researcher Finds Evidence of Global Warming on Neptune's Largest Moon«, *MIT News*, 24.6.1998, http://web.mit.edu/newsoffice/1998/triton.html, abgerufen am 6.3.2021

Harding, S.: *Animate Earth: Science, Intuition and Gaia*, Green Books, Foxhole, Dartington/GB, 2006

Hartig, T., et al.: »Environmental Influences on Psychological Restoration«, *Scandinavian Journal of Psychology* 37, 1996, S. 378–393

Heidegger, M.: *Sein und Zeit*, Max Niemeyer Verlag, Tübingen, 12. Aufl. 1972

Heisenberg, W.: *Der Teil und das Ganze. Gespräche im Umkreis der Atomphysik*, Piper Verlag, München 1969

Henry, R. C.: »The Mental Universe«, *Nature* 436 (29), 2005, S. 29, https://www.nature.com/articles/436029a, abgerufen am 7.5.2021

Henry, W.: »*in*Sight«, https://www.williamhenry.net, 2007–2021, abgerufen am 5.5.2021

Hogan, J.: »Sun More Active than for a Millennium«, *New Scientist*, 2.11.2003. http://www.newscientist.com/article/dn4321-sun-more-active-than-for-a-millennium.html, abgerufen am 6.3.2021

Horgan, J.: *An den Grenzen des Wissens. Siegeszug und Dilemma der Naturwissenschaften*, Fischer Verlag, Frankfurt am Main 2000

Howald, E.: *Der siebente Brief* [Platons], Reclam Verlag, Stuttgart 1964

Howell, A. J., und H.-A. Passmore: »The Nature of Happiness: Nature Affiliation and Mental Well-Being«, in Keyes, C. L. M. (Hg.): *Mental Well-Being – International Contributions to the Study of Positive Mental Health*, Springer Science+Business Media, Dordrecht/NL 2013, S. 231–257

Howell, A. J., H.-A. Passmore und K. Buro: »Meaning in Nature: Meaning in Life as a Mediator of the Relationships Between Nature Connectedness and Well-Being«, *Journal of Happiness Studies* 14, 2013, S. 1681–1696

Hoyle, F.: *Das intelligente Universum. Eine neue Sicht von Entstehung und Evolution*, Umschau Verlag, Frankfurt am Main 1984

Hüber, F.: »Pflanze und Seele«, *Bericht des Naturwissenschaftlichen Vereins Landshut* 28, 1980, S. 5–23, https://www.zobodat.at/publikation_volumes.php?id=60680, abgerufen am 5.4.2021

Hunter, P.: »A Quantum Leap in Biology. One Inscrutable Field Helps Another, as Quantum Physics Unravels Consciousness«, *EMBO Reports* 7, 2006, S. 971–974

Huss, E., K. Bar Yosef und M. Zaccai: »Humans' Relationship to Flowers as an Example of the Multiple Components of Embodied Aesthetics«, *Behavioral Sciences* 8 (3), 2018, S. 32

–, »The Meaning of Flowers: A Cultural and Perceptual Exploration of Ornamental Flowers«, *Open Journal of Social Sciences* 10 (1), 2017, S. 140–153

Huxley, A.: *Die Pforten der Wahrnehmung. Erfahrungen mit Drogen, Himmel und Hölle*, Piper Verlag, München 2012

Huynh, T., und J. C. Torquati: »Examining Connection to Nature and Mindfulness at Promoting Psychological Well-Being«, *Journal of Environmental Psychology* 66, 2019, Artikel 101370, https://psycnet.apa.org/record/2019-68798-001, abgerufen am 10.5.2021

Ives, C. D., et al.: »Reconnecting with Nature for Sustainability«, *Sustainability Science* 13, 2018, S. 1389–1397.

Jaffé, A. (Hg.): *Erinnerungen, Träume, Gedanken von C. G. Jung*, Rascher Verlag, Zürich und Stuttgart 1962

Jahn, R. G., und B. J. Dunne: *An den Rändern des Realen. Über die Rolle des Bewusstseins in der physikalischen Welt*, Zweitausendeins Verlag, Frankfurt am Main 1999

Jeans, J.: *Der Weltenraum und seine Rätsel*, List Verlag, München 1955

Jedlicka, P.: »Revisiting the Quantum Brain Hypothesis: Toward Quantum (Neuro) biology?«, *Frontiers in Molecular Neuroscience*, 7.11.2017, https://www.frontiersin.org/articles/10.3389/fnmol.2017.00366/full, abgerufen am 19.9.2018

Joseph, L. E.: »Britain's Whole Earth Guru«, *The New York Times Magazine*, 23.11.1986, S. 67, https://www.nytimes.com/1986/11/23/magazine/britain-s-whole-earth-guru.html, abgerufen am 7.5.2021

Jung, C. G.: *Die Psychologie des Kundalini-Yoga*, Patmos Verlag, Düsseldorf 2020

–, *Aion. Beiträge zur Symbolik des Selbst*, GW 9/2, Patmos Verlag, Düsseldorf 2011

Kant, I.: »Dinge, als Naturzwecke, sind organisierte Wesen«, *Kritik der Urteilskraft*, §65, Projekt Gutenberg, 2004, http://www.thorsten-reinicke.eu/kant/kuk/kukp651.htm, abgerufen am 17.5.2021

Kaplan, R., und S. Kaplan: *The Experience of Nature. A Psychological Perspective*, Cambridge University Press, New York 1989

Katcher, A. H., und A. M. Beck: »Health and Caring for Living Things«, *Anthrozoös* 1 (3), 1987, S. 175–183

Kellert, S. R., und E. O. Wilson (Hg.): *The Biophilia Hypothesis*, Island Press, Washington, DC, 1993

Keltner, D., und J. Haidt: »Approaching Awe, a Moral, Spiritual, and Aesthetic Emotion«, *Cognition and Emotion* 17 (2), 2003, S. 297–314

Kendle, A. D., und S. Forbes (Hg.): *Urban Nature Conservation – Landscape Management in the Urban Countryside*, E & FN Spon, London u. a. 1997

Kerr, M., und D. Key: »The Ouroboros (Part 1): Towards an Ontology of Connectedness«, *European Journal of Ecopsychology* 2, 2011, S. 48–60

Keyes, C. L. M. (Hg.): *Mental Well-Being – International Contributions to the Study of Positive Mental Health*, Springer Science+Business Media, Dordrecht/NL 2013

Klinman, J. P., und A. Kohen: »Hydrogen Tunneling Links Protein Dynamics to Enzyme Catalysis«, *Annual Review of Biochemistry* 82, 2013, S. 471–496

Klintman, H.: »Is there a Paranormal (Precognitive) Influence in Certain Types of Perceptual Sequences? I and II«, *European Journal of Parapsychology* 5, 1983, S. 19–49, 125–140

Koestler, A.: *Die Wurzeln des Zufalls*, Suhrkamp Taschenbuch Verlag, o. O. (Frankfurt am Main) 1974

Kwiat, P. G., A. M. Steinberg und R. Y. Chiao: »Observation of a ›Quantum Eraser‹: A Revival of Coherence in a Two-Photon Interference Experiment«, *Physical Review A* 45 (11), 1992, S. 7729–7739

Leibovici, L.: »Effects of Remote, Retroactive Intercessory Prayer on Outcomes in Patients with Blood Stream Infection: Randomized Controlled Trial«, *British Medical Journal* 323 (7327), 2001, S. 1450f.

Leidig, M., und R. Nikkah: »The Truth about Global Warming: It's the Sun that's to Blame«, *The Telegraph*, 18.7.2004, https://www.telegraph.co.uk/news/worldnews/europe/germany/1467310/The-truth-about-global-warming-its-the-Sun-thats-to-blame.html, abgerufen am 6.3.2021

Lewin, R.: »Is Your Brain Really Necessary?«, *Science* 210 (4475), 1980, S. 1232ff.

Li, Q., et al.: »Relationships Between Percentage of Forest Coverage and Standardized Mortality Ratios (SMR) of Cancers in all Prefectures in Japan«, *The Open Public Health Journal* 1, 2008, S. 1–7

Liang, Z. S., et al.: »Molecular Determinants of Scouting Behavior in Honey Bees«, *Science* 335 (6073), 2012, S. 1225–1228

Lindbergh, C.: *Mein Flug über den Ozean*, S. Fischer Verlag, Frankfurt am Main 1954

Lohr, V. I., und C. H. Pearson-Mims: »Physical Discomfort May Be Reduced in the Presence of Interior Plants«, *HortTechnology* 10, 2000, S. 53–58

Lovelock, J., und L. Margulis: *Atmospheric Homeostasis by and for the Biosphere: The Gaia Hypothesis*, 3.5./20.8.1973, https://climate-dynamics.org/wp-content/uploads/2016/06/lovelock74a.pdf, abgerufen am 31.3.2021

Lüdemann, G., und M. Janßen: *Bibel der Häretiker. Die gnostischen Schriften aus Nag Hammadi*, Radius, Stuttgart 1997, https://epdf.pub/die-gnostischen-schriften-aus-nag-hammadi-bibel-der-hretiker-die-gnostischen-sch.html, abgerufen am 5.5.2021

Lumber, R., et al.: »Beyond Knowing Nature: Contact, Emotion, Compassion, Meaning, and Beauty are Pathways to Nature Connection«, *PLOS ONE*, 9.5.2017, https://journals.plos.org/plosone/article?id=10.1371/journal.pone.0177186, abgerufen am 4.4.2021

Ma, X.-s., S. Zotter, J. Kofler et al.: »Experimental Delayed-Choice Entanglement Swapping«, *Nature Physics* 8 (479–484), 2012, https://www.nature.com/articles/nphys2294, abgerufen am 6.5.2021

Manget, J. J.: *Bibliotheca Chymica Curiosa*, Chouet, Genf 1702

Manuel, F. E.: *A Portrait of Isaac Newton*, New Republic Books, London 1980

Max-Planck-Gesellschaft: »The Sun is More Active Now than Over the Last 8000 Years«, 28.10.2004/2021, https://www.mpg.de/research/sun-activity-high, abgerufen am 6.3.2021

McMahan, E. A.: »Happiness Comes Naturally: Engagement with Nature as a Route to Positive Subjective Well-Being«, in Diener, E., S. Oishi und L. Tay (Hg.): *Handbook of Well-Being*, DEF Publishers, Salt Lake City, UT, 2018

Meister Eckehart: *Schriften*, Eugen Diederichs Verlag, Jena 1934

Meyer-Streng, O.: »›Spukhafte Fernwirkung‹ in der Quantenwelt steht kurz vor ihrer endgültigen Bestätigung«, idw – Informationsdienst Wissenschaft, 15.4.2013, https://idw-online.de/de/news528331, abgerufen am 30.3.2021

Misner, C. W., K. S. Thorne und J. A. Wheeler: *Gravitation*, Princeton University Press, Princeton, NJ, 2017

Mitchell, E.: »Outer Space to Inner Space«, *Saturday Review*, 22.2.1975, S. 20

Monroe, R. A.: *Der zweite Körper. Außerkörperliche Reisen und Erfahrungen*, Goldmann Verlag, München 1987

Moradi, N., F. Scholkmann und V. Salari: »A Study of Quantum Mechanical Probabilities in the Classical Hodgkin-Huxley Model«, *Journal of Integrative Neuroscience* 14, 2015, S. 1–17

Moszkowski, A.: *Einstein. Einblicke in seine Gedankenwelt*, Hoffmann & Campe Verlag, Hamburg 1921

Muhammad ibn Ahmad al-Iraqi, A. 'l-Q.: *Kitab al-'Ilm al-maktasab fi zira'at adhdhahab: Book of Knowledge Acquired Concerning the Cultivation of Gold by Abu 'l-Qasim Muhammad ibn Ahmad al-Iraqi*, hg. v. Holmyard, E. J., Paul Geuthner, Paris 1923

Nachtigall, W.: *Bionik. Lernen von der Natur*, C. H. Beck, München 2008

Nahm, M.: *Wenn die Dunkelheit ein Ende findet. Terminale Geistesklarheit und andere ungewöhnliche Phänomene in Todesnähe*, Crotona Verlag, Amerang 2012

NASA: »NASA Study Finds Increasing Solar Trend that can Change Climate«, Goddard Space Flight Center, 20.03.2003, Update 23.2.2008, http://www.nasa.gov/centers/goddard/news/topstory/2003/0313irradiance.html, abgerufen am 5.3.2021

Nelson, R. D., und G. Kindel: *Die Welt-Kraft in dir. Der Einfluss unserer Gedanken auf Materie, Ereignisse und Gesundheit*, Arkana Verlag, München 2021 (a)

–, *Der Welt-Geist. Wie wir alle miteinander verbunden sind*, Goldmann Verlag, München 2021 (2018) (b)

Neuser, W. (Hg.): *Quantenphilosophie*, Spektrum Akademischer Verlag, Heidelberg 1996

Norton, T.: The Ordinall of Alchymy, The Williams & Wilins Company, Baltimore 1929 (Faksimile Bristol 1477)

Obermaier, S.: *Starb Jesus in Kaschmir? Das Geheimnis seines Lebens und Wirkens in Indien*, Goldmann Verlag, München 1993

Olson, E. R. T., et al.: »Mindfulness and Shinrin-Yoku: Potential for Physiological and Psychological Interventions during Uncertain Times«, *International Journal of Environmental Research and Public Health* 17 (24), 2020, https://www.mdpi.com/1660-4601/17/24/9340, abgerufen am 10.5.2021

Paracelsus: *Philosophia Mystica: Darinn begriffen Eilff unterschidene Theologico-Philosophische, doch teutsche Tractätlein, zum theil auß Theophrasti Paracelsi, zum theil auch M. Valentini Weigelii…*, Faksimile, Jenes, Newstadt 1618, https://archiv.ub.uni-marburg.de/ubfind/Record/urn:nbn:de:hebis:04-eb2014-0211/View, abgerufen am 7.5.2021

Park, S. H., R. H. Mattson und E. Kim: »Pain Tolerance Effects of Ornamental Plants in a Simulated Hospital Patient Room«, *Acta Horticulturae* 639, 2004, S. 241–247

Parnia, S.: *Der Tod muss nicht das Ende sein. Was wir wirklich über Sterben, Nahtoderlebnisse und die Rückkehr ins Leben wissen*, Scorpio Verlag, München 2013

Pratt, J. G.: *ESP Research Today*, Scarecrow Press, Metuchen, NJ, 1973

Preller, K. H., A. Razi, P. Zeidman, P. Stämpfli, K. J. Friston und F. X. Vollenweider: »Effective Connectivity Changes in LSD-Induced Altered States of Consciousness in Humans«, *PNAS* 116 (7), 2019, S. 2743–2748

Priggs, J. P, und F. D. Peat: *Looking Glass Universe*, Simon & Schuster, New York 1984

Puthoff, H. E.: »Ground State of Hydrogen as a Zero-Point-Fluctuation-Determined State«, *Physical Review D* 35 (10), 1987, S. 3266–3269

Rae, A.: *Quantum Physics: Illusion or Reality?*, Cambridge University Press, New York 2004

Raichle, M. E., A. M. Macleod, A. Z. Snyder et al.: »A Default-Mode of Brain Function«, *Proceedings of the National Academy of Sciences of the United States of America* 98, 2001, S. 676–682

Rees, M. (Hg.): *Das Universum*, DK Verlag Dorling Kindersley, München 2006

–, »The Anthropic Universe«, *New Scientist*, 6.8.1987

Rilke, R. M.: *Die Gedichte*, Insel Verlag, Frankfurt am Main, 7. Aufl. 2012

Rohde, C. L. E, und A. D. Kendle: »Nature for people«, in Kendle, A. D., und S. Forbes (Hg.): *Urban Nature Conservation – Landscape Management in the Urban Countryside*, E & FN Spon, London u. a. 1997, S. 319–335

Roob, A.: *Das hermetische Museum. Alchemie & Mystik*, Taschen Verlag, Köln 2011

Ruysbeek, E. van, und M. Messing: *Das Thomasevangelium. Seine östliche Spiritualität*, Walter Verlag, Solothurn und Düsseldorf 1993

Salmon, W. (Hg.): *Bibliothèque des Philosophes Chimiques*, Faksimile, André Cailleau, Paris 1741, https://warburg.sas.ac.uk/pdf/fgh100b3193426A.pdf, abgerufen am 7.5.2021

Schilpp, P. A. (Hg.): *Albert Einstein als Philosoph und Naturforscher*, Vieweg & Sohn Verlagsgesellschaft, Braunschweig 1987

Schlag, O. R.: *Die Lehren des A.*, hg. v. Faivre, A., et al., 12 Bde., Ergon Verlag, Würzburg 1995–2011

Schrödinger, E.: *Mein Leben, meine Weltsicht. Die Autobiographie und das philosophische Testament*, Diogenes Verlag, Zürich 1989 (a)

–, *Was ist Leben? Die lebende Zelle mit den Augen des Physikers betrachtet*, Piper Verlag, München 1989 (b)

–, »Die gegenwärtige Situation der Quantenphysik«, *Die Naturwissenschaften* 48, 49, 50 (23), 1935

Schuermann, D., und M. Mevissen: »Manmade Electromagnetic Fields and Oxidative Stress – Biological Effects and Consequences for Health«, *International Journal of Molecular Science* 22 (7), 2021, https://doi.org/10.3390/ijms22073772, abgerufen am 5.5.2021

Schutzgemeinschaft Deutscher Wald: *Wald weltweit*, 2020, https://www.sdw.de/bedrohter-wald/wald-weltweit/index.htm, abgerufen am 5.5.2021

Scully, M. O., und K. Drühl: »Quantum Eraser: A Proposed Photon Correlation Experiment Concerning Observation and ›Delayed Choice‹ in Quantum Mechanics«, *Physical Review A* 25 (4), 1982, S. 2208

Seegers, U.: *Transformatio energetica. Hermetische Kunst im 20. Jahrhundert. Von der Repräsentation zur Gegenwart der Hermetik im Werk von Antonin Artaud, Yves Klein und Sigmar Polke*, Dissertation, Universität Stuttgart 2002

Seel, M.: *Eine Ästhetik der Natur*, Suhrkamp Verlag, Frankfurt am Main 1991

Seelig, C. (Hg.): *Helle Zeit – Dunkle Zeit. In Memoriam Albert Einstein*, Europa Verlag, Zürich 1956

Shiota, M. N., D. Keltner und A. Mossman: »The Nature of Awe: Elicitors, Appraisals, and Effects on Self-Concept«, *Cognition and Emotion* 21 (5), 2007, S. 944–963

Silvertooth, E. W.: »Experimental Detection of the Ether«, Mai 1986, https://citeseerx.ist.psu.edu/viewdoc/download?doi=10.1.1.418.8179&rep=rep1&type=pdf, abgerufen am 29.3.2021

Soga, M., und K. J. Gaston: »Extinction of Experience: Evidence, Consequences and Challenges of Loss of Human-Nature Interactions«, *Frontiers in Ecology and the Environment* 14 (2), 2015, S. 94–101

Sperry, R. W.: »Changing Concepts of Consciousness and Free Will«, *University of Chicago Press* 20 (1), 1976, S. 9–19

Stapp, H., J. M. Schwartz und M. Beauregard: »Quantum Theory in Neuroscience and Psychology: A Neurophysical Model of Mind-Brain Interaction«, *Philosophical Transactions of the Royal Society of London, Series B* 360, 2005, S. 1309–1327

Steiner, R.: *Isis und Madonna*, Berlin, 29.4.1909, PDF, https://docplayer.org/21367994-Rudolf-steiner-isis-und-madonna-berlin-29-april-1909.html, abgerufen am 17.5.2021

Stilgoe, J. R.: »Gone Barefoot Lately?«, *American Journal of Preventative Medicine* 20, 2001, S. 243 f.

Székely, E. B.: *Die Lehren der Essener. Essener-Meditationen*, Verlag Bruno Martin, Südergellersen 1987

Talbot, M.: *Das holographische Universum. Die Welt in neuer Dimension*, Droemer Knaur Verlag, München 1991

Targ, R., und P. Cole: »Use of an Automatic Stimulus Generator to Teach Extrasensory Perception«, in Morris, J. D., W. G. Roll und R. L. Morris (Hg.): *Research in Parapsychology*, Scarecrow Press, Metuchen, NJ, 1975, S. 27 ff.

Taylor, M.: *Imaginary Companions and the Children Who Create Them*, Oxford University Press, New York 1999

Telle, J. (Hg.): *Rosarium Philosophorum. Ein alchemisches Florilegium des Spätmittelalters*, übers. von Lutz Claren und Joachim Huber, Bd. 2 (Faksimile der illustrierten Erstausgabe Frankfurt am Main 1550), Wiley-VCH, Weinheim 1992

Than, K.: »Sun Blamed for Warning of Earth and Other Worlds«, LiveScience.com, 12.3.2007, http://www.livescience.com/environment/070312_solarsys_warming.html, abgerufen am 6.3.2021

Tributsch, H.: *Wenn die Schlangen erwachen. Mysteriöse Erdbebenvorzeichen*, DVA, Stuttgart 1978

Ulrich, R. S.: »Aesthetic and Affective Response to Natural Environment«, in Altman, I., und J. Wohlwill (Hg.): *Human Behavior and Environment, Vol 6.: Behavior and Natural Environment*, Plenum, New York 1983, S. 85–125

Vaas, R.: »Drei Klettersteige zum Quanten-Olymp«, *Bild der Wissenschaft* 8/2004, S. 46 ff., https://www.wissenschaft.de/astronomie-physik/drei-klettersteige-zum-quanten-olymp/, abgerufen am 14.3.2021

Vaziri, A., und M. Plenio: »Quantum Coherence in Ion Channels: Resonances, Transport and Verification«, *New Journal of Physics* 12, 2010, http://iopscience.iop.org/article/10.1088/1367-2630/12/8/085001/meta, abgerufen am 19.9.2018

Vedral, V.: »Living in a Quantum World«, *Scientific American* 304, 2011, S. 38–43

Vining, J., et al.: »The Distinction between Humans and Nature: Human Perceptions of Connectedness to Nature and Elements of the Natural and Unnatural«, *Research in Human Ecology* 15 (1), 2008, S. 1–11

Warnke, U.: *Die Öffnung des 3. Auges. Quantenphilosophie unseres Jenseits-Moduls*, Scorpio Verlag, München 2017

–, *Die geheime Macht der Psyche. Quantenphilosophie: Die Renaissance der Urmedizin*, Scorpio Verlag, München 2014

–, *Bienen, Vögel, Menschen: Die Zerstörung der Natur durch »Elektrosmog«*, Schriftenreihe Kompetenzinitiative zum Schutz von Mensch, Umwelt und Demokratie, Heft 1, 2007, https://kompetenzinitiative.com/broschueren/bienen-voegel-und-menschen-die-zerstoerung-der-natur-durch-elektrosmog/, abgerufen am 12.3.2021

–, »Alarmstufe Rot!«, in Blüchel, K. G., und F. Malik (Hg.): *Faszination Bionik. Die Intelligenz der Schöpfung*, Mcb Verlag, München 2006

Warnke, U., und F. Warnke: *Bionisches Wasser. Das Supermolekül für unsere Gesundheit*, Arkana Verlag, München 2019

–, *Bionische Regeneration. Das Altern aufhalten mit den geheimen Strategien der Natur*, Arkana Verlag, München 2017

Weinstein, N., et al.: »Can Nature Make Us More Caring? Effects of Immersion in Nature on Intrinsic Aspirations and Generosity«, *Personality and Social Psychology Bulletin* 35 (10), 2009, S. 1315–1329

Weizsäcker, C. F. von: »Nachwort«, in Neuser, W. (Hg.): *Quantenphilosophie*, Spektrum Akademischer Verlag, Heidelberg 1996

Wheeler, J. A.: »Information, Physics, Quanta: The Search for Links«, *Proceedings of the 3rd International Symposium on Foundations of Quantum Mechanics in Light of New Technology*, Tokio 1989, S. 354–368

–, »The ›Past‹ and the ›Delayed-Choice Double-Slit Experiment‹«, in Marlow, A. R. (Hg.): *Mathematical Foundations of Quantum Theory*, Academic Press, Cambridge, MA, 1978. S. 9–48

Wheeler, J. A., und W. Zurek: *Quantum Theory and Measurement*, Princeton University Press, Princeton, NJ, 1983, S. 220.

Whitty, J.: »Animal Extinction – The Greatest Threat to Mankind«, *The Independent*, 17.9.2011, https://www.independent.co.uk/climate-change/news/animal-extinction-the-greatest-threat-to-mankind-5328823.html, abgerufen am 5.5.2021

Wigner, E.: *Symmetries and Reflections*, MIT Press, Cambridge, MA, 1970

Wilber, K.: *Halbzeit der Evolution*, Scherz Verlag, Bern, München und Wien 1984

Wong, P. T.: »Meaning Therapy: An Integrative and Positive Existential Psychotherapy«, *Journal of Contemporary Psychotherapy* 40 (2), 2010, S. 85–93

Zelenski, J. M., und E. Nisbet: »Happiness and Feeling Connected: The Distinct Role of Nature Relatedness«, *Environment and Behavior* 46 (1), 2012, S. 3–23

Zhang, J. W., et al.: »Engagement with Natural Beauty Moderates the Positive Relation Between Connectedness with Nature and Psychological Well-Being«, *Journal of Environmental Psychology* 38, 2014, S. 55–63

Zukav, G.: *Die tanzenden Wu Li Meister. Der östliche Pfad zum Verständnis der modernen Physik: Vom Quantensprung zum Schwarzen Loch*, Rowohlt Verlag, Reinbek bei Hamburg 1981

N.N. (ohne Autorenangabe):

»Allogenes«, o. D., www.gerd-albrecht.de/Die Gnostischen Schriften/Allogenes. htm, abgerufen am 2.4.2021.

»Beobachtung beeinflusst Wirklichkeit«, idw – Informationsdienst Wissenschaft, 26.2.1998, https://idw-online.de/de/news391, abgerufen am 20.3.2021

»Aus des Herrn de Nuysement Tractat vom wahren geheimen Salz der Weisen und dem allgemeinen Geiste der Welt«, in *Hermetisches A.B.C. derer ächten Weisen alter und neuer Zeiten vom Stein der Weisen. Ausgegeben von einem wahren Gott- und Menschenfreunde*, Hermann Barsdorf Verlag, Berlin 1921 (1778), 1. Teil, Kap. 15, S. 230–260

»Der Mensch muss sich mehr als Teil der Natur begreifen – Geobiologe Reinhold Leinfelder über den geologischen Faktor Mensch«, Interview mit Degenhardt, J., 10.1.2013, https://www.deutschlandfunkkultur.de/der-mensch-muss-sich-mehr-als-teil-der-natur-begreifen.1008.de.html?dram:article_id=233804, abgerufen am 4.4.2021

Drey Geheime Tractätlein von denen Geheimnussen der Natur…, Hof- und Universitätsdruckerei Häffner, Mainz 1749

»Experiment Confirms Quantum Theory Weirdness«, *Science News*, 27.5.2015, https://www.sciencedaily.com/releases/2015/05/150527103110.htm, abgerufen am 16.3.2021

Hermetisches A.B.C. derer ächten Weisen alter und neuer Zeiten vom Stein der Weisen. Ausgegeben von einem wahren Gott- und Menschenfreunde, Hermann Barsdorf Verlag, Berlin 1921 (1778)

»Hinschauen heißt Eingreifen«, *Spektrum der Wissenschaft*, 26.2.1998, https://www.spektrum.de/news/hinschauen-heisst-eingreifen/340504, abgerufen am 20.3.2021

»Martin J. Rees › Quotes«, 2015, http://archive.is/2016.09.10123333/https:/dl.dropboxusercontent.com/u/5530497/scrapbook/2015/Gedanken/Rees/index.html#10%, abgerufen am 1.4.2021

»The Cosmic Universe«, 10.9.2016, http://archive.is/2016.09.10123247/https:/dl.dropboxusercontent.com/u/5530497/scrapbook/2015/Gedanken/Wheeler_participatory_universe/index.html#15%, abgerufen am 1.4.2021

Anmerkungen

Einleitung

1   Ruysbeek, E. van, und M. Messing: *Das Thomasevangelium. Seine östliche Spiritualität*, Walter Verlag, Solothurn und Düsseldorf 1993, S. 85 (Logion 2).

Teil I: Wir sind geistig-seelische Wesen

1   Zitiert in Steiner, R.: *Isis und Madonna*, Berlin, 29.4.1909, S. 16, PDF, https://docplayer.org/21367994-Rudolf-steiner-isis-und-madonna-berlin-29-april-1909.html, abgerufen am 17.5.2021.

2   Zitiert in Ferrucci, P.: *Unermesslicher Reichtum. Wege zum spirituellen Erwachen*, Rowohlt, Reinbek bei Hamburg 1992, S. 63.

3   Vgl. GFG – Gemeinschaft für Frieden und Gerechtigkeit: *Der misshandelte Planet. Ursachen der Zerstörung. Befreiung durch Aufklärung und Gesellschaftswandel*, Tredition GmbH, Hamburg 2019.

4   Einstein, A.: *Mein Weltbild. Aphorismen für Leo Baeck*, hg. v. Seelig, C., Europa Verlag, Zürich 1953, S. 137.

5   Whitty, J.: »Animal Extinction – The Greatest Threat to Mankind«, *The Independent*, 17.9.2011, https://www.independent.co.uk/climate-change/news/animal-extinction-the-greatest-threat-to-mankind-5328823.html, abgerufen am 5.5.2021.

6   Schuermann, D., und M. Mevissen: »Manmade Electromagnetic Fields and Oxidative Stress – Biological Effects and Consequences for Health«, *International Journal of Molecular Science* 22 (7), 2021, https://doi.org/10.3390/ijms22073772, abgerufen am 5.5.2021.

7   Schutzgemeinschaft Deutscher Wald: *Wald weltweit*, 2020, https://www.sdw.de/bedrohter-wald/wald-weltweit/index.htm, abgerufen am 5.5.2021.

8   Dukas, H., und B. Hoffmann (Hg.): *Albert Einstein – The Human Side. Glimpses from his Archives*, Princeton University Press, Princeton, NJ, 1979, S. 159.

9   Vgl. Henry, W.: »*in*Sight«, https://www.williamhenry.net, 2007–2021, abgerufen am 5.5.2021.

10 Schrödinger, E.: *Mein Leben, meine Weltsicht. Die Autobiographie und das philosophische Testament*, Diogenes, Zürich 1989, S. 71.

11 Vgl. Obermaier, S.: *Starb Jesus in Kaschmir? Das Geheimnis seines Lebens und Wirkens in Indien*, Goldmann Verlag, München 1993.

12 Zitiert nach Yoga Vidaya Schriften, https://schriften.yoga-vidya.de/viveka-chudamani/vers483/, abgerufen am 16.3.2021.

13 Vgl. Warnke, U.: *Bienen, Vögel, Menschen: Die Zerstörung der Natur durch »Elektrosmog«*, Schriftenreihe Kompetenzinitiative zum Schutz von Mensch, Umwelt und Demokratie, Heft 1, 2007, https://kompetenzinitiative.com/broschueren/bienen-voegel-und-menschen-die-zerstoerung-der-natur-durch-elektrosmog/, abgerufen am 12.3.2021.

14 Parnia, S., K. Spearpoint, G. de Vos und P. B. Fenwick: »AWARE – AWAreness during REsuscitation – A prospective study«, *Resuscitation* 85 (12), 2014, https://www.researchgate.net/publication/267755643_AWARE-AWAreness_during_REsuscitation-a_prospective_study, abgerufen am 12.3.2021.

15 Vgl. zum Beispiel Parnia, S.: *Der Tod muss nicht das Ende sein. Was wir wirklich über Sterben, Nahtoderlebnisse und die Rückkehr ins Leben wissen*, Scorpio Verlag, München 2013.

16 Monroe, R. A.: *Der zweite Körper. Außerkörperliche Reisen und Erfahrungen*, Goldmann Verlag, München 1987, S. 12.

17 Pratt, J. G.: *ESP Research Today*, Scarecrow Press, Metuchen, NJ, 1973; Targ, R., und P. Cole: »Use of an Automatic Stimulus Generator to Teach Extrasensory Perception«, in Morris, J. D., W. G. Roll und R. L. Morris (Hg.): *Research in Parapsychology*, Scarecrow Press, Metuchen, NJ, 1975, S. 27 ff.

18 Monroe, a. a. O., S. 46.

19 Schrödinger, a. a. O., S. 71.

20 Zitiert nach Davidson, J.: *Das Geheimnis des Vakuums. Schöpfungstanz, Bewußtsein und Freie Energie. Die Neue Physik aus mystischer Sicht*, Omega Verlag, Düsseldorf 1996, S. 116.

21 Lewin, R.: »Is Your Brain Really Necessary?«, *Science* 210 (4475), 1980, S. 1232 ff.

22 Ebenda.

23 Eccles, J. C.: *Wahrheit und Wirklichkeit. Mensch und Wissenschaft*, Springer Verlag, Berlin 1975.

24 Eccles, J. C., und K. Popper: *Das Ich und sein Gehirn*, Piper Verlag, München 1982, S. 430, 552.

25 Schrödinger, E.: *Was ist Leben? Die lebende Zelle mit den Augen des Physikers betrachtet*, Piper Verlag, München 1989, S. 149 f.

26 Vgl. Parnia, a. a. O.

27 Vaas, R.: »Drei Klettersteige zum Quanten-Olymp«, *Bild der Wissenschaft* 8/2004, S. 46 ff., https://www.wissenschaft.de/astronomie-physik/drei-kletter steige-zum-quanten-olymp/, abgerufen am 14.3.2021; Horgan, J.: *An den Grenzen des Wissens. Siegeszug und Dilemma der Naturwissenschaften*, Fischer Verlag, Frankfurt am Main 2000, S. 141–149.

28 Bohm, D.: *Die implizite Ordnung. Grundlagen eines dynamischen Holismus*, Goldmann Verlag, München 1987.

29 Blackmore, S.: *Die Macht der Meme oder Die Evolution von Kultur und Geist*, Spektrum Akademischer Verlag, Heidelberg 2010; Becker, A., et al. (Hg.): *Gene, Meme und Gehirne. Geist und Gesellschaft als Natur. Eine Debatte*, Suhrkamp Verlag, Frankfurt am Main 2003.

30 Bentov, I.: *Auf der Spur des wilden Pendels. Abenteuer im Bewußtsein*, Rowohlt Verlag, Reinbek bei Hamburg 1985.

31 Lüdemann, G., und M. Janßen: *Bibel der Häretiker. Die gnostischen Schriften aus Nag Hammadi*, Radius, Stuttgart 1997, S. 30 und 56, https://epdf.pub/die-gnostischen-schriften-aus-nag-hammadi-bibel-der-hretiker-die-gnostischen-sch.html, abgerufen am 5.5.2021.

32 Voltaire: *Philosophisches Taschenwörterbuch*, Reclam Verlag, Ditzingen 2020, S. 39.

33 Giovetti, P.: *Engel. Die unsichtbaren Helfer des Menschen*, Bertelsmann Verlag, Gütersloh 1991, S. 246.

34 David-Néel, A.: *Magier und Heilige in Tibet*, Goldmann Verlag, München 2005, S. 169, 323.

35 Vgl. ebenda, S. 350, 373.

36 Jaffé, A. (Hg.): *Erinnerungen, Träume, Gedanken von C. G. Jung*, Rascher Verlag, Zürich und Stuttgart 1962, S. 187.

37 Ebenda, S. 186.

38 Schlag, O. R.: *Die Lehren des A.*, hg. v. Faivre, A., et al., 12 Bde., Ergon Verlag, Würzburg 1995–2011.

39 Taylor, M.: *Imaginary Companions and the Children Who Create Them*, Oxford University Press, New York 1999.

40 Vgl. dazu Warnke, U.: *Die geheime Macht der Psyche. Quantenphilosophie: Die Renaissance der Urmedizin*, Scorpio Verlag, München 2014.

41 Einstein, A.: *Ausgewählte Texte*, hg. v. Meiser, H., Goldmann Verlag, München 1986, S. 75.

42 Davies, P.: *Die Urkraft. Auf der Suche nach einer einheitlichen Theorie der Natur*, dtv, München 1992, S. 291.

43 Zitiert nach Koestler, A.: *Die Wurzeln des Zufalls*, Suhrkamp Taschenbuch Verlag, o. O. (Frankfurt am Main) 1974, S. 108.

44 Jung, C. G.: *Die Psychologie des Kundalini-Yoga*, Patmos Verlag, Düsseldorf 2020, S. 73.

45 Brunton, P.: »The World As Mental«, o. D., https://paulbrunton.org/note books/21/2, abgerufen am 7.5.2021.

46 Warnke 2007, a. a. O.

47 Davies, P., und J. Gribbin: *Auf dem Weg zur Weltformel. Der große Überblick über den Stand der neuesten Physik*, Byblos Verlag, Berlin 1993, S. 284.

48 Leibovici, L.: »Effects of Remote, Retroactive Intercessory Prayer on Outcomes in Patients with Blood Stream Infection: Randomized Controlled Trial«, *British Medical Journal* 323 (7327), 2001, S. 1450 f.

49 Bürgin, L.: *Der Urzeit-Code. Die ökologische Alternative zur umstrittenen Gen-Technologie*, Herbig Verlag, München 2007.

50 Schilpp, P. A. (Hg.): *Albert Einstein als Philosoph und Naturforscher*, Vieweg & Sohn Verlagsgesellschaft, Braunschweig 1987, S. 47.

51 Vgl. Schrödinger 1989 (b), a. a. O., S. 150.

Teil II: Der Mensch als lebendiges Quantensystem

1   Rae, A.: *Quantum Physics: Illusion or Reality?*, Cambridge University Press, New York 2004, S. 126.

2   Gribbin, J.: *Schrödingers Kätzchen und die Suche nach der Wirklichkeit*, S. Fischer Verlag, Frankfurt am Main 1996, S. 271.

3   Davies, a. a. O., S. 45 f.

4   Gribbin, a. a. O., S. 293.

5   Davidson, a. a. O., S. 177.

6   Ebenda.

7   Ader, R., D. L. Felten und N. Cohen (Hg.): *Psychoneuroimmunology*, Academic Press, San Diego, CA, 2000.

8   Vgl. zum Beispiel Nachtigall, W.: *Bionik. Lernen von der Natur*, C. H. Beck, München 2008.

9   Hoyle, F.: *Das intelligente Universum. Eine neue Sicht von Entstehung und Evolution*, Umschau Verlag, Frankfurt am Main 1984.

10 Jedlicka, P.: »Revisiting the Quantum Brain Hypothesis: Toward Quantum

(Neuro)biology?«, *Frontiers in Molecular Neuroscience*, 7.11.2017, https://www.frontiersin.org/articles/10.3389/fnmol.2017.00366/full, abgerufen am 19.9.2018.

11 Klinman, J. P., und A. Kohen: »Hydrogen Tunneling Links Protein Dynamics to Enzyme Catalysis«, *Annual Review of Biochemistry* 82, 2013, S. 471–496.

12 Hunter, P.: »A Quantum Leap in Biology. One Inscrutable Field Helps Another, as Quantum Physics Unravels Consciousness«, *EMBO Reports* 7, 2006, S. 971–974.

13 Warnke: *Die Öffnung des 3. Auges. Quantenphilosophie unseres Jenseits-Moduls*, Scorpio Verlag, München 2017, S. 305.

14 Vedral, V.: »Living in a Quantum World«, *Scientific American* 304, 2011, S. 38–43.

15 Vaziri, A., und M. Plenio: »Quantum Coherence in Ion Channels: Resonances, Transport and Verification«, *New Journal of Physics* 12, 2010, http://iopscience.iop.org/article/10.1088/1367-2630/12/8/085001/meta, abgerufen am 19.9.2018; Glimcher, P. W.: »Indeterminacy in Brain and Behavior«, *Annual Review of Psychology* 56, 2005, S. 25–56.

16 Moradi, N., F. Scholkmann und V. Salari: »A Study of Quantum Mechanical Probabilities in the Classical Hodgkin-Huxley Model«, *Journal of Integrative Neuroscience* 14, 2015, S. 1–17.

17 Warnke, U., und F. Warnke: *Bionisches Wasser. Das Supermolekül für unsere Gesundheit*, Arkana Verlag, München 2019, S. 106, 325 f.

18 Feynman, R. P.: *QED. Die seltsame Theorie des Lichts und der Materie*, Piper Verlag, München 1992, S. 42.

19 Dirac, P.: *The Principles of Quantum Mechanics*, Oxford University Press, New York 1947, zitiert in *Spektrum der Wissenschaft* 7/1993, S. 84.

20 Charon, J. É.: *Tod, wo ist dein Stachel? Die Unsterblichkeit des Bewusstseins*, Paul Zsolnay Verlag, Wien/Hamburg 1981.

21 Zitiert nach Conley, B.: »Micobial Extracellular Electron Transfer is a Far-Out Metabolism«, 15.11.2019, American Society for Microbiology, https://asm.org/Articles/2019/November/Microbial-Extracellular-Electron-Transfer-is-a-Far, abgerufen am 6.5.2021.

22 Davies, a. a. O, S. 33.

23 Warnke und Warnke 2019, a. a. O., passim.

24 Silvertooth, E. W.: »Experimental Detection of the Ether«, Mai 1986, https://citeseerx.ist.psu.edu/viewdoc/download?doi=10.1.1.418.8179&rep=rep1&type=pdf, abgerufen am 29.3.2021.

25 Vgl. zum Beispiel Aspden, H.: *Aether Science Papers*, Sabberton Publications, Southampton 1966.

26 US-Patent Nr. 5018 180A vom 21.5.1991, https://patents.google.com/patent/US5018180A/en, abgerufen am 29.3.2021.

27 Puthoff, H. E.: »Ground State of Hydrogen as a Zero-Point-Fluctuation-Determined State«, *Physical Review D* 35 (10), 1987, S. 3266–3269. Vgl. auch Boer, W. de: »Die Vakuumenergie des Universums«, 19.11.2011, KIT (Karlsruher Institut für Technologie), http://www-ekp.physik.uni-karlsruhe.de/~deboer/html/Talks/Magdeburg.pdf, abgerufen am 6.5.2021.

28 Klintman, H.: »Is there a Paranormal (Precognitive) Influence in Certain Types of Perceptual Sequences? I and II«, *European Journal of Parapsychology* 5, 1983, S. 19–49, 125–140.

29 Siehe zum Beispiel Antares: »Quanten-Experimente zeigen, wie die Gegenwart die Vergangenheit ändern kann, und das ist noch nicht alles …«, 8.9.2016, Transinformation – Information zum Wandel, https://transinformation.net/quanten-experimente-zeigen-wie-die-gegenwart-die-vergangenheit-aendern-kann-und-das-ist-noch-nicht-alles/, abgerufen am 6.5.2021, oder Ma, X.-s., S. Zotter, J. Kofler et al.: »Experimental Delayed-Choice Entanglement Swapping«, *Nature Physics* 8 (479–484), 2012, https://www.nature.com/articles/nphys2294, abgerufen am 6.5.2021.

30 Jahn, R. G., und B. J. Dunne: *An den Rändern des Realen. Über die Rolle des Bewusstseins in der physikalischen Welt*, Zweitausendeins Verlag, Frankfurt am Main 1999.

31 Nelson, R. D., und G. Kindel: *Der Welt-Geist. Wie wir alle miteinander verbunden sind*, Goldmann Verlag, München 2021; siehe auch dies.: *Die Welt-Kraft in dir. Der Einfluss unserer Gedanken auf Materie, Ereignisse und Gesundheit*, Arkana Verlag, München 2021.

32 Warnke, U.: »Alarmstufe Rot!«, in Blüchel, K. G., und F. Malik (Hg.): *Faszination Bionik. Die Intelligenz der Schöpfung*, Mcb Verlag, München 2006.

33 Tributsch, H.: *Wenn die Schlangen erwachen. Mysteriöse Erdbebenvorzeichen*, DVA, Stuttgart 1978.

34 Davies, a. a. O., S. 54 f.

35 Aspect, A., P. Grangier und G. Roger: »Experimental Realization of Einstein-Podolsky-Rosen-Bohm Gedankenexperiment: A New Violation of Bell's Inequalities«, *Physical Review Letters* 49 (2), 1982, S. 91–94.

36 Davies und Gribbin, a. a. O., S. 26.

37 Davies, a. a. O., S. 90.

38 Gribbin, a. a. O., S. 168–175.

39 Zitiert in Gribbin, J., und H. Dipankar: »What is Light?«, *New Scientist*, 2.11.1991, https://www.newscientist.com/article/mg13217934-200-what-is-light/, abgerufen am 15.3.2021.

40 Wheeler, J. A.: »The ›Past‹ and the ›Delayed-Choice Double-Slit Experiment‹«, in Marlow, A. R. (Hg.): *Mathematical Foundations of Quantum Theory*, Academic Press, Cambridge, MA, 1978. S. 9–48.

41 Capra, F.: *Wendezeit. Bausteine für ein neues Weltbild*, Scherz Verlag, Bern, München und Wien 1982, S. 99.

42 Wheeler, J. A., und W. Zurek: *Quantum Theory and Measurement*, Princeton University Press, Princeton, NJ, 1983, S. 220.

43 Wigner, E.: *Symmetries and Reflections*, MIT Press, Cambridge, MA, 1970, S. 208.

44 Meyer-Streng, O.: »›Spukhafte Fernwirkung‹ in der Quantenwelt steht kurz vor ihrer endgültigen Bestätigung«, idw – Informationsdienst Wissenschaft, 15.4.2013, https://idw-online.de/de/news528331, abgerufen am 30.3.2021.

45 Neuser, W. (Hg.): *Quantenphilosophie*, Spektrum Akademischer Verlag, Heidelberg 1996, S. 133.

46 Scully, M. O., und K. Drühl: »Quantum Eraser: A Proposed Photon Correlation Experiment Concerning Observation and ›Delayed Choice‹ in Quantum Mechanics«, *Physical Review A* 25 (4), 1982, S. 2208.

47 Kwiat, P. G., A. M. Steinberg und R. Y. Chiao: »Observation of a ›Quantum

Eraser«: A Revival of Coherence in a Two-Photon Interference Experiment«, *Physical Review A* 45 (11), 1992, S. 7729–7739.

48 Vgl. zum Beispiel Bell, J. S.: *Quantenmechanik. Sechs mögliche Welten und weitere Artikel*, Walter de Gruyter Verlag, Berlin 2015.

49 Einstein, A., B. Podolsky und N. Rosen: »Can Quantum-Mechanical Description of Physical Reality be Considered Complete?«, *Physical Review* 47, 1935, S. 777–780.

50 Schrödinger, E.: »Die gegenwärtige Situation der Quantenphysik«, *Die Naturwissenschaften* 48, 49, 50 (23), 1935.

51 Zitiert in Neuser, a. a. O., S. 131.

52 Ebenda, S. 138.

53 Wheeler, J. A.: »Information, Physics, Quanta: The Search for Links«, *Proceedings of the 3rd International Symposium on Foundations of Quantum Mechanics in Light of New Technology*, Tokio 1989, S. 354–368.

54 Vgl. https://web.williams.edu/wp-etc/physics/wwootters/, abgerufen am 31.3.2021.

55 Bohm, a. a O.

56 Weizsäcker, C. F. von: »Nachwort«, in Neuser, a. a. O.

57 Vgl. das YouTube-Video auf https://www.youtube.com/watch?v=H6HLjpj4Nt4, abgerufen am 31.3.2021. Siehe auch Wheeler 1978, a. a. O.

58 »Experiment Confirms Quantum Theory Weirdness«, *Science News*, 27.5.2015, https://www.sciencedaily.com/releases/2015/05/150527103110.htm, abgerufen am 16.3.2021.

59 Vgl. »Hinschauen heißt Eingreifen«, *Spektrum der Wissenschaft*, 26.2.1998, https://www.spektrum.de/news/hinschauen-heisst-eingreifen/340504, abgerufen am 20.3.2021; »Beobachtung beeinflusst Wirklichkeit«, idw – Informationsdienst Wissenschaft, 26.2.1998, https://idw-online.de/de/news391, abgerufen am 20.3.2021.

60 Nelson und Kindel (b), a. a. O., S. 137.

61 Stapp, H., J. M. Schwartz und M. Beauregard: »Quantum Theory in Neuroscience and Psychology: A Neurophysical Model of Mind-Brain Interaction«, *Philosophical Transactions of the Royal Society of London, Series B* 360, 2005, S. 1309–1327.

62 Vgl. Charon, a. a. O., S. 175.

63 Zitiert nach Ferris, T.: *Das intelligente Universum. Über die Grenzen des Verstandes*, Byblos Verlag, Berlin 1992, S. 193.

64 Misner, C. W., K. S. Thorne und J. A. Wheeler: *Gravitation*, Princeton University Press, Princeton, NJ, 2017.

65 Ruysbeek, a. a. O., S. 183 (Logion 77).

66 Davidson, a. a. O., S. 429.

67 Einstein (1953), a. a. O, S. 9.

68 Charon, a. a. O., S. 19.

69 Seelig, C. (Hg.): *Helle Zeit – Dunkle Zeit. In Memoriam Albert Einstein*, Europa Verlag, Zürich 1956, S. 70.

70 Neuser, a. a. O., S. 130.

71 Vgl. Warnke und Warnke 2019, a. a..O.

72 Zukav, G.: *Die tanzenden Wu Li Meister. Der östliche Pfad zum Verständnis der*

modernen Physik: Vom Quantensprung zum Schwarzen Loch, Rowohlt Verlag, Reinbek bei Hamburg 1981, S. 251.

Teil III: Das Erleben von Ganzheit und Einheit

1 Heidegger, M.: *Sein und Zeit*, Max Niemeyer Verlag, Tübingen, 12. Aufl. 1972, S. 152.

2 Lovelock, J., und L. Margulis: *Atmospheric Homeostasis by and for the Biosphere: The Gaia Hypothesis*, 3.5./20.8.1973, https://climate-dynamics.org/wp-content/uploads/2016/06/lovelock74a.pdf, abgerufen am 31.3.2021.

3 Joseph, L. E.: »Britain's Whole Earth Guru«, *The New York Times Magazine*, 23.11.1986, S. 67, https://www.nytimes.com/1986/11/23/magazine/britain-s-whole-earth-guru.html, abgerufen am 7.5.2021.

4 Einstein 1953, a. a. O., S. 9.

5 Siehe zum Beispiel Howald, E.: *Der siebente Brief* [Platons], Reclam Verlag, Stuttgart 1964.

6 Heisenberg, W.: *Der Teil und das Ganze. Gespräche im Umkreis der Atomphysik*, Piper Verlag, München 1969, S. 107.

7 Einstein, A., und M. Born: *Albert Einstein, Max Born. Briefwechsel 1916–1955* (Brief an Max Born vom 4.12.1926), Rowohlt Verlag, Reinbek bei Hamburg 1972, S. 98.

8 Einstein, Podolsky und Rosen, a. a. O.

9 Vgl. »The Cosmic Universe«, 10.9.2016, http://archive.is/2016.09.10123247/https://dl.dropboxusercontent.com/u/5530497/scrapbook/2015/Gedanken/Wheeler_participatory_universe/index.html#15%, abgerufen am 1.4.2021.

10 Rees, M.: »The Anthropic Universe«, *New Scientist*, 6.8.1987, S. 46; siehe auch http://archive.is/2016.09.10123333/https://dl.dropboxusercontent.com/u/5530497/scrapbook/2015/Gedanken/Rees/index.html#10%, abgerufen am 1.4.2021.

11 Einstein, A.: Brief an Robert S. Marcus, 12.2.1950, https://marthalucille.word press.com/2011/11/11/albert-einsteins-typed-letter-to-robert-s-marcus-february-12-1950/, abgerufen am 7.5.2021.

12 Eccles, J. C.: »Hirn und Bewusstsein«, *Mannheimer Forum 77/78*, zitiert nach *Ein Panorama der Naturwissenschaften*, zusammengestellt und redigiert von Ditfurth, Prof. Dr. H. v., Studienreihe Boehringer, Mannheim 1977.

13 Nahm, M.: *Wenn die Dunkelheit ein Ende findet. Terminale Geistesklarheit und andere ungewöhnliche Phänomene in Todesnähe*, Crotona Verlag, Amerang 2012.

14 Jeans, J., zitiert nach Henry, R. C.: »The Mental Universe«, *Nature* 436 (29), 2005, S. 29, https://www.nature.com/articles/436029a, abgerufen am 7.5.2021.

15 Dirac, P. A. M.: *Die Prinzipien der Quantentheorie*, S. Hirzel, Leipzig 1930, S. v.

16 Carhart-Harris, R. L., S. Muthukumaraswamy et al.: »Neural Correlates of the LSD Experience Revealed by Multimodal Neuroimaging«, *PNAS* 113 (17), 2016, S. 4853–4858.

17 Preller, K. H., A. Razi, P. Zeidman, P. Stämpfli, K. J. Friston und F. X. Vollenweider: »Effective Connectivity Changes in LSD-Induced Altered States of Consciousness in Humans«, *PNAS* 116 (7), 2019, S. 2743–2748.

18 Huxley, A.: *Die Pforten der Wahrnehmung. Erfahrungen mit Drogen, Himmel und Hölle*, Piper Verlag, München 2012, S. 38.

19 Raichle, M. E., A. M. Macleod, A. Z. Snyder et al.: »A Default-Mode of Brain Function«, *Proceedings of the National Academy of Sciences of the United States of America* 98, 2001, S. 676–682.

20 »Allogenes«, o. D., www.gerd-albrecht.de/Die Gnostischen Schriften/Allogenes.htm, abgerufen am 2.4.2021.

21 Lindbergh, C.: *Mein Flug über den Ozean*, S. Fischer Verlag, Frankfurt am Main 1954.

22 Byrd, R. E.: *Allein! Auf einsamer Wacht im Südeis*, F. A. Brockhaus, Leipzig 1940.

23 Mitchell, E.: »Outer Space to Inner Space«, *Saturday Review*, 22.2.1975, S. 20.

24 Gribbin, a. a. O.

25 Gleick, J.: *Genius. The Life and Science of Richard Feynman*, Random House, New York 1993, S. 115.

26 Chu, S.-Y.: »Statistical Origin of Classical Mechanics and Quantum Mechanics«, *Physical Review Letters* 71 (18), 1993, S. 2847–2850, https://journals.aps.org/prl/abstract/10.1103/PhysRevLett.71.2847, abgerufen am 7.5.2021.

27 Cramer, J. G.: *The Quantum Handshake. Entanglement, Nonlocality and Transactions*, Springer Verlag, New York 2016.

28 Cramer, J. G.: »The Transactional Interpretation of Quantum Mechanics«, *Review of Modern Physics* 58 (3), 1986, S. 647–687.

29 Vgl. Gribbin, a. a. O.

30 Weizsäcker, a. a. O.

31 Priggs, J. P, und F. D. Peat: *Looking Glass Universe*, Simon & Schuster, New York 1984, S. 87.

32 Talbot, M.: *Das holographische Universum. Die Welt in neuer Dimension*, Droemer Knaur Verlag, München 1991, S. 235.

33 Hagelin, J. S., M. V. Rainforth, K. L. C. Cavanaugh et al.: »Effects of Group Practice of the Transcendental Meditation Program on Preventing Violent Crime in Washington, D. C.: Results of the National Demonstration Project, June–July 1993«, *Social Indicators Research* 47 (2), 1999, S. 153–201, https://www.jstor.org/stable/27522387?seq=1, abgerufen am 7.5.2021.

34 Burckhardt, T.: *Alchemie. Sinn und Weltbild*, Walter Verlag, Olten und Freiburg im Breisgau 1960.

35 Norton, T.: *The Ordinall of Alchymy*, The Williams & Wilins Company, Baltimore 1929 (Faksimile, Bristol 1477), S. 14.

36 Telle, J. (Hg.): *Rosarium Philosophorum. Ein alchemisches Florilegium des Spätmittelalters*, übers. von Lutz Claren und Joachim Huber, Bd. 2 (Faksimile der illustrierten Erstausgabe Frankfurt am Main 1550), Wiley-VCH, Weinheim 1992, S. 64.

37 Paracelsus: *Philosophia Mystica. Darinn begriffen Eilff unterschidene Theologico-Philosophische, doch teutsche Tractätlein, zum theil auß Theophrasti Paracelsi, zum theil auch M. Valentini Weigelii...*, Faksimile, Jenes, Newstadt 1618, S. 228, https://archiv.ub.uni-marburg.de/ubfind/Record/urn:nbn:de:hebis:04-eb2014-0211/View, abgerufen am 7.5.2021.

38 Vgl. Roob, A.: *Das hermetische Museum. Alchemie & Mystik*, Taschen Verlag, Köln 2011.

39 Salmon, W. (Hg.): *Bibliothèque des Philosophes Chimiques*, Faksimile, André Cailleau, Paris 1741, S. 19, https://warburg.sas.ac.uk/pdf/fgh100b3193426A.pdf, abgerufen am 7.5.2021.

40 Manget, J. J.: *Bibliotheca Chymica Curiosa*, Chouet, Genf 1702, Band 1, S. 382.

41 Burckhardt, a. a. O.

42 Descartes, R.: *Regulae ad directionem ingenii Cogitationes privatae*, Philosophische Bibliothek Bd. 613, übers. und hg. v. Wohlers, C., Felix Meiner Verlag, Hamburg 2011, S. 11 f.

43 »Aus des Herrn de Nuysement Tractat vom wahren geheimen Salz der Weisen und dem allgemeinen Geiste der Welt«, in *Hermetisches A.B.C. derer ächten Weisen alter und neuer Zeiten vom Stein der Weisen. Ausgegeben von einem wahren Gott- und Menschenfreunde*, Hermann Barsdorf Verlag, Berlin 1921 (1778), 1. Teil, Kap. 15, S. 230–260.

44 *Drey Geheime Tractätlein von denen Geheimnussen der Natur...*, Hof- und Universitätsdruckerei Häffner, Mainz 1749.

45 Forshaw, P. J.: »The Hermetic Frontispiece: Contextualising John Dee's Hieroglyphic Monad«, *Ambix* 64 (2), 2017, S. 115–139, https://www.tandfonline.com/doi/pdf/10.1080/00026980.2017.1353247?needAccess=true, abgerufen am 7.5.2021.

46 Muhammad ibn Ahmad al-Iraqi, A. 'l-Q.: *Kitab al-'Ilm al-maktasab fi zira'at adh-dhahab: Book of Knowledge Acquired Concerning the Cultivation of Gold by Abu 'l-Qasim Muhammad ibn Ahmad al-'Iraqi*, hg. v. Holmyard, E. J., Paul Geuthner, Paris 1923; zitiert nach Seegers, U.: (2002): *Transformatio energetica. Hermetische Kunst im 20. Jahrhundert. Von der Repräsentation zur Gegenwart der Hermetik im Werk von Antonin Artaud, Yves Klein und Sigmar Polke*, Dissertation, Universität Stuttgart 2002, S. 173.

47 Ruysbeek, a. a. O.

48 Dietzfelbinger, K. (Hg.): *Apokryphe Evangelien aus Nag Hammadi*, Dingfelder Verlag, Edition Argo Weisheit im Abendland, Andechs 1988, S. 227.

49 Ruysbeek, a. a. O.

50 Jung, C. G.: *Aion. Beiträge zur Symbolik des Selbst*, GW 9/2, Patmos Verlag, Düsseldorf 2011.

51 Warnke 2017, a. a. O.

52 Sperry, R. W.: »Changing Concepts of Consciousness and Free Will«, *University of Chicago Press* 20 (1), 1976, S. 9–19.

53 Meister Eckehart: *Schriften*, Eugen Diederichs Verlag, Jena 1934, S. 55 f.

54 Moszkowski, A.: *Einstein. Einblicke in seine Gedankenwelt*, Hoffmann & Campe Verlag, Hamburg 1921, S. 180.

55 Beveridge, W. I.: *Seeds of Discovery. A Sequel to the Art of Scientific Investigation*, Norton & Company, London 1980, S. 18.

56 Gribbin, a. a. O., S. 202.

57 Manuel, F. E.: *A Portrait of Isaac Newton*, New Republic Books, London 1980, S. 86.

58 Nach Kant, I.: »Dinge, als Naturzwecke, sind organisierte Wesen«, *Kritik der Urteilskraft*, §65, Projekt Gutenberg, 2004, http://www.thorsten-reinicke.eu/kant/kuk/kukp651.htm, abgerufen am 17.5.2021.

Teil IV: Die Natur betrügt uns nie

1   Rilke, R. M.: *Die Gedichte*, Insel Verlag, Frankfurt am Main, 7. Aufl. 2012, S. 148.
2   Ulrich, R. S.: »Aesthetic and Affective Response to Natural Environment«, in Altman, I., und J. Wohlwill (Hg.): *Human Behavior and Environment, Vol 6.: Behavior and Natural Environment*, Plenum, New York 1983, S. 85–125.
3   Howell, A. J., und H.-A. Passmore: »The Nature of Happiness: Nature Affiliation and Mental Well-Being«, in Keyes, C. L. M. (Hg.): *Mental Well-Being – International Contributions to the Study of Positive Mental Health*, Springer Science+Business Media, Dordrecht/NL 2013, S. 231–257; Krafft, A.: »Hoffnungsbarometer 2020 – Ergebnisse für die Schweiz«, Institut für Systemisches Management, Universität St. Gallen, 2019, https://imp.unisg.ch/de/imp-publikationen/2020/hoffnungsbarometer-2020, abgerufen am 3.4.2021.
4   Zelenski, J. M., und E. Nisbet: »Happiness and Feeling Connected: The Distinct Role of Nature Relatedness«, *Environment and Behavior* 46 (1), 2012, S. 3–23.
5   Bundesministerium für Umwelt, Naturschutz und nukleare Sicherheit (BMU): *Naturbewusstsein 2019 – Bevölkerungsumfrage zu Natur und biologischer Vielfalt*, Broschüre Nr. 10053, 2020, https://www.bmu.de/publikation/naturbewusstsein-2019/, abgerufen am 3.4.2021.
6   Zelenski und Nisbet, a. a. O.
7   Wilson, E. O.: *Biophilia. The Human Bond with Other Species*, Harvard University Press, Cambridge, MA, 1984.
8   Chang, C.-C., et al.: »Social Media, Nature, and Life Satisfaction: Global Evidence of the Biophilia Hypothesis«, *Nature/Scientific Reports* 10 (4125), 2020, https://www.nature.com/articles/s41598-020-60902-w, abgerufen am 3.4.2021.
9   Beichler, J. E.: »The Emergence of Neurocosmology: Evolution Physics, Consciousness, Physical Reality and Our Experiential Universe«, *Unified Field Mechanics II: Formulations and Empirical Tests*, Proceedings of the Xth Symposium Honoring Noted French Mathematical Physicist Jean-Pierre Vigier, Porto Novo/It., 25.–28.7.2016, 2018, https://www.worldscientific.com/doi/abs/10.1142/9789813232044_0050, abgerufen am 10.5.2021.
10 Vgl. Warnke und Warnke 2019, a. a. O.; Warnke, U., und Warnke, F.: *Bionische Regeneration. Das Altern aufhalten mit den geheimen Strategien der Natur*, Arkana Verlag, München 2017.
11 Goethe, J. W. von: *Die Leiden des jungen Werthers*, Weygandsche Buchhandlung, Leipzig 1774.
12 Katcher, A. H., und A. M. Beck: »Health and Caring for Living Things«, *Anthrozoös* 1 (3), 1987, S. 175–183.
13 Beide Zitate in Soga, M., und K. J. Gaston: »Extinction of Experience: Evidence, Consequences and Challenges of Loss of Human-Nature Interactions«, *Frontiers in Ecology and the Environment* 14 (2), 2015, S. 94–101.
14 Schiemann, G. (Hg.): *Was ist Natur? Klassische Texte zur Naturphilosophie*, dtv, München 1996, S. 4.
15 Lt. Miyazaki, Y., 2018, mündliche Mitteilung an Olson, E. R. T., et al.: »Mindfulness and Shinrin-Yoku: Potential for Physiological and Psychological Interventions during Uncertain Times«, *International Journal of Environmental Research and Public Health* 17 (24), 2020, https://www.mdpi.com/1660-4601/17/24/9340, abgerufen am 10.5.2021.

16 Vgl. »Der Mensch muss sich mehr als Teil der Natur begreifen – Geobiologe Reinhold Leinfelder über den geologischen Faktor Mensch«, Interview mit Degenhardt, J., 10.1.2013, https://www.deutschlandfunkkultur.de/der-mensch-muss-sich-mehr-als-teil-der-natur-begreifen.1008.de.html?dram:article_id=233804, abgerufen am 4.4.2021.

17 Soga und Gaston, a. a. O.

18 Ives, C. D., et al.: »Reconnecting with Nature for Sustainability«, *Sustainability Science* 13, 2018, S. 1389–1397.

19 Chang et al., a. a. O.

20 Zitiert nach Frank, R. M.: »Paul Shepard's ›Bear Essay‹ – On Environmental Ethics, Deep Ecology and Our Need for the Other-than-Human Animals«, 2016, S. 11, https://paulhoweshepard.files.wordpress.com/2016/11/paul-shepard-bear-essay4-short-doc.pdf, abgerufen am 4.4.2021.

21 McMahan, E. A.: »Happiness Comes Naturally: Engagement with Nature as a Route to Positive Subjective Well-Being«, in Diener, E., S. Oishi und L. Tay (Hg.): *Handbook of Well-Being*, DEF Publishers, Salt Lake City, UT, 2018; Lumber, R., et al.: »Beyond Knowing Nature: Contact, Emotion, Compassion, Meaning, and Beauty are Pathways to Nature Connection«, *PLOS ONE*, 9.5.2017, https://journals.plos.org/plosone/article?id=10.1371/journal.pone.0177186, abgerufen am 4.4.2021; Weinstein, N., et al.: »Can Nature Make Us More Caring? Effects of Immersion in Nature on Intrinsic Aspirations and Generosity«, *Personality and Social Psychology Bulletin* 35 (10), 2009, S. 1315–1329.

22 Bowler, D. E., et al.: »A Systematic Review of Evidence for the Added Benefits to Health of Exposure to Natural Environments«, *BMC Public Health* 10, 2010, S. 1–10; Hartig, T., et al.: »Environmental Influences on Psychological Restoration«, *Scandinavian Journal of Psychology* 37, 1996, S. 378–393.

23 Rohde, C. L. E, und A. D. Kendle: »Nature for people«, in Kendle, A. D., und S. Forbes (Hg.): *Urban Nature Conservation – Landscape Management in the Urban Countryside*, E & FN Spon, London u. a. 1997, S. 319–335.

24 Katcher und Beck, a. a. O.; Stilgoe, J. R.: »Gone Barefoot Lately?«, *American Journal of Preventative Medicine* 20, 2001, S. 243 f.

25 Olson et al., a. a. O.

26 Kaplan, R., und S. Kaplan: *The Experience of Nature. A Psychological Perspective*, Cambridge University Press, New York 1989.

27 Li, Q., et al.: »Relationships Between Percentage of Forest Coverage and Standardized Mortality Ratios (SMR) of Cancers in all Prefectures in Japan«, *The Open Public Health Journal* 1, 2008, S. 1–7.

28 Donovan, G. H., et al.: »The Relationship Between Trees and Human Health: Evidence From the Spread of the Emerald Ash Borer«, *American Journal of Preventive Medicine* 44, 2013, S. 139–145.

29 Vgl. Lovelock und Margulis, a. a. O.

30 Drexler, D.: *Landschaft und Landschaftswahrnehmung. Untersuchung des kulturhistorischen Bedeutungswandels von Landschaft anhand eines Vergleichs von England, Frankreich, Deutschland und Ungarn*, Dissertation an der Technischen Universität München, Lehrstuhl für Landschaftsökologie, 2009.

31 Stoltz, J.: *Perceived Sensory Dimensions – A Human-Centred Approach to Environmental Planning and Design*, Dissertation, Universität Stockholm 2020, S. 11.

32 Zhang, J. W., et al.: »Engagement with Natural Beauty Moderates the Positive Relation Between Connectedness with Nature and Psychological Well-Being«, *Journal of Environmental Psychology* 38, 2014, S. 55–63.

33 Seel, M.: *Eine Ästhetik der Natur,* Suhrkamp Verlag, Frankfurt am Main 1991; Gebhard, U., und T. Kistemann (Hg.): *Landschaft, Identität und Gesundheit. Zum Konzept der Therapeutischen Landschaften,* Springer Fachmedien, Wiesbaden 2016.

34 Zhang et al., a. a. O.

35 Huss, E., K. Bar Yosef und M. Zaccai: »Humans' Relationship to Flowers as an Example of the Multiple Components of Embodied Aesthetics«, *Behavioral Sciences* 8 (3), 2018, S. 32.

36 Huss, E., K. Bar Yosef und M. Zaccai: »The Meaning of Flowers: A Cultural and Perceptual Exploration of Ornamental Flowers«, *Open Journal of Social Sciences* 10 (1), 2017, S. 140–153.

37 Huss et al. 2018 und 2017, a. a. O.

38 Lohr, V. I., und C. H. Pearson-Mims: »Physical Discomfort May Be Reduced in the Presence of Interior Plants«, *HortTechnology* 10, 2000, S. 53–58; Park, S. H., R. H. Mattson und E. Kim: »Pain Tolerance Effects of Ornamental Plants in a Simulated Hospital Patient Room«, *Acta Horticulturae* 639, 2004, S. 241–247; Guéguen, N., und S. Meineri: *Natur für die Seele. Die Umwelt und ihre Auswirkungen auf die Psyche,* Springer Verlag, Berlin und Heidelberg 2013, S. 275.

39 Guéguen und Meineri, a. a. O.

40 Günther, G.: »Maschine, Seele und Weltgeschichte«, in derselbe: *Beiträge zu einer operationsfähigen Dialektik, Dritter Band,* Felix Meiner Verlag, Hamburg 1980, S. 211–235, https://www.vordenker.de/ggphilosophy/gg_maschine-seele-weltgeschichte.pdf, abgerufen am 5.4.2021.

41 Bethelmy, L. C., und J. A. Corraliza: »Transcendence and Sublime Experience in Nature: Awe and Inspiring Energy«, *Frontiers in Psychology* 10 (509), 2019, https://www.frontiersin.org/articles/10.3389/fpsyg.2019.00509/full, abgerufen am 10.5.2021.

42 Howell, A. J., H.-A. Passmore und K. Buro: »Meaning in Nature: Meaning in Life as a Mediator of the Relationships Between Nature Connectedness and Well-Being«, *Journal of Happiness Studies* 14, 2013, S. 1681–1696.

43 Wong, P. T.: »Meaning Therapy: An Integrative and Positive Existential Psychotherapy«, *Journal of Contemporary Psychotherapy* 40 (2), 2010, S. 85–93.

44 Keltner, D., und J. Haidt: »Approaching Awe, a Moral, Spiritual, and Aesthetic Emotion«, *Cognition and Emotion* 17 (2), 2003, S. 297–314; Shiota, M. N., D. Keltner und A. Mossman: »The Nature of Awe: Elicitors, Appraisals, and Effects on Self-Concept«, *Cognition and Emotion* 21 (5), 2007, S. 944–963.

45 Bethelmy und Corraliza, a. a. O.

46 Emmons, R.: »Striving for the Sacred: Personal Goals, Life Meaning, and Religion«, *Journal of Social Issues* 61 (4), 2005, S. 731–745.

47 Bethelmy und Corraliza, a. a. O.

48 Wilson, a. a. O., S. 10.

49 Howell und Buro, a. a. O., S. 18.

50 Hüber, F.: »Pflanze und Seele«, *Bericht des Naturwissenschaftlichen Vereins*

Landshut 28, 1980, S. 5–23, https://www.zobodat.at/publikation_volumes. php?id=60680, abgerufen am 5.4.2021.

51 Harding, S.: *Animate Earth: Science, Intuition and Gaia*, Green Books, Foxhole, Dartington/GB, 2006.

52 Zitiert nach Gerlitz, P.: *Mensch und Natur in den Weltreligionen*, Primus Verlag, Darmstadt 1998, S. 22.

53 Kerr, M., und D. Key: »The Ouroboros (Part 1): Towards an Ontology of Connectedness«, *European Journal of Ecopsychology* 2, 2011, S. 48–60.

54 Emerson, R. W.: *Natur*, Diogenes Verlag, Zürich 2003.

55 Vining, J., et al.: »The Distinction between Humans and Nature: Human Perceptions of Connectedness to Nature and Elements of the Natural and Unnatural«, *Research in Human Ecology* 15 (1), 2008, S. 1–11.

56 Huynh, T., und J. C. Torquati: »Examining Connection to Nature and Mindfulness at Promoting Psychological Well-Being«, *Journal of Environmental Psychology* 66, 2019, Artikel 101370, https://psycnet.apa.org/record/2019-68798-001, abgerufen am 10.5.2021.

57 Seel, a. a. O.; Gebhard und Kistemann, a. a. O.

58 Liang, Z. S., et al.: »Molecular Determinants of Scouting Behavior in Honey Bees«, *Science* 335 (6073), 2012, S. 1225–1228.

Quintessenz

1 Gefunden im Jahr 1947 als Schriftrolle der Essener von Qumran in einer Höhle am Toten Meer; siehe Székely, E. B.: *Die Lehren der Essener. Essener-Meditationen*, Verlag Bruno Martin, Südergellersen 1987, S. 105.

Register

Aggression 81, 102, 302
Aharanov, Yakir 185
Aharanov-Bohm-Gesetz 186
Aktivitäten, geistige 15, 48, 61, 202
Albert, David Z. 185
Alchemie 10, 14, 211, 216, 271 ff., 288
Alexander, Eben 200
Aminosäuren 133, 143, 159
Angst 50, 73 f., 85, 162, 242, 287, 302
Annahmen 15, 78, 87, 93 f., 115, 117, 123,
   190, 203 f., 207
Aspden, Harold 155 f.
Aspect, Alain 170, 184, 223 f.
Äther 155 f., 177
Aufmerksamkeit 52, 59, 86 ff., 93, 178, 180,
   189, 194 f., 203, 220, 238 f., 302
– und Bewusstsein 41, 76 f.
Augenstein, Bruno Wilhelm 121
Außen-Ich 84 f., 200 f.
Außensystem, geistiges 86 f., 107 f., 201, 277
AWARE-Studie 40

Bauer, Edmond 179
Bausteine der Materie 111, 119, 193, 196 f.
Begay, David 313
Bell, John 184
Benthov, Itzhak 66
Beobachter und Beobachtung 191, 193,
   220, 229, 239
Beobachtereffekt 11, 179 ff., 189, 239, 257,
   264, 279
Bernouilli, Rudolf 70
Bewusstsein
– -entitäten 110
– universelles 138, 179, 187, 188, 192, 216,
   222
Bewusstsein/Unterbewusstsein 44, 63,
   88, 222
Bewusstseinszustand, transzendenter
   188, 216
Bionik 131 f.
Biophilie 294, 313
Bleuler, Eugen 79
Bohm, David 63 f., 142, 159, 185 f., 283
Bohr, Niels 10, 140, 169 f., 174, 180 f., 183,
   222, 259

Broglie, Louis de 169
Buddhismus, Buddha 28 f., 69, 152, 279,
   282, 319
Burckardt, Lucius 309
Byrd, Richard E. 250

Capra, Fritjow 178
Carhart-Harris, Robert L. 245
Chardin, Pierre Teilhard de 130, 195
Charon, Jean Emile 141 f., 144 ff.
Chiao, Raymond Y. 183
Chia-Cheng Chang 294
Christentum 36, 217, 219
Cloud, Speichermedium 58, 60, 129, 228
Conforto, Giuliana 200
Cramer, John G. 258, 260 ff.

Daoisten 216, 281
Darwinismus 131
David-Néel, Alexandra 69, 278
Davies, Paul 99, 116, 146, 169, 172
Dawkins, Richard 65
Default-Mode Network (DMN) 247 f.
Denken, Gedanken 15, 45, 47 f., 51 ff., 61,
   67 f., 71 f., 74, 76 f., 90 f., 101, 106, 108 f.,
   134, 138, 214, 226, 247 f., 281
– bewusstes 219
– reizunabhängiges 247
Denker und Gedanken, Trennung in
   74 ff.
Depression 26, 49, 115, 206, 302
Descartes, René 56, 195, 275
Dirac, Paul 139, 153, 238
Dopamin 316 f.
Dualität, -theorie 34, 80, 216, 277, 285,
   304
Dürr, Hans-Peter 127

Eccles, John C. 40, 54 f., 110, 232, 288
Echo-Feedback (Empathie-Feedback-
   Mechanismus) 108, 265 f., 269, 283
Einfaches Selbst 58, 60 f., 237, 239
Einheit
– ganzheitliche 215, 222, 225 f., 230, 241,
   248, 279
– universelle 13, 77, 211 f.

Einheits-Geist 197 f., 232 ff.
Einheitsladung 122, 157
Einstein, Albert 24, 90, 106, 155, 169 f.,
  183 f., 195 f., 215, 218, 222 ff., 258, 288
Einzeller, Acresin-Amöbe 124 f.
Electro Gaia Gram (EGG) 160 ff.
Elektron
– Definition, Modelle 138 ff.
– mystische Eigenschaften 144 f.
Emotionen s. Gefühle
Energie
– -austausch 95, 165 f., 175, 178
– codierte 73, 102, 137, 220
– Einheits- 152 f.
– elektromagnetische 38, 41, 93, 167
– geistig-seelische 135 f.
– -menge 150
– subatomare 115 ff., 122, 156 f.
– -system 116
– -wechselwirkung 94, 135, 138 f.,166, 200,
  254
Engel, Erz- 67 f.
Entheogen 243 ff.
Entropie 103, 259
Enzyme 85, 133, 143, 157, 251
EPR-Paradox 184, 223 f.
Erfahrung
– außerkörperliche (AKE) 42 f.
– spirituelle 280 ff., 288
Erkenntnis-Schema 46
Erkrankung, psychische 25 f.
Erstelektron, verursachendes, Sender-
  Elektron 255 ff.
Erwachen, spirituelles 24, 30, 217 f.
Erwartungen 76, 87, 89, 92 f., 117, 135, 146,
  183, 190, 204 f., 207, 266, 317
Experiment der verzögerten Auswahl
  175, 187

Feedback-Mechanismus 256 f., 263, 265 f.,
  268, 283,
Feldtheorie 172
Feynman, Richard P. 139, 252, 254, 257 f.,
  260
Frequenzmuster 40, 95, 305

Gaia 99, 213, 304
Gedanken
– -muster 15, 73, 285
– -stille 77 f.
Gefühle 13, 20 ff., 30, 41, 43, 48 ff., 52 ff.,
  61, 79, 86, 90, 100, 108 f., 136, 162 f., 194,
  201, 205, 218, 220 f., 229, 251 f., 268 f.,
  297, 300, 305, 308, 311 f.
Gehirn 165

– -aktivität 22, 137, 145, 189, 283
– Aufbau 39
– Energieverbrauch 55
– Erkrankungen des 54 f.
– quantenphysikalisch 136 f.
– Signalverarbeitung 266 f.
Geist, individueller 13 f., 48, 75, 84 ff., 126,
  193 f., 216, 233, 235
Geist-Seele, -Struktur, -Einheit s. a. Seele
  und Geist 13, 15, 31, 49, 78, 86, 127, 129,
  195, 203, 216 f., 228, 240, 247, 276, 279 f.,
  284, 286, 314
Geistesklarheit, terminale 235 f.
Gesetzmäßigkeit
– des Universums 236 f., 281, 321 f.
– kosmische 321
Gesteinsabdruck 30
Gewissheit, körpereigene 25, 32, 93, 205
Glaube, Definition 205
Gleichgewicht, ökologisches Zerstörung
  des 23 ff.
Global Consciousness Project (GCP)
  160 ff.
Glückseligkeit
– als Zustand, Definition 19 ff.
– in der Tradition 27 ff.
Gluone 119, 177, 201
Grangier, Phillipe 224
Gravitation 41, 105, 109, 130, 136 f., 157, 181,
  199, 255
Gribbin, John 99, 115, 252, 262, 288

Harding, Stephan 313
Harmonie 19, 21 f., 92, 102, 204, 215, 302,
  311, 318, 321 f.
Heilung 32, 36, 73, 106, 157, 204, 302
Heisenberg, Werner 10, 148 f., 167 f., 170 f.,
  180 f., 190, 222 f.
Heisenberg-Kredit 148 ff.
Hermes Trismegistos 273 f., 279
Higgs, Peter 177
Holismus 9 f.
Hologramm, Holografie 64, 91, 93, 119,
  194, 218
Holo-Movement 64
Home, Dipankar 174
Horgan, John 184 f.
Hoyle, Sir Fred 133
Huxley, Aldous 246
Huxley, Thomas Henry 275
Hypnose 240, 249, 268

Ich
– Entstehung des 56, 78, 233
– Stilllegung des illusionären 230 f.

– -System 87, 108
– Transformation des 82 f.
Immunsystem 128, 251
Individualität 10 f., 50, 53, 59, 78, 136, 222, 235, 300, 305
Information verarbeiten 14, 43 ff., 49, 55, 59, 84 f., 94, 175, 197 f., 201, 227, 235, 244, 248, 251, 269
Information-Bewusstseins-Phänomen 189 f.
Innen-Ich 84 f., 200 f.
Innensystem, geistiges 86, 107 f., 149, 200 f., 277
Instinkt 88, 91, 124 ff., 294
Intelligenz 23, 56, 71, 181, 239 f., 283, 287, 311, 313
– als zielgerichtete Verarbeitung von erkannten Informationen 84, 87, 197, 251, 269
– höchste 71, 322
Interwelt, Welt der Selbstinstanz 33, 61, 314 f.
Intuition 13, 61, 68, 86 f., 90 ff., 125 f., 193, 218, 282, 287, 315, 322
Islam 217

Jahn, Robert G. 159 f.
Jeans, James Hopwood 238
Jedlicka, Peter 137
Jesus Christus 27 ff., 35 f., 249, 276 ff.
Jetzt-Hier 76 ff.
Josephson, Brian 270
Jung, C. G. 10, 69 f., 91, 93, 279

Kellert, Stephan Robert 298 f.
Kepler, Johannes 92
Kircher, Anastasius 273
Kofler, Johannes 181
Kommunikation 53, 89, 235, 252, 270, 273, 307, 315, 319
Konditionierung 14, 21, 61, 127, 193, 212, 270, 239, 302, 308
Kontrasterleben 50, 100 f.
Kopenhagener Deutung 259
Körpermaterie 30, 55, 60, 66, 130, 135, 147, 206 f.
Kosmologie selbstregulierende 191
Kräfte 30, 48, 66, 99, 105, 111, 119 f., 128, 148, 151, 172, 196, 198 ff.
– Coulomb'sche 176

Lacinius, Janus 276
Leere s. Vakuum
Lehren, Wissenschaften, hermetische 28, 276, 278

Leinfelder, Reinhold 299
Lewin, Roger 54
Lichtgeschwindigkeit 93, 98, 107, 121, 167, 199, 201, 223, 258 f., 262
Lilly, John 249
Lindbergh, Charles 249 f.
Lober, John 54
London, Fritz 179
Lovelock, James Ephraim 212 f., 304
Lower, Barry 185
LSD, -wirkung 243 ff., 268
Lügendetektor 242
Luther, Martin 216
Lysosome 143

Mach, Ernst 181 f.
Mandel, Leonhard 182, 192
Maryboy, Nanoy 313
Massen statt Materie 97
Materia prima 276, 278
Materiebeeinflussung 207, 252
Margulis, Lynn 212
Matrix, einheitliche 224 ff.
Maxwell, James Clerk 171, 224
Maxwell'sche Gleichungen 253 f., 259
Meditation 77, 111, 193, 231, 240, 270, 282, 288, 293
Meme 56, 65 ff., 73, 78, 80, 172, 238, 265, 269, 278, 283
Meskalin 246
Messen in der Quantenphysik 104, 164 f., 167 f., 170, 174, 180 f., 187, 191
Metaphysik 69, 194 f., 197 ff.
Michelson-Morly-Experimente 155
Micro Black Holes 145 f.
Millikan, Robert 127
Mitchell, Edgar 250
Mizobuchi, Yukata 174
Moleküle 30, 38, 87, 119, 139, 141, 147, 171, 176, 180, 198 f., 251
Monroe, R.A. 42 f.
Motivation 49, 53, 75, 83, 89 f., 108, 194, 242, 307
Mutation 132 f.
Mystik, Mystiker 14, 29, 195 ff., 203, 216, 250, 270, 297, 311 f., 317

Nachkommenschaft 130 f.
Nag-Hammadi 67, 249, 276 f.
Nahtod, -erlebnis 23, 40 f., 229 ff., 268, 283 f.
Narzissmus 81
Natur
– als Ganzheit 212, 286, 309 f.
– als Lebensgrundlage 296

- Attraktivität der 306 f.
- Auswirkungen der Natur auf den Menschen 296 ff.
- bedingt Gesundheit 301 ff.
- Entfremdung der 298 ff.
- Gefühle in der 311
- -gesetze 59, 82, 110 f., 173, 179, 225, 295
- Glückseligkeit in der 293 f., 315
- Hinwendung zur 242, 293
- inspirierende Energie 311
- polare Gegensätze 311 f.
- Seelenreise in die 315 ff.
- Verbundenheit mit der 294, 297 f., 307, 315
Naturwissenschaft
- als Auftragswissenschaft 12 f., 15
- Materie, Masse – Geist 128 f.
Navajos 313
Nelson, Roger D. 160 f.
Neues Testament 29, 36, 68, 227, 266
Neuronen, -aktivität 107, 138, 279, 283
Neutron 115 f., 120, 140, 184
Newton, Isaac 177, 288
Nicht-Zeit 105
Norton, Thomas 272
Nullpunktenergie 153

Ohtake, Yoshiyuki 174
Ordnung 46, 64, 82, 86 f., 91, 103, 111, 175, 186, 218 f., 225, 250, 295, 302
Orme-Johnson, David 270

Padma Rigdzin, Lama 69
Pasteur, Louis 131
Pauli, Wolfgang 188, 258
PEAR (Princeton Engeneering Anomalies Research) 159 ff., 269
Pfad der Erkenntnis 11, 20, 93, 102, 168, 183, 188, 208, 215, 248 f., 271, 273, 282, 284, 293, 319
Phase, masselose 99 f., 118, 196, 226
Photonen 94 f., 105, 110, 119, 140, 146, 155, 166, 174, 201, 252 f., 256, 260, 262, 305
Planck, Max 123, 195
Podolsky, Boris 184, 223
Popper, Karl 55
Positron 139 f., 153, 253
Prägung 15, 62, 84, 233 f.
Pratt, Joseph Gaither 42
Priban, Karl H. 282 f.
Prigogine, Ilya 115
Prinzip, geistiges 43, 45, 180, 198, 202
Proton 115 f., 120, 140, 155 f., 184, 192
Prozesse, Grundlagen, physikalische 37, 52, 94, 120 f., 181, 189

Psi, -wellen 93, 154, 187
Psilobycin (Zauberpilz) 243
Psyche 66, 154, 207, 251, 296, 302 f.
Psychons 110, 262
Puthoff, Harald E. 157
Pyle, Robert M. 298

Quanteneffekte 137 f., 148
Quantenelektrodynamik (QED) 139, 253
Quantenrealität 95, 165, 172, 184, 281
Quantenvakuum 108 f., 137 f., 147, 154, 156, 196 f., 203, 232
Quarks 115 f., 119, 201

Rarity, John G. 184
Raumzeit 23, 61, 83, 90, 94, 96 ff., 108 f., 136 f., 111, 153 f., 165 f., 216, 223 f., 248, 262, 267, 281
Raja-Yoga 216
Realität, objektive 152, 170, 270
Realitätsbildung 68, 71, 189, 206, 241, 252
Reduktionismus 9 f., 123
Rees, Martin J. 227
Reflexion 188, 255
Religion 15, 65, 196, 217, 227, 240, 294
REM-Phase 205 ff.
Resonanz 44, 75, 81, 104, 108, 150, 154, 173, 202, 221, 263, 304, 316
Rosen, Nathan 184, 223
Rousseau, Jean-Jacques 297
Rückkopplung, -prinzip 53, 221, 252 ff., 261 ff., 267 f.
Rutherford, Ernest 127

Scheltema, F. A. van 313
Schiemann, Gregor 299
Schiller, Friedrich 71
Schlag, Oskar 70
Schmidt, Helmut 158 f., 189
Schrödinger, Erwin 10, 35, 47, 59, 93, 111, 154, 187, 258, 260
Schrödinger-Gleichung 259 f.
Schwarmverhalten 62 ff.
Schwerkraft s. Gravitation
Schwinger, Julian 253
Scully, Marlan O. 183
Seel, Martin 307
Seele und Geist 33, 39, 45, 47 ff., 50, 108
Sehen 38 f., 41, 64, 85, 95, 145, 166, 203, 256
Sein, fünftes 276
Selbstinstanzen 58 ff., 67, 71, 75 ff., 81, 83 f., 101 f., 108 f., 193, 200 f., 216 f., 221, 22r, 228, 236, 248 f., 265, 279, 280 f., 284 f.
Selbstsucht 14, 23, 301

Selbsttäuschung 15, 217
Shepard, Paul 300 f.
Shoulder, Kenneth R. 156
Shu-Yuan Chu 258
Siddharta Gautama s. a. Buddhismus,
  Buddha 218 f.
Smaragdtafeln 28, 274
Soulé, Michael E. 313
Sperry, Roger W. 284
Spin, -Energie 115 ff., 122, 146 f., 157 f., 200
Spiritualität 86 ff., 93, 141, 193, 217, 232,
  281, 293, 310 ff., 318, 321
Stapp, Henry 188
Strassman, Rick 200
Subjekt-Objekt-Beziehung, -Trennung
  228, 236, 307, 309 f.
Szent-Györgi, Albert 143

Tapster, Paul R. 184
Targ, Russell 42
Taulen, Johannes 216
Teilchen, subatomare 115 f., 120, 156 f., 160,
  191, 204
Templer 69
Tesla, Nikola 147
Thermodynamik 101, 103, 209
Thomas-Evangelium 36, 276 ff.
Tiefenentspannung, -meditation 239 f.,
  246 f., 268, 314
Time-like-Photonen 105
Tomonanga, Sinitro 253
Trägheit 130, 182, 254 f.
Training, autogenes 267 f.
Trance 137, 234, 240, 268
Transaktion 257, 261 ff.
Transformation 28 ff., 81 f., 93, 169, 217,
  278, 281
Traum, Träumen 40 ff., 205 f., 243, 248,
  274
- -geschehen 206, 228 f., 231
- luzider 42, 78, 229, 248 f., 268
Tributsch, Helmut 163 f.
Truscott, Andrew 287

Überzeugung 83, 117 f., 173, 205, 207, 214,
  271, 315
Unendlichkeit 105, 148, 257
Unglückseligkeit 20 f.
Unterbewusstsein 37, 44, 66, 80, 90, 102,
  173, 266, 275, 280, 310, 314
Unzufriedenheit 25, 102
Upanischaden 34 f., 59, 188
Ursache und Wirkung 103, 253

Vakuum 148 ff., 192, 197 ff.
- -energie 154, 156 f., 191
- masseloses 196
- -phase 117 ff., 148 f., 154 f., 198 f., 201, 216,
  226 f., 233, 235, 270
Vedānta 10, 28, 34, 36, 273, 276
Veden, Veda 10, 22, 34, 192
Vedral, Vlat 137
Verstand und Seele 241, 267, 274 f., 277
Virtualität und Realität 37, 275
Vorstellung 32, 46 f., 66, 76, 89, 116, 123 f.,
  130, 155, 172, 204 f., 207, 240, 264 ff.

Wahres Selbst 33, 237
Wahrnehmung 61, 74, 79 f., 91 f., 96, 110,
  178, 193, 213, 230, 246, 268, 273, 277 f.,
  305
- Natur 306 f., 311, 314, 316
- -erweiterung 108 ff.
Wahrheit, absolute 62, 102, 121, 281, 295,
  322
Wahrscheinlichkeiten in der Quanten-
  theorie 164 f., 180 f., 183, 191
Wahrscheinlichkeitswellen 154, 191, 258 f.
Wall, Patrick David 54
Wechselwirkung, schwache 200 f.
Weigel, Valentin 272
Weizäcker, Carl Friedrich von 186 f., 263
Welle
- avancierte 254 f. 257, 259 ff.
- retardierte 255, 257, 259 ff.
Wellen, Felder, elektromagnetische 40, 93,
  109, 121, 145, 157, 171, 174, 184, 199, 257
Welt
- als Matrix 224
- materielle 11, 60, 106, 157, 193 ff., 233,
  247, 267 ff., 298, 303, 309
- objektive 109, 134
Wheeler, John Archibald 75, 153, 159, 174,
  180, 185, 191, 227
Wheeler-Feynman-Absorber-Theorie
  74 ff., 255 f.
Wiesner, Berthold P. 154
Wigner, Eugene 40, 179
Wilson, Edward O. 26, 294, 312
Wirkungen 54, 86, 103 f., 106, 120 f., 123,
  130, 135, 172 f., 177, 199, 204, 253, 271
Wissen, manipuliertes 214
Wootters, William K. 185

Zeilinger, Anton 180, 183, 202
Zeitfluss 101, 104
Zeitinvarianz 106, 108
Zenon-Paradoxon 11
Zielelektron, Empfänger- 257, 260
Zufriedenheit 19, 73, 85, 315